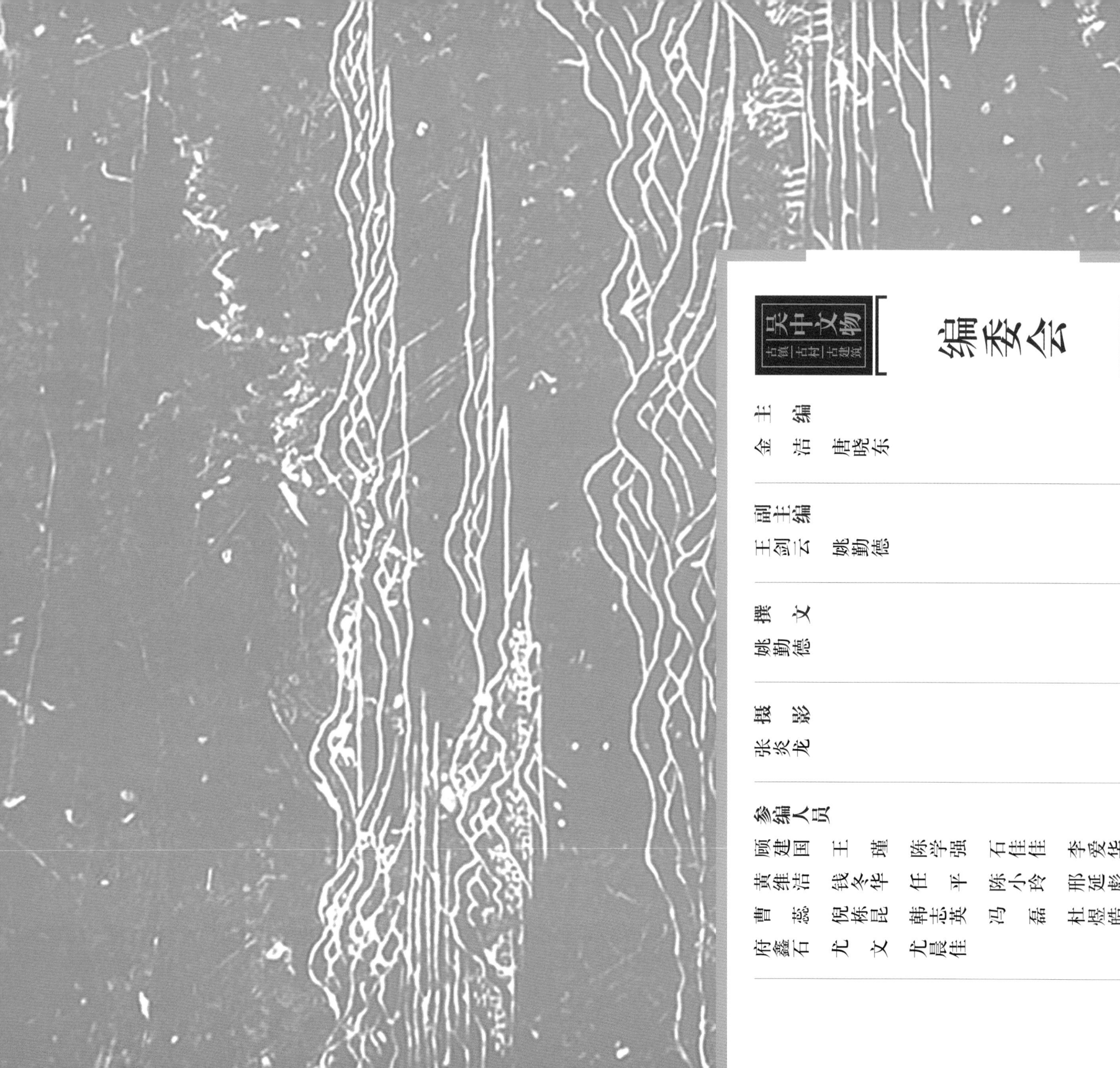

吴中文物 古镇·古村·古建筑

编委会

主　编
唐晓东　金　洁

副主编
王剑云　姚勤德

撰　文
姚勤德

摄　影
张炎龙

参编人员
顾建国　黄维洁　曹　蕊　府鑫石
王　瑾　钱冬华　倪栋昆　尤文佳
陈学强　韩志英　任　平　尤晨佳
石佳佳　冯陈小玲　陈　磊　李爱华
　　　　　　　　　杜煜皓　邢延彪

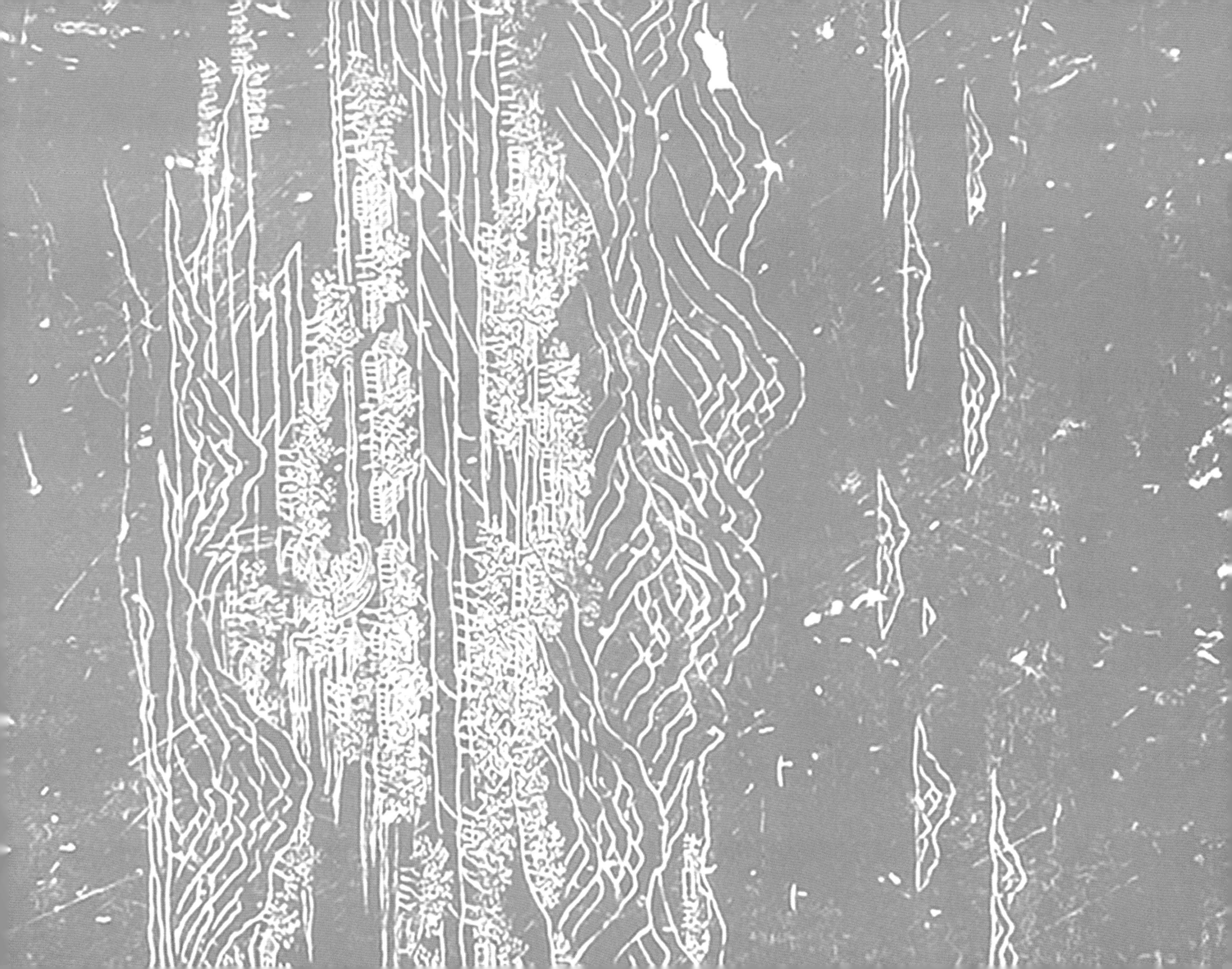

吴中古镇古村古建筑

内容提要

⊙ 本书主要分两大部分：一是对吴中区历史文化名镇及国家级、省级、市级历史文化名村和苏州市政府公布的文化遗存进行介绍并建筑古村的文化内涵的分析。二是遴选了吴中区内十一处部分单位进行介绍，对其文化内涵与风貌特点进行分析。

⊙ 本书的主要内容是保护建筑文物及其文化质量，整合地缘文化宗旨是中的历史文物资源，提供优质资源，提升地区品位，弘扬本地优秀的历史文化，引中外游客落户吴中，为吴中的旅游事业发展文化中的历史文化底蕴评估。

吴中，坐拥太湖60%的水域面积，独揽太湖72峰中的58峰、太湖13景中的6景，山川秀美，物华天宝，人杰地灵，被誉为"太湖最美的地方"，是吴文化的发源地。吴中历史源远流长，人类活动史可追溯到一万年前旧石器时代的"三山文化"。商代末年，泰伯、仲雍避难奔吴，建立"勾吴"国，成就了一段扬名千古的历史佳话，也标志着吴地历史记录的正式开始。春秋时期，吴王阖闾筑都城于吴中，建馆娃宫，始苏台。公元前221年，秦始皇统一中国，设会稽郡，置吴县，县名一直沿用至20世纪。1995年撤销吴县，建立吴县市；2001年撤销吴县市，分设吴中区和相城区。

千百年来，在这片古老而神奇的土地上，吴地先民创造了令人叹为观止的历史文化，荟萃了兵圣孙武、草圣张旭、塑圣杨惠之、绣圣沈寿、北宋著名政治家范仲淹、主持营造北京故宫的明代建筑大师蒯祥等一大批历史名人，留下了大量宝贵的历史文化资源和文化遗存。其中，尤以古镇、古村、古建筑为最。全区有中国历史文化名镇2个、江苏省历史文化名镇3个，中国历史文化名村5个。历代古建449处，数量之多，品位之高，文化内涵之深厚，全国罕见。这些古镇、古村、古建筑恰如一颗颗珍珠镶嵌在吴中的青山绿水间，或依山傍水，或青山面湖，或坐落水口，饱受"屋上有山屋下水，开门波光眼如洗"传统及江南鲜明的吴地生活特色，堪称"浓缩的历史书"。徜徉其中，可以充分放飞思绪，穿越时空记忆，与历史对话，与古人神交，与天地历史沧桑，却依然较完整地保留了儒家文化的"耕读"传统及江南鲜明的吴地生活特色，堪称"浓缩的历史书"。徜徉其中，可以充分放飞思绪，穿越时空记忆，与历史对话，与古人神交，与天地交会。感受博大精深的吴文化，零距离体验原汁原味的生活。历久弥坚的古镇、古村、古建筑已成为吴中传统文化的重要组成部分。

吴中区委、区政府历来高度重视古镇、古村、古建筑的保护开发工作，成立了古村落保护开发协调领导小组和苏州太湖洞庭古村旅游开发有限公司，对古村落保护进行统一管理、保护和开发——严格制定了古镇、古村保护规划，出台《吴中区古村落保护贷款贴息和经费补助办法》《吴中区古建筑抢修贷款贴息和奖励办法》。全面摸清了古建筑家底，及时公布了一大批市级文物保护单位和控制保护建筑，抢救修复了一大批古村、古建筑，古镇、古村、古建筑保护工作走在全省前列。

序 言

2013年，习近平总书记对古村落保护提出了"望得见山，看得见水，记得住乡愁"的总体要求，特别强调文物承载灿烂文明，传承历史文化，维系民族精神，是老祖宗留给我们的宝贵遗产。是加强社会主义精神文明建设的深厚文化滋养，保护文物功在当代，利在千秋。

吴中有完整的文化序列，良好的文化传统，深厚的文化积淀。区筹四次奠代会立足于此，提出了"根植吴文化，建设新吴中"的主题导向，把吴地优秀文化保护利用摆在了吴中发展全局的核心位置。据此，吴中区文物管理委员会办公室组织撰写了《吴中文物——古镇、古村、古建筑》一书，以专著的形式系统介绍全区的古镇、古村、古建筑。全书图文并茂，设计新颖，内容详实，具有很强的可读性和收藏价值。该书的出版，必将有利于进一步提升吴中古镇、古村、古建筑的知名度，进而引导、激发社会各界人士参与吴中传统文化的保护、传承和利用，真诚希望全区广大文化工作者和社会各界进一步行动起来，围绕提升文化软实力，做大做强文化产业目标，深耕吴地传统文化，加快推动吴中由文化资源大区向文化品牌强区转变，为全面建成区强民富、城乡协调、文明和谐的小康社会做出新的更大的贡献。

付梓之际，略作感言，是以为序。

龙飞

丁酉年正月

第二章 古建筑

概述

第一节 宗教建筑 067
- 保圣寺 068
- 紫金庵 071
- 寂鉴寺 074
- 轩辕宫 077
- 光福寺 079
- 圣恩寺 080
- 罗汉寺 082
- 永慧禅寺 083
- 石嵝庵 085
- 翠山禅院 087
- 昙花庵 088
- 法海寺 089
- 茅蓬寺 090
- 宁邦寺 091
- 司徒庙 092
- 光福塔 094

第二节 古民居 095
- 凝德堂 096
- 怀荫堂 098
- 瑞蔼堂 100
- 绍德堂 101
- 念勤堂正厅 102
- 明善堂 103
- 务本堂 105

第一章 古镇古村

目录

概述 002

第一节 历史文化名镇

光福 003
西山 010
东山 014
甪直 019

第二节 古村落

明月湾 026
陆巷 031
三山村 036
东村 039
杨湾 043
东西蔡 045
堂里 048
甪里 050
植里 053
后埠 055
徐湾 057

| 目录 |

- 爱日堂　　　　　162
- 春熙堂　　　　　164
- 芥舟园　　　　　166
- 承志堂　　　　　167
- 存仁堂　　　　　169
- 揣耕堂　　　　　171
- 绥吉堂花厅　　　173
- 敬吉堂书楼　　　174
- 敦朴堂　　　　　176
- 润德堂　　　　　178
- 裕德堂　　　　　180
- 惠和堂　　　　　182
- 粹和堂　　　　　186
- 锦星堂　　　　　191
- 崇本堂　　　　　193
- 维新堂　　　　　195
- 太平村乐志堂　　196
- 纯德堂　　　　　198
- 瑞凝堂　　　　　202
- 景德堂　　　　　203
- 承德堂　　　　　205
- 文德堂　　　　　207
- 信恒堂　　　　　209
- 谨庆堂　　　　　210
- 容春堂　　　　　212
- 冯桂芬故居　　　214
- 蔡少渔旧宅　　　216
- 沈柏寒旧居　　　217
- 萧氏旧宅　　　　219
- 春在楼　　　　　221
- 铁墙门　　　　　223

目录

- 清咎德堂 1
- 师俭德堂 1
- 瞻瑞堂 1
- 敬修堂 1
- 久大堂 1
- 翕庆堂 1
- 翁岣巷务本堂 1
- 延庆堂 1
- 同德堂 1
- 昭仁堂 1
- 麟庆堂 1
- 世和德堂 1
- 尊德堂 1
- 修德堂 1
- 椿桂裕德堂 1
- 岱松德堂 1
- 高下顺堂 1
- 达顺德堂 1
- 春卿第 1
- 鉴山堂 1
- 景多堂 1
- 章毛宅 1
- 九思堂 1
- 燕贻堂 1
- 三祝堂 1
- 三有堂双桂楼 1
- 玉霏堂 1
- 会老堂 1
- 遂高堂 1

目录

- 西津桥 … 266
- 泰安桥 … 267
- 后塘桥 … 268
- 廊桥 … 269
- 甪直水道驳岸与桥 … 270

第六节 公共建筑 … 276
- 栖贤巷门 … 277
- 贺九岭石关 … 278
- 诸公井亭 … 279
- 后埠井亭 … 281
- 樟坞里方亭 … 282
- 怡泉亭 … 283
- 梅花亭 … 283
- 北区洋龙公所 … 284

第七节 商铺 … 285
- 涵村明代店铺 … 286
- 万成恒米行 … 287
- 中区小菜场 … 288

- 石雕 … 292
- 砖雕 … 305
- 木雕 … 328
- 雕塑 堆塑 … 376
- 彩画 … 384

图 版 … 291

参考文献 … 391

目录

- 盖善桥 263
- 五龙桥 262
- 野墅古桥 261

- 震泽区凤月桥 260
- 具区底定桥 259

- 永安桥 258
- 里尺桥 257

- 大石桥 256
- 光福寺桥 255
- 大觉寺桥 254

第五节 寺庙桥 ... 251

- 寒山别业 246
- 东崦草堂 245
- 夏荷园 244
- 启园 241

第四节 园林 240

- 薛氏家祠 239
- 万氏宗祠 237
- 三山秦氏宗祠 236
- 费孝子祠 235
- 叶氏宗祠 234
- 黄氏宗祠 233
- 东村徐氏宗祠 230

第三节 祠堂 229

- 文裕堂半亭 228
- 德润堂 227
- 通德堂 226

古镇 古村

第一章 古镇古村古建筑

吴中文物

综观历史，吴地在优越的生态环境和地域经济的作用下，千百年来造就了众多的古镇和古村落。此外，吴地亦是历代中原世家大族避乱定居之所。每当中原政治动乱，大批的北方人民纷纷南迁，至吴地定居，就是历史上著名的乐土。

概述

吴中区位于长江三角洲的太湖之滨，它环抱苏州古城，地处低湿亚热带北缘，四季分明，土地肥沃，物产丰富，境内水系发达，河网密布，湖泊众多，仅太湖的水域面积就达1544平方公里。这样优越的地理、气候条件十分适宜人类居住和古代村、镇发育。

古镇、古村是人类利用大自然所创造的物质形态。所谓村、镇，就是以人为主体，以空间利用和自然环境为特点，集约人口，经济，文化的空间地域。

根据考古发现，早在五、六千年前的新石器时代就已经出现了以氏族聚居为特征的原始村落。尔后，随着农耕经济的发展，同一地域的部落联盟组成了一个民族。从"野蛮社会"进入"文明社会"（奴隶社会）的过程中，中心聚落的出现，产生了聚落之间的支配与被支配的地位，聚落与聚落之间出现了等级，进而就产生了古代社会。《史记》中有"夏有万国"（万邦）的记述。以氏族聚居地为特征的原始村落就是"万邦"中的基本单位。星罗棋布的古代村村落犹如众多的毛细孔支持着农耕文明的发育。生产力的发展促使交换和市成为可能。这样，作为商品交换场所的"市"就产生了。尔后，在地理环境的作用下，集市发展成商品交易较为繁华的小都市。我国在北宋以后把县以下的这种小商业都市划为建制镇。可见，"镇"乃是以商业活动为主的小于城市的一种居民区域。

吴中地区湖山毓秀，人杰地灵，素有"鱼米之乡"之称。千百年来，在优越的生态环境和地域经济的作用下，造就了众多的古镇、古村。此外，吴地亦是历代世家大族避乱的乐土。综观历史，中原地方每有政治动乱，大批的北方人民就纷纷南迁至吴地定居。东汉末年的战乱，江淮百姓纷纷至昏末；西晋末年的"永嘉之乱"，中原氏族大批南迁；唐代的"安史之乱"，导致"天子去蜀，士多奔吴"（《全唐书·卷五二九》）；"靖康之难"，宋室南渡，中原地区的大批王室贵族，显贵豪门为躲避金兵的追杀，多迁入吴中的孤岛避祸。大批北方氏族的涌入，推动了吴地古村，古镇的形成和发展。

这些古镇、古村饱含历史岁月留传的原真信息，是一个地区的人民千百年传统的活的见证，具有十分深厚的历史文化内涵。从贴水成街、因水成市，古镇那小巷深深、门庭林立，到湖山水秀丽、民风纯朴的水乡古镇用直，到江南的水乡古镇东山；古桥林立的东村；古街逶迤、牌坊高耸、宅第豪华的陆巷，明清厅堂冠江南的湖滨山镇东山傍水、波光塔影、富商云集、千年古镇木渎；到依山傍水、波光塔影、古桥曲巷、恬静古朴的光福——无不显示了吴中古镇的风采和文化内涵的博大精深。还有那小巷深深、门枕林立、高墙静立的陆巷；古风依然的角直；古街逶迤、牌坊高耸、宅第宏敞、古朴纯真的东村；宅第豪华的湖滨山岛，屋宇与山水一体，宛若天成的湖岛山村徐湾；庭院幽深的明湾，仿佛时光在倒流，历史的长风会迎面扑来，令人陶醉；风光秀丽，环境静谧，古风依然的角直里；荷池涟涟，屋宇山水一体，宛若天成的湖岛山村徐湾……都以其独特的古村风韵令人赞叹。

古镇、古村的每一块砖、一条瓦、一片瓦、一扇窗、一根柱、一条檩……都潜藏着一段段风雨沧桑。也许我们已过古朴，甚至沾着泥灰的腥黄，但那是我们的先民文化修炼的结果，是历史蕴藏的沉淀。如果说建筑是空间的艺术，那么古村古镇的历史街区的旧建筑，是一份凝固的历史记忆。若敬长久地保存、就会超出记忆，而表现为一种底蕴情调，一种哲学观点，一种文化内涵。

古镇、古村是一种文化遗产，具有人化了的自然所显出的文化特征；也是一个地区的人们为某种精神实践所需要而有意识地利用自然所创造的物质形态。以古镇老村为内涵的这种文化遗产，既有它们的外在形式，又有其深刻的社会、经济和精神的历史内涵。古镇老村在很大程度上可反映出特殊的历史、地方特点或一种早期的文化情调。它们与林林总总的可移动珍宝艺术品一样，是中华民族灿烂文明的载体和智慧的结晶，永远以其古老而又生生不息的文化精神，展现着诱人的魅力。

历史文化名镇

见中文物
第一章
古镇古村

甪直

古镇甪直,又名"甫里",位于苏州城东23公里的吴淞江畔。地处苏南平原的水网低洼区域,素有"五湖之汀""六泽之冲"之称。古镇南临澄湖、万千湖,西靠金鸡湖、独墅湖,北望阳澄湖、湖荡泽地,星罗棋布。镇内市河与吴淞江、清水江、南塘江、界浦江、东塘江、大直江流通,河网交错,碧水环绕。纵横交错的河港框架,经纬交织的河道分布,形成了古镇内外息息脉相通的水系。

甪直古镇有着悠久的历史。这里就有在5 000多年前的新石器时代,这里就有人类的繁衍、生息了。春秋时,吴王阖闾在此建有离宫。南朝、唐末时期,高僧名士云集,文化兴盛。古镇建制始于宋代,后为苏南平原的商业重镇。

甪直古镇面积1.1平方公里,全镇贴水成街,因水就市,屋宇丛密,街道逶迤,古桥林立,店铺鳞栉,民俗风情淳厚质朴。古桥、驳岸、河埠、古宅、古街、廊棚是甪直古镇的独特风貌。"小桥、流水、人家"是甪直古镇的自然景观和生活特征。

第一节 历史文化名镇

一、文物古迹

千百年来，由于古镇四周为广袤的沃野和众多的河荡，发达的农耕渔业经济孕育着古镇的形成，促使古镇成为姑苏城东繁华的商贸集散地，也才造就了这历经沧桑的条石与碎石相伸的古街老屋。

甪直古镇的街道有9条，与河港平行而筑，主街长2公里。街道路面以条石与碎石相伸。两侧店铺林立。20世纪50年代，古镇就有商铺637家，商贩400多户，古铺老店中以"万盛米行"、"一身煙"饭店最负盛名。集市有早、晚两市，交易四时农作物、商贸相当繁荣。

甪直古镇素以桥多而闻名，有"古桥之乡"之称。桥梁密度达每平方公里48.3座，旧有古桥72座半，现存41座，绝大部分为明清时期所建，古桥形式各异，有平窄的拱桥，有平窄的梁式桥，有多孔的，有单孔的，还有观赏性极强的双桥。

这些各具特色的古桥分列横跨在纵横交织的河港之上，桥影水影，交相辉映，形成古镇独特的风景线。而值得一提的是，古桥两端河道沿岸均筑有石驳岸，长达2 000余米，随同河巷水道蜿蜒延伸。

驳岸的壁面上雕凿有各种图案的缆船石，图案纹饰有：如意、寿桃、石榴、对橘、蝙蝠、夔龙、定胜、瓶(平)升三级(级)、吉祥之寓意的图案；有"狮子滚绣球"、"刘海戏金蟾"等民间传说故事的纹饰；还有象鼻、立鹤、莲瓣、焦叶等动植物的象形图案。其雕刻手法有浮雕、透雕、纹饰典雅，透露出浓郁的民俗文化情调，内容丰富，(见图)(刘海戏金蟾)。

此外，根据实用需要，沿河的驳岸上还筑有整齐美观的石砌河埠。河埠分一家一户的私用埠头和数家合用的公共河埠。因水应变化而设有高低的台阶，逐级下降。私家河埠头，有连与居室相通一，呈折尺形，河埠与居室相通。有的私家河埠合二为一，筑在檐极深的沿河屋檐下，既可挡风雨，又方便日常啟洗。公用的埠头以万盛米行前的石埠征水里最为宽大，长约30米，平整的长条石一级一级征水里延伸，使人联想起叶圣陶先生在《多收了三五斗》一文中勾勒的农船密集停泊于米行河埠前米枕的情景。

刘海戏金蟾

古镇以街巷、驳岸、古桥与河道一起构成了它的空间骨架。而水港河道既是水上交通的要道，城镇与乡村、城市联系的纽带，货物运输的通道，也是古镇居民的日常生活中洗衣、汰菜、交流、聚集的场所。在以船只为运输工具的年代里，为了方便来往商船、渔船靠岸贸易，才出现了众多的河埠、缆船石及沿河的店铺，形成"前店后宅"、"前店后坊"的集商业、居住、生活为一体的店铺。"下店上宅"、"前店后坊"的集商业、居住、生活为一体的街道建筑网络。这种充分利用地形地势、因地制宜、随形就势、灵活多变、择水而居、建筑与自然的有机结合，形式，是人与自然的和谐关系。

古镇大户人家的居室均建在街道的另一侧或坐落在小巷之中。其布局多以门屋、厅堂、住楼为

甪直街景

甪直街景

中轴线，功能分明。大型宅院，则有两路以上的群体建筑，每路层层深入。天井庭院三四个，台阶整齐、备弄纵横幽深。古民居的建筑结构以砖木为主，主体梁架多为穿斗式与抬梁式。大梁多为月梁形式，梁柱之间用棹卯连接。民居内的装饰颇有地方特色。厅堂内地坪铺方砖，前置落地长窗，后有平门相隔。前檐一般较深，盛行雀缩檐，廊轩形式。建筑墙体，两侧多为封火墙形式，造型变化多端。屋面硬山顶，盖以小青瓦、纹头脊、哺鸡脊，形式多样，屋脊有次毛脊、纹头脊、哺鸡脊，形式多样。庭院内的院墙端开有花窗，外墙色调以粉白、青灰为主，粉墙黛瓦，高低起伏，其形式与色调与自然融为一体，典雅而秀美。

古镇不仅具有独特水乡韵味的古街水道及民

居，更当有内涵深厚的古寺名胜。镇区内有各级文物保护单位12处，旧有的"甫里八景"也景景入胜。

梵宫救苦梁朝推甫里禅林第一。

罗汉塑源惠之为江南称第一。

这是元代大书法家赵孟頫对镇四保圣寺的评点文物保护单位。保圣寺创建于梁天监二年（503年），是我国重点文物保护单位。寺内珍藏的九尊罗汉，塑史上的奇珍。其塑造之精湛，神态之逼真，做工之讲究，还有明代的天王殿，飞角起翘，立脚飞檐，中外十分古朴。耸立在殿前的武康石质幢杆石，为宋代遗物。旧时每逢庙会，寺内幡幛招展，钟鼓齐鸣；寺外商贩云集，热闹非凡。西院内还有女子楼，四面厅，未厌亭，生生农场等。叶圣陶先生当年在甫里执教的校舍旧址尚在。西院内高高的银杏树下，

草坪青绿，环境幽静。北侧另有清风亭、斗鸭池、小虹桥、陆龟蒙塞等胜迹。唐代诗人陆龟蒙曾隐居于此，赋诗撰文，写出了著名的农具专著《耒耜经》，以及散文《野庙碑》、《田舍赋》、《后风赋》。

此外，古镇东市下塘尚有海藏梅花墅。对当时的社会的腐朽与黑暗进行了抨击与揭露。

这是《吴郡甫里志》对海藏梅花别业的描绘。据朱之蕃、林云风的《梅花墅占地60亩，规模宏大。该别业原有得闲窝、竞观堂、纪菊斋、映咏》记，该别业原有得闲窝、竞观堂、纪菊斋、映阁、港华阁、招延亭、在涧亭、碧落亭、漆砚小西洞、维摩庵、涵秋庵、流影廊、远砚、沧月廊、铺浣滩、浮红渡、涟诺景、园中亭、戏之场地。另有宏大的钟楼，可作歌舞演要建筑为得闲窝、空前石台广一亩多，连沿诸景、
闻。"海藏钟声"曾为甫直八景之一。

"梅柳荷花香，小桥流水长。
钟声绿丛隐，萝声出墙。"

别墅于晚清时期废记。现该别业仅存荷花池、假山等遗迹。

古镇东市桥头正阳桥前500米处尚有莲花墩，该墩是自然形成的江心洲，形如睡莲，每逢夏季，墩周风荷亭亭玉立，浓妆娇舞，多姿多彩，别有情趣。

第一章 古镇古村文物

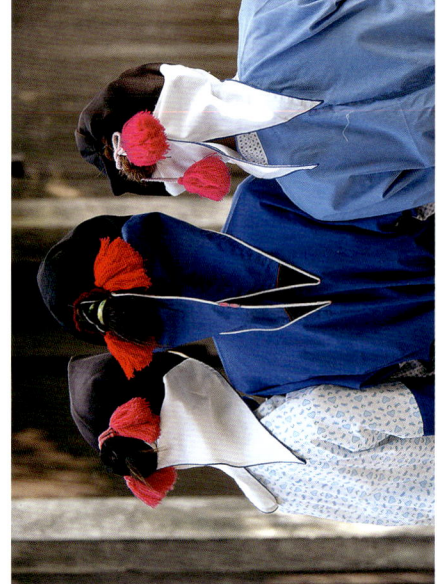

水乡服饰

如今古镇区居民仍然过着日出而作、日落而息的生活。传统的江南水乡生活情趣渗透到了居民每天的生活中。种花养鸟、作画吟诗、下棋品茗、木雕篆刻、古玩收藏，构成了用直居民独特的现代生活风貌，延续并保存着古镇的历史文化脉络。古镇甪直，于2003年10月被公布为中国历史文化名镇，现已对外开放。

古镇的风物是多彩的，而人文历史是丰厚的。自宋至清康熙年间，这里共出进士、贡生120余人。梁、唐之际，高僧隐士云集。元代创办有"甫里书院"，文风渐兴。特有的水乡氛围，也曾吸引了历代著名文人和书画家纷至沓来。这里曾是罗隐、高启、归有光、赵子昂、陈继儒、徐贲、钟煋、陈子龙、柳贯等历代文化名人游访聚会之所，也曾是著名书画家倪瓒、文徵明、沈周、童其昌等人吟诗作画之地。近代思想家王韬出生于此，且四代均为秀才。民国初，古镇得风气之先，兴办新学，建有甫里小学和学前幼稚园。著名教育家叶圣陶先生曾在此任教，育才育人。历代文人留下了深远的文化影响，极大地丰富了古镇的文人历史积淀。

甪直的水乡民俗服饰，至今仍保持着数百年前的风貌。头戴三角包巾，身穿大襟纽攀布衫，腰束白襕裙，外罩宽青束腰，脚穿绣花百纳鞋的妇女，和花纹的布匹拼接而成，束在腰部的襕裙也很具特点，长度齐膝，裙裥极细，裥面和裥带上均用不同的工艺绣以花饰。襕裙的外面系一条小穿腰，正中缝有一个大口袋，穿腰四周绣有各种花纹的图案。百纳鞋是水乡妇女的礼鞋，鞋帮上绣有几种花纹饰，鞋头上绣花卉，鞋跟后面加一块半寸见方的绣花小布。这种鞋既牢固，色调明快，形式活泼，透质朴而清丽，深受中外游人的青睐。梭角分明的包头是水乡服饰的标志。色彩搭配十分讲究：姑娘用花花布或青底白角，中年妇女则用黑底青角或蓝中，上年纪的妇女则戴全色包头。上衣款式为大襟、小袖、纽扣搭袢斜衽式。撷肩接袖的色调具有鲜明的地方特色。衣服的前后襟、肩部、袖部取用三种不同颜色

露出浓郁的乡土气息与独特的民俗风情。

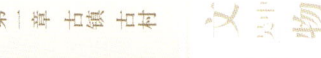

木渎

木渎古镇，位于苏州城西南5公里处的灵岩山东，素有"吴中第一镇"、"秀绝冠江南"之称。2005年9月，该镇被公布为中国历史文化名镇。

木渎迄今已有2500多年的历史。据民国版《木渎小志》记载，春秋末年，"吴王伐越贡神木，将筑姑苏台，积材三年，连沟塞渎"，故称木渎。

三国时，木渎已成集镇。东吴大将陆逊居于此。古镇建制始于北宋，为吴县属镇，元袭旧制，自明洪武二年（1369年）至清末，均置木渎巡检司设官分治，为吴县六镇之一。

古镇西濒太湖，灵岩、天平、狮山、尧峰山、七子山、横山等名山拱列相倚，地处四周山岭相雨的益冲，山塘河分流，水陆交通十分便利，因此在明清时期，木渎就已成为苏州城西重要的商贸集散地。清人徐扬所绘的《盛世滋生图》卷中，真实地描绘了240多年前古镇木渎市井繁华，商肆林立的盛况。木渎是吴中西部山区的门户，清康熙、乾隆帝南巡江南时，木渎都必临之所。

古镇内水系发达，河港纵横，背江和山塘河在斜桥之下交汇，使古镇呈现出"人"字形的河网骨架。镇内街道沿水平行而筑，形成了河路相邻、贴水成街，因水就市，古桥林立，驳岸连绵，商铺毗邻，居宇从密的古镇市井风貌。目前，有山塘街、西街、南街、下塘、白沙等古街道，长6400多米；古桥18座；河道驳岸7000多米，河埠50多处。

木渎山清水秀，商贸繁华，明清时期已是苏州近郊的第一大镇，优越的地理环境吸引了大批富商、名士和隐退官僚在此择地建园，休养生息，因此宅第园林颇多。明清两代古镇内仅宅第园林就有14处，群体民居宅院10多处，还有众多的古镇店铺。明清建筑面积达30000多平方米，如南街的冯桂芬故居、柳家长弄堂、山塘街的严家花园、沈寿故居、蔡少渔旧宅以及郑氏、王氏、下塘街的冯桂芬故居和邱宅；西街的严氏老宅、下沙塘的袁宅、陈宅等。这些建筑的平面布局大多沿中轴线向纵深发展，通常为三至五进，前低后高，宅第后均建有花园。一般住宅分前后两部分，前为厅堂，后为居室，商铺沿街而建，沿河的店铺挑河贴水面筑，驳岸设河埠，便于进货及日常生活用水。一般为前店后宅，建筑体量较小。

位于南街的冯桂芬故居，是一处明末清初的群体民居建筑，曾是清末文人、香山区区长冯桂芬的宅第。该宅由过墙门、厅堂、楼厅组成，保存完好。其砖雕门楼的图案雕刻极为精细，现仍由冯氏后裔所居。

冯桂芬故居与蔡少渔旧宅均为封闭式的深宅大院。陈列前厅后楼的主体建筑外，其后部均建有花园。整座院落宅第与园林相结合，布局合理，功能分明，相得益彰，反映了晚清时期苏南人崇尚自然的心理。

中国传统建筑与欧式建筑相结合的代表性作品。

坐落在西街的馀里楼是严家淦的伯父严良灿所造的一幢小洋楼。建于1927年，馀里即"馀利"，是严良灿在江阴盈利后所建，面积为650平方米，砖木结构。面阔七间，上下两层，中间三间施廊，廊檐下设三连式清水砖拱形门洞，精细美观。该楼红瓦青砖、清水墙体，室内置有壁炉，其形制色调具有西洋建筑的风格。

位于小筶弄内的天主教堂，系民国初叶的西式建筑。平面为长方形，砖木结构，方柱圆檩，"人"字形梁架，沿柱上部设拱形斜撑，采用哥特式飞扶壁结构。纵立八柱，左右对称，外墙开马洛克式门窗，左右五啊。堂内空间宽敞，采光良好。该堂是

此外，古镇内的馀里楼与天主教堂却另有一番情趣。

建筑是历史的符号。从冯桂芬故居俟宏庄严的大厅，到蔡少渔所建的走马楼；从形制古朴的冯氏古宅，到具有西洋风格的馀里楼——无不显示出古镇民居的建筑风采。从中可以窥视出木渎民居的发展脉络。

木渎古镇的水陆交通十分便利，因此明清时期其商业经济十分繁荣，商贾云集，货栈林立、街市活跃，涌现出了不少名店商号；其中，最有名的是乾生元与石家饭店。

百年老店乾生元坐落在邾巷桥北堍，素以生产枣泥麻饼驰名。该店原名"费萃泰"，于清乾隆四十六年（1781年）开业，当地有"乔酒、石饭、费麻饼"之民谣。光绪七年（1881年），费萃泰将

具有"色、香、味"三美：色者，其汤色美无比，奶黄色的鱼肝浮于汤面，嫩绿的芫心，色泽红绿相间，亦褐的香菇沉入碧清水之中，入口鲜肝即化，味道醇厚，鲃鱼肉鲜肝肥，满嘴生香；香者，汤上席，顿觉满桌清香，汤中的鱼腿、火腿、鲃肺的醇香，汇成一股诱人的清香，飘逸于席间，沁人心脾。一碗鲃肺汤要用一斤鲃鱼，因每条鲃鱼只有一肝与背上两块肉才能入汤，其汤之名之贵由此可见。

百年老店乾生元与石家饭店历史年代久远，失清代建筑的神韵。如果说商业民居与商号建筑是古镇的一部商业史的一页，那乾生元、石家饭店就是这部史书中光辉的一页，为研究吴地明清时期的商业史提供了宝贵的史料。

木渎古镇除丁街巷幽深、民居古朴、老店驰名之外，四周名山罗列，苍翠悦人，自然成为达官贵人、文人雅士卜居建园之地。这些私家花园或遗布在西街、山塘街和下沙塘，较著名的有：明人李氏的"小隐园"，清康熙年间吉安太守吴铨始建的"遂初园"，乾隆初年陶贞一所筑的"怡园"，清人徐士元的"虹饮山房"，钱氏的"潜园"，还有环山间、晓濂轩、采野园、端园、碧山草堂、岩东草堂等。其中，虹饮山房与徐士元读书处，乾隆四次南巡时待臣随员必宿于此，刘墉亦曾一肝与背上两块肉才能入汤，其汤之名之贵由此可见。

麻饼业务转让于人，更名为"乾生元"。乾生元生产的松子玫瑰猪油枣泥麻饼，选粒讲究、制作精细，具有香而不刺，甜而不腻，油而不溢，松脆可口的特点。深受麻饼齐作为御膳贡品，也被当地居民和外地游人作为古镇特产馈赠木渎品尝乾生元麻饼后赞不绝口，生产节节增高。1979年初春，著名电影表演艺术家赵丹游木渎，品尝乾生元麻饼后赞不绝口，先生题"石家饭店"四字，请茅盾先生更名，先生题"石家饭店"四字，饭店由此得名。

石家饭店则是一家百年老店，位于木渎中市街。石家饭店开业于清乾隆年间。原名"叙顺楼"，老板叫石汉。到民国年间，石汉的重孙石仁安经营时，饭店生意更加兴旺发达。由于石家饭店的鲃肺汤实际上是鲃鱼肝所烹制的汤菜，蒸等多种烹调技法，确保菜鲜味美。经过多年经营，创制了十大传统名菜。其中以鲃肺汤极负盛名，斐名中外。鲃肺汤是一种鲫科鱼类，状似河豚，身长三寸左右，为太湖特产。由于鲃鱼只在秋季桂花开时才成群出现在太湖里，而桂花剥时便潜近，前后不过一个月，因而尤显珍贵。石家饭店烹制的鲃肺汤，

两次寓于此。最有名的是端园，清道光八年（1828年），由里人钱端溪所筑，多楼台廊庑，有发于书屋，眺农楼，延青阁诸胜。后归严氏，清光绪二十八年（1902年），眺承祖荣良工重葺，号"羡园"，俗称"严家花园"，也是已故台湾政要严家淦的祖居。此园地处山塘河畔，北临广野，可远眺天平，极游目骋怀之致。高下得宜，内亭台楼阁错落有致，远眺灵岩，虽处山林，而结

构之精，不让城市。深得建筑学家刘敦桢的推崇。令人欣喜的是，近年来，当地政府加大了古镇整治的力度，相继修复了严家花园与虹饮山房、古同重现新貌，参观旅游者纷至沓来。

2009年春秋季以来，中科院考古所在镇西进行考古发掘，发现了总面积达24.79平方公里的春秋晚期都城址。古城址内有城墙、城门、河道、作坊、建筑基址等遗存。该古城可能就是春秋末期的吴国都城。这一重大发现，揭示了早在2 500多年前木渎可能是春秋吴国的政治、文化、经济中心。

姑苏台，是吴王阖闾同所筑的苑囿。虽然目前确址难定，但是，其地望应该在木渎附近。据《木渎小志》记载，该台在姑苏山上，高三百丈，可望见三百里。"雕治刻削，错画文章，婴以白璧，镂以黄金。状类龙蛇，文彩生光。十分豪华。姑苏台与灵岩山上的馆娃宫，均是春秋时期以自然山体景观所营造的吴中王室别苑，是苏州园林之滥觞。

胥江，是吴王阖闾同为运兵载粮而命伍子胥开凿的古运河。该河可直通太湖，南可抵越国，北可上中原。

而流经古镇的山塘河，又名"香溪"。相传西施沐浴之水流入此河，日久留脂不退，满河生香，故名"香溪"。《木渎小志》有"香水溪本在吴宫中，吴王宫人洗妆于此，故又呼为脂粉塘。今通称山塘水为香溪"的记述。方志又载，当年夫差听信谗言，逼二朝功臣伍子胥自刎，尸身被裹于鸱夷之中，抛入胥江。

这些可歌可泣的春秋史话，尚能勾起人们思古之幽情，从中可得到启迪与借鉴。

木渎历史悠久，其间人才辈出。自宋大中祥符八年（1015年）至清末，共出进士二十余人，举人27名。著名人物有北宋政治家、文学家范仲淹、元代银作名匠朱碧山、明代冶炼王高手陆子冈、诗人徐枋、吴宽，以及袁遇昌、杨基、汪瑗、叶燮、沈德潜、毕沅、冯桂芬、沈寿、严家淦、唐纳等。他们有的是当地人，有的是长期寓居于斯，为古老的木渎留下了大量的诗文及艺术作品。

而鲜为人知的是，东汉诗人梁鸿亦曾隐居于此。梁鸿是扶风平陵人（陕西咸阳市）。东汉初，入太学，学毕在上林苑牧豕。后归平陵，娶孟氏为妻，孟氏有德无容，取名孟光。后共入霸陵山隐居。耕织为业。汉章帝时，梁鸿因事出函谷关，经过京城时，作《五噫歌》讽世。汉章帝下诏搜捕。为避祸，梁鸿改姓运期、名耀、字侯光，南逃至吴，投任名士皋伯通门下，居于其廊下小屋内，后在灵岩山下上沙隐居，为人雇工。皋伯通见孟光进食"举案齐眉"，认为妻子对丈夫如此敬重，可非一般人，乃礼遇之。梁鸿遂在吴闭门著书，死后葬于要离冢旁。这段文字记述虽显苍凉，但能品出人生肌理，秦伯通慧眼识孟光，"举案齐眉"的典故才得以流传至今。

木渎不仅有脍炙人口的人文历史故事，名胜亦是十分迷人，除著名的天平山、灵岩景区外，木渎旧有"十景"，现有"斜桥分水""灵岩夕照""姜潭渔火""西津望月"，仍可见其遗韵。

此外，上沙有涧上草堂、明代画家徐枋卜居于此处40年，守约固穷，卖画为生，终生不入城，为明末遗民。他与当时富城的徐鸣盛称"海内三遗民"。灵岩山南麓还有馀书楼，九曲廊，砚石山房诸胜。最有趣的是尧峰山

庄，为翰林院编修汪琬晚年所置。山庄内有御书阁，锄云堂，墨香廊，卖鱼池，瞻云阁诸胜，是清初散文大家，与侯方域、魏禧并称"江左三大家"。以其古文雄视一时，仰慕追随者诸多。医士吴士熊屡访汪琬，十分喜爱灵岩山景色，亦在尧峰山庄旁买地建园，名"南坨草堂"，堂前有秀石，飞泉。王鉴六世孙王戚中木居于中，因崇拜汪琬，在尧峰山庄旁置地筑园，名"石均山房"，有真山真水，木瓜房、鱼乐轩诸胜。一时间，姑苏名士翕咏尧峰山色，盛极一时。

木渎古镇有山的依托，水的灵动，有老街古居、名园老店，有名人故居、名胜古迹，更有古老的史话……所有这些，均是古镇远的历史积淀，是古文明的缩影。

东山

古镇东山,位于苏州城西31公里的太湖东部的半岛上。2010年12月,该镇被公布为中国历史文化名镇。

洞庭东山,原为太湖中的孤岛,四面环水。由于泥沙的淤积,相向堆积成连岛沙坝而形成,清同治年间与陆地相连。全岛岸线长41公里,沿岸水域区水浅泥厚,滩涂湿地弥漫,芦苇丛生。岛上最高的莫厘峰,海拔296.8米,其余脉起伏连绵,形成众多的山坞,呈低山丘陵、湖滨、花果成林、植被丰富。其土质肥厚,气候温和,花果成林,植被丰富,历来是山明水秀的鱼米之乡。三山岛遗址的发掘,证明东山古镇历史悠久。

早在10000年前的旧石器时代,这里就有人类活动了。春秋时,为吴王泛舟游观采食之地。古镇建镇始于南宋。"靖康之难"后,宋室南渡。北方改年岁动,为躲战乱,中原士族纷纷举族南迁,定居洞庭东山者极多。他们"聚族而处,久成巷陌",中原先进文化的涌入,使东山的经济文化、社会组织产生了裂变与整合。到明清之际,洞庭商人崛起,云集江左江湖广。明代归有光云:"洞庭山人依山居,仅仅吴之一乡,然好为贾,在在天下所至多有洞庭人。""古天洞庭"称雄一时。他们以商贾起家,出现了"金、席、马、刘、严"四大家族,以及后起中兴的"叶、陆、王、前山叶、后山叶、周"八家巨富,盛极一时,为太湖之滨之商贾重镇。

古镇坐落在太湖边的二级阶地上,面积2.4平方公里。三面环水,北边倚山,果林掩映,风景秀丽。镇中街巷纵横,井然有序,高楼低宅,错落有致,宅第厅堂,依街巷而建。

古镇主街道呈东北西南走向,东起张师殿,西至麦场头,全长1500余米。除于1969年对中街改造拓宽外,东西两端各保留有500余米长的花岗岩条石铺设的古街。

街道石板下为泄水沟,古街两侧有小巷38条。主街道两侧数量众多,规模宏大,幽深的小巷分布着明清建筑30多处。其类型有宅第、

湖景

民居，店铺，井亭，桥梁，古井，古水洞等，还有"启园"、"夏荷园"等名胜园林。

由于东山历代均有名门望族，古建筑颇多。现存的明清建筑约占全镇建筑面积的3/10。著名的明清文物保护和控保建筑就有37处，如春在楼、裕德堂及花厅、松风馆、敦裕堂、诸公井亭、文德堂、椿桂堂等。这些宅第民居建筑的平面布局大多沿中轴线纵深发展，有横向分布的，通常为三至五开间，前低后高，进以庭院，天井，塞口墙相隔，中置砖雕门楼，设备各异，为日常生活的主要通道。

东山的民居，既有庄重古朴的深宅大院，又有小巧玲珑的园林小筑；既有装饰豪华的宅第，又有与名人有关的宅院；如春在楼、雕花大楼，规模宏大，装饰华丽，以雕刻有"三国演义"、"二十四孝"、"福、禄、寿"三星，以及各种人物戏文故事，花卉图案著称，而蓝古中外。

湖光秋色

现存的明清历代文物保护和控保建筑就有37处。著名的明清建筑有楠木厅、凝德堂、瑞霭馆、敦裕堂、秋官第、文德堂、春风亭、诸公井亭等民居建筑的平面布局大多沿中轴线纵深发展，也有横向分布的，通常为三至五开间，前低后高，进以庭院，天井，塞口墙相隔，中置砖雕门楼，旁设以居室，一般均以院墙相间，形成一个封闭的院落。整座宅第均分前后两部分：前者对外，有门厅，茶厅，正厅，有的还建有花厅；后为居室，一般均建楼房，楼与楼之间由双层廊相通，俗称"走马楼"。

东山的宅第十分讲究装饰，因宅主所营造，而以宅主的名字命名，因宅主曾苏州所营造，而以宅主的名字命名，因宅主严经任州府主事，而以州府官职命名，秋官第。凝德堂则以数量众多，色调素雅，图案精美的彩画而闻名，有"江南彩画第一"之称。

东山的宅第十分讲究装饰，从大门到厅堂，从梁柱到门窗，都有各种不同的雕刻装饰。尤其是砖雕门楼，独具特色，上有檐口，额枋，兜肚，挂落下有须弥座式底座。塑造成一个立面丰富的门罩，有的还有斗拱，垂莲柱，砖木雕刻有的只做拔檐，有的飞檐起翘，其造型各式各样，有各种木雕不同塑造。雀替，装饰部位，集中在窗栏，隔扇和梁柱交接处，装饰也斜撑上，这些地方是人们视线集中的位置，木雕为主，浮雕，圆雕，半隐半露，特别是镂空透雕的窗棂，隔扇相通，内外交融，使雕刻艺术照，既相隔又相通，内外交融，使雕刻艺术上得到了升华。对内部空间的处理，深沉，重组合，沟通。具有美妙的艺术效果，堪称中华建筑艺术的精髓。

其雕刻题材十分广泛，常见的花卉林木有"岁寒三友"、松、竹、梅，兰，竹，菊"四君子"，以及牡丹、芙蓉、海棠等；飞禽走兽有内风朝阳，喜鹊登梅，鹿鹤回春等；人物戏文及仙，三国演义，西厢记等人物故事及松鹤迎春等场面；还有"八宝"，博古图和福禄寿喜吉祥图案等。

大多含有祈福、瑞吉和道德教化的内容，内涵丰富深邃，反映了宅主人的心志和情趣。

东山民居的建筑装饰砖雕、木雕、石雕干炉，精美绝伦，是优秀地域文化的沉积物，具有极高的欣赏与研究价值。

东山古镇不仅有品位极高的古民居，而且有营造精良的古园林。

古镇的东北端尚有私家园林一座，名曰"启园"，是东山商人席启荪在家乡建造的别墅。该园依山临湖，占地50余亩，园内假山玲珑，池塘清幽，复廊迂回，花木扶疏，亭台楼阁错落有致。近太湖处，名曰"挹波"、"环翠"。登桥眺望，万顷湖水，水天一色，大小岛屿若隐若现，渔帆点点，水鸟飞翔，令人心旷神怡。

启园的营造，采用了借景的手法。它借园外浩瀚的太湖与巍峨的莫厘峰，引太湖之水人园，内外相通，并与湖中浮现升起的岛屿互相衬托，融山景、园景、湖景于一体，使人有风光无限之感。该园营建时，曾请当地著名的文人、画家参与议定方案，并参照明代王鏊所建的招隐园、静观楼的意境，精心设计。"临三万六千顷波涛，尽得山湖之胜"，使整个园林营造境深邃，历七十二峰苍翠。

古镇的马家底安仁里，还有一座私家小园，名"曲溪"，为明代严公麦所构筑。该园引东山西南诸峰之水，经秦家祠堂分流人园，沿溪皆文石，具有

响水涧

古镇东街北侧山均尚有雨花禅院,为叶氏家庵。始建于明万历二十七年(1599年),后毁。庵后壁吴厘岭之东南麓,枕山面湖,景色秀丽。庵后壁有泉自石隙中流出,常年不竭,曰"岑香泉"。禅院前后壁岩上,有"梵云"等题刻。1986年开始,当地政府铺石砌山道,建禅院,理水涧,复原了雨花台的部分景点,并使之成为居民晨练与憩息的开放场所。

引水借景是东山古园林的构筑特色。水是灵动的,也是妩媚的,有水则有景。古镇的响水涧,是以水形成的一处胜迹。

曲水流觞之意境,园虽小,意深邃。古镇东街北侧山均尚有雨花台。原有雨花禅

水,过平岭脚,过回曲折,逐渐南流,折而向东,旋又南向流入街旁,注入施巷河,全长2.5公里。水涧两侧以自然石砌筑,口沿设置石栏。由于响水涧上承吴围峰、山茅峰等高山之水,又汇注了各支山水。因此,山水奔腾直泻,水势愈往下游流愈急。每当雨后,山水溅珠,飞流争道,回环曲折,流泉漱玉,如晶帘,如瀑布,夹涧处,暴喷怒吼,气势磅礴,蔚为壮观,声光双艳,此外,古镇尚有诺公井亭、柳毅井、古紫藤等胜迹。

古镇东山历史悠久,人才辈出。明、清两朝出有状元2人,探花1人,进士40人。唐代著名诗人王昌龄、韦应物、白居易、宋代的范仲淹、苏舜

钦、李弥大及"唐、祝、文、仇"明四家等历代文化名人都曾到过这里,并留下了大量的赋咏洞庭东山的诗篇和描绘太湖水的画作。尤以明王鏊的《洞庭两山赋》,文徵明的《东西两山图》为最。

东山的台阁是传统民俗文化中的一朵奇葩。一股出现在赛会行列中。其内容均是民居民喜闻乐见的戏文故事。每一个台阁由上、中、下三层组成,高达3米多,上、中层由2名8~9岁的男女孩童扮演。男童在下,女童在上。在下者站立于1米见方的特制木质空座上,按剧情手执道具表演,一脚踏在道具上,另一脚悬空。下面由四人肩抬木质空座缓步行进,前有锣鼓开道,热闹非凡,十分有趣。这种台阁表演具有极高的欣赏价值,流传至今,经久不衰。

东山的传统产业以果树栽培、鱼塘养殖、种茶产茶为主。土特产品十分丰富:果类品种有17类142个品种;东山也是名茶碧螺春的原产地;枇杷、银杏、板栗也都名闻遐迩;水产品有22类、106个品种,太湖莼菜、白鱼、银鱼闻名中外,远销东南亚。

如今的东山已是苏州城郊著名的旅游胜地,古镇正以她那特有的风姿笑迎各方来客。

古紫藤棚

018

西山

西山镇,今名金庭镇,位于太湖的洞庭西山岛上。2001年,该镇被公布为江苏省历史文化名镇。

洞庭西山,是太湖中的一个孤岛。全岛岸线长405公里,面积82平方公里。四周小岛环立,岛上湾众多。沿岸水域湿地丰富。山脉连绵,形成众多的山均。沿岸缥缈峰海拔336.6米,余脉连绵,最高的缥缈峰海拔336.6米。其土质肥沃,气候温和,花果成林,桔柚丰富,历来是太湖地区的花果鱼米之乡。

西山历史悠久。根据岛上前家渡遗址出土的新石器时代遗物分析,早在6000年前的马家浜文化时期,西山已有人类居住了。春秋时,为吴王大差消夏、赏月之地。南宋初,康王南渡,为避战乱,北方氏族纷纷南迁。据胡同《洞庭徐氏宗谱序》记载,"政和而后,中原云扰,荒洲僻岛多为流寓托之地。"定居洞庭西山者极多,于是乎,八大宗族群人山唯恐不深。沈、蔡、马、蒋、屠、劳"八大宗族群族群根据西山岛独特的地理环境,结合各有家族的实际需要聚族而居,初步形成了西山镇特有的分散型村落集镇的雏形。这些南迁过宗族,崇尚商贾,主张经商重于仕进,至明清时期,洞庭商帮崛起,西山大批商人应运而生。盈利后商贾以置世自安,推动了当地社会经济、文化的发展,西山东部以东河为中心,南部以镇夏为中心,西部以堂里为中心的三角鼎立的集镇格局,这一分布格局至今未变。在江南地区的古镇中独具特色,对研究湖岛集镇的形成与兴衰有着十分重要的意义。

镇复位于西山镇东部,东临太湖,相传大禹治水时在此镇夏而得名。南宋时,沈氏寓从武康(今浙江省德清)移居于此后开始兴盛,清后期建镇。后一直是西山岛东南部的中心集镇,现有古镇区主要是南北向的上街及两侧古建筑,上街南起芝生堂国药店、北至当场,全长300米、宽3米5处。古民居12处。古镇现有居民500人。

东河又名"东宅河镇",旧称"唵里"。明代中期,徐氏宗族迁入定居后开始兴盛。因徐氏开灌通航,故称"东宅河"。明清时期,东河是西山东部的中心集镇。镇内街道呈"十"字形,南北长600米,东西长500米,中间的唵里桥相连。沿街有清代店铺8处,明清建筑15处,青砖混石,主要有介福堂,天官厅,三余堂,耕馀堂等。古镇内有居民600人。

东西蔡,在西山西部,因汉初用里先生隐居此处而得名。北宋时设用里巡检司,南宋时秘书郎郑庚之迁居于此,明中期形成集镇。古镇布局呈棋盘状。现存主街为东西向,东起万年宫,西至文昌宫。全长300米,宽3米,路面为青砖铺作。现存古居民9处,古桥2座,另有禹王庙与码头。古镇内有居民200人。

东西蔡,位于西山岛南部的消夏湾湾畔。消夏湾是春秋时期吴王夫差携西施避暑处。南宋时,高宗赵构的秘书郎蔡源随康王南渡至临安,于绍兴二年(1132年)病卒。其长子维孟,次子继孟,三子承孟以葬父为由,于绍兴十二年(1142年)奉母赵氏移居西山消夏湾。长子维孟居西,即西蔡;次子继孟居东,即东蔡。始成村落。而后,秦观五世孙秦益之爱西山之山水,归葬于缥缈峰飞仙山麓,其子秦通缘庐墓守孝其父墓旁,后亦在此定居,称"秦家堡"。蔡,秦为宋室贵族后裔,曾兴盛一时,明初形成集镇。东西蔡与秦家堡三地相连。现古街道平面呈"十"字形,全长600余米,宽2.5米。街道路面用青石,花岗岩条石名铺设,下筑下水道。街道两侧古宅相连,有明清古民居20余处,代表性建筑有芥舟园,爱日堂,春熙堂,畲庆堂,绥吉堂。

西山镇目前尚存明清时期的古建筑50余处,种类有民居,古店铺,巷门,桥梁,码头,古道,祠堂及寺庙;绝大多数是古民居。其中,文物保护单位有23处。

西山的古民居多为深宅大院,且四周均有高耸的院墙相围,形成封闭结构。平面布局一般为一路多进,依次为门厅,大厅,天井,楼厅,依中轴线分布。大型宅院则为三路多进的群体建筑群。宅院中有多条幽深的备弄相通。各进单体建筑之间有庭院或天井相隔,错落有致,形成独立的单元,且往往随地形高低而就,鳞次栉比。民居形式大多为硬山顶造,设有高耸的五山屏风封火墙,披顶黛瓦。宅院内的装饰十分讲究,雕楼画栋,色调古朴素雅。屋内的门楼,梁柱,额枋,雀替,门楣,窗棂,裙板一般均雕刻有各种图案。庭院中还堆以假石,植有花木,身置其中,仿佛在名园胜境中徜徉览胜。

西山古民居多数在门楼,照壁,匾额中有绝对纪年,这为传统建筑的断代提供了佐证。

值得注意的是,西山至今仍保留着明清时期的古店铺。尤其是涵村的明代店铺,以传统的矮挞门雕檐式结构成多个营业窗口,可自由开启,十分方便前檐缩进一界,形成购物者的逗留场所。店铺内充分利用有限的空间,在次间搭建有储仔货物的阁楼,梁架做法简洁,室内空间感较强。这种实用合理的古店铺形式,是研究明代乡村商业建筑的优秀实例。

由于西山地处太湖中的岛屿上,自古以来就以湖光山色优美,名胜古迹众多而著称于世。太湖七十二峰,四十一峰在西山。清人沈彤在《游包山记》中云:"太湖峰七十二,名者八九,包山(西山旧称包山)最著。""岛屿纵横一镜中,湿银盘萦浸芙蓉"亦是古人对西山自然景观的描写。有句歌词唱得好:"太湖美,美就美在太湖水。"浩淼的太湖水,碧波万顷,浩浩荡荡,似仙境,似海市。西山古镇如青螺一样镶嵌于其间。

东河古街

如今的西山胜迹如云，旧有的八大胜景，现遗韵犹在。石公山山景如画，林屋洞迂回深邃奇巧，寺静邱幽谷，钟声回荡，罗汉寺前古紫藤天妖拿空。此外，角里北端的郑泾港口尚有千年古寺禹王庙，庙秀的地面上有宛如来籽大小的铁色砂粒，相传是大禹当时铸剑斩孽龙时留下的。大墈岭头还有清巡检司的东山总兵王之敬。山岩上镌刻着李根源先生所书的"角头寨"三字隶书题刻，此地为太湖中的兵防要地。此外，尚有明月湾，消夏湾，柏里古道，后堡井亭，罗汉寺，无碍泉等诺胜。

西山也是名人辈出之地，自唐的元清同治均同共出进士13人，举人55人，汉，梁之际，高僧隐士云集，佛教兴盛，这里曾是传说中的"商山四皓"及葛洪，李弥大的隐居之地，也曾是著名诗人白居易，皮日休，陆龟蒙，文徵明，祝枝山等人吟诗作画之地。人杰地灵的西山，文人墨客为她留下了不尽的鸿篇巨作和传世诗作，极大地丰富了西山的人文历史底蕴。

西山也是名人著的花果之乡，盛产杨梅，枇杷，梅子，白果，板栗，柑橘，石榴等，物产极为丰富，碧螺春的原产地，也是名茶。

西山的太湖石闻名于世。太湖石是经风化溶蚀和水浪冲击而成的一种石灰岩石，有青，有白，黑三色。其质地坚硬，浸润不朽，纹理纵横，涡洞相套，玲珑剔透，造型清秀奇特，具有"皱，漏，瘦，透"的特点。唐代，西山太湖石已作为贡物进京。北宋书局《太湖石记》云："石有族聚，太湖为甲。"宋代应奉局朱勔曾在西山大小幼山采易的汴京皇家园林"艮岳"。如今，文化遗产地苏州留园中的"冠云峰"，织造府中的"瑞云峰"，杭州西湖的"王玲珑"，上海豫园的"玉玲珑"，北宋未年来自西山的"皱云峰"，被誉为"江南四大名石"。

西山是古老的，也是多彩的，如今的西山已成为国家旅游度假区，正以她那特有的风姿迎接四方来客。

光福

光福镇，位于苏州城西邓尉山北麓。2001年2月，该镇被公布为江苏省历史文化名镇。

光福原名"野步市"，又名"梓里、邓尉"。从该镇出土的新石器时代良渚文化的石犁考证，早在4 000多年前这里就有人类活动了。据《光福志》记载，春秋时期，吴王阖闾在此圈地养虎，遂名"虎溪"。南朝梁大同年间（535—546年），九真太守顾野王舍宅建光福寺后，镇以寺名，称"光福"。古镇建制始于南宋。明代为吴县六镇之一，后一直是苏州西部的商贸重镇。

古镇坐落在大湖之滨，上、下崦湖之间，南依邓尉，龟山崛起于镇内。浒光运河流经镇北，山水掩映，花木成片。漫步镇内，仰面可见山，俯首可见水，正如明代画家沈周所言："屋上有山犀下水，开门波光眼如洗。"素有"山镇水乡"之称。

清代《光福志》云："自昔相传，镇在梓里，今鏖市四面环山，询称山市，民则依山而居，平日而市。"如今古镇格局未变，古镇老街以崦溪河两岸为主线，龟山为中心环山傍河而筑，街道较窄，路面铺以碎石，两侧店铺，民居规整古朴。清一色的粉墙黛瓦，恢宏的五山屏风墙，扁砌的青砖围墙，木制的矮挞门等明清风格的建筑与装饰形式，透露

古镇坐落在太湖之滨，上、下崦湖之间

出恬静古朴的气息。市河两侧龙岗石砌筑的驳岸蜿蜒连绵。石埠、码头整齐，保留着原有风貌。全镇街市依山傍水，波光塔影，古桥曲巷，景色宜人。镇内现存的古建筑，主要有光福寺、塔、桥。

东崦寺堂、龟山南侧的小巨角民居群及光福寺行

坐落在龟山南侧的光福寺，是县市级文物保护单位。寺创建于梁大同年间（535—546年），寺内现存建筑有大殿，巍立在寺后龟山之巅。塔通高30.5米，唐朝宋建四面七级，为砖木混合结构楼阁式佛塔，是光福古镇的标志。

坐落在小巨角23号的周宅，是古镇内典型的晚清民居建筑。该宅坐西南，面东北。其门屋临小巨角街，后接旱桥弄，前后四进逾30米，门屋两间8.4米，后桅两厢房，天井长4.7米，宽3.4米，后接大厅。大厅面阔两间18.6米，进深9.2米，住楼面阔六间，带两厢楼，两次间设船篷轩，明间前设落地长窗，窗栏栅板雕有各式花卉，禽鸟图案。楼上八架副檐做法，大梁两端均楼雕狮子头梁垫，装饰豪华，厢楼面阔两间，进深4.9米。住楼前有"宣统己酉"年款砖雕墙门一座，是该宅始建的绝对年代。字牌内镌"燕冀诒谋"额文，上下枋雕有松鹤、祥云、花草纹，雕篆精细，技艺精湛。住楼后有天井长19.9米，宽2.75米，连接后宅院。后屋面阔四间，进

深5.8米。其后为宽敞的庭院，院长13.2米，宽5.4米。院内凿有古井一口。整座宅第四周筑有围墙，围墙上开有漏窗，形成封闭式的院落。这种前临街后通弄的多天井的深宅大院，特点是进出方便，内部空间十分流畅，十分适宜人居住。

位于古镇北辽里高花塘的光福蚕行，是一处创建于民国二十六年（1937年）的集收茧、烘茧、储茧丁一体的蚕茧加工作坊。开办时有收茧铺面、烘茧车间、机房、锅炉房、办公室、膳房、蚕茧库、煤炭仓库、杂物间、宿舍等10余间用房。现除了当年从日本进口的大和三光自动烘茧机与锅炉已出售外，原有建筑群尚在。光福蚕行的存在，为研究江南地区的蚕桑种植业及其发展史，提供了珍贵的实物资料。

光福素有"湖光山色，洞天福地"之称。镇内名胜众多。龟山东麓有"冀泉""墨泉"，相传是南朝梁代大学博士顾野王著《舆地考》《玉篇》的洗砚之地。现池尚在。镇南叠翠连绵的邓尉山岔相传是东汉大司徒邓禹隐居之所，山下司徒庙内有邓禹手植的汉柏四株：清、奇、古、怪，树形奇特，历劫不磨，为天下奇观。邓尉山南麓尚有千年古刹圣恩寺，该寺规模宏大，盛极一时。清康熙帝曾多次驻跸于寺中，并赐御书"松风水月"四字。现该寺为市级文物保护单位。

镇西吾家山麓有名扬四海的"香雪海"胜景，早春花开时节，繁花似雪，暗香浮动，微风吹拂，香飘数十里。以致清康熙、乾隆曾多次亲临赏梅。吾家山上尚有"闻梅馆"，馆敞厅三间，前置平台石栏，掩隐在梅林之中，两旁石柱上的楹联斐然可诵：上联为"寻来商邱题咏遗文胜出十里梅香归吐纳"，下联为"访清高宗游观陈迹今怀旧四周山色感兴亡"。馆内抱柱联为乾隆御题："疏影横斜水清浅，暗香浮动月黄昏。"出闻梅馆，往上攀登数十步，有梅花亭。该亭平面呈梅花形，亭高两丈余，攒尖顶，翼角飞檐，五根花岗石质圆形檐柱主撑屋面，亭内顶部设梅花形藻井，并以青铜立鹤结顶。整座亭寓"梅妻鹤子"之意。该亭由著名建筑师姚承祖所建，具有较高的文物价值与建筑价值。

梅花亭南，还有《再叠邓尉香雪海歌旧韵》碑，为清高宗弘历历次赋抒予写的一块诗文碑青石质，通高3.10米，宽1.15米。碑额浮雕双龙戏珠，龙身夭矫盘曲。碑文清晰，该碑文是乾隆第四次到邓尉山时所作，以诗的形式，对光福"诸冈连属，适可寻娱"的景色尽情赞美。该碑书体流畅，一气呵成，为乾隆御书碑文中的上品。

无独有偶，在光福寺西方殿廊墙内，也有一方

古桥曲巷，景色宜人

春到梅花盛开

春到香雪海

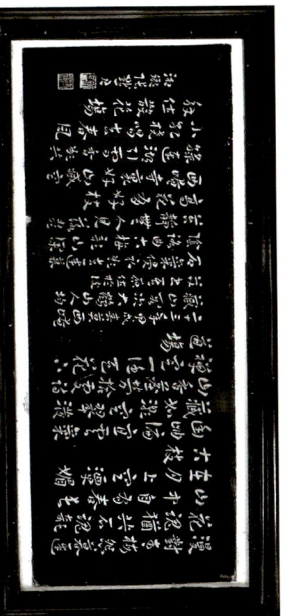

梅花诗碑

描述香雪海梅花的诗文碑，录有七绝探梅寺四首，曰："漫对青梅怨香迟，花魂犹共石魂欹；山中自有春常在，月上空潭媚雪枝。幽咖偏宜云气藏，一任开花傍寺藏。三十二年甲戌春暮，西崦藏山阁沐大鹤山人光福藏寺行其原作于后：石气一侵衣欲去迟，湘乡张氏飘客韵。翠涛湖香，尘芳冶处诗禅定。十里好山，山深苦静无人见，落尽高花有好枝。西崦藏春风鹤散花场，欲共小红拖唱曲，山人所赋。两首为张香寺女士步大鹤山人韵和诗。诗文以描述香雪海的梅花引人人胜，抒发了自己向慕洁静寂的归隐生活的心理。

"袅袅春风梅信始"，郁郁葱葱香雪海"。香雪海的梅引来了历代无数的文人雅士，骚人墨客，乃至帝王贵胃去探，去赏，去咏。这恐怕就是古镇名胜的魅力吧！

值得一提的是，古镇西崦湖畔的官山岭上，还生长着成片的珍稀植物——木荷。木荷，是一种木本植物，属茶科，四季常绿，树皮呈深褐色，主干挺拔。其叶片为对生，呈椭圆状，叶面光滑靓亮，繁质厚如油漆，木荷花夏季开放，花色洁白，芳香馥溢，沁人心肺。

木荷是中亚热带常绿阔叶植物，"以木荷为群种的官山岭常绿阔叶林，是天目山、黄山、庐山以北唯一残存的地带性常绿阔叶林"。光福官山岭是这种植物纬度最北的生长地。木荷在官山岭的存在，对研究植物群落结构，植物种群的存在，植物群落结构，植物种群生态环境均有十分重要的意义。

此外，光福还盛产桂花，是全国桂花五大产地之一。种桂花历史始于唐，其品种有金桂、银桂、白桂、丹桂、四季桂及月桂。年产量达300多吨，远销东南亚。

光福镇的居民，自古男以耕种商贾为业，女以蚕绣为工。传统的山镇水乡的生产、生活渗入了居民每天的生活中，刺绣雕刻、花木盆景，书法绘画，下棋品茗，构成了光福居民独特的现代生活风貌，延续并保存着古镇的传统文化脉络。

古村落

吴中文物 第二章 古镇古村

第二节

陆巷

陆巷古村位于苏州市吴中区东山镇西部的太湖之滨，地处浙江天目山余脉的湖滨丘陵区域。村落群山环抱，南临太湖，倚山面湖，风景秀丽，是一处湖溆山村聚落。

古村形成于南宋时期，史载末至南渡时，王、叶、姜、金等诸将安顿家眷于此而逐渐兴旺。明中期至清道光间为该村的繁荣期，这一时期古村出了1名状元，1名探花，11名进士和40余举人。近代和当代又出了3名中科院院士及百余名教授，古村名人辈出，科举成就极高，文化积淀深厚。2007年5月31日被国家建设部、国家文物局公布为全国历史文化名村。

古村面积约35万平方米，人口2400人。至今仍保留着以一街（紫石街）、六巷（文宁巷、康庄巷、韩家巷、旗杆巷、因西巷及姜家巷）和三港（寒山港、陆巷港、蒋湾港）为构架的明代村落格局。

古村内原有明清时期的厅堂72幢。目前，仍有明代至民国时期的建筑44处。其中，明代建筑19处，清代至民国时期的建筑25处，类型有祠堂、牌坊、客栈、宅第、民居及公共消防用房、时代跨度大，建筑类型丰富。众多的明代建筑的存量，目前位居江南古村落之首。其中，三观堂的歇山四坡落翼做法在吴中地区已极为罕见；怀和堂是苏州地区确切建造年份的明代中期建筑，是研究清代江山村聚落地面积最大的群体民居建筑，陆巷古村是太湖地区的一个缩影。从它目前尚存的形态，可窥视出当时建造者的理念，从陆巷古村聚落的位置与街巷、河道及民居的分布角度考察，大体上有以下几个特点。

选址科学合理，环境优美独特

古人建村对选址是十分讲究的，所谓"相土尝水，象天法地"，"凡居民，量地以制邑，度地以居民"（《礼记·王制》），以风水学、地理学说等自然生态的好合思路进行实地勘察。陆巷古村也遵循了这一是古代聚落选址的原则。

则。古村将村落的位置选择在濒临太湖的一处山势起伏、群山环抱的山坞里，使山村处在一个封闭回合、气势壮观的地理环境之中，选址的"风水"要素俱全。

打开陆巷古村的地形图可知，围绕古村周围的成形山脉有3条：东有白石岭，山脉西北走向，主峰海拔202.9米；东北面有鹅头岭，山脉南北走向，主峰海拔195.5米；北面和西面有寒谷山脉，主峰海拔43.9米。山脉走向呈东西向扇形环抱之势，正南有一无名小山，峰高28.1米。西南为一山口，濒临太湖。古村选址权衡四面山水而择其中，村东与村东北以鹅头岭、白石岭为依托，村北与村西的寒谷山脉形成蜿蜒双翼相护之势，村西南开口处面临太湖，形成"负阴抱阳、背山面湖、藏风聚气"的封闭回合格局。因此，古村不仅获得能挡寒天北风，能纳南向阳光与太湖水气的良好气候，更有青山绿水、林木葱郁、四时光色、景象多变的自然景色。构成古村动人的山水田园画卷。

在构建山村人工环境的空间上，古村顺应自然、因地制宜，充分发挥地利和自然环境优势。村落布局以一条紫石街为轴线纵穿南北，轴线一侧六条巷贯穿东西，将72座精巧玲珑的院落，随山势高低变化错落有致地布置在这六条巷所在的山坡

上。而紫石街的另一侧，四条水系（现已湮灭一条）——四港直通大湖。鸟瞰村落的整体布局形如一"蜈蚣"，蜈蚣为百足之虫，百足之虫又似地龙，伏卧于山坞之中，其形大吉也。

古村风貌质朴，具有浓郁的地方特色及优美的人文景观

由于选址的合理，使古村形成了"山抱村落林绕屋、青峰楼阁架碧空"的诱人的山村风貌。当你走进古村，但见村居高低错落，其节线像跳动的旋律，勾画出古村丰富多变的立体轮廓。连接村口的河港里碧波荡漾，水清见底，村后的山坡下、黄石砌筑的水潭边孩童在嬉戏……一切是那样平静。而蜿蜒的山道边，形成了错落有致的片片果林，果林中身背的山农肩背勾篮，脚踩八字木梯在修剪果树……值得指出的是：这种石块砌筑的层层叠叠的石坎果林，是山村特有的文化景观，它强烈地反映出山村果农利用自然、改造自然的智慧与力量。同时，也折射出古村山农"日出而作，日落而息"的生活形态。

村内的紫石街，长约1公里，由花岗岩条石铺成，街面被磨踏得十分光亮。老街两侧古宅毗邻，库门林立。老店沿街而设，阶沿光亮，墙面斑驳。古街中段魏然矗立着三座高大的牌坊，前后相瞩，并肩接踵。这是明代广部尚书、文渊阁大学士王鏊及其后人在故里陆巷建造的三座功名坊。因王鏊在明代成化十年（1474年）乡试，次年会试都是第一，殿试第三名，其功名分别为"解元"、"会元"、"探花"。三牌坊真实地记载了王鏊功名的不朽。值得注意的是：牌坊前后街边的石条上还镌刻着骄

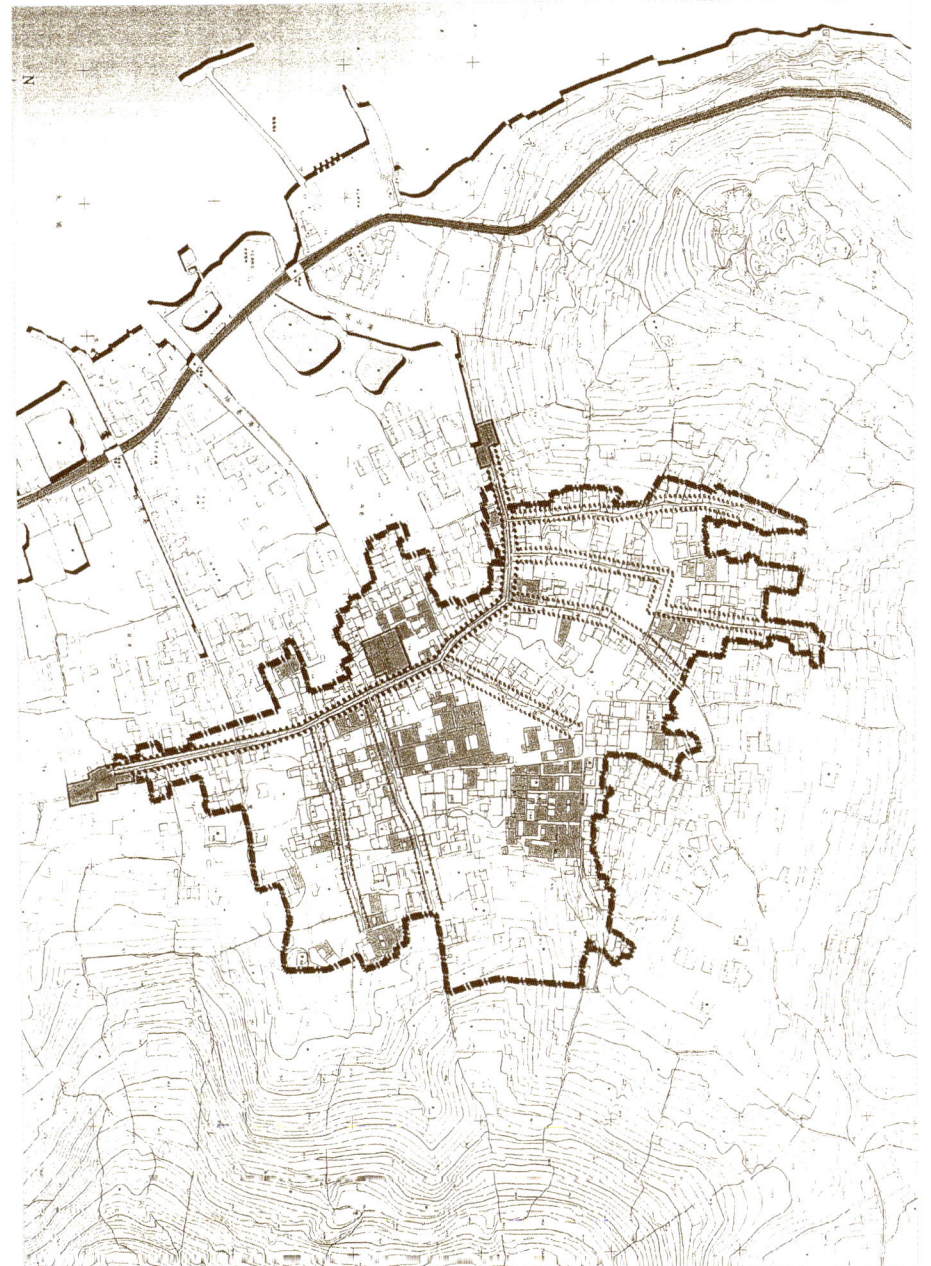

马上下的标记,记录着昔日骑马乘轿之人在古街上行走必须遵循的规矩,这里也许就是历史凝固的地方。走小巷,青砖砌成的路面镶嵌着青葱的小草。小巷晚晚伸展,那是出奇的寂静,小巷幽深,顺着山坡晚晚伸展。青砖砌的路面镶嵌着青葱的小草,小巷深深,民居疏朗平和,透露出几分幽雅的自在。几段院墙连接着一家家的门头,柴门半掩,矮墙半截,花树茂盛,红杏出墙。高高的银杏树,苍立在宅子旁的瞰地上,树下横卧着古老的青石条,正延续着历史的丝丝缕缕。那斑驳的建筑,那厚重的砖墙,那精巧的门窗,那满印渡的井栏……古韵依依,都蕴藏着历史的积淀,展示了古村质朴的风采。

民居建筑"气势恢宏,布局严谨"

建筑的空间布局受到中国封建社会儒礼宗法制的强烈影响,是研究江南乡村历史的珍贵资料。陆巷古村素以众多的明清建筑者称。从这些明清建筑的空间布局,体量安排上看,显著表露出等级、渐进和尊卑、秩序的观念。这种观念在大型群体建筑中体现得尤为明显。大型群体建筑往往以居建筑中体现得尤为明显。大型群体建筑往往以路主体建筑为中轴线,在其两侧再安排东西两路铺助建筑,如古村内的粹和堂、惠和堂均是大型民居建筑。古村内的这些大型民居建筑,作为主体的中轴线建筑布局十分宽敞,用料颇大,结构上以冶梁为主。而边路的次要建筑,则相对狭小、构架以穿斗为主。古村多进的路线分布。民居则可以伸线呈路多进分布。宅院的四周均以高的院墙、形成封闭的空间,建筑群的围合为主的观念与封闭保守的特征。

古村民居建筑群的装饰融木雕、砖雕、石雕三类雕刻艺术于一体

陆巷古村的明清建筑不仅气势宏伟,布局严谨,而且装饰豪华,雕绘精美,工艺精湛,尤其是古村的一道亮丽的风景线。最吸引人的莫过于木雕、砖雕、石雕这三类雕刻艺术。在民居建筑的门窗、照壁、梁檩、轩桁、雀替、树木、山雾云、檐口挂落、抛枋、隔断等部位,都精雕细刻了许多门枕、柱础、抛枋、隔断等部位,都精雕细刻了许多具有民族传统内容的纹饰图案。其题材丰富,表

古村名人辈出，科举成就极高，人文积淀深厚

陆巷所蕴藏的人文底蕴同样也十分深厚。这里是明代成化年间户部尚书、文渊阁大学士王鏊、明万历年间进士王禹声、清康熙年间状元王世琛、清光绪年间进士王颂蔚，有"王一帖"之称的著名仿寒病医生王祖谦、建筑工程学博士王季绪、女教育家王季玉、美术教育家叶家新及骨科专家叶衍庆的故里。这里，有在明清两代被誉为"一门四进士"的王家和世代出名士的叶家。明清两代，古村出了1名状元、1名探花、11名进士及46名举人，近代当代又出了数位中科院院士及160多位教授、科学成就极高，至今犹为邑人津津乐道。小小一个山村，孕育了这么多名人物！也许是集山岭不凡气势，滋润了这些名人大家的人生，是三万六千顷浩淼太湖水磅礴的气势，感染了他们走天下激发的梦想，才使得这里文气浩荡，才情四溢。

千余年的风雨、千余年的沧桑，古村依然盘豆在太湖之滨的箕山岭下。山青青，水潺潺，古村经过漫长岁月的磨砺仍然卧伏于山坞中。陆巷古村扰如一页凝固的历史记忆，记载着过去社会的经济、文化内涵，显现出一个地区的人们所创造的物质形态，也以其古老而生生不息的文化精神，展示出诱人的魅力。

古村名人辈出，科举成就极高，人文积淀深厚

如果步入古村的明清建筑中，你会惊喜地发现，几乎每幢建筑都有木雕、石雕、砖雕作品。其雕刻之精美，题材之广泛，令人惊叹。

走进这些古老的民居中，既能看到明清时代明朗简洁的雕饰艺术风韵，也能欣赏到清代精细繁缛的雕饰艺术风格，如同走进了雕刻艺术的殿堂。

坐落在姜家弄的双桂楼，是一处明代民居建筑。其照墙上饰有五朵牡丹、五朵梅花，独朴两角，枝叶相铺，花朵盛放，构图饱满，图案瑰丽，引人驻足。二楼梓木所镂雕的獾、鹿，运用虚拟合张手法，将獾与鹿两种动物组合在一起，形成诸音寓意"欢乐"之意。

粹和堂的棋乐轩馆沿廊贴砖细面满卷草缠枝纹纹，纹饰饱满流畅，如云团，像丛花，优美的旋律给人以美的享受。檐下镂雕的回纹挂落，屈曲空灵；下悬的木雕花篮中，梅、兰、牡丹竞相开放，十分喜庆。令人愉悦。底层大梁上雕刻的展翅飞翔的双凤，祝颂长寿的寿桃，竹叶、果形饱满、枝叶秀美。平梁上的花开放，四季花开同在，缠绕的纹绕，欢快自然。还有二楼轩梁上的蝙蝠祥云纹，生动一堂，含"遍福绕梁"、"喜从天降"之意。山头雾云镂空的双凤朝阳纹，双凤展翅高飞、祥云飘浮，给人如入仙境之感。可谓是"堂前珍禽飞、屋后瑞兽行"。粹和堂中路砖门枋的"鹿十景"，各种形态的鹿，或跑或卧，生动活泼，劲健优美。下枋浮雕的"鲤鱼跳龙门"图案，鲤鱼形体弯曲、跳跃有张力；以圆弧形线条组成的水浪，层层叠叠，汹涌澎湃，极富韵律美。

惠和堂书楼前照壁砖细抛枋浮雕的"九狮图"，采用高浮雕、圆雕，镂空等手法，刀法雄浑，雕工精美。所雕的狮子，生动活泼，形态各异，具"九世同堂"之意。

明湾

明湾古村,坐落在苏州市太湖旅游度假区洞庭西山岛南端的太湖边。因"湖是环抱,形如新月之湾",故称"明湾"。明湾是西山岛上最古老的村庄,相传早在春秋时期已成村落,村民多数是吴越表的后裔。从唐代诗人皮日休《太湖诗·明月湾》诗句的记述来看,唐代的明月湾已是"明月湾"。白居易《夜泊旅望》"晓啼鸡叫处,渔家竹篱间;耕鱼树之";宋末时,赛作鱼梁述","野人波涛上,民已"实洞庭西山明月湾约约迁人,村中的秦氏、吴氏、邓氏、黄氏等贵族后裔聚族而居,古村开始繁荣,至清乾隆年间为鼎盛期,延续至今千年不衰。2007年5月被国家建设部、国家文物局公布为全国历史文化名村。

明湾古村,三面环山,一面临湖,山环水抱,形势奇胜。古村本体的面积9万多平方米,其平面布局因因山川地势呈低盘格形,村内古民居沿街巷形成片分布,历代营建不断,高低错落有致,纵向分布与横向发展交织,形成了街道纵横,小巷幽深的村落布局。民居建筑与山环水绕的自然环境十分和谐地融为一体。村中的街道全长1140米,共用4500多块花岗岩石铺成,街道上走行人,下为排水沟。据《明月湾修治街埠碑记》记述,该石板街建于清乾隆三十五年(1770年)九月,由于泄水功能极好,有"明湾石板街,雨后着绣鞋"之民谚。

明湾古村现存清乾隆、嘉庆年间的民居、祠堂10多处,较完整的有瞻乐堂、瞻瑞堂、礼和堂、礼耕堂、凝德堂、汉三房、仁德堂、黄氏宗祠、秦家祠堂、群家祠堂、敦伦堂等,民居的平面布局均营建成一个长方形的封闭的院落,一般为三进,大多建楼,各进中轴线分布,依次

为门屋、大厅、住楼,各进之间设天井、门楼前后贯通。每进建筑功能分明,主从有序。厅堂是迎宾和举行喜庆礼仪的地方,往往陈设讲究,有台、几、椅外,还挂有字画、对联,住楼为主人生活起居和小姐的闺房,称"内楼",对联,男主人主在前厅主持全家大事,女主人主在内,在后厅处理家事。空间划分主从有序,这种宅等可分透露出宗法伦理制的森严。而大户人家的宅等可分透露出宗法伦理制的森严。一路为生活起居和迎宾之所;另幽深的备弄贯通。一路为生活起居和迎宾之所;另一路设有书楼,为读书、习字、吟诗之地。清嘉庆年间的榆耕堂,西路建有名为"防楠轩"的书楼;清乾隆年间的礼和堂,东路建成贡式花篮厅形制,书楼的楼下均建成贡式花篮厅形制,楼内光线充足,前为庭院,堆以假山,植有花木,环境幽雅,透露出浓重的书卷气息。

此外,古村村西南村口还有一湖湾,湖湾东西宽70厘米,南北长约100米,口窄内宽,呈不规则折尺形,湖湾两岸以青黄石砌成驳岸,沿沿荡荡湖口外为浩瀚的太湖,水天一色,湖湾中碧波荡漾,水质清澈,湖湾中段架一东西走向的花岗石平桥,小桥流水,有收有放,湖湾北端连接古街下的泄水口,湖湾西昔日为一片古地约15亩,古街上的茂密的防风林,参天古木,遮阴蔽日,绿意盎然,美不胜收。

湖湾口西端的太湖边尚有一石筑古码头，从湖堤向西伸入湖面，全长58米，宽4.6米。均用花岗岩条石砌筑而成。码头是建于清乾隆二十二年（1757年）。当时，该码头是居民舟船出行与往来舟楫停泊之地。逗留此地，可观山村之貌，可眺太湖之美，湖光山色尽收眼底。

"明月处处有，此处月偏好"。明月湾历来是骚人墨客神往的绝好去处。相传，春秋时这里曾是吴王夫差携西施赏月之地。尔后，唐代的著名诗人白居易、皮日休、陆龟蒙、刘长卿；宋代的苏舜钦、黄庭坚；元代的吴存、明代的高启、谢晋、王世贞、清代的姚承绪、当代的艾煊等均曾到此赏景吟诗，并留下了众多的优美诗文。

明湾古村是太湖地区山村聚落的典范，从其目前尚存的形态与坐落的地理位置及街巷民居的分布情况看，大体上具有以下几个特点：

运用古代堪舆学理论择吉地建村

元明时期，肇自汉代经唐末时期的占星学、舆地学已发育至成熟阶段，影响着当时社会生活的各

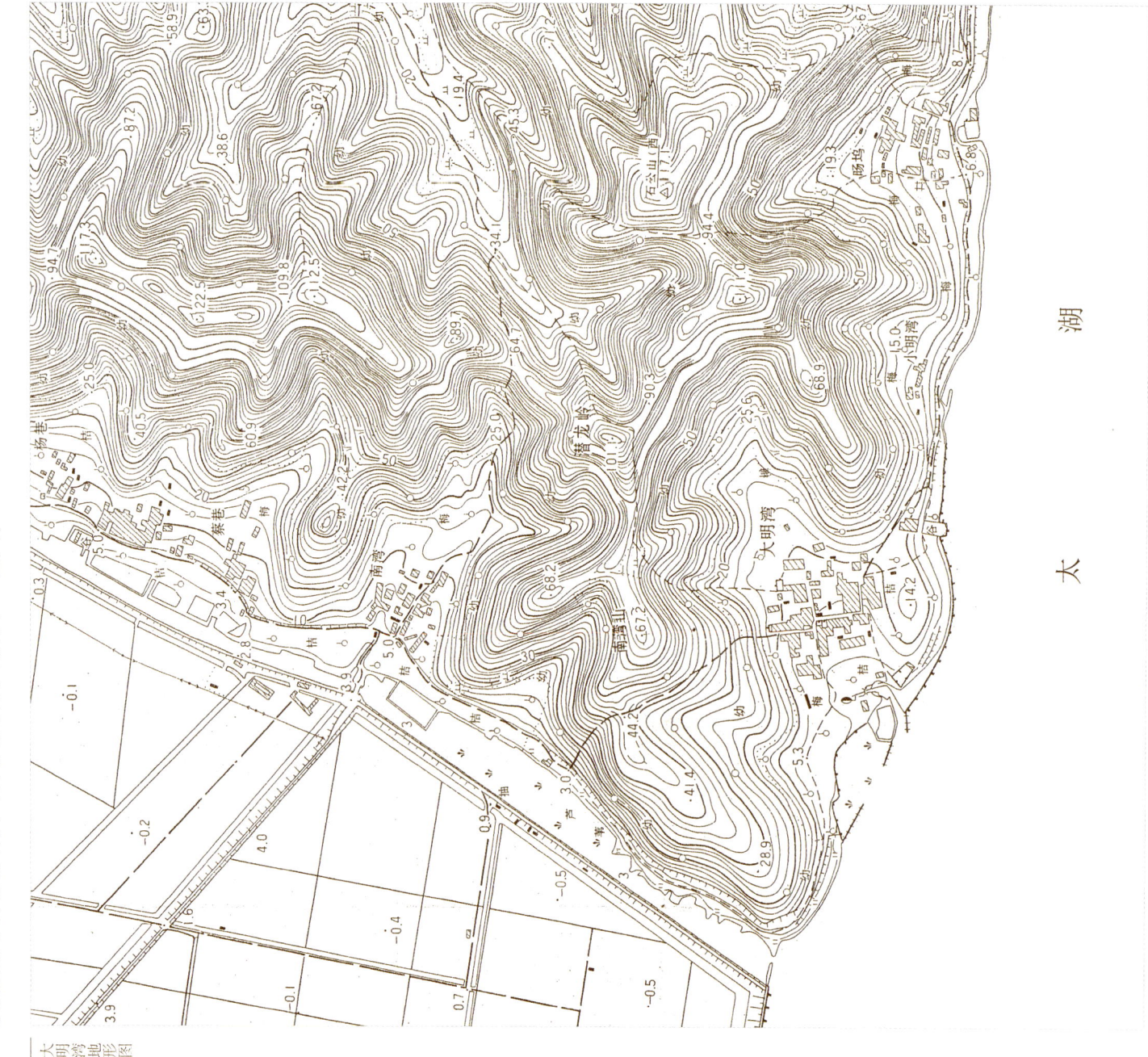

大明湾地形图

个方面。上至项眉，下至足胫民，营城作邑，立院建宅，坟茔墓无不受到堪舆学的影响。地理物象、气候风循环、地形地貌、地质水文、生态环境、气候植被等均被视为古代村邑生存发展之根本，而选址是村落规划的第一要义。

当地百姓相传说，明湾古邑于潜龙岭之吉地。明湾地处周围，山脉西南走向，正北有潜龙岭，主峰海拔67.2米，山脉西走向；东面为潜龙岭山脉，峰高68.9米，山脉东南走向；南为一小山口，濒临太湖。明湾古村选址在三条山脉西面形图可知，雨绕明湾山，经实地调查并依1∶10000地形图可知，雨绕明湾山，经实地调查并依1∶10000地形图可知，雨绕明湾山，主峰海拔101米，山脉西南走向；东北有潜龙岭，主峰海拔67.2米，山脉西走向；正南为一无名山峰，峰高14.2米，西南为一小山口，濒临太湖。明湾古村选址在三条山脉西面山水而择其中，将古村聚落规划在三条山脉一座小山之中点，以南为古村的中轴线方向十分吻合。主街道北走向的主街与南端无名山峰交错，主街道与南对的主街的中轴线与南端无名山峰与主街道对南走向的主街的中轴线偏东 $60°$ 。主街道对南走向的主街的这种"天门正对地户"的做法，应该是古村建造者"堪舆地势，相山择地"的结果。明湾主街的这种"天门正对地户"的做法，应该是古代"坐北朝南"相违的结果。我国古代大型村落的内部空间一般均遵循风水学上的阴阳观念，阳与天相关，多指向，阴与地相关。所以古村落的内部道路要求与天体星辰相一致，而多条东西走向的街道均分阳与阴，南北向的街道为阴，而北的街道呈迭分阴阳的格局。明湾古村道则为阳，古村内街道的分布格局的情况为阳，即"井"字形分布格局，即是风水理论要求村落内部道路和合阴阳，奇偶交错的结果。

古人认为山远为阳，近为阴。明湾村的山势和北向的山水长远，山势阔大；环明湾山的南余脉潜龙岭及其余脉都较阔大，相抱古村；正南的无名山峰仅14.2米，相对较小。因此明湾的山水形势有"势大形小"的特点。

此外，古村山势分阴向，地处异区，地势奇胜，而地处山凹处，为整合地形，建寺庙于此，以整风水。

地理之道，山水而已，建村立邑相山观地之外，无需看山势，吉地不可无水。所谓"风水之法，得水为上"（《堪舆完孝录》）。这种说法的合理性在于深刻认识水资源发展的要素，俗谓"山管人丁水管财"。明湾是村落发展的要素，俗谓"山管人丁水管财"。明湾乃大水之地，此口小肚大。形如葫芦，弯曲自如，直至村口，此乃藏龙卧虎之吉地。明湾面濒临太湖，形势引人入胜。

此湖湾在堪舆学中实为水口，风水学上的水口的湖湾西侧有一片占地15亩左右的风水林，昔日的土地庙。明湾西南端与北街的泄洪入太湖，明湾内相接的，古木参天，野趣天成，且堆以风水壑，是繁密。古木参天，野趣天成，且堆以风水壑，是明湾在堪舆学中实为水口，佛寺等，昔日的明湾村口的湖湾两侧有大桥，林木，佛寺等，昔日的明湾村口的状况与风水学说十分吻合。

以山为屏，营建幽深静谧封闭的环境空间

洞庭西山乃坐落在太湖之中，山深水阔，而明湾处西山岛之南端，重峦叠翠，山环水抱，极为幽绝。古村得湖山之胜，背山面湖，一面濒临太湖的山峦之南，择址于三面环山，北面湖面的山峦之南端，择址于三面环山，北面湖面的山峦之南端，形成了"负阴抱阳，背山面水"的封闭回合格局，使古村不仅获得良好的小气候，能纳南向阳光与太湖水气的滋润，又有青山绿水、花光深处有人家寒天北风，更有青山绿水、花光深处有人家的动人的山村美景，以达到"天人合一"的理想境界。

在构筑山村的环境空间方面，建村人在发挥山为藏的自然地理环境优势的水土流失；其一，可以防太湖之水常年冲刷造成的水土流失；其二，可以防止湖面上巨风对村落的侵袭；其三，可隔西晒酷暑，营造绿意盎然的村落氛围；其四，可隐蔽村落的外貌，使古村藏于深密林木之中，形成"不到村口不见村，到了村口难找我"的幽深封闭的状态。

祠堂众多，大族云集，宗族源远流长，其始祖都是南渡的中原贵族

明湾虽然是个古地仅9万平方米，人口仅百户的小山村，但祠堂却有4座，且营建规整，功能分明。造湖其宗族先祖，都是中原地区的贵族，

明湾湾黄氏之始，亦为明湾址尚存。明湾乃明湾黄氏之始，亦为明湾址尚存。吴家祠堂，迁山祖是吴挺（1164—1244年）陇干（今甘肃静宁）人。其伯父吴玠，父亲吴璘都是南宋时期的抗金名将，能征善战，曾指挥过多次重大的抗金战役，取得了辉煌的战绩。吴阶、吴璘先后出任四川宣抚使，执掌南宋西部地区的军政大权。他自靖康至乾道年间以战功保陕蜀平安20余年。他俩去世后，吴里发生变故，葬晋陵，嘉泰年间（1201—1204年），吴挺为避祸从四川成都出走，子孙繁衍，至今渡太湖，运迹洞庭西山明月湾，子孙繁衍，至今已达到800余年。

此外，经考查，最早迁入明月湾的杨契，其身世也较为显赫。杨契、噚（今山西雁门道）人，字子冕，官至工部侍郎。为杨明月湾地，建别墅，隐居山林。子期杨门名将之后。其曾祖父、祖父均战死沙场，父亲杨仔中亦为抗金名将，善骑射，忠孝勇敢，大小二百余战，身经五十余创，屡立战功，深得高宗厚爱，称之"朕之郭子仪也"。乾道初以太师保，兼领前都指挥使，统南殿十七年。楊契任绍兴十九年（1149年）游洞庭西山林屋后留有"偶长何时谢尘事、山中长作地行仙"的诗句。流露出厌倦仕途的心态，不久他就买明月湾地，建别墅，隐居山林。

那么，明月湾怎么会成为众多的中原贵族南渡后的避世居之地呢？这就要追溯到千年之前的两宋时期了。"靖康之难"后，北方战争发动，从建炎元年（1127年）高宗赵构任德接位后，移位杭州。建炎三年（1129年）九月，金军渡长江，破建康，进逼杭州，宋高宗又从杭州出逃，经越州（今绍兴）转明州（今宁波），后逃至定海，避难于台州、温州之间的沿海各地。后因金军不习舟船，无法下海追袭高宗，于建炎四年（1130年）春北返。随高宗南逃的北方贵族，为避兵灾，四处寻觅栖身之地。而明月湾地处太湖中的孤岛之腹地，湖山阻隔，远离尘世。正如《洞庭煦巷徐氏宗谱》中所记徐迁西山之原委时所述：一是南宋皇室皇庸，"官场腐败"，认为"当今事势已无可为，断不可仕"，故归隐山林；二是"具区洞庭山，山深水阔，兵火所不及，力耕其中，足以免其患"。正是在当时这种特定的社会环境和明月湾特殊的闭塞环境条件下，明湾才成为南渡贵族的避难所和归隐地。

坞朴树头。明洪武初年，黄明善八世孙黄锐山迁居明月湾。乃明湾黄氏之始，亦为明湾黄氏之大族。

吴家祠堂，在村内北街，坐北面南，一路三进，为清代中期建筑。祠内尚有的石弹坊极具特点。

明湾秦氏是西山秦观之后的分支。迁山祖秦益是秦观之五世孙。宋光宗绍熙年间（1190—1194年），秦益之爱西山山水，建别墅于消夏湾汇之乡，葬于缥缈峰下的飞仙山，遂定居于此。并更名为"秦家堡"，其子秦通守墓。七世孙秦仪是淳祐年间的进士。并夫人娥明公主是理宗的女儿，因此秦仪被封为驸马都尉。理宗死后，秦仪偕娥明公主返回西山居住，去世后均葬于秦家堡飞仙山麓。其墓尚存，为苏州市文物保护单位。

南宋祥兴二年（1279年）二月，宋蒙水军决战于南海中的崖山（今广东省新会海中）。宋水军大败，崖山的薪水道被切断。秦仪三子孝又同陆秀夫背负年仅8岁的末帝赵昺投海而死，悲壮殉节。南宋亡，秦家堡府更名为"咏烈堂"。元朝末年，裔孙秦伯龄在淮北经商致富。明初，得大祖朱元璋赏识，被封为山东监察御史。为官清廉，办事公正，有善政。卒后归葬于明月湾。秦氏为明湾望族。

邓家祠堂，位于古村村口，"文革"同被毁。2005年在原址复建，一路三进，规模较大。邓氏是中原南渡氏族，其原籍河南南阳。迁山祖为邓肃。邓肃（1095—1159年），字志宏，号梓桐。官至高宗朝中书省右正言，以能文善谈，敢于直谏著称，曾作诗抨击"花石冈"抗民，出使金国，被扣50天全节而返。秦伯龄在淮北经商，秦桧抗争，上《论留李纲疏》。建炎元年（1127年）辛相李纲主战，邓肃抗争，邓肃弟邓胜居洞庭西山绮绸，触怒高宗，被罢官，被免职，遂撞弟邓胜，于南宋末年移居明月湾，亦即里。邓胜六世孙邓迁。尔后，至清道光年间他两广总督邓廷桢，乃属明湾邓氏的江宁分支。

黄氏宗祠，坐落在村内北街口，是一座两路两进的清中期群体建筑。该祠门厅恢宏，大厅高敞，厅内雕刻精正，营建规范。

黄氏，原籍福建莆田。黄明善，其先祖是黄明善在徽宗朝为明经博士，著作佐郎，随高宗南渡后辞官隐退。先居杭州，后定居洞庭西山黄家坞（今季黄潜善（1107—1182年），官至左仆射。南渡后他被贬至广东梅州，客死他乡。由兄黄明将棺木运回西山，葬在羅绛。

寺庙建筑世俗化，建筑形态与民居建筑融合浑然一体

明月寺是古村内尚存的一处寺庙，坐落在古村东南坡下。该寺临建于清乾隆六年（1741年）前，占地1 100平方米，为一处群体寺庙建筑，有六大殿，居分别供奉"观音、关帝、城隍"等不同的神灵。其间还有庙祀、厨房等附房。

从寺庙的外观风貌看，寺院依山而建，南临太湖，整座寺庙四周围以围墙，是一座封闭式院落。前立面中间开有库门形制的大门，门前设石台阶。其色调也是粉墙黛瓦，十分雅致，与山水融为一体。

从该寺单体建筑的布局看，明月寺采用了江南明清时期常见的庭院式布局，单体建筑沿了南北向主轴线分布外，还有东西向展开，房屋与院落交错排列，内夹走廊、天井、小院，空间变化极为丰富。建筑充分利用地势，且利用院落单元组织平面空间。其基本格局与群体民居建筑基本类同。

从各单体建筑的形式看，所有单体建筑均为二坡小瓦屋顶。前殿为两楼，面阔五间，进深六架，为内四界前后单步廊形式。底楼前前檐做法，下云头挑梓檩做法，设斜撑。西大殿，面阔三间，前廊檐

为内四界前轩形式。大梁底蜂头以石榴、寿桃、牡丹为雕饰纹样。东殿与后殿均为面阔三间，均为内四界前轩形式。所有单体建筑的构架形制均与当地民居形式同出一辙。其装折纹样极为世俗化。寺庙的装饰风格。

从该寺的风貌、建筑形式、空间结构、色彩装折纹样各个方面观察，均与周围民居相似，显示出宗教建筑具有民居民俗化、世俗化的特点。

悠悠千年古村，熠熠万代生辉。尽管目前处在现代文明强大的冲击波之中，但明湾古村风貌依存，人们不仅赞叹吴西山对自己优秀传统文化的珍惜和保护，又欣赏明湾迷人的博大胸怀。明湾古村所凝聚的历史文化光彩，将永远闪耀着迷人的神韵和魅力！

东村

东村，位于西山岛北端，相传该村始建于秦末汉初，已有2 000多年的历史。当时，商山四皓（用里先生周术、夏黄公崔广、绮里季吴实）辅助汉惠帝刘盈登位后，东园公庾秉隐居于此，即到西山隐居，东村因此而得名。

徐氏是东村望族，据《东园徐氏祠堂记》碑记载：徐氏先祖是北宋时期河北永清府学官徐汴河。适逢"靖康之难"，徐汴河第三子、新科举人徐汴河在靖康二年（1127年）只身到京郊青城金兵营中索还扣押的徽、钦二帝，结果被金人当堂击杀，为"青城之难"烈士，被高宗追赠官教郎。宋高宗南渡时，汴河公携孙元吉"义不居伪邦，随帝南渡"。先居杭州，后避乱于苏州光福荐里村，因时局不稳，徐元吉于宋淳熙年间（1174—1189年）移居西山梅梁里。传至汴河公七世孙万一公，于宋宝祐二年（1254年）迁居柄贤山麓之东园里，东村开始兴盛。明清时期徐氏后裔外出经商，盈利后营建宅院、祠堂，于是豪宅大院拔地而起，成为洞庭西山极为兴盛的山民村落。至今那里仍保存着众多的古民居。2014年，东村被公布为中国历史文化名村。

东村地处太湖之滨，北有东西并列的张家山、

凤凰山，南岭栖贤山，东西两端临太湖。东西村口均有小港可通太湖，其中西端村口有一湖湾及一条小港，其风貌基本上保持原生态状态，湖湾呈不规则圆形，东西长315米，南北宽230米，湖湾内水质清澈，碧波荡漾，小港原为古村村民舟船出之通道，呈折尺形，长约240米。河港两侧以块石叠砌形成驳岸，岸边绿树成荫，港内河水清澈见底。小港南侧为山坡，坡上果树成片，郁郁葱葱。

东村村落民居以南北山坡相夹的岭坡地分布，平面呈"一"字形，面积约1.8万平方米。村内街道东西走向，横贯全村，古街长800米，宽2.5米，街巷格局呈"丰"字形。古街两侧有多条小巷，路面用青砖、弹石、石板相铺，街道一侧为排水沟。古街曲蜒逶迤，两侧小巷深深，高墙四起，封火墙备立，层楼鳞院，错落有致，令人啧啧称奇。那古老的店铺，斑驳的墙垣，老旧的巷门，质朴的门枕，那古井、老树……无不彰显着历史的沧桑。

东村村落悠远，厚重，质朴的气息。村内现存的明清建筑有30多处，较完整的有锦绣堂、延圣堂、学圃堂、源茂堂、懿德堂、敦和堂、徐家祠堂、菜秀堂、柄贤堂、那润堂、李友桥等。其类型有民居、祠堂、巷门、店铺、桥梁、古井等。其中有3处为江苏省省级文物保护单位。

东村的民居多深宅大院，画栋雕梁，构筑精细，规模宏大。以敬修堂、菜秀堂最为典型，一路六进的高墙深院群体建筑。沿中轴线分布有门厅、大厅、楼厅、住楼等单体建筑，各进建筑均以砖雕门楼及墙垣隔成独立的单元。这种外围高墙之间设置天井和庭院，其功能是采光、通风与排水，实际上是一种封闭型的内向和防御的心理要求。而多进厅堂之间设置天井和庭院，其功能是采光、通风与排水，反映出宅主人的内向和防御的心理要求。

东村的古建筑多彩画装饰，代表性建筑有菜秀堂和徐家祠堂。所绘彩画图案丰富，用色素雅，色调明快，是研究苏南民居建筑装饰艺术的珍贵资料。

祠堂建筑，具有极高的文物价值。

值得一提的是，古村落的东街和贤桥巷口还保存一处建于明代的巷门。体量虽小，但形制古朴。巷门，是古代里坊制的坊门演化而成的古代村落的一种安全设施。这种明代的坊门形式的建筑风格具有极高的文物价值。

东村是苏南地区古代村落的缩影，它记载着明清时期古村聚落的风貌与人居环境结构，对研究我国民间住宅建筑的形制和成就极具科学价值。

徐家宗祠是一处建于乾隆十三年（1748年）的祠堂建筑，耗白银9000余两。其制式规整，规模宏大。祠堂有前厅、享堂、寝室前后三进组成，占地952平方米。祠堂面阔五间，总进深达61.58米。门厅前有高大的照墙，寝室面阔17.93米。下设青石质夔龙纹须弥座，两侧开券顶门。前厅为九架梁前后四架卷篷形式。整座建筑用料硕大，装饰华丽，雕刻精细。其梁、枋、椽木、雀替、垫板等构件均施满雕刻。雕刻手法为透雕、浮雕、阴刻相结合。其图案内容有人物戏文、花草动物等，而且梁枋上均满施苏式彩画共有40余幅。金、红、蓝、白各异，图案繁缛，色调明快。享堂是一座近正方形的敞厅，满满地塞在院落正中，这种做法是这一地区祖庙形制的标准做法。寝室正立面为副檐做法，内按序列设龛供奉徐氏各祖先神位。整座徐氏祠堂的厅堂、寝室、门庑廊阶齐备，装饰靓丽，制式规范，是目前尚存的西山地区中体量最大、形制最规整的

三山岛

三山岛位于苏州市吴中区东山镇西南的太湖之中。该岛因一岛三峰相连而得名。面积约1.6平方公里。2014年被公布为中国历史文化名村之一。

三山岛地处江浙两省交界处，昔有"吴王在道时，俗称三山门"之说。历史为苏湖水上航道之咽喉，地理位置十分重要。三山岛的人居历史成为悠久。从该岛发现的旧石器时代遗址看，早在10000年前的旧石器时代晚期这里已有人类活动了。据《吴县志》记载，春秋时"有吴妃姐妹三人，各居一峰，殊有灵异，山水立祠祀之"。汉建乡制，三山岛称"洞庭乡"，为浙江省湖州府乌程县管辖。可知，汉代该岛已有行政建制。清康熙年间，全岛居民有615户，人口3012人。清乾嘉时期为该岛的鼎盛期，有"吴、秦、查、许、张、潘、倪、黄、

薛、徐"十大姓氏。后历经数千年而不衰，至今仍有居民275户，人口889人，且保存了众多的历史人文遗存，文化积淀十分深厚。

三山岛的聚落分布在大山、行山、小姑山三座山峰之间的岭根山坡地带。

古民居主要集中在桥头、东泊、西湖嘴、山东及小姑山北麓一带。聚落内与聚落之间有小街道互相沟通。道路宽窄不一，路面弹石铺设。山道两侧民居掩映在果林植被之中，形成独特的村落景观。

经调查，三山岛至今仍保存各类文化遗存58处及众多的名胜古迹。

三山岛古民居的主要特点是单体建筑体量不大高大，构架较为朴实。有一定数量的明代建筑，大多构架简练，有的为二坡"冷摊瓦"。明清民居中部分建筑的形制结构受到了浙派建筑的影响，但

整体风貌仍保留着粉墙黛瓦、门楼砖雕、大梁扁作的苏式建筑的特点。

值得指出的是，三山岛上仍留有6处明清时期构筑的湖湾。大小形态各不相同，有窄长形、有鸡心形、有圆形，还有大小相连的子母形的。这种构筑物的主要功能是村民舟船出行的码头及泊船之港湾，是太湖地区孤岛山村特有的人工构筑设施。

从自然风貌和历史文化的角度考察，三山古村大致有以下三个方面的特点。

古村山水风光秀丽，环境幽静，具有和谐的生态宜居环境和奇特的山村文化景观

三山古村坐落在太湖之中的孤岛丘陵区域。山村素有"一村山色村周湖"之称。村在山中，山在村中，山村在湖中。岛上秀峰云集，景象万千，林木葱郁，百鸟争鸣，晨观日出，霞披云锦，光色变幻，四时不同，山水风光极为秀丽。

因为古村解处湖中，远离尘嚣。三山岛的幽静，自然环境使然。这里看不到高规格的豪宅，但见古老的建筑群散落在起伏的山岭中。那弯弯曲曲的山道相连着坡上的青石台阶；那掩隐在果林中的二坡小瓦屋，曲线优美的观音兜，构筑在山坡上的黛瓦小屋，横跨在山洞上的青石小桥，那青石砌筑的黄石叠筑的果林石坎；还有那果林中的

农夫、山间背柴的农妇、洞边洗衣的村姑、村里倚门而坐满的老人……处处充满着自由的形态与自然的生活气息，构成了"天人合一"的纯朴的山村氛围，令人神往，令人陶醉。

三山岛的幽，还在于它它有水的灵动和孤岛林木的幽深。

三山岛西侧隔水相邻有厥山、泽山两座无人小岛。三山岛满山的果树，郁郁葱葱。两岛四周水随山转，碧水萦绕，山得水而活，水依山则幽。山脚下，水质清澈，浅处可以见底，蒿芦之间，游鱼可数。仰看青山，俯视碧水，上下一片纯净，使人欢愉。令人神往。步人密林之中，出奇的静谧，置身其间，心情像短暂的激情之后陷入了寂静。踏上湿漉漉的山坡，密林深处传来细细的鸟叫声。心也静下来了，但心的眼开始静静地观察，静静地聆听，静静地感受……此时的心神与大自然微妙融合，构成了一个纯雅的自然空间。冥冥之中，幻觉如泉涌。眼前的一切抽象化了，一切都升华了……

古村自然地貌奇特，名胜古迹众多，具有独特的山村湖岛风貌

三山岛为丘陵地貌，虽无巍峨高峻之态，却有层恋叠嶂之姿。大自然给我们留下了众多的胜迹。行山西坡的板壁峰，是一块宽约20米，高10米的峭岩奇石，岩石陡峭如斧劈，纹理纵横如刀刻，青苔斑斑，藤蔓攀附，小树、野花长于石缝之中，山鹰野鸟翱翔在峭壁之上，景致美妙。

小姑山西侧沿太湖有十二生肖石，玲珑剔透，形奇状怪：如牛饮水，似羊蹲卧，像龙虎之斗，似猪，似马，惟妙惟肖，栩栩如生。登临沿岸观之，可欣赏到大自然造物主之奇观，令人拍手叫绝。

三山岛的最高峰——北峰，其峰顶是眺望太湖的好去处，朝可眺旭日东升，夕可望双照人湖，夜皓月当空，还有鳌石银光熠熠。白昼近看山村，农舍掩隐于绿树之中，炊烟袅绕，漫山遍野的橘林，叶绿橘红，好看极了。远眺四周湖面，水天相连，万顷碧波，淘涌点点，鹭鸟翻翔，令人心旷神怡。

此外，还有鳌石、金鸡石、香炉石、牛背石、马脚印、梳妆台与仙人洞等胜景，真是湖光山色，奇岩参差，古木万干，星罗棋布的人胜景象，举目皆是，可谓山中无画处处画，蓬莱仙境留胜迹。

古村历史悠久，地下遗存丰厚，具有极高的人文与史地学科研价值

三山岛既富于山水，又富于胜迹。三山岛是美丽的，更是古老的。这里至今还埋藏着一部由岩层、旧石器遗物、古动物遗骸组成的天然的"地书"。它如实地记载了太湖地区在久远去的年代里的风貌和三山"史前定居者"的活动状况。

这卷巨著是从三山岛东北端龙头山的古生代志留纪岩页展开的，因为这种岩石生成年代久远，在这岩层中尚保留有古老

三山岛到底留给了我们什么？它的幽情、它的诗一般的画面，还有那扎根于大自然万物中的永恒。

而三山岛东泊小山青峰岭下溶洞口太湖滩的底石层中，埋藏的10000年前的打制石器，有沉重的大型砍砸器，到了太湖流域旧石器时代人类活动的定居点。这些精巧打制成的两面锋利的使用石片、尖状器等，从而展现了三山先民身披兽皮、手持大头棒和石矛追猎猛兽的原始生活画面。

从龙头山裂隙褐黄色亚黏土层的堆积中，人们找到了一个太湖地区古老的"居民群"——三山动物群遗骸，它们的主要成员由棕熊、黑熊、最后斑鬣狗、虎、狼、犀牛、鹿、猕猴等组成，最后斑鬣狗这个凶猛的"定居者"的存在告诉我们：这些动物群生活在更新世中晚期。

这些古老的"定居者"的存在，使我们了解到：当时的太湖地区，可能以低山丘陵的森林草原为主，气候比现在寒冷，太湖的水域要比现在小得多，如今被湖水分隔的三山岛与西山岛，当时和西东平原应是相连成片的。这些古老的"居民"可以自由往来，相互追逐。

三山岛史前"定居者"的揭示，似乎暗示人们：太湖流域同黄河流域一样，也是我们中华民族发源地、东方文明的摇篮。

杨湾

杨湾古村位于东山镇西南的太湖之滨。2014年，被公布为中国历史文化名村。杨湾古村由三泾场、大运及上湾等自然村组成。面积47.86万平方米，人口近千人，主要从事花果种植业。村内交通方便，环山公路绕村而过。

古村历史悠久，南宋时已有人居住。《洞庭山周氏支谱》记述，宋室南渡，江浙宣抚司周望护驾南下，周望之子周芝山恋太湖山水，隐居杨湾。子孙繁衍，逐成村落。至明清时期已成小集镇。民国时曾是杨湾镇公所所在地。东山解放之初，为东山区政府和杨湾镇镇政府驻地。

杨湾古村的布局以两山相夹的岭根坡地分布，村内街道成十字形。南北古街长1公里，素有"明代一条街"之称。青砖铺成的古街两侧墙垣高耸，古宅毗连。古街东南头的泺场是一小集市，旧时为水运码头。过市人街瓦屋高敞，墙门古拙，古街中段为山径，沿山脚或曲或直，空间开阔，片片果林，满目苍绿，村舍院落隐现其间，漫山遍野的柑橘、银杏、茶树，飘来阵阵清香。古街北端小巷幽深，宅第密集。目前，古村内尚存元、明、清建筑30余处，其中有元代建筑1处，明代建筑5处，清至民国建筑25处。类型有寺庙、祠堂、民居、店铺、更楼、洋龙间，建筑类型丰富，时代跨度大。其中以雄踞莫厘山麓的元代轩辕宫正殿、老岜南的怀荫堂、崇本堂，逐祖萝堂最具特色，分别是江南地区不多见的元、明、清三个时期的代表性建筑，是我国建筑遗产中不可多得的组成部分，而杨湾古村可谓是苏南乡土建筑中的杰出代表。

根据目前古村的形态及所处的地理环境以及街巷、民居的分布情况看，杨湾古村大体上有以下几个特点：

一是古村选址科学合理，环境优美。

从选址看，古村北端以两山相夹的岭根坡地分布。古村南端以东西两山为轴线，古宅均面湖而居。东西向古街的海拔高程仅为4.4米，古村西北端的海拔高程达11.8米。从古村南北部的落差达7.4米。这一选址特点不但有利于古村内高的地貌形态，而且古村的青山面湖符合古代风水学说的泄水，而且古村的青山面湖符合古代风水学说的形态。

从古村环境看，南北向古街昔日是洞庭东山后山的主导空间，也是向北通向上湾，南端的沃场是一小集市，店铺毗连，商业繁华。其南端的沃场是一小集市，店铺毗连，商业繁华。过市人街则高墙耸立，瓦屋高敞。南北古街中段为山径，道路顺山坡地形，或曲或直，蜿蜒弯

杨湾古村内至今尚存的古建筑，始建年代最早的是元代建筑轩辕宫正殿，其后有明代建筑怀荫堂、致爱堂，还有众多的清至民国建筑。其时代跨度达600多年，反映出古村从建村的南宋开始一直至民国时期的建筑历史长盛不衰。

另外，古村内至今仍保存着反映明代表葬文化的"阴堂"。除此之外，还有"文化大革命"时期的标语、抗日战争时期保护古籍善本馆藏书籍的秘藏处，以及村民保护古籍的佳话。如此等等不仅记载着古村的发展史，保家卫国的民族精神，更能激励后人的秘密古籍，而且极具研究价值，那些传颂的秘藏处，抗日战争时期保护古籍的佳话。如此等等不仅记载着古村的发展史，保家卫国的民族精神，更能激励后人备进。

四是从建筑艺术角度看，建筑的外装饰、立面柔和，工艺精湛，内涵丰富，堪称建筑文化的灿烂篇章。

杨湾古村的民居、寺庙建筑都是砖木结构，木构架多抬梁穿斗形式，上盖小青瓦，民居为二坡硬山顶，粉墙黛瓦，外观色调十分素雅，极具地方特色。

杨湾古村这种内涵深厚的建筑文化折射出古代山村"渔耕树艺"耕读社会的印记，贯通着中华民族千百年来的文化脉络。

曲，而视野却十分开阔，片片果林、满目翠绿，村舍隐现其间。漫山遍野的柑橘、银杏、茶树飘来阵阵清香，充满着山村的野趣。古街西北端的小巷幽深，古庙雄踞山麓，宅院高大恢宏，周围山峦奇异，远山近树，前照后靠，借景对景，体现了古村人居环境的自然意识，优美的自然环境与村落的人工环境巧妙地融为一体，天然美与人工美得到了充分的体现。

二是群体民居建筑的空间环境因地制宜，顺应自然，院落空间体现了"天人合一"的思想。众多的宅院群体民居随地形高低错落，随宜布局，分布在岭根的群体民居院从低地顺山坡就势伸展，与自然地形相结合，或逐进递升累进，或平顺展开，各进单体建筑空间紧凑，尺度亲切，形态规整。例如始建于清乾隆时期的遂祖堂，第一进门与最后一进单体建筑的平面高低落差达2.1米，清道光时期的锦星堂前后进建筑的落差亦达1.1米。这种顺应自然地形营建古宅的做法，使宅院单体建筑的纵向空间上极富变化，建筑景观生动自然，众多的错落有致的建筑勾画出了山村丰富的立体轮廓。此外，民居建筑的院落内部则别有洞天，自成一体，各进单体建筑之间或设有天井，或辟有庭园，内堆假山、植花木、人居其间，上可观天空，内可观景物，体现了"天人合一"的思想。

三是建筑历史悠久，各类建筑的始建年代跨度极大，是一部体现中国农耕社会发展史的"活化石"。

东西蔡

东西蔡古村，位于苏州市吴中区西山岛缥缈峰南麓的太湖之滨。该古村由东蔡、西蔡、秦家堡三个聚落组成。东西蔡因蔡氏始居于此而得名。蔡氏原籍河南汝宁府新蔡县，据《蔡氏祠堂碑记》记载，宋代蔡源（字世洪），官至绍兴阁直学士，秘书郎。夫人赵氏为宋室长公主，生有三子，长子维孟，次子继孟，三子承孟。宋高宗南渡，蔡源随驾护跸至临安（今杭州），绍兴二年（1132年）蔡源病卒。维孟居西，继孟居东，承孟三子以葬父为由，于绍兴十二年（1142年）自临安奉母越居定居西山消夏湾，遂衍成为蔡氏定居西山，即东蔡西里、西蔡里之始。秦家堡为蔡氏后裔，南宋绍熙年间（1190—1194年）秦少游五世孙秦益之游西山，爱山水之胜，遂建别墅于消夏湾之仁乡，不离蔡源缥缈峰下的飞仙山麓。其子秦通守墓，遂定居于此，并在南宋中期已形成村落。明清时期为东西蔡、秦家堡在南宋中盛不衰，至今仍保留有众多的文化遗存。2005年6月被公布为苏州市第一批控制保护古村落。

东西蔡古村地处太湖之滨，其北倚缥缈峰，南临消夏湾，景色优美，环境宜人，消夏湾，是洞庭西山南部最大的一个村落。其东有梭山、西山、两支山岭环抱而成，湖湾"水口阔三里，深九里"，烟雾塞望，水树涵空。夕阳西坠，相传为春秋时吴王携西施泛舟消夏之地。晴日艳阳，水鸥平湖徜徉，一湾云水，风景绝胜，渔舟唱晚，渔歌秘时吴王携西施泛舟消夏之地。晴日艳阳，水鸥翔集，风帆片片，此起彼伏，形成一道独特的风景线，消夏渔歌声，成为西山八景之一。

昔日的消夏湾里多荷花，菱芡，烟云鱼鸟，别具幽致，夏日里荷花盛开的时节，可谓是"拔天莲叶无穷碧，映日荷花别样红"。满湾的荷花，赏心悦目。消夏湾如此之美，引来历史上无数的骚人墨客曾在此地游赏，吟诗对唱。唐代诗人皮日休、陆电蒙曾在此地互为吟唱。白居易、范成大、高启、王宠、王鏊、清人洪亮吉、民国时期的范烟桥等均留下优美的诗文，成为千古绝唱。古村民居依福仙山、城脚山的岭坡地沿消夏湾东西向分布，平面呈"一"字形。东蔡、西蔡两个聚落一东一西相距数百米，秦家堡居其中，古村内至今仍保留有一条1500米长的古街，古街东西走向，宽3米，两侧青石铺成。街道两侧有花岗石质条石及青砖铺成。高低错落，古意盎然，小巷幽深。房舍俨然，果树成林，古木参天。至今，古村里庄外，村前春明清建筑30多处，较完整的有爱日堂、芥舟园、春熙堂、务本堂、树德堂、萃庆堂、惠吉堂、绍吉堂、敬吉堂、荣吉堂、秀吉堂、备庆堂、礼耕堂、德润堂等。

根据实地调查，从古村的选址及目前尚存的文化遗存所蕴含的信息来看，东西蔡古村大致具有以下特点：

西蔡小巷

一是建村历史悠久，主题明确。其始祖都是南渡的中原地区贵族。

东蔡、西蔡及秦家堡三个聚落均始建于南宋时期。蔡氏始祖原籍河南新蔡，其先祖秦代末代嬴姓后裔秦仪。秦仪不游为末代著名词人。秦仪为末理宗宗朝的驸马。如今秦仪墓尚在，为苏州市市级文保单位。秦仪三子秦孝又随末帝南逃，一起投海殉节，是南宋朝的忠烈之士。

蔡氏、秦氏是古村的望族。东蔡、西蔡、秦家堡三个聚落，早期均是一个姓氏，在此定居前均有一个在历史上有一定影响的人物为祖宗，乃是当时代表先进文化的爱国主义、民族主义的精英。

二是从制度文化层面看，明清时期，古村是以宗族管理为主的社会制度，宗族文化十分突出。

东蔡、西蔡与秦家堡三个聚落，虽然彼此相邻，但均是以一个蔡姓、一个秦姓宗族聚居而成为一个相对封闭的社会单元。一村一姓，宗族均有其自身严格的宗族组织机构及其宗谱宗族规。三个聚落均有各自的宗祠，所谓"君子将营宫室，宗庙为先"，"祠堂之制，凡族大者皆得立之"。据《东同徐氏宗祠堂记》碑文记述，蔡氏宗祠在清代乾隆时期为洞庭西山山南之冠。"丽靓深邃"、规模十分宏大。西蔡蔡氏宗祠有额联云："理学传家人物与包山竞秀，诗书济美风流同震泽俱长。"东蔡蔡氏宗祠有额联云："溯新蔡之源流洛水衍南迁之派，绵大末之祖豆包山崇东里之祠。"而秦家堡秦氏宗祠额联则云："只诈读书自驷马公垂训六百余载，真能识善有震泽水回环七十二峰。""字里行间透露出强烈的家族文化色彩。

目前，东西蔡及秦家堡的宗祠虽已被毁，但基

祠堂是宗族势力的象征，是宗族法定期祭拜祖先、举办红白喜事、族长或家族长召集族人议事的场所。从古民居的布局情况来看，秦家堡古民居的分布极有特点：以秦氏宗祠为中心，东侧有敬吉堂，美吉堂；两有绥吉堂，秀吉堂；北为秦仪堂；南是古街。秦氏宗祠处于聚落的核心位置。这种布局形式，反映出氏族管理组织的紧密。

二是从秦仪堂来看，古村在明清时期的经济形态是处于以渔樵农耕为基础，外出经商为主的繁荣状态。

由于古村地处岭深湖淀地带，可耕农田稀少，山均与岭昆排为旱作区，消夏湾内虽然水生植物较为丰富，也只能作为补充经济，

址仍旧可寻。

版《吴县县志》云："吴城阳山负湖，平堤都腰田也，淄湖山樵仪足衣食，故外出经商成为当地居民的选择。外出经商，不同城郭之沔荡，非若他邑之湘鄂，下湖广，勤勤外出学生意，吃帮饭，人的逐渐增多，人多地少的矛盾十分突出，正如崇祯作俭勤，淄湖山樵亦足衣食，地产果树，力

贸活动，经商地域遍及10多个省市，约到明代中期，作为资本集团的洞庭商帮已经形成，"钻天洞庭"的俗谚也开始流传。资本积累后，他们陈丁赚养老外，维持宗族活动外，勿勿回乡营建住宅，祠堂，如东蔡的春熙堂，为蔡氏营建住早年经商湖南，致富后建造该堂。春熙堂创建于乾隆时期，范围最大时，还有七个三楼九曲楼，门厅，大厅，书房之外，还有七个三楼的往楼以及位于书房前的包括四面厅，九曲杯，八角亭等许多建筑在内的大花园一座。春熙三匠的住楼以及位于书房前的包括四面厅，九曲程直至太平天国运动冲击商业之后才停止下来。商贾盛和资金后发展家多的行为已经跳出了"重农外出经商致富后发展家多的行为已经跳出了"重农抑商"的束缚，形成了崇商与传统功利这对矛盾共存的局面。

四是建筑文化内涵深厚，宅第民居内引人园林小品，创造人与自然和谐相处的生活环境。

古村内的建筑无论是宅第、民居、祠堂，都具有较高的审美情趣和丰富的文化内涵。防屋的外立面可分上、中、下三部分。下面是以青灰色的楼，中间是粉墙，上为黛瓦，色彩淡雅别致，与青山绿水融为一体。墙门、门枕、柱础、斜撑、梁坊、雀替、门窗等构建与构件多用木雕、砖雕、石雕、灰塑装饰，工艺精美，具有较高的艺术价值。其构件的图案纹样，或是含义、或是一吉祥图案、或是避邪图案、或是戏文场景，或是某一历史故事，体现了主人对生活的寄托和数化后人的寓意。

值得注意的是，古村众多的宅园内还引人园林建筑，其中以秦熙堂、茶舟园，爱日草堂最为典型。其特点是宅第的厅堂，住楼自成一体，筑以亭廊，花厅前后辟有花园，园内堆以假山，明、其书楼、花厅前后辟有花园，园内堆以假山，植有花木，筑以亭廊，小巧精致，情趣益然，园林山林之间，却不让城市之园，折射出丰厚的历史文化内涵和底蕴。

千年古村东西蔡以其悠久的历史文化和独特的古村风貌向世人昭示其远远的沧桑及释煌。

堂里

堂里，位于洞庭西山岛西部，地属苏州市太湖度假区金庭镇堂里行政村。"堂里"地名的由来有不同的说法：一说是因该地多深宅大院，户户设堂，故名。另外，据乾隆十六年（1751年）里人蔡大尚撰写的《堂里湾记》记载："堂里湾名者，南州徐氏之世居焉也。自宋乾道间，平江公卜筑于此，遂以堂名其里。"是"以堂为里"之说。所谓"里"是昔时"乡"以下行政建制的名称，"堂"即是宗族支脉聚族而居的大型民居建筑，当地有"大湖有七十二峰，堂里有七十二堂"之说。可见该地大型民居建筑之多，故能"以堂为里"，以此作为一个通俗的地名。

堂里村落的形成，是从宋淳熙七年（1180年）徐大本守父墓定居于此开始的。徐氏是堂里的望族，其始祖是徐嘉，北宋衢州西安县人，皇祐年间进士，有子昌言、徽言、潜言等。徐潜言有子徐嘉，字吉轩。宣和六年（1124年）进士。乾道五年（1169年）任平江府知府，后卒于临安。徐嘉知平江府仅一年，却爱洞庭山水，其继室毛氏无子兆于堂里，立两圹：右圹葬王民虚，左圹为己寿域。徐嘉卒后，至淳熙七年（1180年）春，

诸子遵遗命，将他葬于堂里。次子徐大本，为毛氏所生，受命安家于墓旁，筑庐以守，遂家居于此。明代中期以后，随着洞庭商帮资本集团的形成，西山商人贸易活动扩大，资本积累后，纷纷返乡营建宅院与祠堂。堂里徐氏也不例外，如康熙时的徐易堂、道光时的徐谨之等都是当时的巨贾富商。由是，堂里逐渐兴起成为集镇。清代乾隆、嘉庆年间是其繁荣昌盛的乡治所在地。清代乾隆、嘉庆年间是其繁荣期，堂里已成为街巷整齐、民居栉比的西山岛上的重要集镇。千百年来，虽经沧桑巨变，但古村抗任2005年6月被公布为苏州市第一批控制保护古村落。

堂里是一处湖滨山村聚落。东靠东平山，南倚北门岭，西有蛇头山、虎山，北临太湖，三面环山，一面临湖。自然环境秀丽而幽寂。古村聚落呈条块状分布。街道成之字形，古村路面以条石与青砖砌而成。古街两侧小巷幽深，深宅大院、墙垣高耸。漫步在纤陌纵横的古街深巷中，到处弥漫着历史的沧桑。村中有一条名为"延福洞"的水道自南向北，贯穿全村。直至太湖。延福洞源于北门岭下。全长1.5公里。山涧两侧以当地所产的紫云石叠砌成驳岸与河埠。涧水顺山坡、穿古村、直泻太湖。雨季时上游涧水涌而如瀑布。旱季时洞水则屏障流涧。古涧既是古村的泄水之道，又是村民日常洗刷之地。为方便行人，整条石涧上架有由武康石、青石、花岗石砌筑的小平桥12座。其桥名有：延福桥、积善桥、仁寿桥、接云桥、广仪桥、弯角桥等。桥体小巧，古朴典雅。

古村北端有一湖湾，名曰"堂里湾"，湾内口架有拱形石桥一座，名"玉虹桥"。桥身均为青石筑成，全长14米。桥体南侧有刻有楹联"愿天常生好人，愿人常做好事"。从该桥向北行数百米，即是湖湾出口处，紧见茫茫太湖。一望无际。湖湾两岸芦苇青青。一道石堤横筑于太湖之中，形成一处良好的避风港湾。此港湾既停泊渔船，又是古村居民出行的码头。

堂里的民居素以名堂著称。深宅大院极多。目前尚存沁远堂、仁本堂、容德堂、逐志堂、崇德树德堂、礼本堂、乐耕堂等清代建筑20多处。其中以沁远堂、仁本堂、容德堂保存较为完整。旧时两山有"三名堂里"之说，指的就是仁本、沁远、容德三堂。

沁远堂，在古村花园巷内，是目前堂里大型的

群体民居建筑。宅院建于清乾隆年间，坐东面西两扇，以黑色高墙封闭，占地1622.4平方米，巍峨宏敞，气势轩昂。整宅依次建筑以备弄分隔成南、北两路，北路三进：南路依次为客房、大厅、门厅、书楼、楼厅和墙垣隔成院，内部有东西向、各进高大砖雕门楼弄相互贯通，形成可相互连通的后弄，内四界回顶楼与北路第一进客房均做成前轩，北向的三条备为三轩连缀第一进客房均做成前轩，做达极具特点丽精致。大门前设有八字照墙，下设石质须弥座。尤其是沁远堂东的大门建制，不设高大条石，面瑰大门为将军门形式，高门槛，旁立一对青石抱鼓，后连门槛，门楣用材颇大，系四株"目"字形，条板面做披麻捉灰油饰，大门缩进一界是"凸"字形，门上方斗拱玲珑，两侧墙面贴水磨方砖，齐美观。下置青石须弥座。上雕龙、风、梅、竹、山水亭阁图案、图案精美，雕凿细腻，造型生动，堪称杰作。

达种规模宏大，门面装饰庄重豪华的建筑风格，不仅透露出宅主人崇尚大气的心理特征，也是清乾隆年间民富国强的社会经济的反映。

容德堂在河西巷4号。该宅坐南朝北，四路两进，建于清咸丰年间。中路有门厅及大厅；东路有楼厅两座，保存尚好。该建筑群中价值较高的当属大厅及西路花篮厅（书楼）。中路大厅面阔三间10.2米，进深十一檩9.6米，前轩后厦，五架梁扁作，梁架施坐斗，出拱两跳，托连机承脊檩，前为重轩，廊轩为双步鹤胫轩，步柱船篷轩，轩梁扁作，施斗、连机。梁面均刻双线弦纹。西路书楼，面阔三间7.20米，进深4.6米，楼厅为扁作，面阔，前轩后厦，步柱不落地，代以短柱，柱头雕方形花篮，称"花篮厅"。前部为船篷轩，楼前置小花园。建筑群整体布局保持完整，布局与一般厅堂不同。中路北向，其余轴线上的建筑均为南向，主体建筑体量较大，装饰精美，具有较高的文物价值。

仁本堂，规模宏敞，营造规整，占地3亩有余，建筑面积达4000多平方米，是西山地区最大的群体民居建筑。该堂可分老宅、新宅两部分，是乾隆老宅民居建筑。一直为徐氏所居，世代谨守，承袭勿替。总体格局保持着初建时的风貌，至咸丰年间陆续建成的。

坐北面南，遥对西山主峰缥缈峰，放眼望去，容翠欲滴。宅后有山，宅里峰峦起伏，宛若屏障。可谓"前有山后有宅，左右两边连绵，家冢富贵多年代，寿岛延年彭祖齐"，是吉宅之典式。

仁本堂的现有建筑可分新老两部分：老宅现存东、西两路，老宅两部分楼厅前为书楼，间后有宅，老宅是东路仅临书楼"见峰楼"，排楼远眺，西路现为住宅，视野十分开阔，后为书楼，老宅系清中期建筑，新宅有四路年代体式。从构架形式看，老宅中后楼厅方立马楼，中路楼厅为两进，其中前楼两进，面阔五间13.3米；东路有住楼四进；西一路存楼厅两后为附房；西二路为楼厅，前为楼厅，新宅现存建筑的时代多为清咸丰乙卯年（1855年）。

仁本堂的存在，为我们提供了一个群体的氏族家庭，旧时的日常生活场景。他们的生活起居，他们对生活的追求，理解和幻想，都留在了这个空间里。

此外，古村南端缥缈峰下有水月坞，均内层岗峦叠翠，满目的果林茶竹，郁郁葱葱，涧溪流泉静绕其间，环境秀丽而幽静，易于《水月寺》诗云："昨夜梦坠兜率宫，今朝忽到此山中。炉存樱芋火，石砌蒸云尚未红。树于美景，野人杖立听松风。吴王诗中画，清茶满怀持未攻"。鲜为人知的是均内还盛产小青茶，此茶素名早在唐宋时的已奉为贡品，取泉煮之，茶香其味无穷。

经过千百年岁月的磋砺，堂里秀丽的山水、古朴的街巷犹在，名堂、古洞、古杯……还有村前宅后的老树、老井、古树，还是那样的隽永古老，处处散发出厚生的风貌。

甪里

甪里古村，位于苏州市太湖度假区洞庭西山岛金庭镇西北部，因汉初商山四皓之一的甪里先生隐居于此而得名。隋末乱世，后魏建威将军郑茂之长子郑自麟携家远迁至太湖西山甪里村，而后该村逐渐兴盛。郑氏与曹氏是甪里村的望族。郑氏子唐代出过高官多名，有中书侍郎郑正、相国郑肃、大理寺卿郑甫、青州刺史郑庶、宣州观察使郑回等。南宋时有宰相郑清之。明清时期，甪里郑氏出过2名进士，即明代御史郑准，清光绪年间的郑织昌。甪

里曹氏是南宋名将曹友闻的嫡系后裔。曹友闻(1189—1236年)字允叔，南宋进士。初任绵竹尉是时，蒙古已崛起，势侵南末。末绍定三年(1230年)，曹友闻弃政从戎，组织义军抗金、蒙于陕、川一带，屡建奇功。三年间迁升为御前诸军统制左骁骑大将军，成为防守川陕要塞的主将。后在"阳平关大战"中重创蒙军后募不敌众，战死殉节，被理宗追赠为龙图阁学士，赐谥"毅节"，赐书"世忠"两字。荫嗣子曹曦为承务郎。时国事日非，曹曦泣不受命，求寻隐于田园，遂于末嘉熙三年(1239年)奉母命隐居于太湖包山甪里曹家底，后繁衍成大族。明清时期是该村的繁荣期，村中的郑泾港为江苏、浙江两省治安防护的界河，港西防护属浙江省管理。清末以前，这里是甪里巡检司的驻地。民国时期曾设甪里镇。民国十九年(1930年)至抗战前，该村是锡湖班轮船的停靠地，商业极为繁荣。抗战爆发后集市日渐衰落。古村是村历史悠久、望族源远流长、科举成就极高，文化积淀深厚。2005年6月，被苏州市人民政府公布为苏州市第一批控制保护古村落。

甪里古村，西倚海拔120米的平龙山，东靠福

禹王庙

龙山，南北均滨临太湖。古村民居地两山相夹的岭巷，河道有机地组合在一起，形成独特的村落空间根合地分布。村中有水系——郑泾港南北贯穿，直格局，自然和谐，特色鲜明。村内民居，店铺修筑通太湖，旧有"郑泾港两头通，文昌阁坐当中"之在街巷两侧；多为一至两层的坡顶建筑，木构架民谚。村落主体以郑泾港为骨架，在其东西两岸修砖墙体，粉墙黛瓦，色调素雅。古村内尚存明清时筑街道形成主导空间，而次一级的村落空间则以垂期的港湾、码头、古桥及清代民居20余处，较完直于主街街道的小巷向两侧山坡延伸，形成了层级分整的有：尊仁堂、世美堂、春晖堂、大圣堂、怡安明的"鱼骨状"街巷空间体系。柯家村、周家上头堂、巢园等。步入古村内，小巷幽深，古宅矗立，分别位于古村西北与东北端，成犄角之势，为方便斑驳的院墙上探出几株橘枝，叶绿橘红、掘曳生舟船出行，两者各自均开有港形湖湾，而古村南端姿。远处山坡上果林繁密，充满生机，村边黄石砌的前湾犹如鱼尾，直接面向太湖，开筑以围堰，湖、街筑的石坎内橘树成片。
湾。这种犄角游鱼形的村落布局，将山、湖、古村北端的太湖边有一座为祭祀大禹治洪水

所建的禹王庙，该庙虽始建无考，但文献有南朝梁大同三年（537年）重修的记载，可见是十分古老的。庙之大殿临水而建，单檐歇山造，四角正对东、南、西、北四个方位，大殿底部昔日搁空，大湖水可冲入其下，风送水紧，水石相搏，声若金鼓。庙四周，湖山毓秀，铁色砂粒，相传是大禹铸铁斧斩摩龙时留下的。庙前的郑泾港口有一座长65米、高1.8米、宽0.7米的花岗石叠筑而成。码头直伸大湖水面，十分壮观。

古村内的郑泾港，长3华里（1.5公里），两岸筑有黄石驳岸，溪内鹅鸭戏水，溪旁桃梅夹道，古舍横跨，村舍古朴，走人村内，小巷幽深，弥漫着山村的野趣；斑驳的院墙，墙脚下绿苔藓，墙内探出的几株桔枝，叶绿桔红，随风摇摆，真有"红杏出墙"之意境。大概是白天上山劳作的缘故，村内

行人全无，出奇的幽静。远处山坡上果林繁密，充满生机。村边黄石砌筑的石坎内橘树成片。坎下小路边青草丛丛，盛开的野花夹杂其间，蜂蝶又翅舒展，在花草中飞舞，此情此景令人陶醉。山村的美是那样样恬静而纯洁。

甪里古村西侧的大埠岭头，历来是兵防要地。李根源先生的《吴郡西山访古记》云："甪里洲以湖言，实为湖中第一要地。"相传2 500年前的春秋时期，吴王夫差兵败越王勾践的"夫椒之战"，其王船就是从甪里洲出发绕王被斩越腰的。这里尚有始设于北宋元祐八年（1093年）的甪头寨遗址，即甪里巡检司衙署遗址。据史书记载，宋代制除禁军、厢军外，还有土兵领以巡检，在城为司，在乡为寨"，是一种地方防御武装。时人称其为"巡检司"。据民国版《吴县志》记载，甪里巡检司有土兵144名，营房达数十间，管辖东、西两山。明嘉靖时，倭寇骚扰，西山除加强甪里巡检司之外，又增设大胜、元山等寨。清代，甪里巡检司的兵员在180人以上，声势显赫。至今，山顶摩崖上还留有民国十八年（1929年）李根源题写的"甪头寨"三个隶书题刻。民国后，甪里巡检司被裁撤，存在时间长达800多年的甪头寨，现仅留下100多米长的断垣断壁残墙，任在杂草丛生的山坡上伏卧着，透露出逼人的沧桑感，给人留下无尽的遐想。

甪里以它深厚的历史文化内涵和恬静的风貌向世人展示出无限的魅力。

植里

植里古村位于洞庭西山岛北部，地属金庭镇爱国行政村。2005年公布为苏州市控制保护古村落。

古村北依崎貌虎山，南望凉帽顶的余脉，西临太湖，东为山均。是一处湖滨山村聚落。植里与夏泾湖，实为同一村落。古村历史悠久，南宋末年已有人居，金氏为植里望族。南宋末年承德郎金寿迁至夏泾，渐繁衍成大族。明清时期是该村的繁荣期。

古村面积约为2万平方米，人口千余人，以种植花果及养鱼为业。村内建筑依山势走向，平面呈"一"字形。古村老街东西走向，全长约700米。街道两侧古民居错落有序，古风盎然。至今仍保留有明清及民国建筑18处。较完整的有仁寿堂、崇德堂、余庆堂、芝星堂、秀之堂、怀德堂、张二房、罗宅、

植里古村古樟树

里庵、植里古道及桥等。古村民居的布局风格古朴自然，与山村环境融为一体。

秀之堂是古村目前尚存的体量最大的清中期群体民居建筑。占地面积达630平方米，有门厅、大厅，楼厅一路三进。大厅前塞口墙正中设"嘉庆乙亥"年款门楼一座，镌"怀德维宁"字铭。

村内街道

植里古村的清代民居建筑的大门大多为东与东南向。小户人家大门上方任任做出线条十分流畅的皮条脊，古朴而简洁。而大户人家的大门则为将军门做法，规整而大气。后进住楼的前檐出檐极深，檐下均为云头挑梓梁或雀宿檐做法，其形式极有地方特点。

植里古道以古道闻名。植里古道今为苏州市文保单位。筑于清康熙四十一年（1702年）。古道长158米，路面用448块花岗岩条石铺筑而成，平整而古朴。古道北端有永丰桥，为单孔拱形形式，用青石、花岗石砌筑。桥全长17.9米。北端东侧桥耳下方嵌一青石条，上镌"康熙四十一年重建"楷书字铭。桥边有一株三叉老樟树，树干粗壮，枝叶茂盛。形如巨伞，身置其下，遮日蔽阴，凉风习习。古道、古桥、小桥、流水、人家，构成了一幅绝妙的山村图景。

悠久的历史、秀丽的村落环境、古朴的山村风貌，那村后的青山，村前的古道、绿水，村中的古街、老屋，无不充满着岁月沧桑，散发出诱人的山村情趣。

后埠

后埠古村，位于西山岛东北部。后埠古称"梅梁里"。该村因前有湖湾，后为船埠，故称"后埠"。古村历史悠久，是北宋末中原贵族南渡后形成的村落。从北宋末至南宋末，定居在这里的有"徐、戚、陆、居、费、俞、倪"等"三聘不仕"而方氏族大姓。宋末古村内已有居民千人以上。明清时期徐氏、蒋氏经商湖广，致富后归乡营建宅院，深宅大院拔地而起，到清乾嘉年间古村居民已达到2000多人。至今千年不衰，仍保留有许多文化遗存。2005年6月，后埠古村被苏州市人民政府公布为苏州市第一批控制保护古村落。

后埠古村坐落在西山岛的渡渚山与黄渡山侧的冲积平原上。古村的东、西、南三面环山，北临太湖，村北有小港湾通古埠端。古村内原有一条5华里（2.5公里）长的后板街，沿黄渡山东麓山坡东南走向；其中，青石路段筑于元代，花岗石路段建于清代。平整的石板有的蜿蜒伸展，村内的古民居沿街巷分布，依山就势，错落有致的建筑风格与古村环境浑然一体，缓步其间，那曲折的路，狭长的巷，斑驳的墙，古亭老井，残坊断垣转成的画面，仿佛使时空纵横，历史定格。

后埠古村现存明清建筑与清中期大型群体民居建筑的有承志堂、介福堂、费孝子祠、后埠井亭、戚家老屋等。承志堂是西山地区清中期大型群体民居建筑的代表，其体量宏大，装饰精美，具有较高的建筑艺术价值。

戚家居是古村内最老的建筑，门板上的独角戚及斑驳的墙垣仿佛在诉说着主人当年的辉煌。曾及其先祖为北宋著名学者戚同之，因"三聘不仕"而从河南商丘奔吴，办平江书院，为当地培养了众多的学子。

后埠古村的东面有一座名叫"唐介山"的小山。山上有巨石称"唐介石"，石上可容千人。石旁原有圣妫女神庙。此外，山坡上尚有一方"醉月盘"摩崖石刻。

古村旁的黄渡山坡上，还能探寻到宋代平民火葬的遗址。曾出土过数百具宋代的陶瓷葬具，为锡和陶质、上覆石盖、内盛骨灰。顾炎武的《日知录》载："火葬之俗，盛行于江南，自宋已有之。"由此相互印证。火葬之俗古已有之。

悠久古村，弥散着质朴宁静的气息，漫漫乡韵，蕴含着深厚的文化底蕴。偏僻的湖岛小村，北临太湖，村北有后埠湾，在特定的历史时期孕育了不属于此方水土的北方侨民的后裔，他们在此落地生根，绵延相传，生生不息。

徐湾

徐湾，在太湖之中的叶山岛上，原属西山镇，1996年被划出叶山镇，现归苏州市太湖度假区管辖。叶山岛，面积0.3平方公里，岛上原有东湾、徐湾、西湾三个自然村，三村东西向分布，均相距百米。现徐湾古村由西湾和徐湾两村组成，0.25平方公里。2005年6月，苏州市人民政府将之公布为苏州市第一批控制保护古村落。

古村历史悠久，南宋末期已有人居。据《叶山金氏祖祠》碑文记载，南宋末年，徐州人金氏从事木材运输，木排途经太湖，从长兴至胥口段遇大风，无奈停泊在叶山岛上。金氏偶尔上岛踏勘，对叶山山水十分留恋，是时，北方戎车岁动，为避戎礼，金氏携妻儿从徐州迁居叶山，居西湾，为叶山金氏世祖。后徐氏过入该岛，世居徐湾。三明清时期，岛上有"金、蒋、徐、孔、马、王、邱"七大姓氏，历经数百年而不衰。

徐湾古村的地理形势十分优越。古村三面环山，一面濒水。东有尧头山，西有海拔29.5米的无名山，北有步柱山，南临太湖，是一处后有靠山、前有阔水带的风水佳地。古村左右及后面的小山冈可种植茶、橘、石榴等经济树木，中间的谷地可植水旱作物，供村民生活所需。西湾、徐湾两村前各有一个湖湾池塘，可就近浣地，以泉水为血脉，以土地为反肉，以形势为骨体。"徐湾村，正是骨体壮实，血脉丰沛，皮肉肿厚，毛发茂密之地。因此，虽然地处孤岛，但在自给自足的自然经济条件下，只要风调雨顺，古村的村民就什么也不怕了。

徐湾古村的村落布局是以湖湾为中心扇形展开的。徐湾古村有一湖湾名"新港"，其平面呈半圆形，南北长29米，东西宽22.4米。其东北有小港，可通太湖。湖湾四周以黄石块砌而成，河岸北用条石筑成河埠。新港湾的东侧有街连廊，西侧有徐宅。北侧有小巷，顺山坡向北延伸，小巷两侧有民居。而西湾村南亦有一湖湾名曰"西湾",西湾平面呈不规则椭圆形,东西长51米,南北宽26米,南端有小港通太湖。四周河岸以块石叠砌而成,岸北设河埠。岸两有系缆石、石臼等物。湖湾北侧分别有洪图巷、汤家巷,两巷顺山坡向北伸展。巷宽2.05米,巷道面以青砖"八"字纹铺设。小巷两侧为错落有致的民居。这种以湖湾为中心分设民居的布局是小岛山村的一大特色。

徐湾村的这种湖湾,是太湖孤岛山村中特有的人工构筑设施,具有十分重要的作用。根据实地勘察,这种湖湾具有以下几个方面的功能:一是供水,"民以择水而居",湖湾水塘实际上是水源,可供村民日常生活用水,并能灌溉谷地的果树与菜地;二是泄洪与排水,从实地观察,这种湖湾的东、西、北三面均分布着民居,水塘北端而建,雨天的泄侧的民居都是依山坡地势逐进至湖湾水塘中,这种布局水可顺着山坡的坡度直泻至漏斗形,泄水十分方便;三是湖使山村地表形成了小气候,丰富山村的景观;四湾水塘可改善村子的小气候,丰富山村的景观;四是湖湾是村民舟船外出之码头及泊船之港湾。

古村内的道路有人工构筑的山道，山道随山坡的地形高低而曲折蜿蜒地伸展，使徐湾与西湾东西贯通。山道路面宽2.2米左右，路面用大小不一的石块和青砖砌而成。山道的一侧有高1米多的黄石砌筑的石坎。古村内昔有碧莲庵、观音堂、关帝庙、纯阳殿等宗教建筑，蕴含着许多民间传说。透露出村民的宗教信仰。古村内的民居形式多为二坡硬山造，粉墙黛瓦，高低起落，错落有致。其体量大多较为低矮，没有大体量的群体建筑，建筑的构架也十分简洁，以圆作抬梁式穿斗式为主，多见

掺金造梁架。十分省料。其营造制式不以精美气派见长，而以简洁质朴取胜。其风貌与山水浑然一体，宛若天成。

徐湾古村因坐落在湖岛之上，其环境十分秀丽。古村依山而湖，山峦相抱，湖水相望，山坡上果林成片，花草茂盛。谷地中菜地接垄，蝶飞蝶舞。绿意盎然。水塘中鱼游鸭嬉，荷花摇曳。村舍里鸡犬相闻，炊烟袅袅。一幅祥和清静的山村生活图景。

悠久古村，弥散着宁静、素雅、苍远的气息，漫漫乡韵，透露出浓郁的地方风情，令人心醉神往。

古建筑

第一章

太湖之滨吴中地区的古建筑，是我国历史悠久建筑中风格独特、营造技艺精湛的古代建筑，朱仙庵的奇葩。

吴中文物 古镇古村古建筑

概述

居住是人类生存的需要，居住之地是建筑的起源。远古时期的人类为了躲避野兽的侵害，乃"筑木为巢"、"挖地为穴"，只能利用巢、穴栖身。随着原始农业的出现，人类开始定居。根据考古发现，在众多的新石器时代的聚落遗址中，发现红烧土地面、火塘、柱洞等遗迹，说明当时的人类已建有简陋的屋舍，结束了穴居野处的人类，进入了"搭棚成舍，全泥为屋"的阶段。从而，奠定了木构架建筑的雏形。

尔后，随着社会生产力的发展和砖石材料的运用，我国的木构建筑呈现出"山川扶绣户，日月近雕梁"（杜甫诗句）的盛况。在社会文化的组成部分、耀眼的光芒，从而成为人类文明中散发出俄罗斯文学家果戈里曾说："建筑是历史的纪念碑，是石头的史书。"人类所赖以生活的建筑物，是人类时期的政治、经济、文化的反映，是人类文化的一个重要侧面，而建筑史亦是民族传统文化遗产的重要组成部分。当书籍和文学被淹没时，只有建筑还在代人们说话——用它的建筑语言——建筑的形体、色调、装饰，来表述建造时代的技术水准和人们的精神追求。

太湖之滨吴中地区的古代建筑，历史悠久，风格独特，营造技艺精湛，是我国传统建筑中的一朵灿烂的奇葩。经近年来的多次调查，目前吴中地区有一定价值的古建筑达449处。古民居总量有369处，其中：全国重点文物保护单位7处，西山民居共有326处，江苏省省级文物保护单位19处，苏州市市级文物保护单位99处，苏州市控制性保护古建筑52处。其数量之多、质量之高，在全国县区级行政建制中名列前茅。

吴中地区的古建筑不仅数量众多，而且品位高，门类多。从功能上看，大致可分为：宗教建筑、古民居、祠堂、园林、古桥梁、公共建筑、商铺等。所存有北宋至元、明、清、民国各个历史时期的典型范例，时间跨度超过千年，形成了绵延不断的建筑文化脉络，反映出吴地传统建筑文化的多样性。

宗教建筑是指各种宗教建筑活动场所。吴地历代所建的宗教建筑极多，其类别有神祠、佛寺、道观、教堂等，而以佛寺所建的古寺庙极多。据民国版《吴县志》载，吴地历代所建的古寺庙位居多。明代卢熊纂修的《苏州府志》云："东南寺观之胜，莫盛于吴郡。"椽宇森严、绘画藻丽，足以壮观域邑。"明清时期，吴地的寺观之多可居全国之最。江南巡抚汤斌感叹："天下寺观，莫盛于苏、淞。"由于佛教深得历代统治者的提倡及民间善男信女的拥护，兴建寺乃一直是历代社会的主要建筑活动之一，以致形成了"一乡一里，必有祠庙焉"的热闹场面（《古今图书集成·神异典》卷四十八引《庸闲史补》）。

佛寺古时的建筑格局极为规范的。早期的寺院是按照官寺布局建造的。后起的佛寺，布局亦十分严格，一般主要建筑均分布在南北中轴线上，附属设施则设在东、西两侧。主要的单体建筑大致是：山门、天王殿、大雄宝殿、法堂、藏经阁、山门一般设有三门，即"三解脱门"，空门、无相门、无作门"。其形式常为殿堂式，殿内分塑两金刚力士，以守护佛法。天王分列四大天王、中供弥勒佛、背掌韦陀天尊。左右其他诸佛。大雄宝殿，是寺庙的核心。殿内两侧多塑十八罗汉或二十诸天。法堂是演说佛法、饭成集会之处。藏经阁是经藏佛经典籍之所。大雄宝殿两侧有东西配殿：东为祖师殿、专祀该宗功绩卓越的祖师，西为伽蓝殿。供像一尊——左为祇陀太子、中为波斯匿王、右为给孤独长者，两侧常供18位伽蓝神，守护寺院。其他附属设施有客房、库房、厨房等分布四周。其基本格局为中国传统建筑中的院落形式。

吴地历代所建的佛寺虽然众多，但保存至今的古寺庙已不多。本书收录了吴地具有一定历史、艺术及文物价值的神祠与古寺庙实例16处。其中有千年古刹保圣寺、紫金庵，两寺内的多尊汉塑像以其独特的艺术形象而闻名中外，是我国雕塑史上的璀璨明珠。坐落在天池山坞的寂鉴寺，是一处完整的元代仿木构石屋建筑，其"龟头屋"的做法十分罕见，全国仅存这一处，在我国建筑史上具有很高的地位。雄踞太湖之滨的轩辕宫，是一处元代建筑，其昂嘴颤势及断面形态为典型的元代双下昂形式，其斗栱采用五辅作、制式、明间下金檩的断梁做法极具特点,具有极高的文物价值。坐落在光福龟山之巅的光福塔,是一处四面七级的砖木结构的楼阁式木结构塔,其塔体、塔刹、平座、壶门等形体结构保留了宋代制式,塔顶的砖木结构塔刹是我国古代砖木结构的珍贵实例。该塔研究我国古代砖木结构塔的形式,基本上可反映出吴地宗教建筑文化的演变与兴衰的脉络。

民居,是诸民间的居住建筑。汉代扬雄的《将作大匠箴》云:"侃侃将作,经构宫室,墙以御风,宇以蔽日。寒暑依除,鸟鼠攸去。主有宫殿,民有宅居。"人类的居住建筑从最早的防御功能向着实用、美观的方向发展,随着宗法制度的形成,产生了宫殿、府第、民居等建筑类型。

吴地的古民居在古建筑的各种类型中数量最多,分布也最为广泛。由于木构建筑极易损毁,明代以前的吴地民居因时代久远已不复存在,目前尚存的古民居多为明清,而现存这些古民居的情况,以东山、金庭(西山)、甪直为最多,共有326处。从现有的这些古民居的情况来看,由于所处的地理环境和成因的不同,吴地的东、西两山与湖东平原各镇有着两种不同的民居风貌。

"洞庭东山,西山为太湖中的孤岛,属丘陵湖岛地区。"渔洋之雄"(1126年)以后,为避战乱,北方地区的官宦贵族纷纷南迁,到此隐居者极多,中原地区的他们选择深宅大院的居住形式及蕴涵的意识,奠定了洞庭熟的居住建筑形式及蕴涵的意识,奠定了洞庭东、西两山早期民居的基本形式和内涵。尔后,随着西山人集团的崛起,当地涌现出了许多富商巨贾,他们用赚来的钱实实在在地建房、聚集而居,形成了许多高墙深院的民居村宅。因此,东、西两山地区的古民居呈现出多深宅大院的民居风貌,宅前屋后多水井,水潭、山涧,溪湖等,以满足日常生活用水之需,为便于舟船出行。

《林屋民风》这样说:"洞庭编户为里七十有奇,民居散若村落,居宇甚卑,因湖中风雨雨迅疾,墙壁必低,覆必四,类新安,虽名家亦无华之宝。"而这也许就是洞庭东、西两山民居建筑的特点。
千百年来,发达的农耕渔业经济养育了这些土地,为平原水网区域,四周为沃野和众多的河湖。

集镇的形成,而便利的水运交通条件,众多的往来船只,遂使这里成为繁华的商贸集散中心。家裕的生活和舒适的环境,水引来众多的富贵人家和文人雅士垫居于此,建院造屋,傍桥而立。因此,一色的青瓦粉墙,色调素雅,布局繁密,镇内的民居甲建筑多沿街面建,从而形成了"小桥、流水、人家"的江南水乡民居的风貌。

吴地的明清民居具有两种不同的风貌,但宅院内的平面分布形式是基本相同的,都是以硬山顶为主形式,其构成加"各种翼得"的一坡硬山顶为主形式,其构成加"各种翼得"的三合院为主布置,单体建筑多以纵深和数进的形成平面空间。宅院的平面布局通常以四方功能空间,宅院的平面通常是以天井为主,面阔三间至五间。按院落体量的大小可分为大、中、小三种类型:小型住宅仅为一至两进,中型住宅大致为三进以上,大型住宅一般有五进或多路组成。其中,轴线上一般有照壁、门屋、大厅、住楼、花园等单体建筑组成,俗称"正落";中轴线的两侧往往还有副轴线作陪,俗称"边落"。而有些宅基的中轴线与下房等,各单体建筑之间均以天井相隔,各路单体建筑之间均以大井为形心的独立建筑单元。

照壁,俗称"照墙",其形式有"一"字形、"八"字形。宅前设照壁作为隔邪物,主要起到避凶取吉的作用。

门屋,通常为面阔一间或三间,门是宅主人身份和地位的象征,门第的开设十分讲究。一般民宅正间前设门第,做砖石照壁,显贵之宅,其门第常常做成轿门形式,门第常做成下房等,俗称"正落";中轴线两门进而门,俗称"正落";而门第做成偏斜的居室成意识的偏倒,究其原因:其一,从职业而论,经商的宅主其意识形态"金",而宅主人新盼财"金",对门向职业不利,则有意识偏斜;其二,追求地理环境与人的同构关系,对门间的时刻意念,实际上都是宅主人祈盼财宁、宁静之所心理反映。

大厅,无论住宅大小,居者贫富,厅堂均是个最重要的地方。平时,厅之前都有天井或庭院,前檐全部敞开;遇到红白喜事,厅堂是家庭生活的共享空间,接待亲朋宾客的礼仪场所,厅堂的修建也十分讲究,通常用料较大,且高敞而注重大厅,一般为三间,其构架轿杆,为轿杆大停轿之所。一般为三间,其构架或为扁作,或为圆作。

楼厅，亦称"女厅"，位于大厅之后，为宅主人起居及女眷应酬之所。一般为三间，亦有面阔五间的。楼厅次间或梢间前常有厢楼，两厢楼之间形成庭院或天井，前以墙垣相隔，形成独立的建筑单元。

花厅和书楼是平时读书休闲应酬之所。一般均位于边路。其形式精巧，结构式样有卷棚、回顶、贡式厅、花篮厅、鸳鸯厅等。厅内装饰华丽，雕刻精细。厅之前后均设有天井或辟有小花园，园内栽花植树，叠石凿池，营造出雅致的氛围。

历代封建统治者为了维护自己的权力，制定了严格的住宅等级制度。《明史·舆服志》载："洪武二十六年（1393年）定制，（庶民庐舍）不过三间五架，不许用斗拱，饰彩色。三十五年复中饬，不许造九五间数（即五间九架）。房屋虽至二十所，正统十二年（1447年），其大厅均为三间两厦之五开间式样。"吴地的明令稍变通之，庶民房屋多而间少者不任崇限。"至清初。"顺治、康熙间，土大夫犹承故例造之。崇祯居屋。"（王正孙《怡老园图记》）而吴地的明清民居居屋，大多都打破了这一严格的住宅等级制度，这一时期的民宅虽在平面上限三间。但常在厅堂次间的两侧作加一披屋，如明代民居遂高堂、绍德堂、三有堂等。其大厅均为三明两暗的五开间式样。民居中的住楼，面阔五间的亦常见。吴地的明清民居大多施彩绘，用斗拱。明代中期的遂高堂大厅亦施彩绘：吴地明代民居住宅建筑大多以在背檩上施彩。这种现象反映出：早在明代，吴地的资本主义经济因素就已萌芽，封建等级制度面临挑战。

在立面处理上，吴地民居则体现出素雅、灵巧、自然的特点，与北方建筑有明显的区别。宅院单体建筑的底部一般都有以石砌筑的台基，高约30～50厘米。上部砖砌墙体，外以纸筋粉饰，屋之顶部铺设小青瓦、石基、粉墙、青瓦质观丰富，形成了粉墙黛瓦的基本色调，与江南山村水乡的环境十分融合。

雀宿檐的灵活运用是吴地民居的独特做法。由于南方多雨，为了避免雨水侵人，在任楼或厢楼的底层立面檐口下任任设有雀宿檐，在任楼屋顶、檐下设有斜撑。檐下设以挂落，上覆屋顶，悬有雀花篮。立方柱，以短川连于步柱。其斜三角形，精致灵巧。雀宿檐的设立、不仅下逆雨、而且十分灵巧精致，增强了室内外的过渡空间，增强了进深的层次感。

宅址选于坡地的多进递升住宅建筑。任东村敬修堂、前低后高，逐进递升的特点。如东村敬修堂、

的三祝堂等，其前后每进单体建筑之间均要提高二至三个台阶，整座宅院的前后落差达2.28米，其则立面形成一定的坡度。这种利用自然地形布置前后多进单体建筑的做法，具有明显的优点：一是便于泄水；二是利于每进建筑的采光，十分科学合理。

值得指出的是，砖雕门楼的设立是吴地明清民居建筑的一大特色。

清乾隆年间，钱永的《履园丛话》中说："吾乡造屋。"吴地的古民居，所谓门楼。一般均在大厅门前开设有装饰及屋面的构筑物，楼厅前面上开门楼或硬门。砖上雕刻人马戏文、玲珑别透。"吴地的古民居，所谓"门楼"。都是随墙而且首然兀立着称"门楼"；两旁墙垣高出屋顶者，则称"墙门"，其做法基本相同。具有防火、防盗、防雨淋的功能。砖雕门楼与墙门，均为仿木结构，瓦顶屋面以下用砖做出斗拱、椽子、上下额枋、字牌、兜肚、荷花柱等。在上下枋与瓦质兜肚内雕刻各种纹饰，图案优雅，雕工精细；字牌内则镌刻额文。门框用石料或砖砌成，设上下槛，以砖砌出八字扇壁。砖雕墙门中常出现一种简易的形式，一般称为"门罩"，其形式如衣架，仅在大门门框上部用水磨砖砌出向外凸出的线脚及装饰。讲究的还做斗拱及双角起翘的皮条脊一坡檐口，匠上覆瓦。而值得指出的是，门楼与墙门的字牌内不仅题刻四字额文，还常常镌刻着题额人的姓氏及干支纪年，这样便留下了宅院建造的绝对年代。

砖雕门楼与墙门将实用和传统审美意识结合在一起，成为我国传统民居立面装饰中的杰作。

在梁架形式与结构上，吴地民居多为硬山屋面的重木结构，以抬梁和穿斗结构承受其屋面的重量，以空斗墙与实体墙来护围及分隔空间。其屋面大多为二坡屋顶。屋面平缓而富有弧线，十分轻盈。

其梁架形式大致有扁作与圆作两类。扁作规格较高、常用于厅堂、楼厅等主体建筑中；圆作规格稍低、多用于小型住宅。亦有扁作与圆作混用的实例。而扁作梁背的形制是有定式的，俗称"剥腮、挖底"。即在梁背的两端向上作圆形割，梁之前后各按梁厚锯去1/5。成斜三角形。其斜弦上挖去半寸。谓之"剥腮"。其梁之底檩做成圆势，这种扁作梁的线条十分流畅。为末《营造法式》之遗制，与浙西及安徽民居泽风圆的"冬瓜梁"有明显的区别。吴

吴地民居内屋顶设轩的做法，也极具特点。

吴地民居对"轩"的运用始于明代，所谓"轩"就是在厅堂的内四界前后加深一至三界，并在原有屋面下设草架、楼承重架，自下仰视为卷棚式的天花。轩形式的运用可使单体建筑向纵深方向发展，当厅堂前后加深这双层屋面或置穿斗式，将原有的前后屋面仿做成"人"字形的二坡形式，以便泄雨水。轩的运用，使建筑形成宜人居的空间环境，具有一定的隔热效果，形成冬暖夏凉、适宜人居的空间环境。

轩的运用十分广泛，厅堂前后水廊处亦用之。楼厅底层用之，有的宅院甚至门屋也筑有轩，真是无处不起"轩"。轩的做法亦多变化，有菱角轩、船篷轩、一枝香轩、弓形轩、茶壶档轩、鹤颈轩等多种形式，有的花厅中有连缀轩顶的形式成起伏的曲线，柔美。

从建筑架看，明清时期的吴地民居呈现出"砖、木、石"三雕并用，并与建筑结合的特征，形成了一种技艺高超、典雅、大方整体建筑的内部空间显得非常精致，气韵生动，自成一格。

木雕，是在构件的表面施以雕刻装饰。在一般民居建筑中，通常在其梁枋、抱柱、山雾云、梁机、荷包梁、椽木、廊下的撑拱枋、斗拱、斜构等结构，以及门窗、槅扇、栏杆、挂落、飞罩、围屏等室内装饰上都有雕饰，图案优美，技艺达多样。

砖雕，最早是以泥制成坯再雕刻，烧制后再做成型。绕制后的做法已普遍到明代"先烧塑或翻模成型、后雕刻"的做法，工艺已进入了全面发展的时期，砖雕在建筑装饰中有独特的作用和反响。在民居建筑中一般主要施于门楼、墙门、照壁、埠头等部位，雕刻手法有文字体雕、深浮雕、浅浮雕、透雕、线刻等精细者常在一块不盈尺的砖面上雕出多重层次，画面精细，雕主要施于门枕、柱砥、门楣、须弥座等。

石雕，主要施于门枕、柱砥、门楣、须弥座，雕刻手法有深浮雕、剔地浅浮雕、线刻等。走进吴地的明清民居，如同走入了三雕世界——花鸟虫鱼、山水人物、龙凤瑞兽、传奇故事，这些令人眼花缭乱的雕饰琳琅满目，美不胜收。人们在古朴的民居住宅中，不同的造型、不同的图案、不同的含义，既可看到明代的端雅的艺术风韵，也能欣赏到清代精美的雍逸的雕饰艺术风格，亦可领略到民国时期"中西合璧"雕饰中的西洋文化元素。

"住"的空间，民居建筑不仅仅是一种建筑的本体，民居是这一地区文化传统的体现。书中所收录的72处吴地民居，是在封建宗法制度的提倡下，朝廷有意和用宗族力量作为政权的补充。明中叶以后，儒家的长幼尊卑，从这些实例中，道德自然的思想对历届建筑的影响。同时，也折射出当时该地区人们的审美观念与生活情趣。

宗祠，又称"祠堂"，也是这一地区文化的载体。"祠堂"一词多见于汉代，宋末代，后来逐渐建筑的宗族祠堂。明中叶以后，在泛泛也提倡的兴建家庙："汉代多延祠堂于墓所"，后来逐步迁移到城中，建宗祠、家庙、尤其是江南广大农村之中。宗祠之举便在全国，宗族不论大小，均建祠祭祖，寄托思念。夏言上《令臣民得祭始祖立家庙疏》，礼部尚书夏言（1536年），后发展为寝宇，敬先祖的代数没有定制，宗祠内纪念祖先的代数没有定制，于是提倡修宗谱，建宗祠，以此稳定了广大农村的社会秩序，迅速兴起家祠。明中叶后平民百姓多族聚在一处，宗族祠堂发展到最高盛行。宗族祠大小，一姓一族，又发展成一宗一祠，后发展成"大宗祠"、"小宗祠"。

作为礼制性建筑，宗祠的形制和外形比较保守，现存的祠堂一般都为三开间、纵向延伸为两进或三进，分门厅、享堂、寝堂，未西向每两进间为天井，祠堂的主要大厅都作第二进，称为"享堂"，进深较其他大，梁架多采用高大贺两层寝堂进深往往较大，用以供奉祖先牌位，到寝堂为"享堂"，这种空间处理方式有着建筑本身以外的宗教特征又。吴地的宗祠或家支祠，大多遵循本身以外的特征，大小多因家族财力的大小而在规模上有所差别，但从现存的吴地祠堂看，其规模、形制、体量符合第一类、典型的吴地祠堂在规模上有以下三类：

合宗祠的规制。典型的徐家祠的实例有：东村的徐家祠堂，分别建于乾隆十四年（1749年），前后三进，头进为门厅，下两厢厅，人口从前庭院东西两侧券门入住，二进单体建筑的地坪逐进递升。其规模较大，装饰华丽。

第二类，家祠，即住宅与祠堂合二为一体的祠堂。东山的薛氏家祠属此类，该祠前后三进，头进三间为门屋，二进三间为享堂，后进住楼三间带两厢楼为居住之所。

第三类，专祠，即奉祀个别人物。如西山后埠古村内的费孝子祠，该祠是一处费氏族人为颂扬十一世祖费栞鲤荣的孝行而建造的祠堂，其形式是单进小院落。

宗祠是宗族的物化。它表征着宗族整个宗族下房的经济、社会和政治地位，是团结整个宗族，维系人伦秩序、炫耀乡邻，提高族人自尊的载体。宗祠的主要作用是供奉祖先，按时举行祭礼，并且在此举行大会、议事、写谱、修谱。

目前，吴中地区尚存的祠堂建筑已不多，从本书所收录的7处祠堂的情况看，具有以下两个特点：

一是宗祠之族的家族史源远流长。其先祖原籍大多是北方中原地区的家族史源远流长。其先祖原籍大多是北方中原地区人士，都是在南宋建炎期间随康王南迁时为避战祸而隐居吴地的贵族及官宦。如东山的万氏宗祠，所祀迁山祖为万氏恺。据《万氏宗谱》载，万氏原籍河南汴梁（开封）。靖康之难时，官至和州判的万庆恺随高宗南迁避难于毗陵（今常州），后携仲子禹思洞迁居洞庭东山，以种果为业。叶氏宗祠，所奉祀的先祖是北宋末年的刑部侍郎叶逵。东村徐氏宗祠，所祀居栖贤的世祖是徐万一，于南宋宝祐二年（1254年）迁居栖贤山麓之东园里，即今东村。三山岛的秦氏宗祠，属支祠，所奉祀的世祖是从西山迁来的秦浩养。据《洞庭秦氏宗谱》记载，洞庭秦氏是宋代著名词人秦观的直系后裔，其原籍甘肃天水，亦为北方贵族。

二是祠堂建筑的装饰十分讲究，纹饰的题材广泛。其含义以具有教化意义的"忠孝节义"的内容为多见。

吴地的祠堂建筑，装饰的重点部位一般都是在建筑的明显之处。如门楼、前檐口、门厅、祀厅内的梁架、翻轩、门窗、廊庑等各部位。装饰手法有彩绘、木雕、砖雕、石雕、堆塑等。装饰的题材亦比较广泛，象征吉祥的动物纹有龙凤、仙鹤、狮子、麒麟、蝙蝠、鹿等；象征高雅富贵的植物花卉纹有如梅、兰、竹、菊、莲花、海棠、牡丹、石榴、灵芝等；以人物为题材的装饰则以"福、禄、寿"三星，"人仕拜相"、"二十四孝"图案为主，亦有三国人物故事等。所雕图案列注重写实，生动自然，线条流畅，构图华丽，具有强烈的艺术感染力。

吴中地区地处太湖之滨，境内河湖密布，河港交叉。古桥就成了极富情趣的建筑，"绿浪东西南北水，红栏三百九十桥。"（白居易诗）多姿多彩的古桥，构筑起了浓郁的水乡风韵。

吴地的古桥数量众多，造型精美，体态轻盈，或以武康石垒，或以青条石砌，或以花岗石筑。有深藏绿树丛中，有长卧清波之上。桥之形式有拱形桥、梁式桥。孔数以单孔为多，兼有多孔。多孔者任任成单数。这既符合中轴对称的传统观念，又适合河流的自然状态，以便行舟。在吴中水乡天然秀丽的图画中联袂济美，拱形者如彩虹飞架，平卧者像长笛横吹。

而更为重要的是，桥是古代水陆交通的纽带。俗话说："无桥不成市，无桥不成村，无桥不成路。"一座座古桥连接了城镇的街道，使之贯通成市，亦连接了各地村落的道路。从繁华的城镇到偏僻的乡村，从古运河边，到吴淞江畔，均能见到古桥的身影。一座座古桥跨河而立，连接了街道，贯通了乡村，支撑着水乡地区农耕社会交通业的发展。

此外，本书还收录了部分公共建筑、园林及商铺。其中亦有不少优秀的实例，如明代高士赵居光构筑的山地园林——寒山别业，以其独特的构景艺术与丰富的人文内涵，成为明代园林中的杰出代表，以致乾隆帝六次幸临。东村的古村落巷门，是古代里坊制度门演化而成的古村落的安全设置，这种明代所制的砖木结构的巷门在苏南地区仅存一例。著名建筑师姚承祖所建的梅花亭，构思别致，形式别致，是清末民初学式建筑的明代所建的优秀实例，涵村的明代所建的优秀实例，涵村的明代所建的优秀实例，国内仅存两处，极具文物价值。

寺庙、古塔、宗祠、民居、古桥、巷门……构成了吴地建筑文化最基本的历史符号。它们宛如一座座凝固的历史丰碑，记录着千百年来吴地农耕时代的文明史，体现着吴地优秀的传统建筑文化，饱含着乡土社会的历史文化信息。

百年老屋，熠熠生辉。吴地的这些古建筑，定能跨越时空的界限，给人以仁德、智、美的感染与启迪。

宗教建筑

见中文物
第二章 古建筑
第一节

保圣寺

保圣寺位于苏州市吴中区甪直镇。据《吴郡甫里志》载，寺创建于梁天监二年（503年）；《苏州府志》则称："唐大中年间（847—859年）建。宋熙宁六年（1073年）重修。"后元、明、清三代，均有修葺。现存建筑有：清乾隆二十六年（1761年）建、1974年重修的山门；明代天王殿；唐大中八年（854年）经幢；1930年建、1987年重修的古物馆；四面厅、茶室等。单檐歇山式的古物馆内的罗汉塑像是全国重点文物保护单位。

天王殿，系明崇祯三年至四年（1630—1631年）间在原宋代殿址上重建的。殿南偏西100°，面阔三间，进深七檩，"彻上明造"，单檐歇山式，檐柱有侧脚。柱础覆盆式，直径70厘米，刻压地隐现出神童牡丹花。系宋代旧物。斗拱用"四铺作"插昂造"，拱昂做法颇具特点。

尊胜陀罗尼经咒石幢系唐大中八年（854年）建，宋绍兴十五年（1145年）重立。幢青石质，通高5.15米。经幢下为基石。其上为束腰式须弥座，刻莲瓣纹，束腰八面，镌壶门，佛像端坐在壶门内，面形丰满，神态自若。幢身八边柱形，刻《尊胜陀罗尼经》，幢身以上共10级，有华盖、联珠、莲瓣、束腰、八角攒尖盖等。以飞天、云头纹圆盖结顶。各级饰佛教题材图案。幢身以上的各级尺度逐级递减。该经幢比例适度，造型端正秀美，具有极高的艺术价值。

陈列保圣寺罗汉塑像的古物馆，是一座在1930年所建民国建筑的基础上重修的单檐歇山式的建筑。面阔14.4米，进深14.6米。现存的九尊罗汉与塑像置于馆内后壁。

1918年，顾颉刚、陈万里来到甪直，发现了这座行将颓没的古寺和这堂形神兼备的罗汉像，感到大殿岌岌可危，塑像朝夕有沦胥之虞，就在报刊上将这艺术珍品公之于众，并为这艺术堂久不为人注意的罗汉塑像公之于众。1928年，大殿半边坠塌。半数罗汉像被毁，后经蔡元培、马叙伦、叶楚伧和顾颉刚、陈万里等倡议，组织保存有直唐塑委员会，讨

天王殿

身着袈裟，结跏趺坐，双手扶膝，目视前方，神态安详。左边一尊为"降龙"罗汉，双腿盘曲，上身略左倾，上视前方，神态威武。中层一尊为"袒腹"罗汉，一手按膝，一手撑地，张嘴隆鼻，锁眉瞪眼，依岩而坐，身披袈裟，袒胸露腹，双腿弯曲。神态坦然。下层四尊，右边一尊为"沉思"罗汉，坐相，身着袈裟，双脚踏地，双目下视，端庄安详。中间两尊为"听经"讲经"罗汉，相对而坐，讲者左手扶膝，右臂上弯，成一收，后背微驼，喉结突出，张口作讲经状。听者，侧向端坐，面对讲者，左腿曲于臂下，神态虔诚。最后一尊"尴尬"罗汉，身着袈裟，结跏趺坐，两臂上弯，双眉圆瞪，口微张，似笑非笑。

关于罗汉塑像的作者和年代问题，目前有两种意见。据《吴县志》等地方志记载，"为圣手杨惠之所塑"。杨惠之是唐开元（713—741年）时杰出的雕塑家，而且又是吴郡人，所以有人认为这里可能留下他的遗作。但也有人认为，杨惠之平生造作大抵在两京和凤翔等地，足迹未尝越江南下，且目前像与盛唐丰满瑰丽的时代风格不符，却与北宋写实传神的艺术作风相似，因而疑出自北宋人之手。虽然作者及年代还需进一步考定，但都被认为不会晚于北宋。

塑像布列可分上、中、下三层。上层四尊，居中为"达摩像"，结跏趺坐，闭目顿首作神定状。其右侧两尊，远者为"伏虎"罗汉，结跏趺坐，袒胸披袈，双目及两臂全毁，远者为"智真"罗汉。

塑壁面阔9.5米，通高5.7米，厚1.45米。下设须弥座，高2米，塑壁由云山、海水、洞龛构成，仿佛海上仙岛之一角，形似一幅立体山水画，九尊罗汉塑像错落有致地分布其间。

论保护方案，募集资金，督办工程，采用吴敬恒的提议，由范文照原丁朔像，江小鹣、滑田友复原丁朔像，并把九尊残存的罗汉塑像，作为艺术瑰宝珍藏于馆内。1996年3月，中国文物研究所的胡继高先生等组成专家组，对塑壁和塑像进行了科学加固保护。

保圣寺罗汉塑像是我国雕塑史上的一颗璀璨的明珠,具有极高的历史、艺术、科学价值。塑像以其精巧的设计和写实传神的雕塑手法,充分显示了我国古代雕塑大师高超的艺术创造才能。

从整体设计看,该塑像突破了一般寺院常见的单个依次排列的形式,将罗汉群像分列穿插在一座立体感极强的塑壁之中,而塑壁则被设计为从海水云气中涌出的岩岛,重岩叠嶂,奇峰兀立,浪涌云翻,构成浩莽博大的气势,且众罗汉穿插其间,俨然一幅气势宏伟的山水人物壁画。正是这神独特的形式,有力地烘托了罗汉超脱的生活气氛和精神气质。

从罗汉形象的艺术处理上看,形象塑造个性鲜明,处理手法简练概括,人体比例适度,结构、形体、服饰都表现得非常充分,衣褶线条流畅,既表现了轻柔的质感,也突出了肢体的动势。特别在人物神态上,雕塑家从现实生活出发,捕捉了人类精神风貌的瞬间,把它加以典型化的夸张,然后集中以其自己的作品中,创造了富有不同性格、气质、融入自己自己的作品中。群像精神状态的丰富性和多样化,又统一在同一个主题境界中,具有完美的整体性。

保圣寺罗汉塑像以其独特的艺术形象而闻名中外。日本原东京美术学校大村西崖教授在他的《吴郡奇迹·塑壁残影》一书中,对保圣寺塑壁罗汉的造型艺术具有高度的评价,认为这是东方雕塑艺术的瑰宝。郭沫若先生在《沫若自传·革命春秋》中说:"惠之与米克朗杰洛(即米开朗基罗)更有点像一形一影,两人的作品有力的律吕之横溢,尽管受着宗教的题材束缚,而现实感却以无限的迫力向人逼来,使人不能不感觉着一种崇高的美。"

紫金庵

山门

紫金庵，位于苏州市吴中区东山镇西卯坞内，庵内的罗汉塑像是全国重点文物保护单位。

紫金庵，又名"金庵寺"。寺院四周，冈峦起伏，花木茂盛，环境清幽。据明人所写的《洞庭紫金庵记》记载的"昔有胡僧沙利者达耶于此结庵修道，玄宗时诏复修殿宇，装金佛像"，说明该庵始建于唐代。庵内现有一块"唐示寂木庵开山和尚诸位觉灵之墓"的碑石，乃唐代旧物。佛殿在唐贞元年间（785—805 年）曾破毁，复建后，历代都有修葺。现有山门、大殿、净因堂、听松堂、白云居，晴川轩等历史建筑，主体建筑大殿与净因堂均坐西向东。净因堂由住持僧道宏创建于清乾隆十一年（1746 年），金柱以楠木制作。大殿面阔六间，彻上明造，重檐歇山顶。紫金庵罗汉塑像布列在大殿内。

大殿正面莲花座上端坐着三尊主佛：中间是释迦牟尼佛，右边是东方琉璃世界消灾延寿药师佛，左边是西方极乐世界阿弥陀佛。迦叶、阿难拱手持立于主佛之间。三尊主佛形态古朴，神态端庄，眼睛似乎能随人而动，被称之为"慧眼"。

三尊主佛佛龛的左右两壁佛龛中分左右着十六罗汉像。像高 1.14 ~ 1.17 米，均装彩。

三尊主佛左右端庄，脚踩波涛或立于观音面容发详端庄，脚踩波涛或立于观音凶浦。头上部华盖飘动，四周祥云缭绕。变法独到，十分巧妙。

大殿后壁，还有八尊坐像，分别叫禅月大师贯休、梁武帝、灵岩山开山和尚智积、金庵开山僧民山，以及关帝、文昌、猛将、弥勒等形象，这些像和四大天王像，相传是明末手艺人邱弥陀折塑殿内的十六罗汉，相传是南宋民间塑手雷潮夫妇的作品，距今已有 800 多年的历史了。关于雷潮夫妇，康熙年间修的《苏州府志》说："雷潮夫妇俱称善手，一生止塑三处，本庵尤为称首。"但没有记载详细事迹，而民间有这样一个故

事，说雷潮本是杭州的一位民间手艺人，酷爱雕塑艺术，深得群众喜爱。官府知道后，逼他为皇帝塑像。他瞻皇帝出巡，偷看了一眼，塑了一个侧面像。但官府却认为不敬，要治他的罪。他被迫逃到苏州，与一个善绘丹青的女子结了婚，以后又双双到洞庭东山隐居，熟悉了当地的风土人情后，花了好几年功夫，为当地塑出了这珍贵的艺术品。当然，这只是一个传说而已，不一定可信。紫金庵罗汉像显示了我国古代民间手艺人高超的艺术才能，这一点是千真万确的。

紫金庵罗汉是国内著名的古罗汉塑像之一，是珍贵的佛教文物。紫金庵罗汉塑像具有很高的艺术造诣。在继承前代罗汉画和罗汉塑像的基础上有所创造，既以丰富的想象力表现了不同年龄、性格、经历的佛教弟子皈依佛法、修炼传道的情况，又把现实生活中的喜怒哀乐熔铸于罗汉形象之中，使这些塑像更富于真人情意趣。罗汉每尊高约三尺四寸，造型比例适度，面部表情细致入微，有假寐、沉思、训笑、神情通真、生动自然。例如，"降龙"罗汉中，三尊罗汉目光都对着柱头的蛟龙。"降龙"罗汉正在作法，状貌威武，面呈紫色。旁边的两尊罗汉，一个不屑一顾，一个表示钦佩，组成了一组生动的画面。"伏虎"罗汉也很别致，他满脸堆笑，

明朝有个大灯和尚，写了一首金庵罗汉歌，开头几句是"金庵罗汉形貌雄，慈威喜笑惊神工，当年制塑出奇巧，支那国中鲜匹同"。清乾隆时，邱庭熙提《紫金庵净因寺碑记》，称赞罗汉塑像"精神超忍，呼之欲活"。许多现代雕塑艺术家到此参观后，无不备加赞赏，认为这是雕塑艺术中的珍品。

由此可见，紫金庵罗汉不愧为我国雕塑遗产中的杰出的优秀作品，在佛教造像中占有重要地位，堪称中华传统文化中的稀世珍宝。

若无其事，但是一只跳蹿猛虎被驯服在他的脚下，显得非常渺小。再如第十八尊者的"愁"与第十五尊者的"笑"；第十尊者的"温"与第二尊者的"威"；第十二尊者的"动"和第十尊者的"静"，这些罗汉对比强烈，富有变化。另外，这些罗汉塑像的装饰也十分精致，全是彩色汉装，装鉴所选用的是"物颜料"，运用传统的上五彩——泥金沥粉工艺，做工极精，图案内容十分丰富，翎毛、花卉、几何回纹，博古一应俱全，刻花填彩，色泽艳丽，虽经几百年侵袭，但至今色泽不褪。同时，又以兰叶描和铁线描等手法把罗汉的内外衣交待得十分清楚，层次分明。衣褶流畅，质感强烈。如右壁一尊诺天，用三个手指轻轻托起一块经卷（绣花绢袋），其皱纹自然下垂，大有风吹欲动之状。后壁观音头上的华盖，大红的金面，刻着紫红的牡丹花，达到了乱真的程度。要知道这些都是用一二厘米的黄泥塑成的，看来如同丝织锦绣一般，真令人惊叹不已。前人对紫金庵罗汉的艺术成就早就十分推崇。

深 1.20 米。屋顶为石板铺盖的重檐歇山顶。

东石屋，称"兜率宫"，与西石屋相距约 80 米。面阔也为一同，屋顶为单檐歇山式，结构与西石屋相同。

东、西石屋内各有一座以整块山岩雕凿的立式佛像。东石屋为弥勒佛，高约 3.25 米。两座雕像线条粗犷，立身阿弥陀佛，高约 3.00 米；西石屋为耳大脸方，体现了元代造像风格。

西天寺，坐北面南，平面为"凸"字形，单檐歇山顶。面阔三间 7.64 米，进深两间 5.52 米。殿身紧挨石岩，除供人进出的槅扇门外，其余构件均

寂鉴寺

寂鉴寺，位于苏州市吴中区木渎镇天池山坞，原为六朝刘宋时会稽太守张裕私第。南宋乾道间为秘书监张廷杰木别墅。元至正十七年（1357 年），僧道创建寂鉴禅庵。寺内平面略呈圆形，环以乱石砌墙。占地约 20 000 平方米。寺内有东石屋、西石屋，西天寺石屋三座，建于元至正十八年至二十三年（1358—1363 年）。2006 年 5 月，该石屋及造像被公布为全国重点文物保护单位。

西石屋，称"极乐园"。坐南面北，依山构筑，面阔一间，进深一间。又以石条、石板构筑，其面宽 2.61 米，内进半跨，为仿木抱夏式石屋。

以石枋所成。前部屋顶为单檐歇山顶，后部之"龟头屋"用梯形屋面，在我国建筑中尚属少见。檐、内柱与东西石屋相同，柱身无侧脚及升起，柱头仅施阑额，其上有装混线代替斗拱出挑。明间使用中柱两根，减短了有梁的跨度。殿内顶部由6个大小形三不同的藻井组成。次间藻井以海棠线、装混线脚或八角形与矩形相套的线脚构成。明间前后进大致层次较多，并饰以云纹和盘龙，外边为正方形，正方形的内与一斜拱承托藻井的第二层，而形成八角形向花高大华美。形态生动；明间前后进天芝各有一

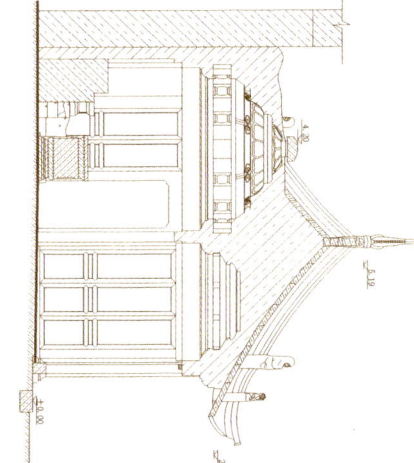

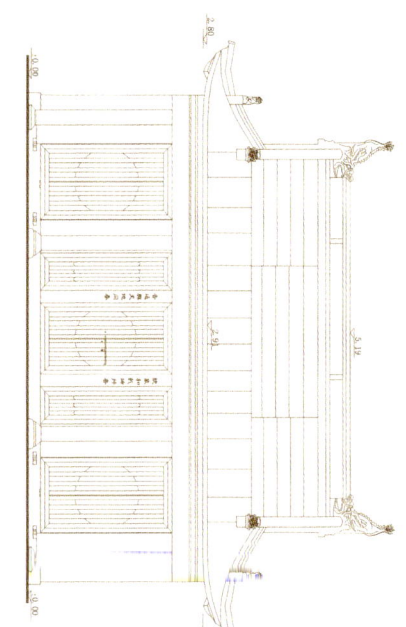

里逐层叠收，至最上层正中为一圆形。自底边至顶层共11层，均以瓷混线脚、霸王拳式收头及"巴达马"式短柱承出跳，逐层收缩构成。正中圆形的藻井面饰有太极图，缠枝莲、如意头等图案，其图案纹饰透露出浓厚的藏传佛教气息。

此外，寺内还有寺驮殿、旱船等建筑，均依山坡而建，错落有致，别具风韵。

我国古代石构建筑以塔、桥为多，完整的元代仿木构石屋目前在江苏省仅此一处。因此，该石屋及造像具有十分重要的科学、历史、艺术价值。

（1）寂鉴寺以石殿与造像为主要内容。石殿、石屋及造像，道路之间不拘一般寺庙对称的布局方法，布局较为自由。石屋内的造像依山崖凿成，其形式可说是受北魏以来的石窟寺的影响，又不失为古代工匠"因地制宜，因材制用"的石刻造像作品成功之范例。

（2）寂鉴寺石殿、石屋的建筑处理既保留了宋代的样子，又具有元代的特点。"龟头屋"做法，十分罕见，是全国仅存的元代仿木结构石建筑，在我国建筑史上具有很高的地位。

石殿、石屋的柱高之比为（9.3～10.5）:1，是元代常用的比例。柱身无侧脚和升起，但有的仍收杀为梭形，其中以石殿次间后进佛侧面倚柱之上

段收进尤为明显。建筑装饰中除缘起藏传佛教建筑特有的"巴达马"风格外，尚保留了末代常用的如意头及壶门式样。

"檐口平直，至角部才有起翘的形式"与明清建筑颇为一致，但仔角梁可被视为嫩戗发戗的过渡形式。榫架尚属平缓，为末至明清建筑的过渡形式。

石殿后部"龟头屋"的做法，曾见于汉画像及南末陵墓。在这里解决了明清三进藻井的高度同题，达到了形式与功能的统一。

（3）石殿内顶部所构筑的藻井成组出现，层次丰富，色彩华美，其装饰与构图透露出浓厚的喇嘛教气息。石屋内的造像线条粗犷，气势逼人，从所着袈裟看，具有浓郁的梵式造像特点，是研究元代雕刻艺术的珍贵的实物资料。

寂鉴寺地处天池山坞，建筑环境十分幽雅。寺外清池映峰，崇山合抱，翠竹成林，苍岩蔽日，名人摩崖刻遍布满山，寺内泉石阵阵，景色诱人。明山古寺，宛如仙境，为吴中著名胜地。

轩辕宫

轩辕宫正殿,位于苏州市吴中区东山镇杨湾翠家山麓。2006年,该殿被公布为全国重点文物保护单位。

轩辕宫,俗称"杨湾庙",亦名"显灵庙",又名"灵顺宫"。始建于唐贞观二年(628年),正殿为元代重建。殿为单檐歇山式,"徹上明造"。面阔三间13.74米,进深九檩11.48米。面阔比进深似方形。殿前有月台,宽17.30米,

进深9.20米,台正面设有青石栏杆,北面有踏步,南面与上山游览通道相近,设有台阶。正门前设台阶四级,两侧有"副子"。殿出檐甚深,台基明高60厘米,略作"梭形",柱头多数有卷杀,殿口均用木柱。檐柱高3.90米,角柱高3.98米,似有8厘米之微微"斗起",并略有"侧脚"。四角立柱,吻兽之微屋角反翘,颇为秀丽。

金柱柱础为素覆盆式,覆盆直径74厘米,施木鼓一层,直径40厘米,上置扁形木鼓墩。檐柱柱础用两间为覆盆式青石质,上置扁形木鼓墩。角柱柱础进为石制,形如杵头,直径50厘米,杵杆部与交柱下匹配,高36厘米,杵杆底米的木楣一层。斗栱采用"五铺作双下昂"式,后尾"偷心",昂下用真"华头子"和"靴楔",与苏州玄妙观三清殿相似。斗栱后尾用不平的挑杆两根。一上一下,后尾压在下金槫下,起到丁头昂作用。其昂嘴颛势及断面形态为元制,正面明间二攒,南面第二间一攒,头昂改为假昂,挑杆变成上昂性质的斜撑,未夸过正

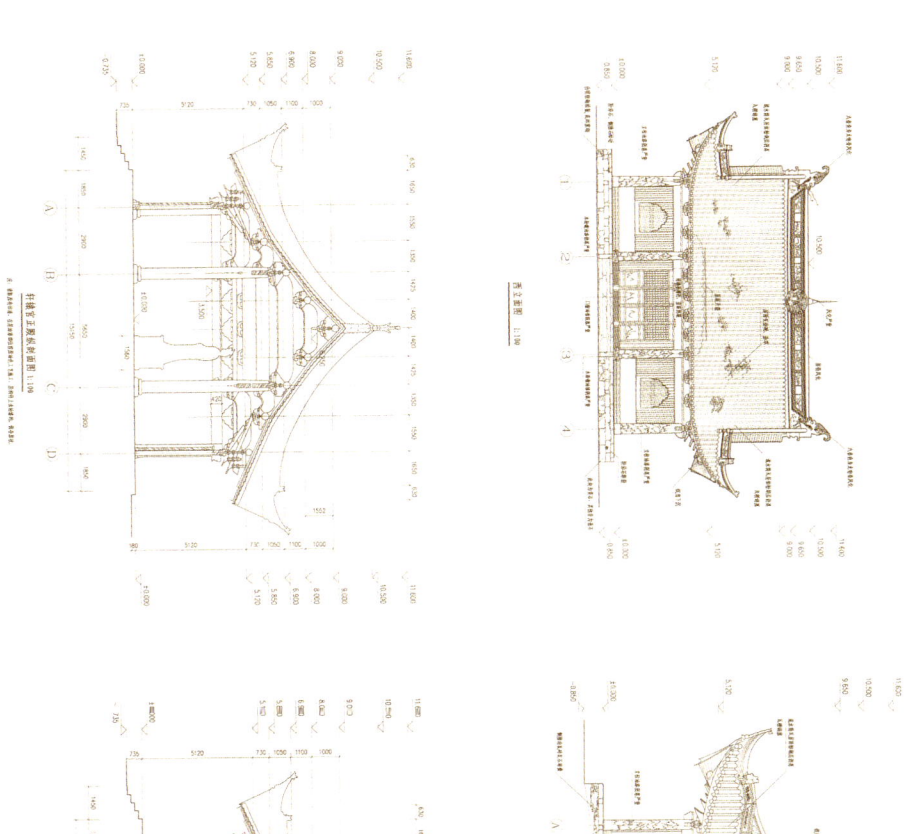

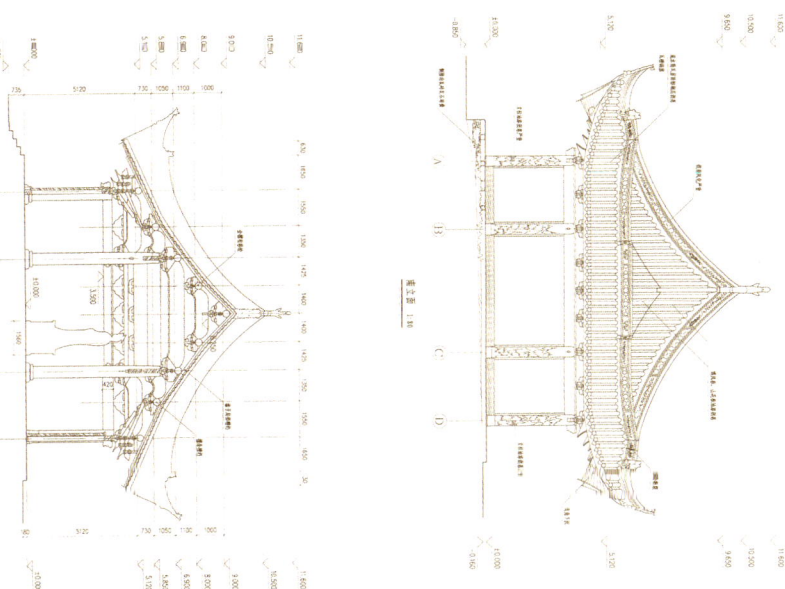

077

心枋，可能是后代修换的结果。明间下金檩用断材，极具地方特点。

轩辕宫正殿是一处元代木构建筑，从其构架、斗拱形式看大致有以下几个特点：

（1）轩辕宫正殿踞雄踞山垣，面迎太湖，气势宏伟。殿之素覆盆柱础、明间秀美的梭形四金柱，具有卷刹的檐柱及部分梁架斗拱均系元代旧物。保留至今的元代木构建筑在江南地区存量极少，具有极高的文物价值。

（2）正殿单檐歇山、"彻上明造"、"升起"、翼角飞翘，形体秀美。其具"侧脚"的四角立柱尚保存了宋元旧做法。山花板比博缝板收进颇深，仍为唐宋旧法。斗拱采用"五铺作双下昂"式，后尾"偷心"，昂下用真"华头子"和"靴楔"，与苏州玄妙观三清殿相似。斗拱后侧使用不平的挑杆两根，一上一下，后尾压在下金檩下，起到了真昂作用。其昂嘴颇势及断面形态为元制。这些做法为研究我国古代建筑史提供了极为珍贵的实物资料。

（3）轩辕宫正殿明间下金檩的断梁做法也颇具特点。正殿的明清两代大修为我们留下了众多的时代信息，对研究古代木构建筑的演变史，具有十分重要的参考价值。

光福寺

光福寺，位于苏州市太湖度假区光福镇龟山南麓。该寺全称"光福讲寺"，又名"铜观音寺"，始建于梁大同年间（535—546年），又说梁天监二年（503年）。民国张郁文《光福诸山记》有"光福讲寺，在光福下街。梁九真太守顾氏之家山也。大同中建寺及舍利塔七成"的记载。后至唐会昌五年（845年），该寺毁于"光佛运动"，至唐咸通年间（860—873年）重建。明正德年间（1506—1521年），僧普熙重修。明万历年间（1573—1620年），僧仿倡议建修。清初毁于火灾，仅存山门。至康熙、乾隆年间相继修葺，恢复原貌。清道光年间（1821—1850年），再次进行了大规模的修建。

复后的寺院建筑有山门、天王殿、大雄宝殿、铜观音殿、西方殿、嘉荫堂、听潮音馆、吟香阁等、殿守楼堂、廊庑榭阁俱全，蔚然成为一大丛林。

1986年，该寺被公布为县市级文物保护单位。现寺院内尚存大雄宝殿、铜观音殿、西方殿、嘉荫堂等建筑。

大雄宝殿，重檐硬山造，山面施搏风。面阔三间14.3米，进深十一檩计13.2米。梁架为内四界前后轩形式，内四界"彻上明造"，大梁下设随梁枋。上置金童柱。四界大梁下设随梁枋。上置金童柱。山界有设有童柱置一斗三升牌科承脊檩。前为重轩，后轩与内轩均为圆作卷棚顶；后轩亦为圆作卷棚顶。大殿构架朴素，形体高敞，为清道光十二年之建筑。

西方殿，二坡硬山式楼房，面阔五间20.75米，进深七界12.2米。底楼副檐造，廊庑构架，二楼构架为内四界前后双步形式，内四界圆作抬梁式，边贴为斗六造。

此外，大雄宝殿西墙内嵌有元至正二十八年（1358年）平江路达鲁花赤总管所撰的《免役文榜》碑。西方殿前廊内有张默君的《西崦梅花诗》碑为青石质，长118厘米，宽44厘米。诗文为阴刻章草，竖书七律四首。其中两首由大鹤山人所赋，两首为张默君次大鹤山人唱和诗。诗文以描写香雪海的梅花入手，抒发了自己向慕清静波汲的归隐的心情。

圣恩寺

圣恩寺，位于苏州市太湖洲度假区光福镇邓尉山南麓。圣恩寺全称"天寿圣恩禅寺"，原为天寿、圣恩两寺。天寿寺创建于唐天宝年间（742—755年），圣恩寺建于宋宝祐年间（1253—1258年），设上下道场。元至正初年，天寿寺毁于寺庵并列。圣恩寺幸存。至正九年（1349年），天目山僧万峰时蔚米此开山中兴。洪武九年（1376年）建观音阁、法堂、大殿、塔院、钟楼、斋厨，开创基业。传至融宗，五十余代而不衰。因清康熙、乾隆两帝曾多次幸临，使该寺盛极一时，成为吴中丛林之首。

圣恩寺坐北面南，倚山而建，现占地约6万平方米。四周黄墙封闭，规模宏大，古朴肃穆。现存的历史建筑有石坊、天王殿、大雄宝殿、伽蓝殿、祖师殿、三圣殿等。1986年，该寺被公布为县市级文物保护单位。

石坊，原为五间，后剩一间。青石、花岗石混建，明显两个时代的遗物。石坊下为青石地栿，原在此设门。两侧立花岗石柱。比较粗扩。柱头分别雕螭龙、凤图案。坊的上部鸟以青石凿就，雕刻十分精细。前面下枋饰莲花托附净瓶，瓶中流水不绝，饰"狮子滚绣球"图案；上枋中间有童子拜浮海观音像，云海上饰飞天，并有鹤舞凤翔的吉祥图案。上下枋之间，嵌真书镏金"圣恩禅寺"额。后面一枋，刻八仙饶胜图案。上枋为二龙戏珠，龙身短而强悍，较前面图案为简洁。中间镶嵌金"阿弥陀佛"四字额枋。两边石柱正面刻有对联：天寿无疆 万里山河弘寿域，圣恩普及 众生今古沐恩光。石坊于2000年5月被修复为旧有形式。坊跨于御道通上。御道直通天王殿，道旁古柏盛然。

天王殿，明景泰七年（1456年）创建。清雍正十二年（1736年）毁于火灾。雍正十三年（1737年）再建。为现存之形制。天王殿面阔五间16.75米，进深四间12.90米。单檐歇山式。下有45厘米高的台基。四周有花岗岩石乐岩石。前后三步廊。中部施金柱，木质，用材较大。下有鼓墩形柱础。檐柱及部分山柱已改用方形花岗岩石。

圣恩寺

柱，廊外侧不另加柱，而以挑尖梁直接承挑檐檩，由于出檐较深，挑尖梁下有斜撑木撑于檐柱上，以防止屋面下垂。柱头施斗拱，一斗三升，平身科明间四攒，稍、次间二攒。山面除柱头外不施斗拱，所有的斗拱都比较弱小，在结构上所起的作用不大。当心间开门两扇，两侧的抱框、腰枋及塞板仍为原物，很粗壮。前有青石须弥座式门枕，束腰部饰卷草纹。次间涡板下砌槛墙，上部嵌石窗；稍间砌墙，内嵌石碑三块：两块字迹不清，分别立于顺治十八年和康熙三十三年；另一块是苏州府吴县知县杨云鹤于明崇祯七年（1634 年）立的《圣恩禅寺常住田免役》碑，碑高 2.78 米，宽 1.14 米。

大殿初创于宋宝祐年间（1253—1258 年），后毁于兵燹，清顺治十四年（1657 年）重建为现存之形

式。大殿面阔七间 27.00 米，进深四间 16.10 米，单檐歇山式。台基高 80 厘米，用青石、花岗岩压沿石，四周回廊立于台基之上，前廊深 1.80 米，后廊深 1.50 米，左右廊宽 1.55 米，大殿梁架为十一架前后三步廊。柱头施斗拱，柱下设覆盆式石础：明间的较大，边长 80 厘米，盆径 68 厘米；次间的边长 72 厘米，盆径 62 厘米。柱用材粗壮，上施斗拱，檐柱与外柱鼓形石础，柱头大梁直接承檩，木施斗拱，明间前后柱之间，以抱头梁与穿插枋连接，稍间前后柱之间均没有豆腐格子门六扇，明间前檐墙上嵌有明正统八年（1443 年）九月一九日礼部尚书胡濙给原白马寺住持道清的割殿次间相同。后檐墙上嵌有明正统八年（1443 年）九月一九日礼部尚书胡濙给原白马寺住持道清的割付，碑文中准于他到圣恩寺当住持，中间立宝鼎，大殿梁前后露台，殿前有宽大的露台，寺栽古桧三棵，传为晋代之物。

伽蓝殿在大殿露台东，面阔三间，单檐歇山式，五架梁前后双步廊。

祖师殿在大殿露台西，三间一洛檐，与伽蓝殿相对称。

西方三圣殿在伽蓝殿北，大雄宝殿东，面阔五间，进深十一檩。殿内十分宽敞，殿后有小屋，设宠坛。

圣恩寺历史悠久，规模宏大，是吴中地区保存较为完整的一处佛教寺院，它的存在，为研究明清时期的寺庙建筑提供了珍贵的实物资料。

罗汉寺

罗汉寺，位于苏州市太湖度假区西山镇秉常村罗汉坞内。该寺始建于后晋天福二年（937年），明永乐年间（1403—1424年）重修，是妙喆法师演天台教观之地。现寺内有山门、茶室、罗汉殿等建筑；罗汉殿内的十六尊石雕罗汉是明代之物，原藏宁邦寺。1997年7月，该寺被公布为县市级文物保护单位。

罗汉殿，二坡硬山造，面阔三间，为内四界前轩廊后单步形式。内四界大梁扁作，抬梁式，大梁背设双斗承金檩与脊垫，置风拱。山界梁设一斗三升牌科上承脊檩与脊机。山尖施山雾云。边贴穿斗式，月梁形扁作川攀连各柱。该殿原是明月湾瞻乐堂大厅，1984年移建至此。其构架系清中期之物。

殿内十六尊石雕罗汉分列东、西两侧。罗汉为花岗石雕刻而成的坐像，高在1.05～1.15米之间，有降龙、伏虎，有打坐静思，托塔等。罗汉的形态各异，造型矮小，肌体圆胖，极富童趣感。造像的雕刻手法较为简练，略带随意性。以圆雕、线刻为主，刀法娴熟，线条流畅，极富表现力。惜所有造像的头，手均已损毁。

罗汉是阿罗汉的简称，小乘佛教修行的最高果位。释家谓之是受佛祖咐传住护法的弟子。十六罗汉是根据唐朝高僧玄奘翻译的《大阿罗汉难提蜜多罗所说法住记》一文所注人物雕凿的。所雕罗汉形象朴拙，雕凿粗放，古意盎然，具有一定的艺术价值。

山坞中的罗汉寺

永慧禅寺

永慧禅寺，位于苏州市太湖度假区光福镇潭东太湖边的嵌崎山麓。1986年，该寺被公布为县市级文物保护单位。

嵌崎山，因山形盘曲，形似嵌龙而得名，山中茂林深幽，古木参天。沿山径拾级而上，"山顶洼然中虚，方三亩许。四壁如削，高五六丈"，浓荫掩映，人称"石壁窝"。石壁窝内有古刹——永慧禅寺，俗称"石壁精舍"。相传窝朝僧人慧海东来，恋其幽静，乃辟为道场。而据文献记载，寺始建于明嘉靖二年（1523年），僧文瓛，结茅为庐，年间又重修。杭日战争期间，僧旭达重建。现存山门，天王殿，相师殿及附房数十间。附房檐壁中嵌有明王稚登所书《石壁轩记》和清嘉靖二年慈鹤撰并书的《重建嵌崎山石壁记有序》等碑刻，记载了该寺的历史。

石壁居湖山胜处。太湖七十二峰列屏于前，以其幽静和雄丽的风光吸引了古今游人和骚人墨客来此游览，留下了众多的诗文和题咏。寺后院内有高八九米，陡直笔立似刀斩切的自然形成的山体壁面。在此壁面上镌刻了众多的名人摩岩石壁题刻，崇，王洽，瞿树辰，吴荣光，汪藻，高心夔，倪文蔚，潘种瑞，顾文彬，张耀曾，孙发甯，各种秀，章大炎，李根源等清代，民国时期名人的游山题记30多方，其中有李根源的"嵌山胜迹"，庞云法师的"应无所住"，蒋载天的佛门"嵌崎"，虚云师的"癸酉仲春既望，探梅邓尉，遂至具区之浒石壁下。春来风雨如

童子面石雕像

寺内另有清乾隆三十三年（1768年）的《重兴古罗汉寺》碑一方。僧木黄瓒文，鹤鸟元书丹。此外，值得一提的是，该寺所处的环境十分幽静秀丽。古寺依山涧面筑，溪边古紫藤盘旋攀附于苍劲挺拔、浓荫蔽日，如蛟龙飞腾，天矫李云，为吴中一古樟树之上。更有古樟虬髯，灵秀幽深，花果林木蔚立，寺后山均为峰峦叠翠。四季花果累累，昼夜鸟声不绝，俨然成海，实在是一处旅游的好去处。

晦，是日乍晴。登坛纵目，湖光山色，扑入眉宇，心胸豁然。正草隶篆，各体皆备，题记内容斐然可咏。

寺北百米处，有"憨山台"，相传为憨山大师修炼打坐之处。在这里的山岩上，名人的摩崖题刻也极多，有孙光庭题的"蟠螭精英"，邵元冲所题的"甲戌之春，借印泉、纯鸥，默君同探石壁"石，李根源的"曹溪礼公塔，石壁登公台，合以公名重，人从当年。安神狎猨鹤，洗钵依龙能。七十二峰相缭，浮云取饮开"题诗。山上还有于右任题书的"曲石台"题刻，以及纪念王稚登的"尊生泉"和谷钟秀的"饮绿"等题刻。这些摩崖题刻由来自各地的名人，以不同的笔调和形式，歌颂了蟠螭山的自然风光。

此外，寺内尚有元代的石楠树与镶金碧玉竹。石楠一株粗如碗口，树龄800余年，人称"睡龙树"。生长在僧房壁后僧岩岩隙之间，其树根品曲盘旋，树身紧贴陡峭石壁，似巨龙，如苍龙，沿山壁蜿蜒向上攀爬8米许，穿出崖顶竟然展开茂盛的树冠，苍翠若绿，一派生机盎然。而镶金碧玉竹则生长在崖岩之缝里。相传憨山和尚曾应召进京受封时，御赐的金银珠宝而不见，唯独同皇帝受了两株镶金碧玉竹带回寺内，至今仍枝翠绿、嫩黄相间，犹如翡翠，煞是可爱。

鲜为人知的是，在蟠螭山的南麓还埋葬着清末著名书画家虚谷大师的遗骨。

虚谷（1823—1896年）本姓朱名怀仁，曾名虚白，原籍徽州，家居江都，曾任清廷将官。太平天国时期，"意有感触，遂披缁入山"，但不茹素，不礼佛，人称"画僧"。虚谷的画落笔冷隽，暖径别开，善画花卉、蔬果、禽鱼，亦能山水，尤擅以破笔作松鼠、金鱼等；草草写意，生动超逸，书法亦奇古绝俗。与当时的大画家任伯年、吴昌硕齐名。虚谷的画表面稚拙，实则奇峭隽雅，十分耐看。可谓晚清画苑中的第一家。

那么，虚谷墓为何会立在蟠螭山麓呢？据光福圣恩寺已故住持融宗追述，虚谷曾一度在苏州狮林寺为僧，常云游于扬州、上海等地。以书画自娱，画倦即行。1896年病逝于上海城西关庙。当时，石壁山的永慧禅寺是狮林寺的下院。其去世后，由狮林寺住持令小僧把虚谷上人的遗骨运回苏城，归葬于蟠螭山。

经查访，虚谷墓原立有墓碑，"文革"同毁。1983年4月3日，来自全国各地的画家为纪念一代宗师虚谷，修整了墓地，重立了墓碑。现该墓封土高1米余，四周全砌着黄石墓庐。墓前立有上海图书馆原馆长顾廷龙先生题记的墓碑一块，碑高1.3米，宽0.38米，上镌篆文"虚谷上人墓"。

永慧禅寺地处太湖之滨的石壁山麓，山中梅花夹径，景色诱人；山下万顷碧波，渔帆点点；山上嵯岩壁立，胜迹众多。寺院既富于山水，又富于胜迹，是一处礼佛赏景的绝好去处。

石嵝庵

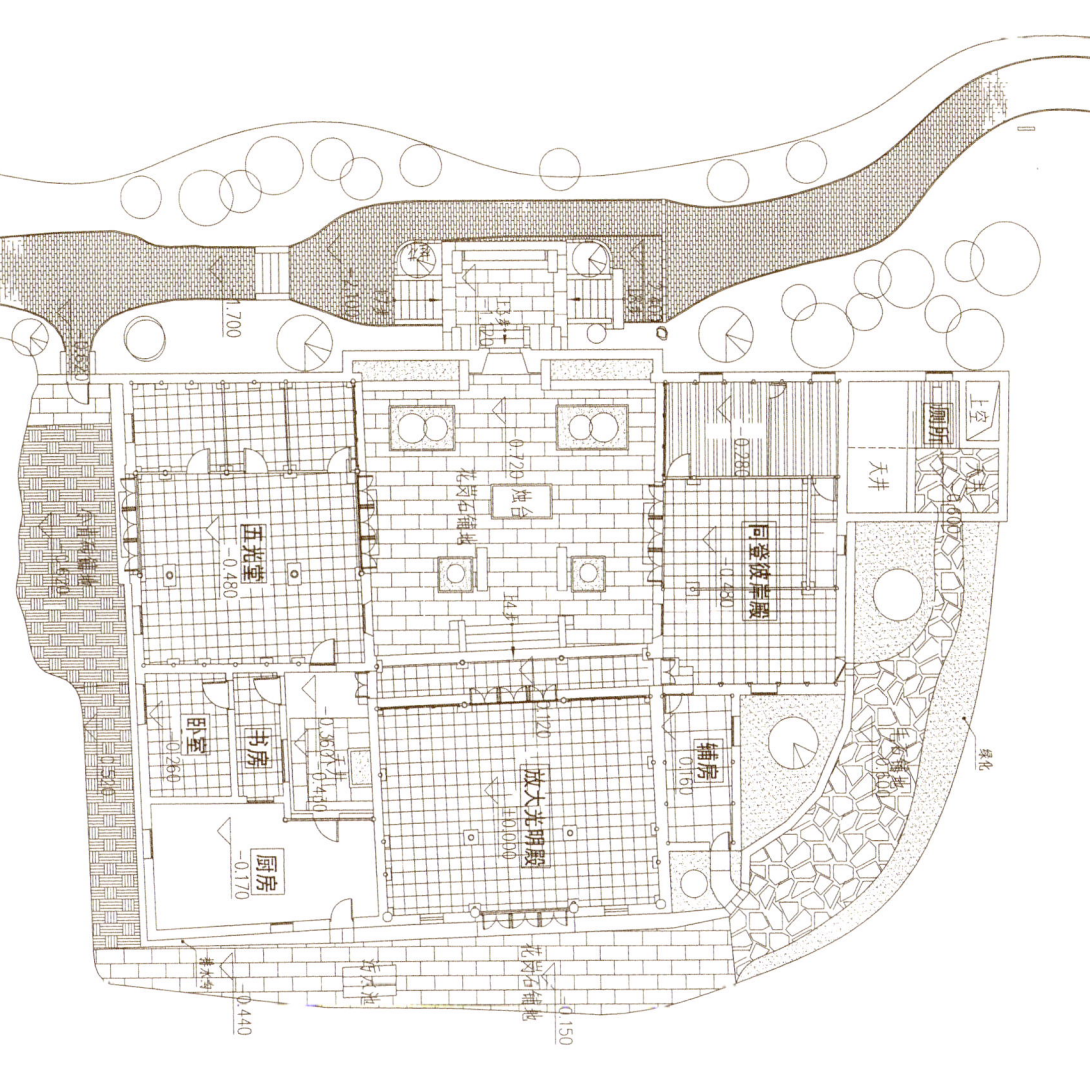

石嵝庵,又名"石嵝精舍",位于苏州市太湖度假区光福镇西南3公里的弹山山麓,寺院依山坡而建,四周果林满坡,青竹葱郁。与其南巍峨的石壁寺各藏深山,遥相呼应,人称"蔷石鸾危楼",其名甚著。清因山形势隐嶙,人周芝坡有《至石嵝诗》云:"松杉庋此处通翠微,岩确当中置兰若(寺庙)"。精确地写出了石嵝庵之妙处。

据《光福志》记载,元至正九年(1349年)江南名僧万峰和尚在石嵝庵修持坐禅。明嘉靖、隆庆年间(1522—1572年),清初,有佛居三间,池莲师高足养居士退息于此。清初,有佛居三间,无声祥师居于此,其在庵四周栽种枇杷数十株,在山均种修竹数之。日之竹林,由此而来。道光间,借松庭重修,顾湘舟为之记。抗战期间,又有末代状元陆润庠题写的"石嵝古刹"额。抗战期间,又有末代状元陆润庠题写的"石嵝古刹"额。旧有未代状元陆润庠题写的"石嵝古刹",隐居于此。1986年,该庵被公布为县市级文物保护单位。

目前,该庵占地面积630平方米,庵内建筑由露台、门楼、放大光明殿、五观堂、同登彼岸殿组成。放大光明殿,单檐硬山造。二技小瓦屋面,面阔三间，进深七界，为内四界前后廊后双步做法。殿内悬挂有"放大光明"的四字匾额，方砖铺地。殿之后廊柱均嵌在石柱之中，做法极有特色。

五观堂，二坡硬山造。面阔三间，进深六界，为内四界前轩后廊形式，前轩船蓬顶，圆作，明间后檐挑梓檩做法。

同登彼岸殿，单檐硬山造。面阔三间，进深六界。梁架圆作，较朴素。

两殿一堂呈"品"字形分布合成一个院落。院内植以花木，筑有独台，香烟缭绕，翠气融融，透露出深山幽庵佛门净地之气息。

此外，石嵝庵后的山崖旁有"留余泉"，清冽甘甜，泉池清澈见底，流水潺潺，终年不息，大旱不竭。庵门前亦有泉，吴荫培题曰"龙泉"。庵之

石嵝庵

东有明代古木香一株，高三丈余，枝叶茂盛，冠如华盖。

出庵门向左，拾级而上，山顶有万峰台。高近2米，全用大石块垒叠而成，相传是万峰和尚所筑，台侧有巨石，皱皱中空，镂若窗牖。每当艳阳高照或月光映射时，巨石忽明忽暗，犹如楼阁之烛光，令人称奇。

万峰台是饱览湖光山色的绝佳之处。《光福志》有载："万峰台在庵之前崖，尤擅极胜，望太湖诸峰历历可数。当仲春之际，登此台者，觅桃李之皆蒙，闻鸟声之迭和，漱泉枕石，翠竹四周物外之景，顿忘身世。"登台眺望，近水远山，太湖美景，尽收眼底，令人心旷神怡。

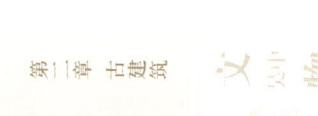

禅院封山

封山禅院,位于苏州市吴中区东山镇翁巷村龙头山南麓。1986年,该禅院被公布为县市级文物保护单位。

封山禅院初名"真武行宫",以祭祀真武大帝后改今名,亦称"北极行宫"。该寺北倚山岭,南临洪洪太湖,是洞庭东山十景之一"封山爱荷"所在地。昔日山下十里藕塘,夏日里,清风徐徐,荷叶翻跌;芙蓉出水,鲜红娇艳,蔚为壮观。每逢此时,四周数十里村民纷纷来此观赏。农历六月廿四封山爱荷,早已成为当地居民的传统习俗延续至今。清高宗乾隆帝,也曾到此游览,并书"虫二"两字匾额,御赐寺内和尚,以示这里风月无边,景色极佳。

该寺原规模较大,有山门、正殿、生肖殿、后殿、诉月楼及路文贞公祠等建筑,现仅存后殿、路文贞公祠及部分僧房。

后殿,单檐二坡造,为清代建筑。面阔三间12.4米,进深七檩9.9米。檐柱下垫以青石础,大梁扁作,结点用斗拱。

祠堂,单檐歇山造,为明代建筑,面阔三间12.2米,进深七檩9.8米。抹角檐柱,下设杵头式青石柱础,脊檩施彩绘,顶施坐斗,大梁扁作,金柱下垫木楠,有檩施彩绘,色彩部分未脱落。

祠堂内现存碑刻四块:①《重修封山路文贞公祠记》,碑高34.5厘米,宽115厘米,楷书,道光十七年候选训导王鎏撰,施兆源书。②《重修路文贞公祠墓记》,碑高31厘米,宽82厘米,楷书39行,满行16字。同治七年六月,秀才杨奈济撰并书。③《明路文贞公传》,碑额篆书六字三直行,碑文楷书,20行,满行42字,光绪五年白桂昌撰并书。④《修建文贞公祠碑道补知府太湖厅事长白桂昌书》,碑高33厘米,宽89厘米,楷行15~16字;亦为光绪五年白桂昌撰并书。四碑保存皆完好。

那么,封山寺为何有路文贞公祠呢?这里就要追溯到路文贞其人之经历了。

路文贞,本名路振飞,字见白,益号"文贞",曲周人。明天启五年(1625年)进士,崇祯四年被召为御史,后出任福建巡抚,奸人窦海笼、许陈民因之蜂端。后又擢升佥都御史,总督漕运、巡抚淮扬。北京被清军攻下后,他又投奔福王,击擒劫臣马士英的排斥而被免失其母就,倡却遭到权臣马士英的排斥而被免失其母就,击擒劫臣马士英的排斥而被免失其母功,但却遭到权臣马士英的排斥而被免失其母功,全家流寓东山。逢其母逝世,因其御葬有功,殁后又葬于封山,以祭祀之。

现该寺由僧人管理并正式对外开放。

昙花庵

昙花庵，位于苏州市太湖度假区渔洋山，法华山北麓山坞中。1986年，该庵被公布为县市级文物保护单位。

庵始建无考。据《香山小志》云：庵供四面观音像，系萧梁时物。庵为姚氏所掌，或曰："青莲现法"为明姚广孝之别业。殿额由诸尤侗书"青莲现法"四字。现观音像与额均毁，尚存大殿三间，附房数间，以及后期增建庵房，已成一定规模。现该庵所存旧明刻观音像碑，颇具艺术价值。殿前古银杏树，直径2米；几株桂花也得数百年树龄。该庵所处环境极佳。山下太湖面宽广，隔湖与玄墓山、洞庭西山北部诸岛相望。山坞中有王妃郑日墓、明童其昌墓等古迹。庵四周峰峦起伏，

法海寺

法海寺，位于苏州市吴中区东山莫厘峰下的法海坞内。1986年，该寺被公布为县市级文物保护单位。

据明《震泽编》记载："法海寺，在洞庭东山，隋莫厘将军合宅建。"后梁乾化年间（911—914年）改称"祇园"。宋大中祥符五年（1012年），寺内齐禅和尚进京断臂请卦，宋真宗赐名"法海"，为今名。明万历年间重建大王殿、弥陀殿。清乾隆年间，寺殿因遭火之灾而全部焚毁。民国二十年（1931年），寺再次重修，仍具较大规模。"文革"间，寺内大殿等建筑被拆，现仅存殿宇前后两进，为民国时期建筑。

法海寺，旧称"莫厘峰下第一胜迹"。山势秀拔，群峰下绕，茂树长林，寺深奥邃。现该寺之气宇虽不比当年，但深山古寺，净瓴雅宜，那镇寺前之石狮、殿前之石凳，碑砌石枕，古意可寻。且寺前有青、白两泉，为洞庭东山五大名泉之首，两口古井，一青一白：青泉蓝而清，白泉沽而淳。旧时寺僧饮水，均汲取于此井。明葛一龙有诗云："两泉同一寺，青白各自好。愁寒人汲稀，寂寂山花照。"深山古寺，名泉胜迹，是一处赏泉游览之绝好去处。

植被丰富，常年葱绿；山道幽深，宛如世外。是一处旅游赏景的好去处。

该寺虽然大部分建筑已毁，但旧时遗址尚存，寺后密林深处有"朱买臣读书台"，该台是一块面积约2平方米的苔藓累累的天然平石，台上镌有"汉会稽太守朱公读书之处，正德已巳都穆题"的楷书摩崖题刻。相传，朱买臣就是在此石台上改读诗书的。读书台前有一巨石，上镌有李根源先生的隶书题字"吴县苎隆寺倡捐东贾氏云贞夫人贾氏云贞夫人于民国二十二年五月廿五日逝世，持刊石纪之。今夫人于民国二十二年五月廿五日逝世，持刊石纪之。夫人夫贾云山，子伯薰、伯勋齐年。"记载了该寺民国年间整修的情况。

茅蓬寺，不仅寺院古老，而且是吴中的一处名胜，寺旁尚有"隐龙池"、"仙人洞"诸胜，四周葱林相间，石梁曲洞，山泉潺潺，曲径深邃，历来是名人逸士隐居之地。据传，明建文帝朱允炆为避争位之祸，曾在山中隐匿，少师姚广孝也曾退息于此。

茅蓬寺

茅蓬寺，即"穹窿禅寺"，位于苏州市吴中区藏书穹窿山笤帚峰下。1986年，该寺被公布为县市级文物保护单位。

《吴县志·三十六卷·寺观门》有载："穹窿禅寺，在穹窿山，旧名福臻禅院，相传为朱买臣故宅。梁天监二年创禅院，唐会昌六年复建，未开宝初为德韶国师道场，景德四年修，明洪武初为丛林寺，永乐中敕改显忠禅寺。寺毁，宣德初重建，嘉靖中寺僧馨其址于民，崇祯十三年僧宏彻复购地於小灵山麓建拈花禅院。"由此可知，原寺已移建为"拈花禅院"。后至民国年间，由浦东云贞夫人捐金万元，重建了穹窿寺大雄宝殿、壮哉楼，后毁，仅剩僧庐五间。1985年，县林场将旧僧庐修整为三间二坡，作为护林员居所。

宁邦寺

宁邦寺，位于苏州市吴中区藏书穹窿山北麓。据《吴县志·卷三十六·寺观》载："相传宋绍兴十二年（1142年）韩世忠部将战还姨发隐此寺为僧，赐额'宁邦禅院'。嘉熙元年（1237年）毁，淳祐三年（1243年）重葺，元末复毁，明永乐间复建，万历间修。"该寺因年久失修，原山门、佛殿均毁。2008年，复建了寺内建筑。现寺内尚有明代石刻两方：《穹窿山宁邦寺记》，文震孟撰；赵宦光篆额，延陵吴邦城书丹；《山辉川媚》书条石，徐祯卿书。这些石刻是研究明代书法艺术及石雕艺术的实物资料。

寺西，顺山道拾级而上，有"玩月台"，相传为韩世忠赏月之处。台旁岩壁上有摩崖题刻"孤峰皓月"。台下有"百丈泉"，泉水清澈见底，长年不枯，深山古刹，皓月流泉，是一处赏月的胜地。

玩月台

1986年，该寺被公布为县市级文物保护单位。

霜雨雪，日曝雷击的侵袭，却依然遒劲壮观。据传，清乾隆南巡至此，见此四株古柏后叹为观止，分别赐名为"清"、"奇"、"古"、"怪"：："清"柏，主干粗壮挺拔，直耸云天，枝叶苍翠，给人以挺拔清朗之感觉。"奇"柏，主干折裂成两株，一枝垂倒于地面而又郁郁葱葱；另一枝在离它几米远的地方钻入地内又重新伸出新枝，颇有枯木逢春之趣。"古"柏，纹理盘曲，古朴苍劲，树纹萦纡，如蛟龙盘绕于树身。"怪"柏，雷劈两片，一片远离母木，又落地生根，卧地三曲，如走地之蛟龙；另一片却似悬空吊篮，就地卧倒，似昂首之蛟龙，具腾空起飞之势。

江南水乡，有如此古柏实在稀罕，堪称神物。千年古柏虽曾风霜折磨，雷电劫难，却依然郁郁葱葱，显示出百折不挠的气概，表现出孔子所赞美的"岁寒然后知松柏之后凋"的精神，因而引来无数文人骚客咏叹不已，并为之写下众多的诗文。清代诗

司徒庙

司徒庙，位于苏州市太湖度假区光福镇吾家山下。相传，汉代大司徒邓禹曾隐居于此。山人建司徒庙以示纪念。1986 年，该庙被公布为县市级文物保护单位。

邓禹（2—58 年）字仲华，13 岁即通文善武。

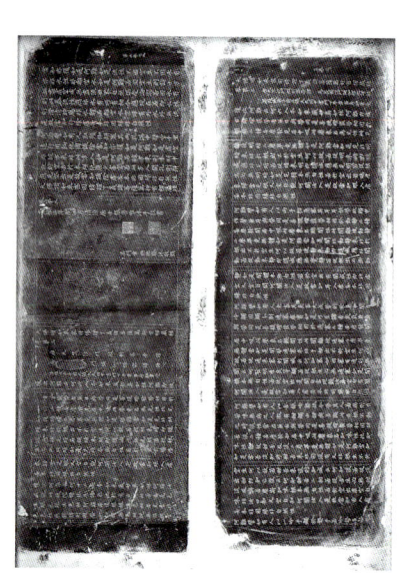

王莽篡汉时，其授业于长安，刘秀成为亲密。为光复汉室，刘秀起兵，以邓禹为大将军，但其深谋远虑，曾劝刘秀"延揽英雄，务悦民心，立高祖之业，救万民之命，以公而虑天下"。刘秀从之，深得民心。邓禹量才用人，治军严明，兵法纯熟，用兵如神。在推翻王莽政权、平定起义、建立东汉政权中立下赫赫战功。建武元年（25 年），刘秀称帝。统百官、综理朝政。由于邓禹受封为汉高密侯，死后祭祀供奉他的祠庙较多。

光福司徒庙，始建无考。明宣德十年（1435年）里人顾进曾倡捐重建，正统三年（1438 年）建成。后又经多次修葺，现尚存庙宇殿屋两进共 20 余间，均为清代和近代所建。

司徒庙以古柏而闻名，院内 4 株古柏，相传为邓禹手植。古柏造型别致，姿态各异，虽经千年风

人孙原湘有《司徒庙古柏》诗，追忆丁邓禹不平凡的一生："吾思邓伸华，廿四为司徒；身历百战俊枕戈，七过不利三橇俱；五十七年如须臾，未得一日山中娱。"能在江南水乡留下这几株古柏，是最好的纪念。孙原湘在诗中还曰："司徒庙中柏四株，但有得于无皮肤。一株参天鹤立孤，偃强不用傍枝扶；一株卧地龙乘闷，翠叶却在苍苔铺；一空其腹如剖弧，生气欲尽神不枯；其一橅袈裂文紫纤，瘦咬势欲腾千霄；故以百索盘其躯，神兵俊半风雷驱。凭树一声鸣，得非大树将军存乎？"以致李根源先生将司徒庙之古柏，比武园文徽明手植之紫藤，苏州织造府之端云峰，环秀山庄之假山，并称为"苏州四绝"。

此外，古柏园长廊内还镶嵌有一部明代的刻石——《楞严经》。1982年被公布为江苏省省级文物保护单位。

《楞严经》全称为"大佛顶如来密因修证了义诸菩萨万行首楞严经"，亦简称"首楞严经"，是佛教经典中的一种，全经共10卷，首楞严为"佛所得"三昧，也是所修万行首楞严的总称。楞严经由禅宗阐明心性本体，是明心见性的经典。

该石刻刻成于明崇祯年间，清康熙年间原置于光福刻绛狮林寺中，后寺废，石刻于1976年被迁至司徒庙中。全套84块，现剩83块，缺最后一方记录"发心出钱"助刻石刻者姓氏的刻石。因此，这是一部完整的明代石刻经卷。

《楞严经》石刻，由当时著名画家王时敬和佛门弟子于张炳樊、张鲁唯、顾锡畹、顾仙等书，吴门刻石名手章懋德摹刻。字迹久称而精正，刀法流畅。

另外，庙内还尚存康熙皇帝御书《松风水月》碑，为康熙二十八年（1689年）南巡时所书，另有曾任国民政府主席的林森手书的《般若赠》石碑，笔力遒劲，字体端庄，亦港柏精品。

光福塔

光福塔，原名"舍利佛塔"，位于苏州市太湖度假区光福镇龟山山顶。塔始建于梁大同（535—546年）初年，塔内原藏光福寺开山祖悟彻和尚的灵骨。唐会昌五年（845年），该塔曾被毁。唐咸通年间（860—873年）奉诏重建。宋乾道五年（1169年）重修；元至治元年（1321年）又重建至清嘉庆年间（1796—1820年），该塔遭雷击起火，宝塔虽历经沧桑，但塔身和部分木构件仍为原物。1995年，该塔被公布为江苏省省级文物保护单位。1997年至1998年，由政府出资对该塔进行了全面整修，加固了塔基，恢复了副阶、塔刹、塔檐等，重现了古塔风貌。

塔为四面七级砖木结构楼阁式建筑，通高30.5米，边长5.38米，台基广9.17米，副阶周匝，下承基台。塔身内外均为方形，底层面宽5.38米，自下至上逐渐有收分，七层面宽3.78米。塔壁厚0.9～1.0米，转角处用砖砌成圆柱形角柱。底层仅西北面开门，一至七层四面均辟壸门。壸门内置有佛龛，壸顶设有方形、圆形、八角形等各不相同的藻井。塔身各层设腰檐、平座、栏杆。腰檐为一跳木斗栱加砖叠涩，梭角齿挑出做法简洁朴素。平座四周设挑筋石承木栏杆。塔内各层置木搁梁、楼板、木梯，形式简洁素雅。底层塔心室为砖砌八角形，顶为叠涩构造。六层设大梁，七层内角置斜柱4根至顶承刹座。刹座正中心立刹杆，上承刹轮。塔顶为四角攒尖式。塔刹由覆钵、仰莲、相轮、宝盖、圆光、宝珠、葫芦等构件组成。刹上下引塔链4道分别系于塔顶四角。整座宝塔翼角翬飞，风铃高悬，望人云表，巍峨而壮观。

光福塔是一座时代特征明显、风格简洁朴素的宋塔。其塔体、腰檐、平座、壸门等砌体结构，保留了宋代的特征。平座四周所设的青色页岩质挑筋石为宋代的原物；腰檐一跳木斗栱叠涩、梭角齿伸出，及平座下仅为砖叠涩承柱垫角齿挑出的形制，为典型的宋代做法。第七层以斜柱承刹座心室重构造，是江南地区末塔的常用手法。而底层心室砌八角形、叠涩顶的构造，以及上梯通道设置在砖壁体内的做法，形式独特，在苏州地区仅为孤例。该塔的这些结构特点为我国古代砖木楼阁式建筑，提供了珍贵的实物资料。

凝德堂

凝德堂,位于苏州市吴中区东山镇翁巷,为明代晚期建筑。2006年5月,该堂被公布为全国重点文物保护单位。

该堂坐北面南,临巷而建,宅前东、西两端分别设有巷门。现存单体建筑有门屋、仪门、大厅。

占地1 050平方米,建筑面积872平方米。

巷门设置在门屋前的东、西两端,与凝德堂连为一体,是同时代的构筑物。门宽1.83米,高3.5米,顶部采用砖券砌法,砌成拱形。墙体厚0.34米,顶部的盖瓦与脊均毁,瓦滴下抛方用素面砖细贴面。做工较为讲究。现东巷门已毁,但从现场勘察结果来看,两巷门距略大于门屋的开间。

门屋保留基本完整。面阔五间18.78米。正间保留七檩8.95米。六椽落地屏门、额枋上设有雕花夹堂板。从现场遗留的痕迹及门前五开间通长的踏步看,两侧的次间,边间也应是安装落地屏门。现任已被封砌。门任正间是四架抬梁式做法,简洁明快,不失明代风格。在梁架桁条上保留着7幅彩画,沿廊两侧设有砖细墙面。门屋北部与仪门间留有狭长的天井,天井内铺地用石板,保存完整。东侧天井内是门屋与大厅之间的院门,仪门与仪门屋是门屋与大厅之间的院门,起到内外隔断的作用,天井内设有水井一座。

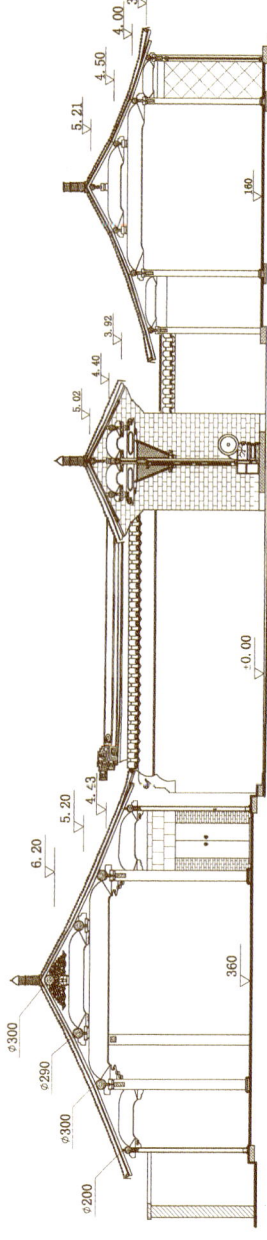

的作用。门宽3.5米，进深2.6米，门楣宽1.6米，为硬山搏风两坡顶，外形像木卷式做法，斗拱四处木代遗风，柱头为大角，下垫为八角形仪门带有官式做法。门两侧砌"八"字形细砖墙，门前后设砖，尚保持宋代遗风，檐柱为抹角柱，下垫有覆盆形细雕头。门楣由抱柱、里侧抱框、腰枋等组成四抹式"目"字形提灯形青石础，金柱、山柱均为圆形，下垫柿子形形状。中槛宽厚，里侧抱框雕刻颇精，中央有一个鼓墩覆盆形青石础。五架大梁扁作，断面呈长方形，"福"字图案，俗称"福寿缩脚门"。门柱下置枕石一两侧雕刻一圈弦纹，梁头两端套半圆形，梁架对，是后期之物。柱顶间各有半桨，枋上斗拱不出由柱身挑出的丁头拱承托，不用接木，制作精品。中间一斗六升斗拱三块，两山间各有半桨，柱身美。大梁上承三架月梁，上施令十字六升斗，拱两侧嵌以楼前后离地面1.9米，用斜撑支托出挑远的瓦檐，雕花身枋，下施梨形拱垫板，上挑挑桁梁雕云鹤图案。梁前檐柱间设耳月称"雀宿檐"，组合十分巧妙。仪门满施彩绘，梁，山柱根落地，柱间用"骆驼峰"和"雀替"18幅，色彩淡雅，檐头用黄，图案用黑线勾勒，组成山面檐架，承托枋、方形楼子，出檐处设丰富多彩。飞椽，各类构件互相榫连伏附，组成整个屋架。

大厅是该宅的主体建筑，面阔三间13.60米，该宅现存彩绘多达88幅。其中，正厅61幅，进深七椽前后带廊11.41米，系硬山造，两坡仪门18幅，门厅9幅。正厅的梁、枋、檩、五架苏瓦顶。房屋举架平缓，屋面坡度有缓和曲线梁绘彩，山架梁处附有彩绘，特别是榫卯中画3个相搭的菱形方胜及一笔鹿，檩两端绘宝相莲花。斗拱水勾内部梁柱结构，用料和制作均比较规范，梁柱间多

该宅现存彩绘多达88幅。其中，正厅61幅，仪门18幅，门厅9幅。正厅的梁、枋、檩、椽，山架梁处附有彩绘，山架梁绘正搭包袱锦，梁枋绘枋心上搭包袱锦，特别是榫卯中画3个相搭的菱形方胜及一笔鹿，檩两端绘宝相莲花。斗拱水勾连上彩，其色调以紫色为主，夹以棕、黄、红、绿、白等色，是典型的明代苏式彩绘。

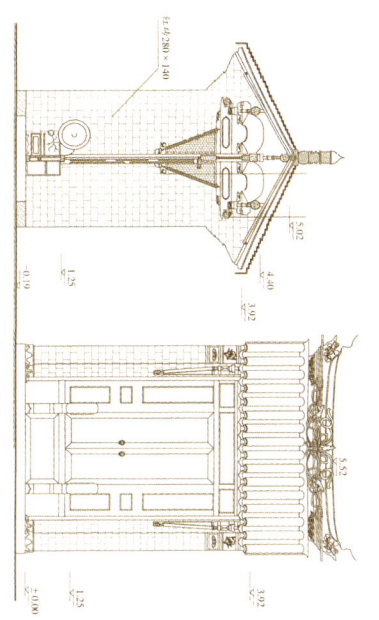

正厅因屋面长期漏雨，部分梁、柱、桁、椽腐朽，1982年抢修正厅，翻修屋面，更换朽木，重砌西山墙及屋内所有檐墙。2003年又整修了门厅与大厅。为了不改变彩绘构件原貌，在大厅的大梁两端以铁件进行了加固，施工中在左边第口墙（院墙）里发现"康熙二十四年"铭文砖，为考证该宝始建和重修的年代提供了实物资料。

凝德堂是一处明代晚期的群体民居建筑，其举架平缓，月梁起拱大，形式简洁，斗拱形式多样。梁架用料粗壮，线条流畅，极富明代特点。

凝德堂的彩画属"江南民居彩画第一"之称。其所保存的88幅明代建筑彩画，从整体上看具有线条流畅，色调素雅，图案变化灵活之特点。其彩画属图式相合，十分规整严谨。在工艺手法上采用擦退"下五彩"，图案中所用铺纹与《营造法式》的图式相合，十分规整严谨。在工艺手法上采用擦退"下五彩"，体现了图案的深、淡、明、暗的色调。在色彩处理上采取沥粉贴金，未采用金结合等做法，加强了整体图案的美感，取得了木结构上下贯通、左右对称、线路整齐、配列均匀的色调，对不同构件采用规划统一处理，在布局构图上，其数量之多，艺术价值之高，在目前苏南地区的明代民居建筑中实属罕见，是目前苏南地区明代苏式彩画中的精品，为研究明代民居彩画提供了十分珍贵的实物资料。

怀荫堂

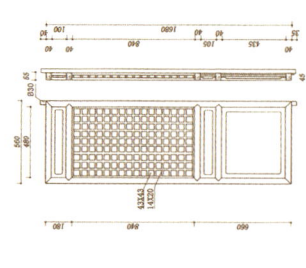

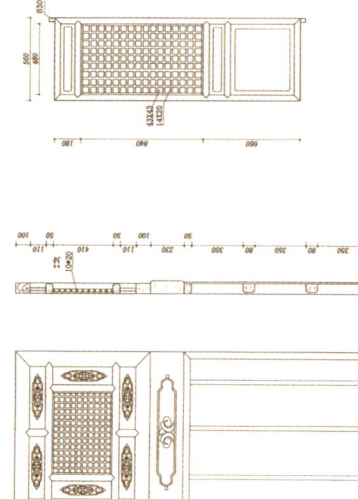

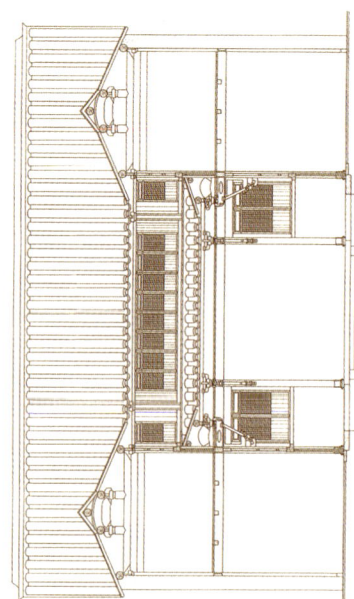

怀荫堂，位于苏州市吴中区东山镇杨湾，是一处明代中晚期的小型群体民居建筑。2006年5月，该堂被公布为全国重点文物保护单位。

该堂坐东北面南，临街而建，单体建筑有门屋、住楼一路两进，布局极为紧凑。

门屋，面阔三间，二坡硬山造，两山施搏风。面阔三间12.4米，进深七檩7.6米。明间阔4.4米，次间阔3.7米。明间后穿堂做法，接墙门。明间通进深9.58米，前廊深0.96米。梁架为穿斗式。明间左右各缝各柱柱顶均设有坐斗。上承替木与檐檩。柱与柱之间以月梁和穿插枋相攀连。两山各柱柱顶部不设斗，直接承替木与檐檩。檐柱下设提灯形青石柱础，前后步、金柱下质木鼓磴。前檐施飞椽，穿堂两侧置格子短窗，设蟹眼穿开井。

明间前步柱之间设大门。门框下部两端置青石质坤石一对。前步柱两侧设有对称的抱框与门框之间置腰枋。腰枋长1.09米，高0.23米，枋面刻如意纹。腰枋之间分成上、下两部分。上段置仔边，高0.93米。上段两旁二横二竖仔边，内设仔心。仔心内做二横二竖仔边，中间做小方格棂子。下半段裙板嵌连，仅以直楞条木盖缝。朴素无纹。腰枋上段构件纹饰华丽，做工精湛，形式特殊，做法极为罕见。值得一提的是，大门门框下面上端所设的连楹，工艺十分精湛，连楹系整段黄柏制成，外侧与底端满雕花纹，并在底端中部镌以楷书"福"字。饰纹精致，线条流畅。

墙门，住楼前照壁下部正中设砖细墙门一座。照壁高耸。顶段雕毛脊，一波小青瓦屋面，三飞砖承檐口。照壁除檐柱边饰外，已改为混水做法。墙门形式特殊，工艺也十分精湛。整段面上端按设的连楹，连楹系整段黄柏制成，外侧与底端满雕花纹。

住楼是该堂的主体。面阔三间，带两厢楼，进深七檩。通面阔12.35米，明间阔4.45米，次间阔3.95米。通进深10.7米；前廊深1.05米，后廊深0.8米，前后金柱间距离5.15米。底楼一统三间，底层楼板底做成"棋盘顶"形式，二楼梁架为抬梁式。明间与次间之间一缝，施金柱2根。金柱下有扁致形木础，直径44厘米，高16厘米。金柱下端柱径32厘米，用材较粗壮。上端有收分，柱头带卷刹。置雀斗，并出丁字拱。承托四椽栿，上架金檩。四椽栿梁肩上置荷叶墩与大斗，承平梁，架上金檩。平梁之上在置荷叶墩与一斗三升斗拱，施连载，承脊檩。并设有"山雾云"护脊，整个结构非常稳固。山面的梁架结构比较简单，用材也较为小，柱与柱之间各施柱7根，置斗，直接承替木与檩，分别以穿插枋和扁薄的月梁相攀连，外砌带有砖搏风。门形体小巧，结构简洁，上用皮条脊。砖刻朴素。

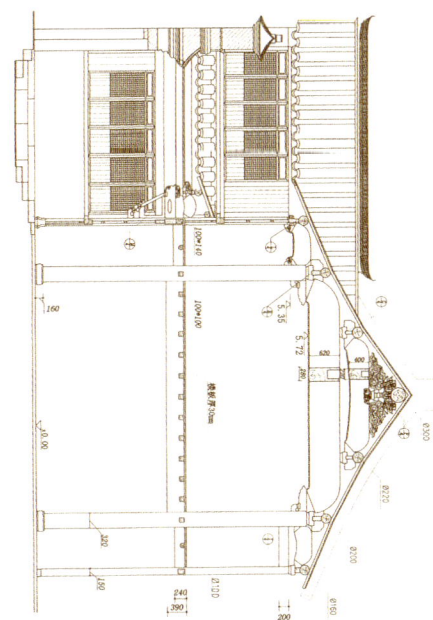

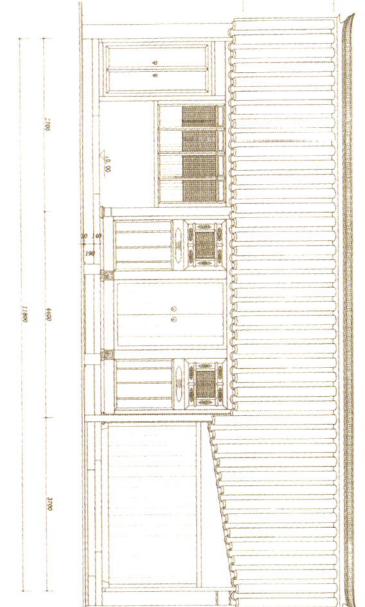

风的山墙。楼上以板壁隔为三间，槛窗的形式为五抹头豆腐格子槅心的明瓦短窗。

楼下正檐很深，为雀宿檐做法：檐柱上出一斜撑支承挑檐枋和挑檐檩。斜撑的做法较有特色：檐柱中出丁头挑檐枋和挑檐檩。斜撑的做法较有特色：檐柱中出丁头拱头拱两翘，上架饰有麻叶云的"耍头"，支撑斜撑木杆，木杆饰海棠曲线，上端置小斗，承麻叶云要头，再置荷叶墩和一斗三升斗拱，架替木及挑檐枋、檩。斜撑木与檐柱之间，饰有网纹垫板。整个斜撑制作得十分工整、精细。

厢楼为四檩三步架前施挑檐檩卷棚顶，柱头水施斗拱。厢楼的深度比住楼的次间窄，缩进74厘米，且增加檐柱一根，而住楼明间两檐柱却向中间各移1.03米，协调了柱间的匀合度，形成外观"真三间，假五间"的格局。

怀荫堂是一处明代中晚期的小型民居建筑，其布局紧凑，小巧精致。住楼用料粗壮，结构稳定；檐下斜撑做法极有特色，整组构件制作得十分精巧；大门两侧栀间仔心做法精致，形式特殊，极为罕见。因此，怀荫堂具有极高的艺术价值，是研究苏南地区明代民居建筑的优秀实例。

瑞蔼堂

瑞蔼堂，位于苏州市吴中区东山镇殿新村，为席氏住宅。始建年代无考，据其结构和装饰特点判断其为明代后期建筑。1982年，该堂被公布为江苏省省级文物保护单位。

堂东南向，中轴线上原有墙门、正厅、住楼三进，两侧设备弄、厢房、花园。现存住楼、砖雕门楼及砖雕影壁。

砖雕门楼在原正厅前，面阔2.94米，通高5.6米。上饰皮条脊，青石门楣刻五鹤图，左右各饰一垂莲柱。门楼里面额方若牌坊，皂坡硬山顶，左右兜肚刻松树、灵芝、喜鹊、梅花，额上栏雕"凤穿牡丹"，再上是斗拱飞椽，垫拱板均透雕；额下栏雕"鲤鱼跳龙门"，天满石上刻笔锭（寓意是"必定高升"）图案，两侧亦设垂莲柱。左右各有四时景物，院墙朝里全以细砖贴嵌。石库门坡顶上饰以缠枝纹，墙角、抹角、大枋子上刻有四时景物，上施斗拱飞椽。砖雕影壁连接厢楼，与住楼构成院落。院墙朝住楼开间划分为三组，饰以吉祥树、鹊戏图、凤穿

牡丹、荷花鹭鸟、"必定高升"图案，上施斗拱飞椽。

住楼，宽19.51米，进深七桁，硬山搏风板瓦顶，哺鸡脊，面阔三间带耳房，前檐柱向后退瓦脊，带前后廊8.51米，檐柱落住楼骑廊做法。前檐柱向后退半架60厘米，檐柱落在单步承重上。而左右厢房向外延伸67厘米。在平面上增加了6根檐柱，既牢固又实用。柱头均有护斗。檐柱呈小八角形，柱础呈青石八角形。步、山柱均圆作。柱础为木质，下垫青石。梁扁梁作月形，有刻纹。楼下搁檩均呈方形。五架梁下有枕垫，丁头栱。山架梁下施
斗栱，上施令字斗六升拱，以承脊檩。金檩下有花儿、步柱、檐柱下施方子、檩上用排椽，上面覆望板、芦席、黏土、再覆以板瓦，起着隔热保温、冬暖夏凉的作用。

瑞蔼堂是一处明代后期的中型群体民居建筑，具有独特的地方风格。其住楼面深宽度小于底层半步架，而左右厢楼反而悬出半步架，为同类建筑中少有的。构架与装折极具明代建筑特征。砖雕门楼及砖雕影壁均采用仿木砖细构件，图案形式典雅，内容丰富，纹样细腻简洁，线条遒劲流畅，工艺精湛，具有极高的文物价值。

绍德堂

绍德堂，位于苏州市吴中区东山镇新义村，为东山叶氏族叶仕佺宅第。堂始建年代无考，综观其构造特点及用材来看，应为明代后期建筑，该堂被叶公有为江苏省省级文物保护单位。1982年被画家叶亚明购置，并出资大修，除梁架结构保持原状外，其他如门窗、楼梯、隔扇等装修多已更换。

堂东南向，铀线上原有墙门、茶厅、住楼、花厅，两侧有厢房，花厅、书楼等，并有连现厢大厅，住楼两进及厅前的一座制作较精美的仪门。

大厅，硬山搏风造，面阔五间22.3米，进深七檩带廊9.55米。柱头有卷刹，施坐斗，檐柱为八角形，下设木鼓灯提灯形青石础，步柱粗壮，直径39厘米，高4.01米。步柱无础。直接落在覆盆形青石础上。山柱设木鼓墩，施弦纹，大梁扁作，月梁头扁，架樗木架于步柱坐斗之上，下有梁垫，施丁头拱，四楼枕四槅有这荷叶墩与大斗上承平梁。平梁上架十字斗六升拱承步月梁连拱。山面7柱落地，柱间由单步拱承步月梁连拱，下施穿插枋，中有山垫板。

檐，步柱之间，均有扁薄月梁川连接。明、次间有檩均施有彩绘。

住楼，面阔五间带厢9.64米。住楼为硬山做法，二楼檐檐柱退半步78厘米。梁柱祥构与大厅基本相同，装饰较简洁，楼檐五檩四界，正贴梁檩间施斗六，边贴平梁上施童柱。

仪门为硬山二坡板瓦顶，纹头脊，两侧砌细砖抱住，腰枋宽厚，门楼系四木"目"字形，余塞板板面做披麻灰油饰。中檐刻"双狮戏球"，彩带索绕，反面雕"雀梅图"。当中刻"富贵"字，寓意富足。"出门有福"，俗称"福寿禧门"。额柱旁的傀儡肚内刻"松竹梅三友图"。上檐刻"鲤鱼跳龙门"，平板枋上斗拱不出昂，明间平身科三攒，挑檐支撑梁檩，贴墙面2米处，在抱柱上施实拱，墙下勒脚设48青石沉防座，饰以网状垫板，极富地方风格，具有较高的文物价值。

念勤堂 正厅

念勤堂正厅，位于苏州市吴中区东山镇人民街。因主要梁架构件多为楠木，俗称"楠木厅"。始建年代无考，据其建筑形制和梁架结构，应为明代中晚期建筑。1982年，该堂被公布为江苏省省级文物保护单位。

厅面阔三间12米，进深七檩带廊8.12米。硬山造，山面贴砖博搏风。举架较平缓，金柱高与面阔之比为1:3.33。柱有卷杀和收分，上施坐斗。檐柱呈八角形。石础扁形木鼓，中刻弦纹，脊柱下施圆形木提灯形；脊柱下施覆盆形木碛，下垫方形青石碛。梁扁作月形。五架梁压任金柱坐斗上，下施梁垫，丁头拱。山架梁下施斗拱不用矮柱，驼峰上施"十"字形斗拱，承水浪机（短替木），以承脊檩。贴蒿叶筒件，设山雾云。檐柱和金柱、脊柱间均由扁薄月梁，穿桶枋连接。步檩下置枋、脊檩下施水浸机。明、次间脊檩中间各饰一组包袱锦彩绘，正中绘三连的菱形方胜和笔锭，组成"必定高升"图案。椽子为均圆形。上铺望砖、板瓦。门窗装修已改。

该厅营造规整，用材考究，是明代厅堂中的优秀实例，具有较高的文物价值。

明善堂

明善堂，位于苏州市吴中区东山镇上湾村。为明末清初建筑，亦是一座建筑艺术极高的民间住宅。2006年5月，该堂被公布为全国重点文物保护单位。

据传，明善堂是清代顺治年间进士张延基的宅院，明代东山张氏是唐代名将张巡之后裔，明末初年张瑞端主要太湖之中的顾山，后张思聪、张思恭见弟俩又迁至东山的寺前、杨湾。张延基，字美畹，别号"漱冈子"，生于明代末年，清顺治九年（1652年）进士。初为山东蓬莱县令，后调四川龙安府石泉县任知县。为官20余年，颇有政绩，惜卒年早逝，农于官任。

民国年间，东山杨湾商人朱鉴埠从张氏手中购得明善堂。1921年，朱氏在明善堂内创办了私立鉴塘小学。而鲜为人知的是，抗战时期，苏州图书馆曾将一批朱元善本书籍秘密藏于明善堂内。抗战胜利后，这批珍贵古籍被完好地运回了苏州城。新中国成立后，明善堂曾为杨湾小学校舍。1988年经当地政府整修后被辟为旅游景点，对游人于放。

明善堂临街而建，西南朝向。平面布局分东、西两部分：东部有大厅、花厅、花园及左右备弄，为主体部分；西有墙门、客厅、佛楼、仓房、灶间、井场等附属建筑，自成院落，各进房屋之间，均有天井、库门、砖墙相隔。

大厅前面的门楼与两侧塞口墙的砖雕装饰是该建筑的精华部分，亦是苏南地区明清时期砖雕艺术的杰出代表。

门楼向里作戗牌科式。飞檐翼角，轩昂华丽，通高6.4米，面阔3.44米。定盘枋上用一斗六升拱十挑承支抛枋与飞椽，坐斗镂雕作荷叶形，垫拱板镂雕古钱、回纹等传统吉祥图案。上枋深雕鲤鱼樵耕读图案，左右兜肚内分别雕"麒麟送子"、"独占鳌头"图案，有"子贵登科"之寓意。字牌细砖贴面，空白无纹。有"白璧无暇"之意。下枋满饰

"凤穿牡丹"浮雕图案。下部外露青石质天满石上,浅雕牡丹、芙蓉、山茶等花果纹饰,并簇拥一个硕大的圆形"福"字,有"一团和气"之意。两侧荷花柱末端透雕莲花,花形怒放,生机盎然。门楼向外为单坡顶。青石门楣上枋门楼向外为单坡顶。青石门楣上枋图案。上枋砖雕"卍"图案,并嵌几问六字图案。上枋砖雕"卍"图案,并嵌几问六字设荷花柱。

门楼两侧塞口墙通体细砖贴面,檐下施一斗六升砖仿木斗拱十一攒,垫拱板雕有鸳鸯、青蛙、蟹、螺蛳和石榴、桃子、牡丹、迎春等动物花卉图案。两侧细砖抛枋上分别雕"鲤鱼跳龙门""五鹤拜寿"图案。下设青石质须弥座式勒脚,座高0.74米,束腰处刻"狮子滚绣球""松鹤延年""相鹿同春""荷花鸳鸯"图案。

大厅,二坡硬山顶。面阔三间,连左右梢间为五间,总面阔21.45米,进深十二檩带轩12.32米。厅内斜铺方砖地坪。草架顶棚。前后轩,内四界卷棚,前后轩,前后轩均起青石鼓,均轩柱上施斗拱,柱头有收分,顶作卷杀,施坐斗。边贴穿斗造。青石八角形柱础。老檐柱,梁式柱用包镶做法。青石八角形柱鼓,压在荷叶纹青石础上。脊柱下均垫青石鼓,均用四界卷棚顶。轩梁上施斗拱,垫荷叶墩,承荷包脊檩。上承轩檩。前檐施单步月梁,后檐施硬挑头,且设有雀宿檐,以承挑檐檩,使出檐挑

出,明次间的梁、檩、枋及山垫板都施包袱锦彩绘,图案清丽,色调明快。

大厅后年门的青石门楣上,有一方"欢天喜地"浮雕图,有"欢天喜地"之意。图案形象生动,神态逼真,堪称石雕艺术中的精品。

花厅,面阔三间10米,进深七檩带廊7.45米,前檐柱八角形,下设青石质扁八角形提灯形柱础;后檐柱下设木础。步柱下置扁圆形弦纹木鼓墩;山柱下均为木础。四椽栿扁作月梁形,四椽栿大梁架于两步柱之上,大梁下设梁垫,丁头拱。四椽栿背设大斗上承平梁。平梁上设令十字一斗六升拱。檐、步柱之间有扁薄月梁连接。边贴穿斗造。

佛楼在大厅两侧,面阔三间3间,进深六檩带后廊5.4米。梁架结构为前四架、后三架的木相称式。大梁一头压在前步柱上,下有梁垫丁头拱,另一头缩进一架,与山架梁并列地插入后步柱上,下亦有梁垫,丁头拱,梁间施斗拱,以承脊檩,檐柱与金柱间有单步月梁连接。梁、檩、枋上亦有彩绘。

明善堂画栋雕梁,富丽豪华。其建筑装饰融砖、木、石雕与彩绘艺术于一体,是苏南地区明清时期群体民居建筑的优秀代表,具有极高的建筑艺术价值。

务本堂

务本堂，又名"秋官第"，位于苏州市吴中区东山镇光明村马家堤，为明代中期建筑，原是明代南京刑部主事严经的宅第。2006年6月，该堂被公布为江苏省文物保护单位。

严经（1462—1516年），字道卿，号莘舟，洞庭东山人。明弘治九年（1496年）丙辰科进士，历任南京刑部主事、员外郎、刑部郎中及江西吉安、河南彰德知府等职。

严氏是洞庭东山望族，原籍浙江宁波鄞县，因始祖严伯成曾为平江府判官，遂选居苏州七年撰《重修务本堂记》碑文记载："莘舟公起家进士……始建务本堂于此。至今，历三百余年，巍然常存。于孙世守勿替。"从碑文记中可知，该堂建于严经中进士之后。

严氏务本堂原规模极大，占地数十亩，有花篱门，白墙门两大宅院。现仅存分布在轴线上的前后住楼及台墙三幢单体建筑。

前住楼，水称"瑞云楼"，面阔三间，进深七檩，为硬山造七架前后单步廊形式，正居通面阔12.3米，明、次间开间相同，两侧带厢

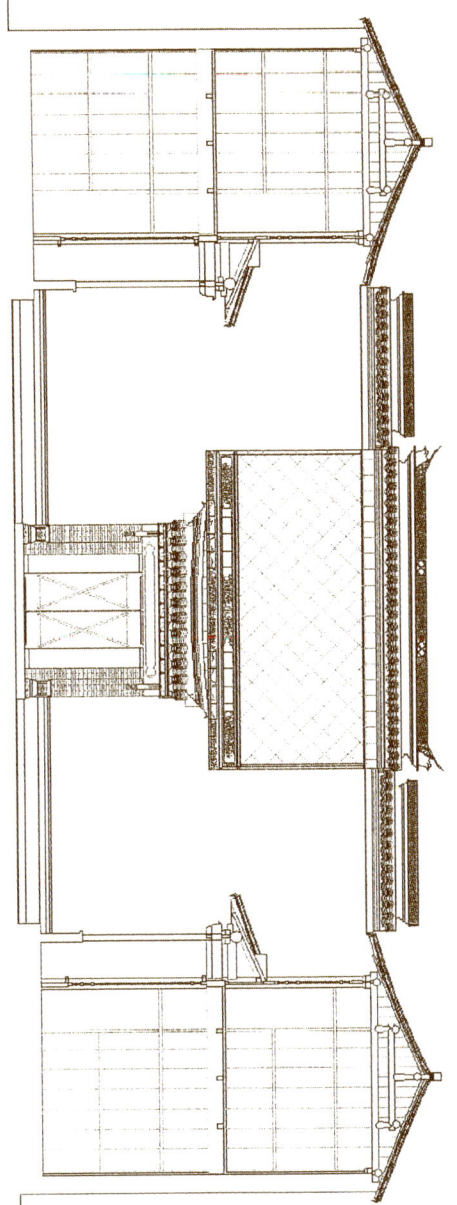

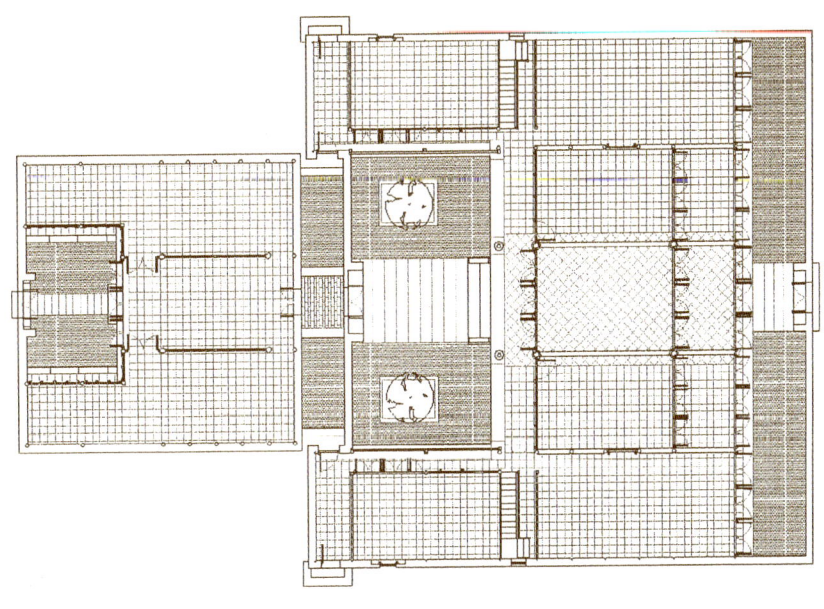

底楼通进深7.55米，前后步柱间距4.8米，后廊深1米，前廊深1.75米。厢房左右各为两间，通长4.95米，宽3米。明间前有踏步两级，合基四端云楼下部合基较高，楼上前廊稍达下小。厢房左右各为两间，楼上前廊稍达下小。厢房左右各为两间，"跳板"，均为青石铺筑，屋内方砖铺地，周的压沿石与"跳板"均为青石铺筑，屋内方砖铺地，柱础不太统一。柱础下施边长为71厘米的方形柱顶石，上石础。金柱下施边长为71厘米的方形柱顶石，上置直径40厘米，高18厘米的扁鼓形青石柱顶直纹铺地。柱础下施边长为71厘米的方形柱顶石，上石础。金柱下施边长为71厘米的方形柱顶石，上后檐柱方形柱顶石上有直径27厘米，高8厘米的扁鼓形木桥。前檐柱为抹角柱，金柱用材较粗壮，柱头有卷杀，置坐斗，开设有类似于丁头拱作用的柱头有卷杀，置坐斗，并支抹扁作四楼桃，雕花梁托，一并支抹扁作四楼桃，四楼桃边缘以双

东西厢之间为庭院。东西厢楼前檐施飞椽，檐下设格子短窗，短窗前置砖细窗台。

东西厢楼面阔三间，其中两间进深五界，用四架椽屋，用三柱，船篷顶。山界梁扁作，抬梁式，山界梁设两斗承桁，双斗之间置荷包梁。船篷顶，上设草架。

东厢楼面阔两间。进深三界，山界梁扁作，抬梁式，山界梁双斗承桁，双斗之间置荷包梁。次间前檐施明，檐下设格子短窗，短窗前设砖细窗台。

楼层构架明间左右缝六界椽屋用四柱，前檐柱退步做法，四椽袱扁作。架子前后步柱之上、四椽袱背设斗上承平梁。架上金机与金檩，平梁背设荷叶墩置一斗三升斗拱上承有机与脊檩，斗拱两侧设卷云纹山雾云与抱梁云。四椽袱梁底设梁垫，梓木面浮雕仙鹤祥云纹。次间与梢间之间四椽袱云与抱梁云。排柱形式，中柱顶设一斗三升斗拱，山尖施卷云纹山雾云与抱梁云。次间之间做六抹头隔断，明间前檐施柱间以扁作月梁与穿插枋攀连、次，梢间之间做六抹头隔断，檐下设格子短窗，下置裙板。

带两厢楼。楼体四周前步柱下设青石贡扁圆形柱础。明间前后步柱上承青石槛，其余各柱下均设杵头形青石础。下置方形青石础。底层次，明间后步柱之间设屏门隔断，屏门裙板浮雕夔龙纹，绦环板浮雕夔龙纹及镂孔花卉纹。绦环板浮雕夔龙纹、绦环板浮雕灵芝纹。长窗裙板浮雕灵芝纹，落地长窗六碣，长窗裙板浮雕灵芝纹。次间与两厢前设格子短雕梅花纹与楼孔网状纹。次间与两厢前设格子短窗，两次间前短窗的绦环板浮雕莲花纹，两厢前短窗的裙板浮雕夔龙纹及绦环板则浮雕夔龙纹及"喜"字龙纹。

东住楼。单檐硬山造，山面施搏风，面阔五间，带两厢楼。明间四周设青石条垒砌的台基，高40厘米。明间后步柱下设青石贡扁圆形柱础，前檐柱顶设斗，下置杵头形青石础。其余各柱下均设杵头形青石础。

正对前楼设砖雕墙门一座，中间开门。与后楼相通。门宽1.23米，高2.4米。墙门带两坡小瓦屋。门楣上雕有金钱草花纹，线条浑圆。大门贴有细方砖。原还设有菱花形门环。

后楼。面阔五间带两厢，进深九檩，为九檩前后双步廊形式。通面阔22.45米，明间宽4.75米，次间宽4.3米，梢间宽4.55米，进深11.5米。左右厢房，长6.85米，宽4.55米。底楼承重扁作，方木搁栅上承楼板。前檐缩进一界为廊，两厢设副檐形成回廊。室内明间方砖斜纹铺设，次间慢以地板。明间前设青石陛板与压沿石组成台基，前设踏步两级，两侧置青石垂带石。其梁架结构与前楼做法相近。二楼置青石陛石，三楼前檐前檐楼与栏窗做法相壮，用材相壮。二楼前檐檐楼与栏窗做法相壮，极具特色，面积较大。

后楼对面设高耸的照壁，照壁顶部筑鸡哺祥，置滴水檐。照壁下部用青石做须弥座。照壁主体部分，照壁左、右两侧立两根水磨砖细照壁的圆鼓形柱础。柱下有砖细做的圆鼓形柱础。两侧下方设水磨砖贴面的抛枋。

方设水磨砖贴面的抛枋。柱下置束腰形须弥座。须弥座左、右两侧浮雕对称的缠枝花图案，中部浮雕缠枝花与锭胜、砖雕装饰图案精美，线条流畅。两柱与抛枋以水磨方砖斜纹贴面。照壁的下部正中设有砖雕墙门，墙门雕如意纹，一坡小瓦屋面，滴水檐，两侧设荷花柱，下置青石质须弥座，额枋雕如意纹。两侧设荷花柱，下置青石质须弥座勒脚。

线勾勒，线条简洁流畅。梁肩上有类似于体儒柱的方形扁薄木墩，承平梁。平梁上施一斗三升斗拱，脊檩正中有以金、红、白三色绘成的"笔锭胜"和"包袱锦"图案。金柱与檐柱间则以扁薄月梁和穿插枋连接。山面立柱7根，前檐柱高2.8米，水以月梁与抻枋互相连接。厢房设前楼，楼上明间前及两料小而精致。二楼为明楼卷棚顶。

厢设格子明瓦片槛窗，各有10碣，山面设有校小的板窗。楼榭设在东厢房内，厢房下檐柱上设丁头拱斜撑，上承楼板，结构仿木砖楼及砖化的砖刻斗拱，门楣上雕有金线卷草花纹，线条浑圆，但保持了原有的结构形式。

东山地区的明代住宅建筑较多，但该住宅主人达到这样的宅第主人有文字记载者并不多，其建筑形式与结构是明代中期民居的标型物，具有较高的文物价值。该府第的始建年代应当在严经任刑部尚书之后，该府第的存在是明代中期的社会、经济、文化在建筑领域中的反映。

秋官第的主要特点有以下几个方面：

（1）秋官第是一处始建年代可考且宅主人明确的府第建筑，具有重要的历史研究价值。

秋官第的宅主人严经是以"科举"进身的朝廷命官。秋官第是他任外省官而在家乡所筑之居所。该府第是他任外官为而在严经任刑部尚书之后所筑。

明中期弘治年间，官员宅第建筑多，严经是一位较有作为的帝王。他勤于政事，善用贤能。"孝宗实录"载，弘治皇帝（1487—1505年），为后人所称道，整个官僚体系呈现出比较清廉勤政，为后人所称道。史称"弘治三十年间，众正盈朝"，"秋官第"秋官第规模宏大，耗资不少。该府第的存在是明代中期的社会、职业修理、号为极盛。资不少。该府第的存在是明代中期的社会、文化在建筑领域中的反映。

（2）秋官第的建筑布局是"前堂后寝"形式，其间架体量符合明代官员建宅规限，是研究明代中期府等建筑的重要实例。

秋官第原是一处四周围合的封闭式的院落建筑，从现状建筑与尚存的建筑基址看，其主体建筑有明确的中轴线，轴线由外向内门厅、大厅、前后住楼为内宅。中轴线的一侧又有花厅，花园形成的。明代的府第规限十分明确，朝廷规限极严：一品二品厅堂五间九架，居脊用瓦兽，梁栋斗拱檐桷青碧绘饰。门三间五架，黑油锡环。

品，厅堂三间七架，梁栋饰以黄土，门一间三架，黑油铁环。"秋官第的体量为三间七架，严经官至刑部主事、大理寺少卿，他主家乡所营造的府第的规模并未超越规限，是一处现限极为严格的府等建筑。

（3）秋官第的外观造型，构架装饰及影壁做法极具特点，具有较高的建筑艺术价值。

秋官第的外观造型给人以宏伟壮观、封闭沉重、素雅简练的感觉。内部建筑则宽敞富丽，华美典雅。为涵丰富。首先是府第内的大木作构件按构造要求决定尺寸，屋架明露，不施雕刻，素朴质朴，四楼秋肩者抹圆，显得庄重含蓄，琴面微凸，仅边缘用双线勾勒，线条简洁流畅。其次，小木作与彩画装饰十分精细，槛窗上部及椽檩下六棱网状花纹，精雕细刻，椽雕边桦。简洁而圆和。脊檩正中的"笔锭胜""包袱锦"图案的彩画以金、红、白相间，素雅而富丽，值得指出的是照壁的做工。体量高宏大，下部用青石做须弥座，照壁墙的主体部分通体以水磨细砖贴面，拼缝极细。细腻墙面两侧立2根水磨细砖贴面柱子，两圆柱之上置水磨砖抛枋，两柱下设束腰形柱础，砖雕纹仪安排在须弥座两侧与中部。墙面留白空间大，砖雕花纹十分简洁。

魏魏百年古宅，蕴蓄万代生辉，承载着丰富的历史人文信息，具有深刻的建筑文化内涵的秋官第，堪称苏南地区府第建筑中的珍贵实例。

遂高堂

遂高堂，位于苏州市吴中区东山镇陆巷。为明正德、嘉靖年间邑士王铨的住宅。1986年，该堂被公布为县市级文物保护单位。

王铨，字秉之，东山人。曾被选为杭州府经历，但他不愿为官。时任户部尚书的胞兄王鏊特致辞赠他，肯定他不入官场的理由。祠中有"输与人一着高"的名句，他遂将宅第命名为"遂高"。原有东望楼、远庄定堂等多座建筑，现仅剩遂高堂大厅和前、后楼三进。

大厅面阔三间，左右各有扶屋一间，总面阔17.1米。厅进深八檩8.2米，亘有轩，后带廊，梁架作拾梁"扯金"式。平梁背立扁薄的侏儒柱一斗三升斗拱及连轲承脊檩。山尖设云龙纹山雾云，扶室前不置轩，进深为6.2米。梁架作贴式所有构架的接点均采用斗拱，部分还沿用"单斗只替"做法。梁作月梁，大梁周边绕刻双线，柱身用材较大，上下有收分，顶底卷杀呈覆盆形。檐柱础为青石柱形，前金柱础为青石鼓形，后金柱础则作木敦。

厅内留有部分格扇和隔断，均为六抹头。木架中留有彩绘较多，走马板上的图案以折枝花为主，檩条则以包袱锦为主，有金、红、黑、白等色，图案较粗放。

前后楼梁架结构相同，前楼体制略小于后楼明，次间槛窗下格扇为六抹头，单榫眼，楼上槛窗为五抹头。所有窗扇隔心均作小方格，俗称"满天星"。

遂高堂是一处建成年代明确的明代中期建筑，其大厅梁架中使用三棵栎与攒金做法，且平梁上立侏儒柱的形式极具特点。六抹头隔断与小方格窗扇形制古朴。遂高堂是研究明代民居建筑的珍贵实例，具有较高的文物价值。

会老堂

会老堂，位于苏州市吴中区东山镇陆巷古村内。该堂原为王氏旧宅，是一处始建于明代中后期的中型群体民居建筑。其西路住楼的建造年代稍晚，而西侧附房则为民国建筑。2011年，该堂被公布为江苏省省级文物保护单位。

该堂坐东北面西南，东西两路：东路有门第、大厅基址、楼厅；西路有住屋，西住楼及附房。

大门面东，石库门形式。

门屋原迤将军门形式，已毁坏。根据遗迹推断，其面阔为4.3米，进深5.8米。

大厅尚存台基，原应为三开间，后有穿堂。

楼厅，面阔三间，进深七檩，为硬山造前后单步廊形式。通面阔12.4米，两次间面阔前后步柱间距相同，各为4.0米，底楼通进深9.05米，前、后步柱间距5.5米。后廊深1.25米，前廊深2.0米。二楼前檐退步有杉木石踏步两级，楼厅下部置石台基，明间前造，前廊比底楼稍浅。楼厅室内铺方砖，东、西次间有杉木石踏步两级。明间室内铺方砖，东、西次间铺建板。前檐柱下置青石质八角柱础，前、后金柱下各施边长为80厘米的方形柱顶石，直径53厘米的扁鼓形木柱础。前檐柱为八角木柱，上有卷杀，置坐斗，并设有类似于丁头拱作用的梁垫，柱头有卷杀，置坐斗，承檐檩。步柱用材粗壮，柱头有一斗支承扁作四椽栿。四椽栿两侧肩部各置斗，承平梁。平梁上置前叶敷设一斗三升式置山雾云，拱端有檐与脊檩。斗拱两侧以山尖形式置山雾云，雕件刀法流畅，纹饰深厚，极具明代风格。步柱间，檐柱间，则以扁薄拱连山面前上设檐窗，下置活络裙板，檐窗内明，次间之间做隔断，西次间山面以月梁与防瓦相攀连，明代旧物，做法极具特点。后包沿开有小窗，二楼明，次间前上设槛窗，下置活络裙板，槛窗外铺设水磨细砖窗台，窗台外沿置木栏杆。二楼西次间前界墙面开有花岗石框边的边门，内置细砖泡钉街门。

楼厅对面有高耸的砖雕照壁。照壁做工讲究，拼门两扇，通西住楼。

惜上部已毁。房照墙上部应与东西侧院墙齐平，沟通成院落。照壁的下部有青砖砌出的勒脚，勒脚上部是照壁的主体部分，从残存部分反东西院墙可看照壁中部两侧立2根水磨方砖做的圆柱，圆柱下有砖雕圆鼓形柱础。两柱上部原应有水磨方砖贴面的抛枋。抛枋下与两圆柱之间以细砖斜纹贴面。照壁中设有墙门一座，墙门宽3.3米，檐高2.72米。墙门左、右两侧以清水长方砖错缝贴面。照壁的下部正中设有墙门一座，设滴水石之上，墙门框现用水泥砌作完整。上下为花岗石。五飞砖承檐。下有砖雕花芽及清水砖贴面。额枋北端立一根水磨砖做的圆柱，圆柱下有砖做的圆鼓形柱础，圆柱南端墙

楼厅后为小花园，现已改为灶间。

西厢带两厢。面阔两间带西厢，进深五檩，构架穿斗式。中柱与步柱下设鼓形木柱础。前檐下设槛房面两间。住屋东间与西厢东侧形成庭院，前包墙正中开门。东间前与西厢东侧形成庭院，围以院墙，院墙顶部筑脊，设滴水檐，檐下施水作抛枋。东院墙下部有墙门一座，墙门纹头脊，面以清水长方砖贴面。

西厢楼前有住室，住室二坡硬山造，山墙顶筑屏风式封火墙。面阔两间带西厢，进深七檩，构架圆作斗式。中柱与步柱下设鼓形木柱础。西厢房面两间。进深五檩，构架合梁式。前檐下设槛窗。下置半墙。室内方砖铺地。住屋东间与西厢东侧形成包墙，前包墙正中开门。东间前与西厢东侧形成庭院，围以院墙，院墙顶部筑脊，设滴水檐，檐下施水作抛枋。东院墙下部有墙门一座，墙门纹头脊。

西厢楼前有住室，住室二坡硬山造，山墙顶筑屏风式封火墙。大梁扁作。大梁架于前、后檐柱之上，童柱上置升斗承脊机与脊檩。山界梁背设脊童柱，童柱下部与山界梁交接处雕出如意头垂鱼装饰。梁架用料颇大。底楼副檐与两厢之间形成天井，前有塞口界墙。

西厢楼，二坡硬山造，山面施砖副檐形式。底面施副檐。内四界前设摘风。内四界前设楼板。承檐上承楼板。西间后步柱间设落地花窗，后设楼梯。西间前与西厢贯通。厢房面阔一间，进深1.95米。西厢前檐下设落地花窗。西厢西墙开前后两扇柝门，内设细砖贴面泡钉直首拼门两扇。室内方砖铺地。

西厢内四架梁形式，大梁扁作，抬梁式，梁下设梁垫。

该宅院从各相关单体建筑的构架特点分析，时代上有早晚之别。楼厅明代建筑的特点十分明显。西楼梁架用料硕大，内四架梁童柱与斗拱具明代风格。而住屋则为清代建筑，附房乃民国时期所添建。这也反映出该宅家族从明代一直在此居住，人丁兴旺，长盛不衰。

综上所述，该宅从布局、装折及单体建筑的时代看，有以下几个特点：

（1）"前堂后寝"的建筑格局，结构有序，是苏南地区明代中晚期群体民居建筑的优秀实例。

会老堂宅院玄敞，用料硕大，堂、楼、院具有相当的尺度和空间组织，在平面上，单体建筑纵横向扩展，各进建筑以墙门隔成院落，形成相对独立的单元空间。这种单体结合的多进院落大厅后高前低的照壁作为内外之界线，大厅是前堂，也是外宅的中心；楼厅是内宅的中心，是寝室。前者为重大礼仪和接待宾客之场所，后者则为宅主生活起居之地。功能分明，布局合理。

从门屋到大厅，楼厅至后花园又递进一个台阶，楼厅至大厅又递进三个台阶，从大厅到门屋到这渐进高度。这种从后往前分段跌落的布置，既便于建筑屋面落的泄水，又丰富了每进单体建筑屋面的层次感。

（2）照壁、隔断做法极具地方特点，是明代苏南民居建筑装饰的优秀之作。

与墙门组合成为厅堂对景的照壁，是苏南建筑平面布局上的特征性构筑物。会老堂楼厅前照壁，墙门及东西两侧院墙的砖细装饰，尽管已残破，但仿不失原有风貌。

会老堂的照壁从体量看十分高敞，究其原因，可能是考虑到照壁后寝室的私密性。从形式看，照壁整体以水磨砖贴面，与东西两侧塞口院墙成通景式墙面。十分耐看。照壁的主体中部两侧各立一根水磨砖贴做出柱础，柱上部出一坡小瓦屋面，滴水堆塑做出如意头上下枋，砖砌的门框，内设有折拼门两扇，院内青砖侧砌的地坪，院墙下部四周设高出院内地坪青石合柱两级。院中植以天竹，十分雅致。俗称"洋房"。

室内顶部做民国风格天花。院墙西侧有附房三间，院墙西侧地坪青石合柱两级。

砖雕纹饰安排在照壁下部盖门坡脊上方空间内，墙面所雕砖细纹与留出的砖细照壁简洁流畅的对称，体现出明代砖细照壁简洁流畅的风格与形式，也是明代砖细照壁简洁流畅的风格与形式对称。

会老堂楼厅隔断的做法也极具特点。从实例上看，它似乎是一种木框屏门形式，但从实例结构看，它是通体板壁上的连续构成的隔断，仅是单列的屏门连成的隔断，从而显现出头并门的明代风格形式，功能与形式达到了统一，特点十分鲜明。

（3）集明、清、民国建筑于一堂，是研究苏南村落发展史的珍贵实物史料。

从整体宅院两路单体建筑的构架与形式上看，楼厅与照壁具明代砖细照壁简洁流畅的风格，而住屋则为清代建筑，西侧附房乃民国时期所添建。反映出该宅家族从明代至民国的每个时期均有重大的整修或扩建，宅院不断更新与扩大。这种集明、清、民国建筑的实例，是研究古村、古宅发展史的珍贵的建筑实物资料。

玉霏堂 双桂楼

玉霏堂双桂楼，位于苏州市吴中区东山镇陆巷古村姜家弄内，为姜氏祖传宅院。该堂始建年代无考，综观其梁架做法及装饰点看，当为明代晚期建筑。1986年，该楼被公布为县市级文物保护单位。双桂楼原是玉霏堂的一座后住楼，因原庭院内有两株高大的桂花树而得名。该楼现尚存门屋、住楼两称单体建筑。

门屋，二坡硬山造，门第北开。门脸为挂壁式门罩形式，施皮条脊，做一坡小瓦屋面，设滴水檐。檐下置木砖细方形飞椽，下设仿木砖细风头昂式牌科。两侧荷花柱下悬莲花头，额枋内雕"笔锭胜"图案。青石门楣雕"穿牡丹"图案。青石门槛前设台阶两级。进门为门屋，门屋二层楼，面阔一间，梁架圆作穿斗式。门屋西壁设有库门，库门内设细砖泡细钉面直排门两扇。入库门为住楼东厢房。

住楼，二坡硬山造，山面施砖博风。面阔五间带两厢楼。底楼明、次间和厢房前檐柱均做出副檐。明、次间和厢房前檐柱均为八角形，柱下置八角形木柱础，明间前后步柱为杅头式青石柱础，柱顶设坐斗承檐檩。明间前后步柱亦为八角形木柱础。下设八角形木柱础。次间前设落地长窗。下设扁圆形木柱础。明间前后步柱间设落地短窗，西次间前上设短窗，东、西次间前置屏门隔断。东、西次间前置屏门隔断。后步柱间以木板隔断。明间与东次间铺方砖。西次间铺地板。

住楼，二楼梁架明间左右缝七界楼屋用四柱四楼栿扁作，抬梁式。四楼栿架子底楼前后步柱之上。二楼梁架明间左右缝七界楼屋用四柱四楼栿扁作，抬梁式。四楼栿架子底楼前后步柱之上。四楼栿梁底设梁垫，升口架梓木，梓木面分别

三有堂

三有堂，位于苏州市吴中区东山镇陆巷古村内，为东山翁氏族叶氏所建，但建成年代无考。综观其建筑形制与梁架，为明代晚期建筑。1995年，该堂被公布为县市级文物保护单位。

该堂坐西面东，临街而建，尚存大门、门第、大厅、后两进单体建筑。

门第面南向，为石库墙门形式，上施叠涩，做一坡小青瓦屋面，滴水檐下，檐下设品式牌科。青石门框，入门为天井，天井北为大厅。

大厅，单檐硬山造，面阔三间，稍间两侧各加扶壁一间，厅进深七檩，为内四界前后廊形式。明间前檐柱项部做圆形柱，石质提灯形式柱础，步柱下设圆形木柱，石质圆鼓形柱础。梁架式。四架椽栿于步柱上，四架椽栿前后肩式牌科。上承轩梁，架下金檩。平梁背设一斗三升斗拱，上承脊檩。上承脊檩，前后廊设船蓬顶，后步柱下设半墙，置槛窗。二楼构架为内四界前后双步，步柱下均设薄木柱础，时代特点明显。梁木与山柱下均设薄木柱础，时代特点明显。

内四界上金檩垫板，抬梁式。四架椽栿前后肩式牌，上承轩梁，背设一斗三升斗拱，上承平梁，平梁背设荷叶墩置大斗承脊檩，平梁背置荷叶墩及连斗承脊檩。山尖施"双凤朝阳"纹及连云，脊檩两侧置抱梁云。明间梁中部施彩画，稍间一缝及两山拱柱形式，穿斗造。明间后墙开有扁次，下置木裙板。明间后墙开有扁石柱双页直棂木窗。

厢房面阔两间，进深五檩，厢二楼前设圆形木柱础，梁架扁作，抬梁式。

底楼明、次间前设短窗，下置裙板。

底楼明、次间前与东西两厢之间形成庭院，庭院前照壁高耸，墙顶筑雕毛脊，设滴水檐，檐下施仿木细砖飞椽。下设仿木风头品式牌科，照壁中部以细砖柱边，内装饰砖雕图案。柱上部清水砖做出抛枋，抛枋中部浮雕院胜，金钱、花卉纹，抛枋下端右面浮雕牡丹花五朵，左边浮雕如意花卉纹。庭院内地铺为圆柱形青砖铺地坪，四周檐高出天井地坪的青石台基，院内有花坛，植紫金花一株。

该柱下均设扁薄木柱础及明间前步柱均为八角形，山柱下均设扁薄木柱础，梯木与山柱下所雕饰浮薄流畅，照壁的砖雕装饰图案雕刻技之精湛，具有极高的艺术价值。

穿堂东西两侧为蟹眼天井。天井后高院墙。二楼厢房梁架扁作，抬梁式。明、次间与东西厢前檐下均设槛窗。

底楼明、次间与西厢之间形成天井。天井内地铺青砌砌地坪，四周置有高出天井地坪的青石台基，天井前壁高耸，照壁顶小瓦瓦，筑纹头脊，置滴水檐。四飞砖承檐口，檐下以细砖框边做出方形砖雕图案。下设墙门，墙门浦鸡脊，一坡小瓦屋面，滴水檐口，檐下置砖雕仿木牌科。青石门框内设直拼门两扇。

该堂布局紧凑，营造规整。该堂的存在，为研究明代民居建筑史提供了珍贵的实物资料。

三祝堂

三祝堂，位于苏州市吴中区东山镇陆巷村高下。该堂建成年代无考，当为明代晚期建筑，从现存建筑的梁架形制与装饰看，应是苏州市控制性保护古建筑。2005年，该堂做公布为苏州市控制性保护古建筑。

该堂原规模较大，其大厅、门屋的基址尚在。目前尚存楼厅、后进附房及柴屋。

楼厅，四坡歇山落翼造，面阔五间16.3米，进深六界带两厢楼，通进深9.9米。明次间一缝六界楼屋用四柱，四椽栿梁肩承置扁作，梁上金檩。平梁背水设扁柱置斗三升式。四椽栿梁肩承扁料及梢间用料及椽柱的做法具特色，形式是：其梢板梢柱的做法具特色，指出的是：其梢板梢柱的做法具特色，形式是不素。两次间前步檐柱下设槛窗，下置扁料及椽柱的做法具特色，做工作。梢间之间一缝用柱7根，排柱形式均落地。檐檩柱下置石磉外，其余各柱均下置扁圆形木柱础，顶部均设斗栱。各柱之间均以扁月梁与穿插枋相连接。中柱顶置一斗三升斗栱与穿插枋互相攀连，上承有机与脊檩。山尖施山雾云。做法极为工整。

两山面由于是歇山落翼做法，山面施柱6根。平梁背设蜀柱上承有机与脊檩，各柱下部均置扁圆形木柱础。前后檐柱及前后金柱下部均置扁圆形木柱础，中柱不落地，用砖承檐口。檐下施仿木砖雕斜梢、替木、滴水等。

顶部均设坐斗上承机檩。前后廊以扁作月梁及短枋攀连檐、步柱。

楼厅共用柱38棵，均为圆柱。明间檐柱用料粗壮，直径为28厘米。次间前后檐柱用料稍小，分别为23厘米与22厘米。次间其余各柱及廊柱直径25厘米。山柱直径为23厘米。

楼厅屋面为五坡，竖脊头起装饰。两端有升起。四坡小青瓦铺设。两小歇山面雕毛青，正脊两端有升起。四坡小青瓦铺设。两小歇山面雕毛博风，南北山墙上部粉出抛枋，外墙纸筋灰粉墙护瓦，色调朴素。

楼厅明、次间底层前后为廊。廊檐下支落挂格子之间。用料粗壮。长窗梢板与绦环板无雕饰，形式不素。两次间前步檐柱下设槛窗，值得指出的是：其绦板梢柱的做法及料及椽柱的做法具特色，明间沿口规整。梢板梢柱有如意头，八字形槛内做子地坪枋又端雕栏如意头。八字形槛内做子地坪枋窗。其绦环板无雕饰，朴素无华。窗下设挡板，以纳墙梭，核槛槛面较宽，似坐毛。上安曰，色外观天井内之景物。

厢楼东西向，面阔三间2.85米，进深三界2.9米，梁架为圆作，抬梁式。厢楼前檐下设一堂。三飞砖承檐。上枋及两兜梢光素无纹镂"子孙保之"阳文行书额文，借字铭巳皆损坏。两端嵌雕头。八字形槛外阻如意头。仿"又端雕栏如意头"。八字形槛内做子孙有字铭巳。字铭巳字铭巳字铭巳字字铭"。

井下部有青石合基，高54厘米，月三层条石砌筑青砖铺地坪。天井前后两廊之间为天井，井均为青砖铺砌地坪。天井前后两厢之间为天井，井均为青砖铺砌地坪。明、次间前后有封火墙。次间前后廊做二进。一堵。墙门为纹头有，一坡小瓦屋面，更瓦三滴水。三飞砖承檐。上枋及两兜梢光素无纹镂"子孙保之"阳文行书额文，借字铭巳皆损坏。

楼门两厢，立面简洁，线条明朗简洁。石砌作为花坛，后墙顶部筑有，檐下施仿木砖雕牌科，置滴水等，开做砌细抛枋。

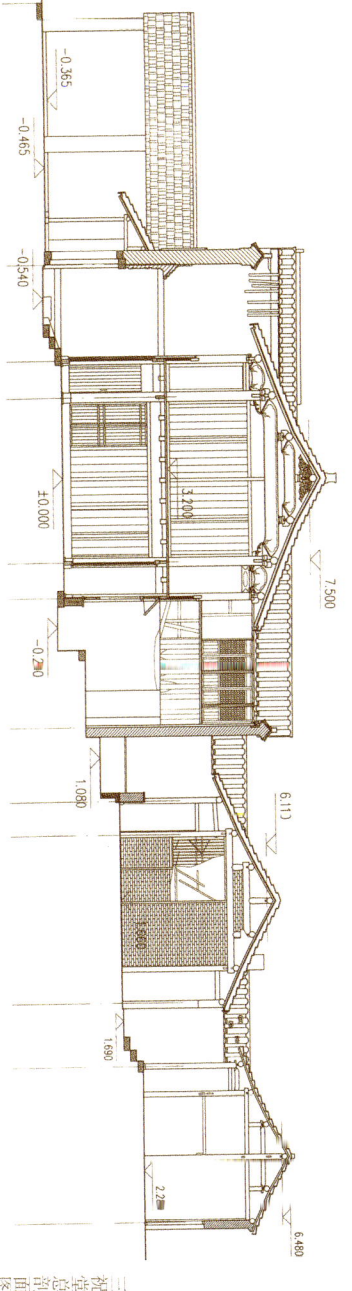

三祝堂总剖面图

燕贻堂

燕贻堂,位于苏州市太湖国家旅游度假区金庭镇辛村。堂始建无考,从现存单体建筑风格的形制看,为明代晚期建筑。2009年7月,该堂被公布为苏州市市级文物保护单位。

该堂坐北面南,现存单体建筑为一路三进,依次为门屋、大厅、住楼,间以天井相隔。门屋、二坡硬山造。面阔三间,进深三界,梁架为圆作穿斗式,五柱落地,檐、步、中柱下均设

后墙墙面两侧用筒瓦做出垂莲柱,下部置细砖柜边,并施浮雕装饰带。

天井西侧设有短廊,廊宽0.8米。廊北为后进附房。

后进附房,面阔三间,进深七檩,梁架圆作,正贴抬梁式,边贴穿斗式,用料较小。附房后还有柴屋三间,较简陋。

该堂整座宅院依山坡而建,单体建筑逐进得升。根据实测楼厅台基址高54厘米,后进附房室内地坪比大厅基址地坪高46厘米,后进附房室内地坪比楼厅楼厅高1.6米,而最后一进柴房内地坪比楼厅高出了2.28米(见总剖面图)。这样逐进逐升的做法不仅便于泄水,亦利于采光。

三祝堂是一处明代中小型的群体民居建筑。其楼厅屋面四坡歇山落翼做法在苏南明代建筑中极为罕见,吴中地区仅此一例。楼厅明间四椽栿扁作,用料极大,且梁面为暗雕花形式。梁底步柱处以插拱相托,拱上置风拱。东正厢楼做三架回顶式屋架。楼层地板用料极大,均为宽0.5米。楼前砖细墙门立面简洁,线条流畅,均为明代典式做法。整座建筑具有极高的研究价值。

青石弄 提灯形柱础

大厅，二坡硬山造。面阔五间，前带两厢楼，后带两厢，进深六界。明、次间之间一缝，六界楼屋用匹柱。四檐柱下设荷叶墩置斗承扁青石柱础之上。前后步柱之间均设扁鼓形青石柱础，四楼枕扁作拎梁式，四楼枕架于前后步柱之上。前后金枋与扁作月梁式、背设荷叶墩置一斗六升斗拱。平梁扁作月梁形，斗拱两侧设飞鹤祥云纹山雾云。厅内各柱用料粗壮。厅内明间后步柱之间设屏门隔断，梢间之间设四抹头隔断，前檐施飞罩，厅内方砖铺地。前厢楼早年已毁无存，后厢房梁架为圆穿斗式。

住楼，二坡硬山造。面阔五间，带两厢楼。明、次间前界为廊。底楼，方木承重，圆木楠栅上承楼枝。前檐柱下设青石柱础。明间前步柱之间落地长窗。次间前步柱之间直方楠槛窗，下设半墙。楼梯设在东梢间前。二楼进深五界，前檐柱退后半界落在底楼前界承重之上。二楼进深五界，前檐柱退后半界落在底楼前界承重之上，为骑廊做法。明、次间一缝五界架于前步柱、后檐柱之上，四楼枕扁作，抬梁式。四楼枕架于前步柱之上，四楼枕

梁前设双斗承平梁，架上前金檩与后步檩，平梁背设蜀柱。蜀柱顶设斗上承脊檩，前步柱、后檐下设替头形青石柱础。山面构架穿斗式，以扁形月梁与穿插枋攀连各柱。山面各柱顶均设坐斗，二楼明、次、梢间之间均以木板隔断。明、次间之间均设格子槛窗。住楼构架做工十分规整，燕喧堂应属明代晚期的一处群体民居建筑。

第三次全国文物普查中的重要新发现，其大厅与住楼做法十分规整，大厅山尖所设山雾云群体雕刻到圆润，线条流畅。苏南地区保留至今的明代建筑已不多。该堂的存在，为研究我国古代建筑发展史提供了优秀的实例，具有较高的文物价值。

九思堂

九思堂，位于苏州市吴中区东山镇三山岛桥头28号。为沈氏始建，后易产。堂之始建年代无考。综观其梁架形制特点和装饰纹饰风格，当为明代建筑。

九思堂，取《论语》的"君子有九思"之句中"九思"二字为堂名。据说原是浙江湖州的一位沈姓小官所建。堂之规模不大，尚有大厅、住楼前后两进。

大厅，二坡硬山造，山面砖瓦搏风。面阔五间，进深七檩。明，次间六界椽屋用四柱。四椽栿扁作，抬梁式。前后步柱下设扁鼓形青石础。下有覆盆形青石櫍。顶置坐斗上承平梁，架金机与金檩，椽栿梁肩背置荷叶墩设斗拱上承脊檩。斗拱平界梁背设荷叶墩置一斗三升斗拱上承脊檩。斗拱两侧依山尖施山雾云、金钱纹。明间脊檩两旁施"笔锭胜"彩绘。脊檩两旁设抱梁云。明间脊柱顶均设坐斗上承各檩。两山面穿斗造。排柱顶均设坐斗上承各檩，中柱顶设穿斗拱。山尖施云头及穿插枋穿连各柱。次，稍间之间以木板隔断。大厅前檐出檐椽扁作月梁及穿抱梁云。檐柱下设圆柱作头穿水波纹瓦头，龙纹滴水。檐柱下设方砖斜纹铺地。顶设坐斗上承檐檩。明，次间后步柱上柱间设落地屏门为素面。明间前设落地格子长窗六扇，长窗裙板刻花。上绦环板雕毯纹；中绦环板刻有至相花、牡丹、秋菊、石榴、寿桃图案；下部绦环板刻如意草纹。次间前设槛窗。下为矮墙。槛窗绦环板刻卷草金钱纹。明间前青石台阶三级，前为庭院，院墙已

章宅

章宅，位于苏州市吴中区东山镇三山岛东泊43号，这是一处小型住宅建筑，有门厅，主楼前后两进单体建筑。

门厅，三坡硬山造，面阔五间，进深六檩。明间左右缝为五界椽栿搭牵二椽栿用四柱做头，内三界前后廊，三椽栿前端置在前步柱之上，后端出大斗二手斗栱上承替木与脊檩。二椽栿背置坐斗承荷叶墩置一椽栿，二椽栿架于前步柱及两山各柱下均设青石扁圆形柱础。次，梢间之间以单壁砖墙隔断，次，梢间山缝排架各柱之间均设一缝及两山內均为夯土山墙及两山内均为夯土泥地面，顶面为"冷摊瓦"，不施望砖。

住楼，明，二坡硬山造，面阔五间，带两厢楼。底楼方木承重圆木搁栅板，明、次、梢间前檐柱础均以木板隔断，次、梢间之间以木板隔断，形成独间。两次间前步柱之间设大板墙，使明间与两次间前廊形成东稍间前门隔断。次间与两厢前成为廊。明间后次间之间以屏门隔断，二楼进深五界，为后四界与前步檩前四椽栿扁作抬梁式，前后檐柱顶达坐斗承四椽栿。四椽栿扁作抬梁式，前步柱与后檐平梁，架上金檩，

明间后设穿堂，穿堂两侧为小天井。次间后檐下设木栏杆，下部为陵墙。稍间后檐下设槛窗，下部支以斜撑，短枋上设承椽檩，底楼明次间前后两厢间为雀宿檐做法。承重前端挑出。圆木搁棚上承楼板。室内方砖铺地。檐柱方砖承重，两侧设青圆木柱杵头形柱础。

主楼，面阔五间带前后两厢。东厢已毁，后檐下设槛窗。稍间后檐下设槛窗，人堂门为后住楼。明间穿堂后塞口墙正中设青石柱杵头门，为后住楼。

二楼为内四界前后双步做法。四椽栿扁作，前步柱顶设坐斗上承四椽栿。四椽栿梁肩设斗，两山面穿斗造，扁作月梁川与穿插枋连接各柱，排柱前后步柱顶设斗一升三升二拱及月梁和承平梁，平梁背设斗一升三拱上承替木，拱端有檩两旁置抱梁云，顶设置斗承栋。中柱顶设牌科承脊檩，山尖施双凤云头长纹双卷云及脊云抱梁云，轩梁置双斗云纹抱梁云。前轩梁背荷叶包梁，轩檩间之间设木板隔断，双斗间置荷子扁作。下置替板。槛窗上缘环板刻卷草金钱纹。二楼厢房枋作拾梁式。前后梁下设斗承檩。

该堂布局紧凑，形制古朴，厅、楼结构梁架做法以及窗楣雕饰极具特点，为研究苏南明代住宅建筑提供了优秀的实物例证。

景岁堂

景岁堂，位于苏州市吴中区东山镇陆巷古村内，建于明代。现为村民叶海土的祖传住宅。1986年，该堂被公布为县市级文物保护单位。

景岁堂，现仅存楼一栋，住楼硬山二坡造，面阔三间带两厢，通进深10.65米。后四界前廊形式。底楼承重扁作，方木搁栅上承楼板。正间前步柱间设落地长窗，后步柱间设屏门隔断，明、次间之间置四抹头隔断。明间地铺方砖，两次间铺地板。檐柱下设提灯形青石础。前步柱下设鼓形木柱础。楼梯设在明间后。二楼，抬梁式。四缝为五界椽屋用三柱。四椽栿扁作，四椽栿梁肩设童柱承平梁，平梁背立侏儒柱，上置一斗三升斗拱及连戟承脊檩。山尖设叶形山雾云、抱梁云，两旁则置卷云纹抱梁云。次间梁架斗雀替承檩，各柱头均设坐斗形山雾云。立柱6根，各柱之间以月梁及穿插枋相拳连。

底楼明前间设青石台阶两级，前为天井。正对明间开照墙，墙体高筑，顶部筑脊，滴水檐三飞细砖承檐。下部有墙门，三飞砖条脊，一坡小瓦屋面。滴水檐，两侧砖砌门框，内置大门两扇。青石槛、青石面，素面枋。青石门楣。

景岁堂住楼是一处典型的明代民居建筑。其梁架做法规范、山雾云、抱梁云雕刻简洁淳厚，极为精美，具有较高的文物价值。

该宅为一组小型民居住宅建筑，是第三次全国文物普查的重要新发现。其布局紧凑，营造规范。门厅五界椽屋用四柱做法与宋《营造法式》大木作构架的形式相似，当为明代木构架制式。山头所设的卷云纹山雾云、抱梁云图案雄浑。线条流畅。住楼次、稍间一缝与两稍间明代特征。该宅采用排柱做法的方式较为简洁，极具地方特点。该宅应属苏南地区小型明代住宅建筑中的优秀实例，具有较高的文物价值。

平梁之上设一斗三升斗拱，施连戟，承脊檩。次、稍间之间一缝及两山均为穿斗造。六柱到顶，顶设斗托檩。其中中柱顶置一斗三升拱承脊檩。各柱之间有扁薄隆背的月梁和穿插枋相互攀连。排柱下端不设柱础，而直接落在条石上。明、次、稍间之间均以木板隔断，形成独间。明间后步柱间亦以木板隔断，次间和两厢前檐下均设格子短窗，下置木裙板。屋顶施"冷摊瓦"，不设望砖。

鉴山堂

鉴山堂，位于苏州市吴中区东山镇陆巷古村内。该堂始建无考，从其梁架形制看，当属明代建筑。1986年，该堂被公布为县市级文物保护单位。

鉴山堂，又名"见山堂"，因该堂开门即见山故名。现尚存住楼一栋。住楼二坡硬山造，面阔三间带两厢，为五界前前檐形式。底楼前作承重，方木搁栅上承楼板。明、次间之间以木板隔断，明间与东次间前前檐下设落地长窗。两厢房面阔两间，进深五椽，前檐下设半墙，置槛窗。室内方砖接地，次间前檐柱下置青石质柱础，步柱下支撑梁架正贴为五界椽条石上。楼梯设在明间后。二楼梁架正贴为五界椽

屋用三柱，梁架圆作，抬梁式。四楼枞梁架于前步柱与后檐柱之上，四楼枞梁肩设童柱承平梁，平梁背置童柱承脊檩。脊檩下设童柱承斗，次间穿斗造，山面各柱下均不设柱础，直接落在条石上。厢房二楼梁架圆作。抬梁式。明、次间前设槛窗，次间后包墙与山墙开有自仿双页木窗。

底楼明间与西厢前形成庭院，院内青砖侧砌地坪。东侧有古朴一座，庭院前与东侧围以院墙，院墙高耸，上部做出花窗。

鉴山堂是一处小型民居建筑，其形制古朴，住楼次间前檐柱下置石柱础外，其余各柱法简洁，柱头头均不设柱础，且柱头均不设斗直接支承梁架，做法朴素，是研究明代乡土建筑的绝好材料。

春卿第

春卿第，位于苏州市吴中区东山镇陆巷古村康庄巷东端。原为严氏祖传宅第，后易主。1986年，该宅被公布为吴县市级文物保护单位。

春卿，为春官。明大祖朱元璋为加强中央集权统治，废中书省和丞相，分原中书省之权于"吏、户、礼、地、春、夏、秋、冬"分别代称之。刑部官员为秋官，礼部官员为春官。春卿第，即为礼部官员的宅第。

春卿第是一处封闭式的院落。单体建筑自南向北一路三进。依次为大厅、前住屋、后住屋。门屋西向，设在大厅与前住屋西端之间。门屋、大厅、前住屋之间形成四合院形式。门第西向，偏南150°，沿巷而设。门口呈"八"字形，下设青石台阶六级，逐级内收。门口顶部以木板平铺。扁方形木门框。门口两侧置青石质坤石。门槛嵌在两坤石凹槽内。门第形式古朴。做工讲究。门第，面阔一间2.85米，进深六檩5.6米。梁架为五界椽屋用三柱。四椽栿扁作。架于前檐柱与后步柱之上。梁背设金柱童柱承金机与金檩。山界梁背设脊童柱承脊檩。后檐柱承方形，顶设坐斗承檐檩。下置青石质木形柱础。步柱下设扁鼓形木柱础。后界为廊，前为天井。

大厅，二坡硬山造。面阔五间，进深七檩，构架为六界椽屋用四柱。扁作四椽栿梁架于前后步柱上。四椽栿两肩设斗三升金机与金檩。山界梁背设荷叶墩置斗三升牌科承脊机与脊檩，牌科两侧设灵芝纹山雾云，脊檩两旁置卷云抱梁云。纹饰雕刻雄浑圆润，极具明代特点。两山穿斗式。扁作月梁攀连各柱。前后步柱。金柱及中柱下均设扁鼓形木柱础。后檐柱础方形。下设扁方形青石柱础。

前住屋，梁架斗形式。扁作月梁承檐檩。下置形木柱础。前后步。柱顶设坐斗承檐檩。前檐柱作方形。前后步，金柱及中柱顶部均设斗，下置扁鼓形木柱础。立柱粗壮，用料较大。明、次、梢间之间以木板隔断。明间后金柱之间以屏门隔断。上设有"祖先神位"座。室内以青砖侧砌为地坪。

顺德堂

顺德堂，位于苏州市吴中区东山镇陆巷古村内。该堂始建无考，从其梁架形制看当属明代建筑。1986年，该堂被公布为县市级文物保护单位。

该堂现存住楼一幢，住楼面阔三间带两廊，明间与两廊前做出副檐，为六界前带廊，底楼四界重檐作，次间之间有廊檐形式。明间后步柱间设有隔扇，次间之间砖砌断，明间后步柱作方木擂柱上承。明间底楼步柱通二楼顶部，檐柱下设落地长窗，窑内方砖铺地。底楼四界承重下设有前后金柱与中柱，并在柱下设础，步柱下设扁圆形木柱础，值得指出的是，该宅下设础，形成排柱形式。楼板设在枋房内，二楼扁形木柱础，形成排柱形式。四楼桃形柱础使用四柱。四楼桃梁背置荷叶墩上承斗拱，梁端底置荷叶墩。平棊枋上金机置荷叶墩一斗三升之上。梁端底置荷叶墩。斗拱两侧施山尖三升平棊，架上金机荷叶垫。斗拱有设荷叶墩，斗拱及连戟桃特机上施山尖，如云。次间穿斗式。明，次间步柱间设落地长窗。云。次间设隔断，明，次间步柱间设落地长窗之间一界。

一坡小瓦屋面，明间前与两廊檐进深一界。一坡小瓦屋面，明间前与两廊之间成天井，天井四周有底出大井地面的青石台基。天井前有照墙，高出大井地面的青石台基。檐下施砖细雕摔科、摔科之间照墙筑特，设滴水檐，檐下砖细雕抛枋，如雕四季花卉图案，下承砖细雕抛枋两端砖雕意头。中部分别浮雕"鲤鱼跳龙门"与"雏鹿"图案。正中刻镂胜图案，"鲤鱼跳龙门"之意，含"欢乐"、"鲤鱼跳龙门"之意，四角分别浮雕抛枋门皮，枝花卉，金钱杂宝纹饰。下部有斜撑为重修之物。条脊，一坡屋面，滴水檐。下部有斜撑为重修之物。该住楼用料硕大，且有寓意，具有较高的艺术价值。体现丁宅主人对幸福与财富的追求，也为极为精美，且有寓意，具有较高的艺术价值。体现研究明代民居建筑提供了珍贵的实物资料。

后住室，面阔四间，为内四界前廊后双步形式。梁架圆作，穿斗式，用料较细。后包墙依地形而砌筑，进深呈"东浅西深"的形式。正、次、稍间之间均以木板隔断，形成房间，次间前设次，上置槛窗。正间前设落地长窗，次间前设半墙，上置槛窗。正间前设落地长窗，次间前设隔扇。后进与中进住房间距较小形成隔弄，隔弄内地铺有砖与块石地坪，东端有水井一座，青石井栏。

该宅第应属明代中小型宅第建筑，始建于明代晚期建筑，后住房屋当为明代制与柱础制式来看，其门屋、大厅、前住房屋当为明代制与柱础制式来看，其门屋、大厅、前住房屋当为大厅四楼桃形柱制规整，灵芝形山雾和卷云纹抱梁云雕刻精美。该宅应属明代小型宅第建筑中的优秀实例，具有较高的文物价值。

达顺堂

达顺堂，位于苏州市吴中区东山镇白沙村，为东山望族叶氏祖宅。堂始建无考，当为明代晚期建筑的形制及纹饰风格。综观各单体建筑，原规模较大，有东西两路建筑。西路有大厅、住楼；东路有住楼。现存西路住楼及门楼。

大厅前设大厅，住楼；门楼北向，沿街而设。门楼正面做哺鸡脊，二坡小青瓦屋面，滴水檐口，下为三飞砖承檐，下部做青石库门，门楼两侧塞口墙顶部筑脊，设花边滴水檐口，檐下做细砖抛枋。门楼青石门楣浮雕"麒麟、凤凰"及"平升三级"图案，设砖细仿木牌科，垫拱板雕饰蒂纹，上枋光素无纹。下部青石门楣浮雕"福、禄、寿"三星，三星两侧分别雕以鹿、蝙蝠，所雕图案十分精细。两兜肚浮雕如意，字牌内又以回纹柱边，内光素。

大厅，单檐硬山造，面阔五间带两厢19.15米，进深六界6.2米。明间左右缝用柱4根，四椽栿扁作，拾梁式。四椽栿梁架在前后步柱之上，四椽栿梁两各设依儒柱置大斗上承平梁，架上金机与金檩，平梁背设一斗六升拱承脊机与脊檩。脊檩施彩绘。前后檐柱下均设杆头形青石柱础，前后步柱柱径23厘米，下设有直径46厘米的扁圆形柱础。

次、梢间之间一缝穿斗造，排柱7根，顶部均设坐斗承檩，中柱顶施一斗六升牌科，前后步金，中柱下部不设柱础而直接落在檩石上。前后檐柱下设杆头形青石柱础。各柱间以扁作月梁相互攀连。

山面穿斗式，排柱7根均直接落在檩石上，顶部均不设斗，直接上承各檩。各柱之间以扁作月梁及穿插枋攀连各柱。

大厅后步檩下方悬挂木扁一方，上书"达顺堂"三字堂名。明间前设杆头式青石柱础。两次间前设圆作扁作短窗。二楼明间七界桁大梁，两次间前设落地长窗。二楼明间七界桁大梁屋用柱4根，四椽栿扁作，拾梁式。四椽栿大梁，架上金机与脊檩。前廊扁作月梁圆作一斗六升牌科上承脊机与脊檩。大厅前后檐前檐下檐、步柱、后双步圆作。次间与两厢扁作前檐下设格子扁窗，下做矮墙，槛窗前做砖细窗台。

厢房面阔两间，进深四界。

住楼，二坡硬山造，面阔五间，带两厢楼18.95米，通进深9.9米。底楼明、次间前与两厢前副檐做法。明间前设杆头式青石柱础。前后步柱下设扁作圆形木柱础。明间前设落地格子长窗，次间前设短窗，下做矮墙，拾梁式。四椽栿平梁。平梁背设一斗六升牌科上承脊机与脊檩。前廊扁作月梁。檐、步柱。后双步圆作。明、次间与两厢扁作前檐下设格子扁窗，下置裙错板，槛窗前做砖细窗台。

住楼前照墙高耸，正对明间有砖雕墙门一座，檐下墙门皮条脊，一坡小青瓦屋面。滴水檐口，八字门楹下设仿木砖石雕飞椽。上下枋均光素无纹。墙门楣内设拼门两侧的青砖细图案。

东路住楼,二坡硬山造,施砖博风。面阔五间芦两厢楼17.1米,进深10.9米。明间前檐柱下设圆形青石鼓墩,其余各柱均地接落在磉石上。明间左右缝穿斗造,排柱根根落地。次、梢间一缝用四柱,四楼椽大梁架于前后步柱之上。平梁背设楼童上承脊檩与脊檩。

住楼前照壁高耸,正对明间设砖细墙门一座。墙门皮条脊,一坡小青瓦瓦面,滴水檐,上枋阴刻如意纹。青石门楣石面浮雕绽胜、金钱纹。

该堂布局紧凑,风格朴素。该堂的存在,为研究明代乡村民居建筑的形式与分布情况提供了极为珍贵的实物资料。

岱松裕德堂

岱松裕德堂，位于苏州市吴中区东山镇岱松村。2005年6月，该堂被公布为苏州市控制性保护古建筑。

该堂原规模较大，现仍保存有门屋、大厅、住楼一路三进单体建筑。

岱松裕德堂，面阔三间、进深五檩、二坡硬山造。大门南向，方位为南偏东150°。门作将军门形式，将军门设在明间步柱之间。门口呈"八"字形，下设青石台阶五级，逐级内收。上方木板铺设。门之顶施额枋。下覆于门旁立左右对称的门框、门框与抱柱之间四抹头垫板。两旁门当户对之下、左右置青石质砷石，门槛嵌在砷石凹槽内。两侧月兔墙青石质。门屋前两侧做砖细檐头。构架圆作穿斗式，后檐下设半墙，置槛窗。室内地铺方砖。

大厅，面阔三间、进深七檩。为内四界前廊形式。内四界大梁扁作，大梁前后步柱背设一斗六升牌科上承脊机与脊檩。山界梁背设一斗三升牌科两侧以山尖形式式之上。梁背设二斗上承脊机与金檩。单科两侧以山尖形式设卷云纹山雾云。明间脊檩施"锭胜"彩绘。边贴穿斗式，山柱根根落地。山栏下均置扁鼓形木柱础。顶设斗上承檩。中柱顶部山尖亦设山雾云。前檐出檐施飞椽。前檐柱下置提灯形青石柱础。明间前后步柱下设圆鼓形花岗石柱础。次间檐柱之间设木栏杆。上置短窗。厅内方砖斜铺地。明间后设穿堂、穿堂卷轩形顶。穿堂两侧为蟹眼天井。穿堂东西檐下置短窗。下设半墙。穿堂后开有青石框库门。内设直排门两扇，门表面贴以细砖。

大厅前为庭院、院墙筑脊、设滴水檐、檐下做砖细抛枋。院内地铺青砖侧砌地坪。东侧有古井一座。

钉有铁泡钉。

嵩下裕德堂

嵩下裕德堂，位于苏州市吴中区东山镇陆巷嵩下新山121号。现属村民周伟成私产，是一处单体住宅建筑。2005年6月，该堂被公布为苏州市控制性保护古建筑。

该堂二坡硬山造。面阔五间21.95米，进深九檩带两厢，通进深12.9米，门第开在东厢房南墙中部。门南向，方位为南偏东50°，前有八字照墙。门做砖砌框库门形式。下设青石台阶两级。东厢房为门屋。面阔一间，进深五檩。构架圆作抬梁式，过门屋为庭院，庭院四周有三级高出地坪的青石台基。院内植有紫藤、枇杷。院前筑筑墙垣。院顶部筑脊，施滴水檐，三飞细砖承檐口。正屋构架为内四界前单步后步轩形式。四椽栿扁作。架于前步柱后轩步柱之上。四椽栿梁背设大斗、承平梁、架上金檩。平梁背置一斗三升牌科。承脊檩。脊檩中部施"金锭胜"彩绘。廊川弯月形梁连廊步柱。后轩背设轩梁扁作。架于后檐柱与步柱之上。轩梁又斗上承桁。两斗之间设荷包梁。两山穿斗造。各柱间以穿插枋和月梁相攀连。前檐柱下设提灯形青石柱础。后步柱下设扁鼓形木柱础。前步柱下有青石柱础。前后步柱木板断，明间与东次间明、次、梢间之间以木板隔断。明间铺方砖。西次间、西梢间铺间地板。明间前设地长窗。后步柱间设屏门隔断。东西次间与两厢前设槛窗。

该宅始建无考，从梁架形制结构分析属明代建筑。该堂的存在，为研究苏南的明代民居建筑提供了珍贵的实物资料。

架于前步柱之上。大梁两肩各设大斗上承金机与金檩。山界梁背设一斗六升牌科承脊机与脊檩。边贴夯斗式，扁作月梁攀连各柱。

住楼明间前檐下设短窗，下置裙板。明间与两厢前檐下设短窗。

照壁顶筑哺鸡脊，施滴水作抛枋。照壁下部设墙门一座，墙门纹头、一坡小瓦屋面。檐下置青石门楣，门楣两端雕出如意头。中部浮雕"锭胜"图案。门楣下门柱内设直拼门两扇。

该堂始建无考。从各单体建筑的梁架形制、装折纹饰，所用柱础分析，当属明代晚期建筑，但于清代进行过大修，其部分木构件及檩条已更换过，尤其是大厅：步柱下柱础也更换过的存在，为研究当地明清民居的发展演变提供了珍贵的实物资料。

住楼，面阔三间带两厢，底楼扁作承重，方木搁栅上承楼板。明间前后设落地长窗六扇，木摘柵之间以木板隔断。明间前后金柱之间以屏门隔断。明间铺方砖，两次间及两厢铺地板。两厢前次间之间铺方砖，两次间及两厢铺地板。两厢前设短窗。楼梯设在明间。二楼楼架为内四界前后单步形式。明间前檐柱立于底楼扁作大梁扁作，抬梁式。大梁上，做退步造。内四界大梁扁作，抬梁式。大梁

椿桂堂

椿桂堂，位于苏州市吴中区东山镇大河村。据清代《兑换住房余地房贴银修造椿桂堂公所记》碑记载，该堂始建于明代，具某元风格。清乾隆五十三年（1788年）大修，三年修竣，并绘有《全宅总图》。清末曾作过东山镇乡公所，后易为民居。综观其现存各单体建筑的构造特点和装折风格，大厅的立柱梁架隔当为清乾隆时期的建筑。2005年，该堂被公布为苏州市控制性保护古建筑。

该堂坐北面南，四周高墙相同，是一座封闭式的群体院落民居建筑。椿桂堂原规模较为宏伟，轴线上有五进，依次有门屋、轿厅、大厅、辉楼、辉屋，另有望楼、书楼、花厅、后花园及附房。同以备弄相贯通。现有建筑可分东西两路：东路有库门、大厅、住楼；西路有花厅、附房。大厅后设有东西向备弄贯通，单体建筑之间有天井与塞口墙相隔，形成独立的建筑单元。

门第门楼式，库门形式，门脸上做皮条脊，清水砖叠涩成檐口。檐下青石门楣内设细砖泡钉面木门两扇，青石门框内设细砖泡钉面木门两扇。

大厅，二坡硬山造，山面施搏风。面阔五间带两厢19米，通进深13.6米。大厅青石台基高出地面40厘米，提栈平缓，檐柱为抹角形石柱础。柱身四方抹角形，下置青石质四方抹角形柱础。用料相壮，柱头有卷刹，呈梭形。柱高3.4米，直径0.34米。柱上设坐斗。下置扁鼓形木柱础，柱础高0.19米，直径0.54米。柱础下设覆盆形青石碱。内四界四椽袱偏作，架下两步柱之上，下设梁垫。四椽袱梁有设大斗上承V梁，架上金机与金檩。平梁背置菊叶墩设斗拱承有脊檩。山面穿斗造前后步，金柱及中柱顶均设坐斗。各柱之间均有扁作月梁及穿插枋相连接。稍间设设穿堂。穿堂后设做成隔断。明间后设穿堂，穿堂后设有库门，两侧设格子短窗。穿堂中有小天井，库门与东

西向各弄相通，各弄东端开侧门，可通东侧小巷；各弄西通四路花厅，各弄后为住楼。

往楼，二坡硬山造。二楼构架圆作穿斗式，较朴素。底楼方木搁栅上承楼板。二楼明间前开接门，接门上部做皮条脊有挂壁式砖贴檐口。檐下置青石门框，内置直排门。底楼前置青石台阶四级，住楼前有庭院，院内石板铺地。

花厅，二坡硬山造。面阔三间带西厢房，进深九檩。二坡硬山造，前后轩施鹤颈轩。顶设坐斗，前檐下为云头挑梓梁做法。山界梁架于前后步柱之上，大梁扁作。正贴抬梁式，大梁背设一斗六升牌科。上贴捏梁式，大梁背设一斗六升牌科。下贴门间承有落檩。明间步柱之间设落地长窗六扇。东次间前檐下设和合窗六扇，下置木裙板，西次间檐柱设落地长窗六扇，上置和合窗六扇。西次间下檐柱间送檩连藏形雕成束腰形。上槛槛侧面雕有"暗八仙"图案，有细砖雕图纹边饰式木栏杆，上置长方形菱花回纹桯边饰门有细砖雕图纹边饰门宕。

两厢房面阔三间，卷篷顶，上设草架，梁架正贴捏梁式，边贴穿斗式。室内地铺方砖，前檐出檐较深，施飞椽，檐下设长槛窗，下设坐槛，其上槛做绞漆式，施飞椽，槛端面分别雕以"平升三级"与"杂宝"图案，纹饰精细。

花厅明间前设花岗石合阶三级，合阶两侧置垂带石。前为庭院，庭院内堆以湖石假山，柏有花木，并筑有水井一座。庭院深深，宁静而雅致，值得一提的是，庭院东侧楼厢西立面的做法极有特色，西厢楼的屋面为歇山落翼四坡形式，翼角飞翘，滴水连接着檐形式，前为轩廊，厢柱上端以短枋挑出，连接垂连柱，下悬方形花篮。檐檩与搪枋间垫有透雕缠枝花纹板，廊柱北端檐下另做诏有细砖额，上槛满雕云龙纹，极为精细，轩廊北开刻落"微明"二字款及方形章一方，上方行书"碧云"二字额文，内镌落印章三方。二字款"文治"，落"文治"二字款，内镌落印章一方。轩廊内装折精致，且极具文化含量。庭院东侧厢楼西立面的做法形成楼下两个观景点，厢楼二楼可推开槛窗欣赏庭院内的景物，在轩廊内可打开长窗，在轩廊槛窗欣赏庭院内的景物，式上成为该堂的一大亮点。

椿桂堂是一处始建于明代的群体民居建筑，其大厅梁架用料粗壮，形式做法具有典型明代建筑的特点。西路花厅正立面装折精美，尤其是上下槛所刻的图案，内涵丰富，具有一定的寓意，住楼两厢西立面的做法独特，风格犹异，砖细匾额有名人题刻，同时也具有极高的历史、文化、艺术价值。

修德堂

修德堂，位于苏州市吴中区东山镇翁巷三茅弄。该堂始建无考，据各单体建筑的梁架形制、雕刻风格及墙门字牌所镌年号分析，该堂应始建于明代晚期，清中期进行过规模较大的修葺，民国时期对中路的住楼进行了翻建。修德堂原属东山望族严氏后裔严秋富之宅院。1978年落实政策后，因房主无力管理，要求国家收购，由当地房产部门管理。2014年6月，该堂被公布为苏州市市级文物保护单位。

修德堂，原规模较大，有东、中、西三路单体建筑。现尚存中路与东路两路单体建筑。占地面积约为824.77平方米，建筑面积为1168.8平方米。中路依次有门厅、仪门、大厅、住宅；东路有前后花厅、附房及住楼，间以备弄相通。

门厅，南向，二坡硬山造。面阔四间，进深六界。东稍间平面为倒直角梯形。门厅南端通面阔11.52米，北端通面阔13.02米，进深7.2米。为内四界前后廊做法。明间前后两侧做传细探头，其上部为纹头形式，三飞砖挑出承檐口；中部两兜肚内浮雕蝙蝠、卷云，"寿"字纹，有福寿之寓意；下部

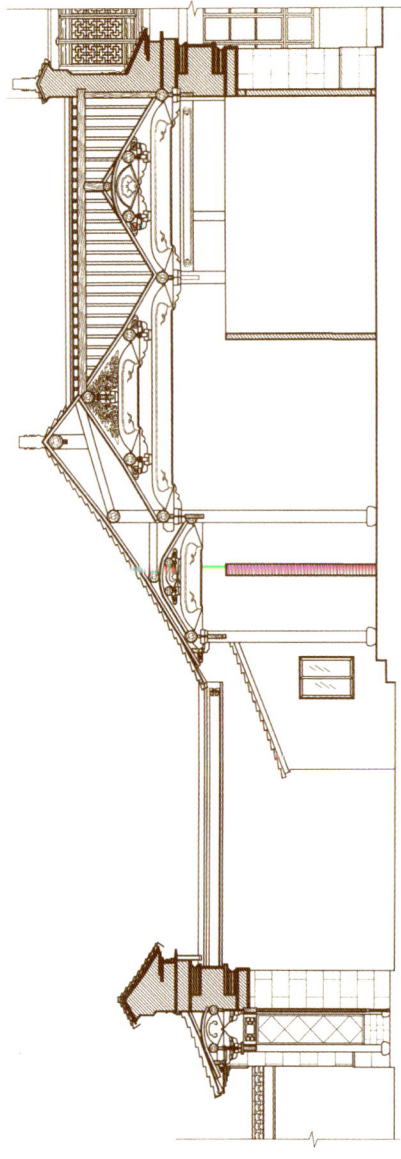

做砖细勒脚。次，梢间前面砌砖包墙，东山墙上部施砂罩风。内四界正贴抬梁式，大梁露作，架于前后步柱之上。大梁两肩设有平梁，架上小斗承脊檩。平梁背设荷叶墩置斗承脊檩与脊枋。厅内所有柱头均设连斗直接承托梁架。次贴中柱及后步柱不落地，前后檐柱下部不置童柱而直接落在磉石上。步柱与后金柱下设扁圆形木柱础。边贴穿斗造，五柱落地，前后步柱、金柱及中柱下设扁圆形木柱础，边贴前后檐柱直接落在磉石上。室内方砖铺地。明间前后界两壁砖细贴面。

门厅东稍间后有厢房，厢房面阔一间3.5米，进深三界，用柱6根。

门厅后的窄长的天井，面阔9.03米，进深3.5米。天井内青砖铺地。天井北塞口墙正中设仪门。仪门，三坡硬山墙头，下做一坡小青瓦屋面。门楼两侧做砖细勒脚。门楼两边贴墙立檐柱，内柱各一根，柱下均置花岗岩石鼓磴。檐柱顶设斗牌科一根，上承梁枋。前檐下形成一斗六升云头挑梓梁做法。上承梁枋，内柱上部之间设穿插枋上承檐口包梁。门楼顶设弓形轩，前檐柱上部之间斗栱牌科贴墙处部置荷包梁。上施一斗三升牌科，当心间三朵，贴墙

门楼口面阔2.05米，门楼宽2.85米，檐口高3.6米。埃头墙兜肚内浮雕牡丹花。下部做细岗岩石鼓磴。门楼顶贴墙立檐柱，内柱各一根。柱下均置花岗岩石鼓磴。檐柱顶各设一斗牌科，下承梁枋。前檐柱上部之间斗栱牌科，贴墙部置荷包梁，上施一斗三升牌科，当心间三朵，贴墙斗栱。

各半朵。贴墙之间设门楣，门楣为四抹头"目"字形，腰枋宽厚，中槛背面施连槛仪门背面为砖细，两侧青有石质坤石。仪门二坡板瓦顶，檐下仿木砖雕细牌科门楼形式。门楼二坡板瓦顶，檐下施仿木砖雕细牌科，上枋无纹致。左、右两兜肚内浮雕山水人物图案，下右两端

浮雕回纹，中部锦袱内浮雕人物戏文故事图案。八字门楹以细砖贴面。门楼两侧院墙顶部筑脊，施滴水檐，檐下设细砖抛枋。

大厅，二坡硬山造。面阔三间12米，进深八界带穿堂。为内四界前后轩穿堂做法。内四界正贴抬梁作，大梁扁作。架于前后步柱之上，大梁两肩设大斗上承平梁。架上金机与金檩。平梁背设五七式一斗六升牌科，山头设山雾云，拱端两侧施抱梁云。轩梁扁作，梁侧浮雕花卉纹，轩梁底设梁垫，蜂头雕花果纹。双斗间置荷包梁。前轩东西两壁开有砖细槛边门景，门景上部设砖雕匾额。明间后轩两侧施穿斗，上承轩桁，斗两侧施卷云纹抱梁云。轩梁背设一枝香轩，施鹤颈椽。轩梁背设单斗，上承轩桁。穿堂船篷顶。大厅前后檐出檐较深，施飞椽。檐下为云头桃头挑梓做法。厅内共用柱24根。明间前后步柱用料硕大，柱径26厘米。所有柱头均设坐斗、承托梁架，下均设花岗石鼓墩。

大厅前为庭院，较宽敞。院顶部筑脊。院墙正中有砖雕门楼一座，即仪门。设砖细抛枋。南院墙前与南厢楼门楼之背面。

住楼，南向。面阔三间，前后带两厢楼。明间面阔4.4米，两次间面阔3.75米，通面阔11.9米，底楼进深六界8.72米。扁作承重，方木阁栅上承楼板。明间前后各设落地长窗六扇，长窗裙板浮雕蝙蝠金钱纹，有"福在眼前"之意。室内方砖铺地。二楼为骑廊做法，前廊柱退后0.49米，进深为8.23米。梁架圆作，为内四界前后柱直通楼内四界正贴分心穿斗造。中柱与前后步柱直通楼顶，边贴穿斗造。明间与前后厢楼前檐下均设槛窗，下置木裙板。

住楼楼柱用柱32根，除二楼前檐柱头均直接支撑檩条外，其余均为圆柱。所有柱头均直接支撑檩条，下置花岗石鼓墩。

南厢，面阔两间4.96米，进深三界，底楼进深2.65米，二层厢楼进深2.16米。圆作抬梁式，卷篷顶，东，两厢各用柱6根，所有柱头直接承托梁架，下均置花岗石鼓墩。

北厢，面阔一间2.52米，进深四界3.75米，底楼二楼前檐下均设槛窗。北厢楼东厢底层的东山墙开门通东路住楼。

住楼明间前与南厢楼之间形成天井，天井内地铺花岗石板地坪，四周青石压沿。正对住楼明间照之背面。

附房，面阔三间，平面呈梯形，明间面阔2.5米，东次间南面阔2.18米、北面阔3.5米；西次间面阔2.85米，西侧内四界宽的备弄，连接中路楼厅及前后花厅。附房屋架梁为扁作，正贴中柱头形山界梁为粗外，其余柱头均为圆作。

东路落地，住楼东西朝向，梁架简洁，无雕饰。

东路住楼，穿斗造，二坡硬山造，面阔五间带两厢楼，南次间与两厢间同，二楼东西两边各间与南稍间进深13.9米，底楼前后设客地长窗。廊柱下设青石朴柱形栏础，明间门前设有扶手。二楼进深8.82米，南进深8.52米，底楼南次稍退后0.4米，为内四界前单步廊做法。二楼各间进深均为七界，四界大梁肩设金瓜柱上置斗承平梁。架上金机与金檩间设有童柱，架背脊檩。平梁背设有童柱上置斗上承机檩。前后双步均扁作，檩背脊檩，楼柱顶设斗上承机檩。

矮柱用柱35根，除楼前廊柱为八角柱外，其余均为圆柱。

修德堂是一处较有特点的群体民居建筑，其门厅正贴构架线条流畅，所用荷叶墩雄浑；门厅用柱20根，剪墩15只。除明间正贴西缝后廊柱为石质础，所有前后廊柱均直接落在磨石上。明代建筑的特点十分明显，东路后住楼与正贴梁架扁作，结构简朴素，极具明代建筑风格。中路后住楼前砖墙门楼内镂有"乙丑夏元月"年款，清中期乙丑年有两介，分别是乾隆十年（1745年）与嘉庆十年（1805年），结合单体建筑构架形式看，该堂的仪门、前后花厅应属乾隆十年（1745年）的建筑，而中路住楼当为民国时期翻建建筑。

修德堂的原宅主严良弼，字秋闻，清末曾在李鸿章创办的京职招商局任职，后举家迁至上海。该堂当时期的办商局任职中人文历史提供了做为珍贵的实物资料，为研究明清时期民居建筑的演变及当地的人文历史提供了做为珍贵的实物资料。

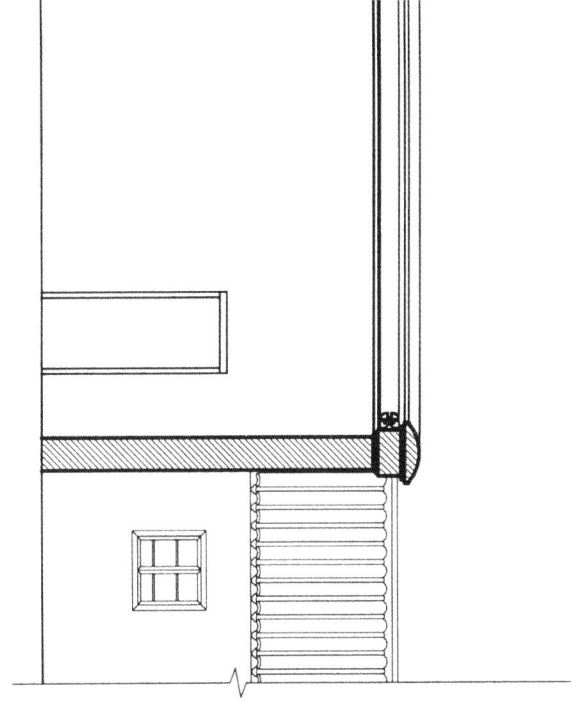

墙高高，照墙顶筑有，施滴水檐，檐下置砖细贴面抛枋。一坡小瓦屋面，设滴水檐，墙门门楼均出如意头。左右兜肚内浮雕"八仙过海"图案，下坊两端雕龙出如意头，中间锦袱内雕"福、禄、寿"三星图案，字牌内镌"慈竹春晖"、"乙丑夏元月"、"吴湾"郭文及年款。两侧荷花柱上部浮雕夔龙纹图案。

前花厅，单檐硬山造，小青瓦屋面，面阔一间，平面呈梯形，建筑紧靠东围墙，使其前步柱与后廊柱东侧形成一直角三角形空间。花厅的构架为三界回顶前后轩形式。三界大梁扁作，梁侧三界回顶前轩为双步后轩形式，梁背设两斗承枋，梁上荷花浮雕隼集枝花开纹，轩前为一枝香轩，轩梁扁作，轩梁面浮雕花开纹。

后花厅，面阔三间一夹角，北宽7.91米，南宽6.57米，进深六界8.27米。单檐硬山造，甬鸡脊。梁架为三界回顶前后加廊做法，用柱22根，均为圆柱。柱下均置石鼓磴，为扁作，梁架均有花篮、惹草。厅内形成三轩连缀形式，天蓬极有曲线美。其特点是前步柱不落地，下雕花开纹。

尊德堂

尊德堂，位于苏州市吴中区东山镇翁巷三茅弄内。堂始建无考。综观其各单体建筑，后期整修时做了改动。住楼建于清乾隆十二年（1747年）其余各单体建筑均为清代中期建筑。该堂原属洞庭东山望族严氏的祖传宅第。后成为公管房屋，由东山房管所管理。2014年6月，该堂被公布为苏州市市级文物保护单位。

洞庭东山安仁里严氏原籍宁波郡县，因其元祖任苏州做官遂洛户吴堤。严氏迁居东山的始祖是严伯成，世居东山马家堤。后严支繁衍，严氏的一支迁至翁巷。翁巷尊德堂严一族门庭显赫，是誉满吴中的翰林之家，一家三代人皆中进士。据《六修严氏族谱》记载，尊德堂严氏后裔严福为乾隆四十年（1775年）进士，授翰林院编修，南书房行走。严福的儿子严荣乾隆六十年（1795年）进士，官至浙江金华、杭州知府。严荣的第三个儿子严良训为道光十二年（1832年）进士，官至河南布政使，护理巡抚。"三世清华济美"，科举成就极高。至清末，翁巷严氏七品以上的官员就出了18名，可谓是官宦之族。

尊德堂，原规模较大，现存建筑有东西两路：东路自南而北依次有门屋、轿厅、大厅、住楼；西路有茶厅、书楼、花园。两路建筑之间有备弄相通。各进单体建筑之间有天井、塞口墙相隔，形成独立的建筑单元。

轿厅，二坡硬山造。面阔三间，进深七界。内四界前轩后圆作抬梁式。前轩卷篷顶，轩梁扁作，轩梁背设双斗，双斗间置荷包梁。前檐出檐较深，施飞椽，檐下为云头挑檐枋做法。

大厅，二坡硬山造。面阔三间，前后均带两厢。进深七界。为内四界前双步后单步形式。四椽袱大梁扁作，架于内四界前后柱之上。四椽袱梁背设有连斗上承平梁，架上金檩。平梁背设荷叶墩，置一斗三升斗栱，上承有机承檩。山头设山雾云护脊，脊檩两旁施抱梁云。脊檩施彩绘。明间前后步

柱顶设坐斗，下置扁鼓形木柱础，前双步圆作，为后步注间架言形式。明间前檐柱间设营式格子长窗六扇，后步注间以屏门隔断，两次间前步柱间各设纱窗六扇。裙板浮雕博古、花开纹。厅内方砖铺地，两山穿斗造。

前厢房面阔两间，进深三界，梁架为圆作抬梁式，卷篷顶。前檐下设格子槛窗，下置半墙。后厢房面阔一间，进深三界，圆作抬梁式，卷篷顶。

大厅明间前为庭院，院内中部铺设花岗石板地坪，正对明间设水作门楼一座，门楼二坡小瓦屋

面，设滴水檐，字牌内有"雏怀永固"荷文，左右兜肚内塑花开纹。

住楼，二坡硬山造，面阔四间带两楼，底层四界承重扁作，明间方木擔柱础，前后步柱间设扁圆形石柱础，明、次间方木擔斗造，次间前檐下设木板擔断，次间浮斗造，前檐下设短窗，下置砖擔墙。楼层梁架圆作，内四界之间以木板擔断，边贴夯斗造，前檐柱间，内四界之间以木板擔断，边贴夯斗造，前檐柱间贴方柱础。明间方柱础架圆作，前檐方短窗，底层明间与两厢前副檐做法，前檐板极深，为雀宿檐做法，檐下设有木柱落与花篮。做法精湛且极具特点。

住楼前为庭院，院内地铺花岗石走地坪，前院端高耸，瓦部筑脊，设滴水檐，檐下施砖纠泡坊，坊两端下部嵌有弧下方形洞形花对引。一坡小瓦顶，滴水檐口。檐下以叠涩飞砖承檐口。二坊两端浮雕回纹，下置细砖落。左右兜肚内深深雕"张果老倒骑毛驴"与"吕洞宾戏猴"图案，字牌内雕有"往述相承"额文，并刻"丁卯正月"、"朱主林书"年款及书额文姓氏。下坊锦袱内深浮雕"文王访贤"图案，所雕图案精美，线条流畅。

该宅布局有序，营造规整，大厅用粗硕大气势恢宏。住楼前檐下雀宿做法极具地方特色西路前为茶厅，后为书楼，茶厅三间，前檐下设落地长窗，形式朴素，书楼二层，古朴典雅。书楼东侧有狭长的备弄可通楼后小花园。

住宅前檐门所雕的人物故事图案十分精美，砖雕墙门所雕的人物故事图案十分精美，具有较高的艺术价值。该宣的存在为研究洞庭东山严氏的家族史提供了珍贵的实物资料，亦是一处清乾隆时期群体民居建筑中的优秀实例。

世和堂

世和堂，位于苏州市吴中区东山镇陆巷古村内，始建于明代，系周氏祖传住宅。1986年，该堂被公布为县市级文物保护单位。

目前，该堂有前后三进单体建筑，间以天井相隔。

大门西南向，方位南偏西20°，库门形式，上做皮条脊，设花岗石门槛。入门为庭院，庭院前以院墙相隔。

第一进住屋，二坡硬山造，面阔三间，进深八檩，为内四界前后双步形式，梁架圆作，分心穿斗造。中柱落地上承脊檩，下设花岗石鼓形柱础。明间后设穿斗堂，后步柱间设屏门隔断。室内前设落地长窗。明、次间前阶前沿砌有墙垣，明间砌石台阶三级。西次间界方砖铺地，入廊折南为书房。书房面阔两间，进深四界前单步形式，五界椽星用三柱，四椽袱扁作，抬梁式，袱架于前步柱与后檐柱之上，四椽袱梁肩设荷叶墩置上承平梁，平梁背设一斗三升斗拱及连载承脊置上承脊檩。边贴穿斗造，室内方砖铺地。书房前砌有墙垣，下砌矮墙，下设槛窗，天井内植有黄杨一株，十分雅致。

第二进住屋，面阔五间带两厢。正边贴均为穿斗造，扁作川攀连各柱，檐柱下设花岗石鼓形柱础，前后步、金柱、步柱与中柱下均设扁鼓形柱础。顶端均置坐斗上承各檩，前步柱金檩及脊檩下均设随梁枋连接。前筑轩，上施草架，轩梁扁作，轩梁背设荷叶墩置斗承枕。明间的前檐柱间设落地长窗，后步柱间设屏门隔断。明、次间之间置有六抹头隔断。明间铺方砖，次、稍间铺地板。明间阶前沿前设青砖侧砌地坪，两阶两级，前为天井，天井内铺青砖砌地坪。次间前砌有墙垣。明、次间前形成三个独立的小天井。明间前设墙门一座，墙门雕毛脊，一坡小瓦屋面，滴水檐口。上下枋与字牌、兜肚均为水作堆灰做法，光素无纹。砖砌门框内置直拼门两扇。

第三进附房面阔三间带东厢，进深六界，梁架圆作穿斗式，用料较小。附房西侧有小楼。后有院，院内有古井一座。

该堂从各单体建筑的梁架形式看，书房为明代建筑，第二进住楼由于后期的大修，其屋架已属清代之物。第一进住楼与第三进附房应属清民居建筑。

该堂的存在，为研究明清时期民居建筑的演变提供了珍贵的实物资料。

麟庆堂

麟庆堂，位于苏州市吴中区东山镇新丰村。该堂原是洞庭东山涟桥头秦氏后裔秦守常的祖宅。秦氏何时创建该堂，已无从查考，综观该堂的梁架形式与装饰，当属明末清初之建筑。2005年6月，该堂被公布为苏州市控制保护古建筑。麟庆堂原规模宏大，现仅存大厅、前后住楼三进单体建筑。

大厅，三坡硬山造，山面施搏风，面阔五间，进深七界，构架为七界楼屋用四柱。四楼栿扁作抬梁式。架于前后步柱之上，梁下前后端设坐斗承平梁。架上金檩。平梁梁背设前叶檩，山尖施山雾云，脊置一斗三升斗拱及连戟。上承脊机与脊檩。特檩施彩绘。前后金柱下置覆盆形石柱础。山面梁架穿斗式，扁作月梁与穿插枋攀连各柱。前柱式，扁作楼，二坡硬山造。面阔五间带两厢，进深

七檩，底楼四界承重扁作，檐、金柱下均设扁鼓形木柱础，檐柱顶设坐斗上承檐檩、明、次间及两底楼前檐前出一斜撑，檐柱顶设坐斗上承挑檐檩和脊檩。斜撑下端设丁头拱置小斗，做法较有特点。

二楼四楼栿扁作，架于前后步柱之上，梁底设梁垫。四楼栿梁肩设大斗，承平梁上金檩、平梁背设三升斗拱，明间有檐施彩绘，两山面梁架穿斗式。次间之间设四抹头隔断，隔架在前后檐柱之上，梁肩设大斗承平梁、平梁背蜀柱进机床脊檩。

三楼明、次间前檐与厢楼前檐山檐安装条脊。一坡屋面，滴水檐、檐下六层叠涩飞砖，下设砖迎防木牌科、两侧的牌风头装饰极为精美，天斗内地铺青石地坪。

后住楼，三坡硬山造。面阔五间，进深七檩，二楼前置挑檐山墙。厢门槛内达主桁厢，门之面做泡钉砖细。

后住楼明间前设有砖细牌科墙门一座，墙厂皮石门框，门楣雕鸳鸯胜图案、门楹内达主桁厢，门之面做泡钉砖细。

玄堂营建规整，用材硕大，前后住楼的斜撑做法极有特点。大厅、住楼脊檩彩绘色调明快，具有苏式彩画风格，亦具有较高的文物价值。

昭仁堂

昭仁堂，位于苏州市吴中区东山镇陆巷古村内。该堂建成年代无考，综观其梁架形制与装饰，属明末清初之建筑。1986年，该堂被公布为县市级文物保护单位。

目前，该堂尚有门屋、大厅、后附房三进单体建筑。

门屋，面阔一间，进深六檩，关内三界前后单步柱形式。大门做将军门形式，置于前步柱之间，门之顶施额枋，枋连于柱，高垫板面雕刻出4个如意头图案。额枋下覆于门旁立左右对称的门框，门框与抱柱之间做四抹头槽板。两旁门当户对之下、左右置砷石。高门槛装嵌在砷石凹槽内。砷石前端面镂刻麒麟纹，侧面刻牡丹、向阳花图案。砷石两旁下槛之下砌月兔墙。中装直拼大门两扇，门之摇梗上端于额枋下端旋转于砷石后端面镂刻"福"字如意纹。门之摇梗下端旋转于门臼之内。门屋檐、步柱下设扁鼓形木柱础，上设草架，三界梁扁作，脊置两斗承桁，两斗间设荷包梁。门屋后界北端平有一口古井。

过门屋为庭院。院内青砖砌地坪。周有院墙。入天井折北有库门。库门皮条脊。一坡小瓦屋面。滴水檐。三飞砖承檐。下置细砖仿木牌科。素面枋。砖门框。下设青石槛。进库门为天井。天井对面为大厅。

大厅面阔四间四间带东厢，进深七檩。内四界大梁扁作，抬梁式。大梁架于前后步柱之上。梁底下设梁垫。脊置两斗上承金机与金檩。山界梁背设一斗六升牌科。上承脊机与脊檩。东侧房卷篷顶，构架圆作拾梁式。大厅内地铺斜纹方砖。步柱下设扁鼓形木柱础。明间前有青石台阶两级，两侧按青石质垂带石。

大厅正间对面有砖雕墙门。墙门筑脊、字牌、下枋及兜肚均为素面。两侧荷花柱下悬小花篮。砖细门框。青石槛。内置直拼门两扇。

后进附房面阔一间，进深六檩，用料较小。

该堂属小型群体民居建筑，其布局紧凑。大厅与将军门营建规整，具有较高的文物价值。

同德堂

同德堂，位于苏州市吴中区东山镇太平村40号。该堂始建无考，综观其梁架形式与装饰，属清代早期建筑。2005年6月，该堂被公布为苏州市控制性保护古建筑。

该堂原具有一定规模，现仅存楼厅与庭院。楼厅为坐北朝南，面阔正间带两厢楼，明间前后檐做法，前界为廊，次间与两框前制檐做法，前界为廊，明间前后廊柱这四方抹角形，下设四方抹角提灯形青石柱础，顶部置坐斗。出丁头拱上承檐檩，步柱下设风头形式，二楼前檐柱退后半界落在底楼前承重之上，梁架为内四界前后廊形式，内四界大梁扁

作，抬梁式。大梁架于前后步柱之上。天梁层设斗承金机与金檩。山界梁背设一斗六升牌科，上承脊机与脊檩。山头施山雾云，明间有檩施云纹，过贴寄斗拱造。下置木稻板，次间后设短窗。

明间后设穿堂。两山设短厢楼东西向，面阔三间，梁架同抬斋梁式，卷篷顶。底厢前为庭院，次间两界为明次间前后廊贯通。

该楼前为庭院，院内花岗石铺地，门一坡屋面，滴水檐口，檐下设有库门，设有底屋与底厢前廊相通。前院墙正中设有门框，花岗石质天满石下砌八字形门楼，石门框内设有拼门两屄。

该堂的存在，为研究清代早期的民居建筑提供了珍贵的实物资料。

延庆堂

延庆堂，位于苏州市吴中区东山镇通德里19号。该堂是洞庭东山望族郑氏的祖传宅院。2005年6月，该堂被公布为苏州市控制性保护古建筑。

洞庭东山郑氏始迁祖为郑钊，字公远，号季一，河南汴梁人，宋哲宗驸马，其夫人顺德公主。靖康之难后，高宗迁都临安，顺德公主早逝，郑钊孟皇后南渡至杭州。不久，郑钊夫妇随遂携子隐居于洞庭东山之武山。明代末年，郑钊九世孙郑贵的五个儿子都各有发展，散居于东山各地，并建造了许多宅院。至清中期，郑氏宅第遍及东山古镇区。目前尚存10多处，而延庆堂就是其中一处。

延庆堂原规模较大，占地约3 000多平方米。现仍保存有老宅与新楼两处宅院。老宅尚有仪门、大厅、前后住楼；新楼有门厅、轿厅、楼厅、佛楼等单体建筑。

该堂的建成年代无考，纵观其梁架形制、装饰特点看，老宅当为清早期之建筑；新楼则为道光时期（1821—1850年）所建。

仪门，面阔一间，进深五檩，前后做双步，脊檩下置将军门，门之顶施额枋，仿连于柱以代上槛。将军门下用高门槛。两端配金刚腿，两旁门当户对下，左右置坤石。坤石置青石质，侧面浮雕麒麟、朱雀，前端面分别雕刻仙鹤图案。

大厅，二坡硬山造，面阔五间带两厢，内四界大梁扁作，抬梁式。大梁架于前后步柱之上，大梁背置大斗，上承金机与脊檩。山界梁背设一斗六升脊置大斗，牌科，以承脊机与脊檩。拱端脊檩两旁置抱梁云。明间脊云飞凤纹山雾云，施贴金彩绘。大厅前檐出檐较深，施飞椽。次间之间有屏门隔断。大厅前与两厢间为庭院。庭院内地铺花纹长石板地坪，前以塞口墙相间，形成一独立的单元。

前住楼，面阔五间带两厢。底楼扁作承重，方木搁栅上承楼板。前设落地长窗，两厢前置槛窗。住楼前为庭院，较朴素。二楼梁架圆作穿斗式，任楼架圆作穿斗式，前

有雀口墙相间，正对明间有门罩式墙门一座。墙门面阔3.27米，青石门楣，上浮雕"双凤朝阳"图案，纹饰雕刻精细，线条流畅。

后住楼，面阔五间带两厢，底楼承重扁作，方木擦棚上，承香梁版。二楼承重扁作，正贴抬梁式，边贴穿斗式。前设槛窗。住楼明、次间前与两厢间为天井。正对明间有墙门一座，皮条脊。青石门柱，门楣雕"笔锭胜"图案，值得一提的是，老宅园内有老桂花树一株，粗壮茂密，高耸墙垣。每年秋季，桂花满树，香飘四邻。据传此桂为清初之物，曾被大火烧枯，后又复苏，可谓历劫而不替。

新楼位于老宅西侧，为一独立的院落。院落中体量最大的单体建筑是楼厅。

楼厅，坐北面南，二楼面阔三间带两厢楼，底楼为硬山造。前轩船篷顶，轩简雕山水，动物图案作。梁伽雕荷包梁，轩梁背设两斗承托，两斗后置荷包梁，轩廊两端内壁方砖贴面，重扁作，下设梁垫，蜂头雕有连蓬、石榴等花果图案。四界承重底柱下设花草、牡丹、间前远落地长窗六扇。厅内方柱下设鼓形青石柱础。二楼梁架为圆作，正贴内四界抬梁式，边贴穿斗式，较朴素。厢楼面阔两间，厢底楼缩进半界为廊，廊檐下

北端开有细砖纹框边门，上部有水磨砖贴面额，以花卉动物纹框边，内镌"漱霞"额文。明间前与左右两厢之间砌有砖雕门楼一座。门楼一坡屋面，仿木砖雕出檐，椽下有木砖雕卷云纹，下枋两端雕如意头，中部饰桃刻"寿"字花卉纹图案，蝶蘩体"与宪同庆"额文。两兜肚内砖雕图案已毁。延庆堂布局有序，营建精良。其老宅与新宅建成年代时期跨度极大，从中可窥视出沈氏家族长盛不衰的历史发展轨迹。该堂的存在，为研究清代民居建筑的发展演变提供了优秀的实物例证，具有较高的文物价值。

翁巷 务本堂

康熙七年《翁氏世谱》载："洞庭翁氏宋高宗南渡时有承勋公，承事公者荜部啻骂，震泽有勋焉。"光绪六年，而遂卜居斯焉。光绪六年，白沙支续修世谱水有记述。谱云："吾始祖都统承勋公，因金人入寇携弟承事公等啻驾驾南渡，率于人隐居于莫厘之后山白沙坞，大后山翁氏之始祖。其弟承事公卜居于前山之翁巷，世称前山翁祖当为承事公。至由此可知，东山翁氏的迁山祖父翁永福父子外出经明代中期，七世孙翁毅及其子翁永福父子外出经商，家业日隆，买下了现翁巷长约100米长的古街上的经营与地产，辟建了翁巷村。至清末，翁巷村的翁氏宅第已有20多处，务本堂就是其中一处。

目前，务本堂尚保存有门第、门屋、大厅、住屋等单体建筑。

门第东向，临街而建，门做将军门形式。高门门第东向，临街而建，门做将军门形式。高门

翁巷务本堂，位于苏州市吴中区东山镇翁巷。建于清代，原属洞庭东山望族翁氏后裔翁思镇的祖传宅第。2005年6月，该堂被公布为苏州市控制性保护古建筑。

槛，捉泥黑漆大门，两侧青石质伸石面浮雕"狮子滚绣球"纹饰。进大门为天井，天井南侧有门屋三间，北向，门屋梁架圆作，正贴捨梁式，边贴穿斗式。天井两端正对门屋设砖雕门楼一座，门楼正面为哺鸡脊，二坡小瓦屋面，滴水檐，檐设仿木砖细方柱。置仿木砖雕牌科，上枋内光素，下枋为花岗石质。两侧肚四周起线框边，内光素。字牌内镌有"克壮治素面。两侧有楹柱下悬花篮。字牌两侧有雕出如意头，面形式与正面相同，但字牌内镌有"乙丑仲夏，程途书"额文，年款及书额人谋"和"乙丑仲夏，程途书"额文，年款及书额人姓氏。

大厅，坐北面南，二坡硬山造，面阔三间，进深七檩。内四界捨梁式，大梁扁作，架于两步柱之上。梁背两端有圆形芭卷刹，梁底有挖底，大梁两端下置梁垫。升口架椽木，椽木透雕云龙，大梁两肩置荷叶墩设五、七式斗，上承金机与金檩，

大梁两肩置荷叶墩设五、七式斗，上承金机与凤鸟纹，

山界梁作扁弧形，两侧面雕卷草纹，脊檩下一斗六升牌科，上承脊机与脊檩，牌科两侧以山尖形式遮透雕作。架于厅两步柱之上，梁肩设五、七式斗，上承山界梁捨斗式。山界排柱两侧抱梁云，拱端设龙纹山雾云。
边贴穿斗式。山面排柱形式，步，金，脊各柱上端勾置板斗，上承各檩。各柱之间上部有川访相端勾置板斗，上承各檩。各柱之间上部有川访相连，由额垫板相嵌。脊柱下设扁斗形式水沧山尖形设山雾云。脊檩两侧依山尖形式水沧山尖形拱之间以木板做成隔断。

佳居，面阔三间带后两厢，内四界有拆梁式，大梁扁作，架于厅两步柱之上。梁肩设五、七式斗，上承金檩。山界梁背设荷叶墩置坐斗，上承一金檩。置小斗于承脊檩两步柱之间上部有川访相设山雾云。宝内檩依山尖形式水沧山尖形式水沧山尖形拱下设踢砸斜方砖抱梁云。厅内方砖铺地。明、次间设落地长窗六扇，厢房前檐下设栏窗断，明间前檐下设踢砸地长窗六扇，厢房前檐下设栏窗下置半窗。

该堂梁作雕门楼宁牌内镌有"乙丑仲夏"年款。清代早期乙丑年有三个，分别是康熙二十四年(1685年)，乾隆十年(1745年)和嘉庆十年(1805年)。结合各单体建筑的梁架形制看，该堂的建造年代应是康熙二十四年或乾隆十年。

该堂流传有序，营建精良，为清代民居建筑中尚优秀实例，具有较高的文物价值。

备庆堂

备庆堂，位于苏州市太湖国家旅游度假区金庭镇蔡村东里。该宅是村民蔡伟达的祖居宅第。建于清乾隆十年（1745年）。2009年7月被苏州市人民政府公布为苏州市市级文物保护单位。

宅主蔡伟达系洞庭西山望族蔡氏后裔。其先祖是宋徽宗朝进士、焕章阁直学士、秘书郎蔡源。靖康之难后，蔡源随随高宗起构南渡至杭州，于绍兴二年（1132年）病卒。其长子蔡孟，次子蔡孟，三子蔡孟以葬父为由，于绍兴十二年（1142年）奉母命从杭州移居洞庭西山消夏湾。子蔡维居西，即西蔡；次子蔡孟居东，即东蔡。尔后，蔡氏遂繁衍成西山之大族。

备庆堂的单体建筑可分东西两路：东路有门屋、花厅、后附房；西路有大厅、楼厅、后住楼。两路建筑之间有备弄相贯通。各进单体建筑之间有天井相隔形成独立的单元。

大门南向，门框为门柱，门脸内设皮条脊，砖细一坡檐，檐下置青石门框。门框内设小瓦屋面，滴水檐口，大门背面为砖墙，双斗间承托梁，左右兜肚内细砖做法。门屋两端柱础设青石质鼓形柱础，前后檐柱下设青石质鼓形柱础，岗石石框库门。入门为西路前庭院。

大厅，单檐硬山造，山面四界前轩后双步做法，内四界进深九檩。为内四界前轩前后柱之上，大梁下设楼垫蒲鞋头。前后步柱升口架风拱。四组风拱分别楼垫三

国人物故事图案。大梁两肩各设荷叶墩置斗。上承金机与金檩。山界梁荷纹山雾云。拱端脊檩两旁设云头三升牌科抱梁云，边贴流云飞鹤纹山雾云。前轩船蓬顶。轩梁下梁下设梁垫。架风拱。四组风拱分别楼垫"二十四孝"人物故事图案。梁垫蜂头雕花卉图案。轩梁背设荷叶墩置双斗承托。双斗之间月梁形。轩前设单步廊。廊川扁作木椽。前廊柱顶设青石质覆盆形柱础。前檐下施飞椽。明、次间轩步柱间设十四隔落地格子窗。长窗裙板浮雕缠枝花卉，博古图案；上夹堂雕梅花、兰、竹、荷、博古图案，石榴、荷花；雕裙板浮雕牡丹、象等图案，下夹堂雕回纹；中夹堂浮雕牡丹、石榴、葵花，花卉、双狮滚绣球，次间后步柱之间设库门十四扇。厅内方砖铺地。明间前设青石台阶两级，台阶两侧立有垂带石。

大厅前为庭院。院墙筑脊。设小青瓦滴水檐口。院内以鹅卵石铺地。院西侧筑有花坛，植以山茶、腊梅、金银花，十分雅致。

庭院东侧设有砖雕牌科门楼一座。门楼哺鸡脊，二坡小瓦屋面，滴水檐，檐下施砖细仿木飞椽，下设一斗三升仿木细砖牌科，拱垫板雕灵芝纹。两侧荷花柱下悬方形小花篮。上枋两端雕如意头，中部浮雕缠枝菊花，博古图案。左右兜肚内浮雕缠枝牡丹，上枋下敫回纹挂落。字牌内浮雕锦袱状牡丹花。"德水图"额文及"乾隆乙丑孟秋榖旦"年款。下枋两端浮雕如意，中部内浮雕锦袱状牡丹花。门下枋两端浮雕如意，字牌内浮雕锦袱状牡丹花。门

为内四界前后轩圆作挎梁式,卷篷顶,前轩施弓形梁,后轩卷棚顶,形成三轩连缀形式。花厅前檐下设落地长窗,后步柱间以屏门隔断。厅内方砖铺地。花厅结构精致,形体小巧。龙厅前后设天井,前天井内植桂花树一株:后天井有附房。

该堂是蔡氏所建的群体民居建筑,附房面阔两间,梁架圆八穿斗式。该建筑精良,功能合理,特色鲜明,保存规模较大的代表性古建筑之一,具有较高历史、艺术价值。

其主要特点有以下两点:

一是整宅布局合理,前后功能分明。该堂不仅保存完整,而且具有明确的建成年代。

整宅两路,呈"前厅后宅"之格局,东西为花厅与住楼,一间以备耷相通,与正落中轴线数行并行伸展。每进筑本建筑之间有庭院、天井,塞口墙或门墙相隔,形成了五六十个独立的院落。平面分有十分清晰。正落大厅为宅主人主事之地:楼厅、住楼则为宅人居所。花厅乃读书休闲之地;附房可作厨房或用来储存物品。家庭建筑之日常生活场所一应俱全。

二是厅堂建制式规范,装饰题材寓意深刻,透露出宅主人重礼重教的文化精神。

楼厅,二坡硬山造。面阔三间带两厢楼10.7米,进深8.65米。底楼前做副檐,两次间之间以木板隔断,两次间形成厢房间。后步柱间以屏门隔断。次间与厢房之间设有蟹眼天井。二楼梁架为内四界双步斗式。明间与两厢前檐下设短窗,下置裙板。

花厅,二坡硬山造。面阔三间,进深7.9米。楼下部花岗石门框内设直排门两扇。

久大堂

久大堂,位于苏州市吴中区东山镇上湾张巷里,为张姓祖传住宅。堂之始建年代无考,从现存建筑的梁架特点和装饰艺术看,属清代早中期民居建筑。2009年7月,该堂被公布为苏州市市级文物保护单位。

洞庭东山张氏,出自唐代名将张巡之后。唐代末年其后裔迁隐于吴中,约明代初年迁至太湖中的三山岛跂山岛居住。后至七世祖张思聪、张思恭再迁到东山长圻,明代末年迁上湾张巷。张氏经商发迹后,在张巷建造了久大堂、燕翼堂、保和堂等宅第。

该堂坐北面南,临河而建。原规模宏大,有

厅堂不仅是家庭的起居空间,又是婚丧嫁娶、寿喜庆典、教化子女之重地,是家庭的礼制中心。宋人所编的《事物纪原》中说:"堂,当也,当正阳之屋;明也,言明礼义之所。"为达到这种功能要求,该堂大厅采用了敞开的形式。大厅轩步柱之间设立14扇落地长窗,长窗可启可合,打开时大厅内空间向庭院全部敞开,厅前十分通敞。而大厅构架则采用抬梁式结构,前后步柱内梁架全部露明,使大厅显得十分高深、庄重。

大厅装饰以小木作构件为主,梁柱不加雕饰。厅内前后八组风拱分别雕有三国人物故事和"二十四孝"人物故事图案。图案以隐喻、借代的手法,有"忠、孝、节、义"之寓意,表露出宅主人重礼教、重节义的心理。厅内落地长窗地裙所雕的图案纹样十分丰富,有梅、兰、竹、菊、荷花、石榴、葵花、博古、双狮滚绣球、太平有象等花果、动物与吉祥纹饰。纹样题材广泛,纹饰含文深刻,透露出宅主人对幸福和谐生活的祈求。

而花厅的形制则较小巧。面阔是"破二作三"的做法。小厅采用三轩连缀的形式,使花厅之内顶富有柔和的曲线美。厅前天井内庭有桂花一株,待丹桂飘香时,闲坐小厅,凭栏看花,亦别有一番情趣。

东、中、西三路单体建体，间以备弄贯通，现仅存中路的门屋、大厅、楼厅及西路的住楼这四幢单体建筑。

门屋，二坡硬山造，面阔七间20.8米，进深六界7米，梁架圆作穿斗造，明间前设首拼门六扇。明间正立面两侧做青水细砖砌埠头上部飞砖形式承檐；中部方形兜肚内浮雕"寿"字云纹；下部设须弥座式青石勒脚，须弥座上坊正面图案由"电青海水、牡丹金钱、走鹿兰草、双寿纹"组成，上坊侧面雕锦袱牡丹纹。门屋圭脚处镂刻蟠枝花卉，图案瑰丽，纹饰秀美，次间前砌包檐墙，檐下施砖细抛枋。

大厅，二坡硬山造，山面施搏风，面阔五间，进深九檩，为内四界前轩形式。大厅前檐出檐较深，施飞椽。檐柱下置青石圆形础，顶设坐斗，出丁头拱，以云头挑梓檩做法承出檐。檐檩下置斗盘枋，上设一斗三升牌科，拱垫板浮雕"寿"字云纹、轩卷篷顶，轩梁扁作，轩梁下设金钱纹梁垫、前轩荷叶墩头。升口架栌木，栌木面分别浮雕"骏马置蒲莲"图。内四界大梁扁作，抬梁式，大梁架于前后步柱之上，大梁下设荷叶梁垫、蜂头分别镂雕如意、牡丹、荷花、莲蓬、葵花图案，升口架栌木，栌木面分别浮雕人物戏文故事，图案纹饰精美，线条流畅。大梁两肩置荷叶墩，设大斗上承二梁，上架平梁背置荷叶墩做一斗六升牌科施彩绘，穿斗造。大厅前后步柱用粗柱壮，下设扁鼓形青石柱础。与次间有檩均施彩贴金标。山尖施山雾云。明、次间有搁栅贴面，厅内方砖铺地，前轩东西墙面分方砖贴面，并分别开有边门与备弄相通。大厅明间后设有备弄次间后为狭长的小天井。

大厅前为庭院，院内以东西梢间同阔厚墙形成东、中、西三个小院。明、次间前庭院较大，前设花岗石台阶三级，两侧置垂带石。院内做青砖铺地坪。东西小院地铺青砖，东西小院两侧的墙垣上部开有直径10厘米的小匾孔4对。庭院前的墙口墙顶墙与两侧墙顶均筑分别浮雕人物戏文故事，线条洋圆

脊，置滴水檐口。檐下做砖雕细抛枋。砖雕牌科门楼一座。檐下施仿木砖细方椽、滴水檐口。上枋仪两端砖雕仿意头。左右两兜肚及下枋均光素无纹。下枋两端做回纹挂落。牌科镂有"诒谋燕翼"额文。两侧尚花柱侧镂雕古钱绶带纹。下悬莲花形小花篮。

大厅后为住楼。塞口墙正中开有库门，两侧开有对称的边门。边门单扇启开，门勾泡钉细钉细砖面。边门与后厅小天井相通，天井内架有花岗岩条石小平桥。过小桥进边门为后庭院。

住楼面阔五间带两厢，底层承重扁作，方木搁栅上承楼板。明、次间内方砖直纹铺地，厢房铺地板。明、次间前檐出檐较深，施飞椽，为头挑梓檩做法。明间前设落地长窗六槅，次间前设槛窗。下置半墙。厢房面阔两间，厢房底层楼设副檐，出檐较深，檐下为云头挑梓梁做法。下设槛窗。置半墙。二楼梁架圆作，内四界抬梁式，边贴穿斗式。厢房二楼梁架圆作抬梁式，卷蓬顶。二楼前檐出檐较深，槛窗外置砖细窗台、窗

台外沿口设葵口式木栏杆。

住楼前为后庭院，院内做青砖侧砌地坪。墙前为高脊，顶部筑脊，设花边滴水檐，檐下施砖细抛枋。前院后墙正中设砖雕牌科墙门一座，墙门哺鸡脊，一坡小瓦屋面，檐下施仿木砖细方椽。下设仿木砖雕一斗三升牌科。上下枋，左右兜肚及字牌均光素无纹。下枋两侧下设回纹挂落。两侧尚花柱侧面楼雕雕佛手形。下悬莲花形小花篮。

两路住楼。面阔三间，构架简洁，体量较小。现住楼前为后院。院内植以翠竹，种有花木。该堂气势恢宏，营造规整，单体建筑体量较大。七开间门屋门首在苏州地区较为少见。大厅用料硕大，厅内12组樟木抨檩图案纹饰十分精美，脊檩上的苏式彩绘装饰保存良好，色彩明快。砖雕门楼与墙门尚花柱侧面的装饰雕刻精细，形态逼真。门屋两侧梯头的勒脚石雕纹饰，图案瑰丽而秀美。伴装饰文化含量较高，工艺精湛，具有极高的艺术价值。该堂是一处苏南地区清代民居建筑的优秀实例。

敬修堂

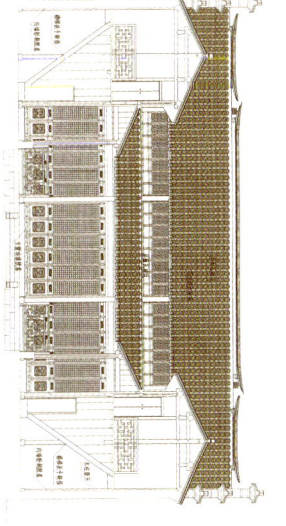

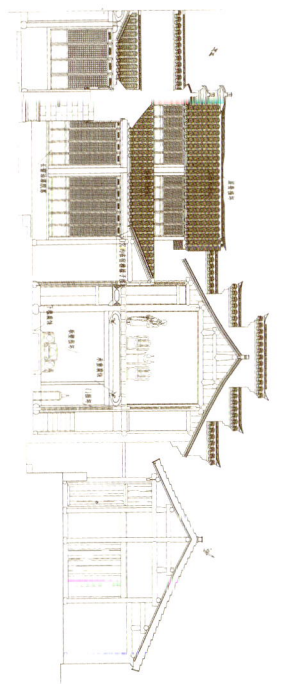

敬修堂，位于苏州市太湖国家旅游度假区金庭镇东村。创建于清乾隆十七年（1752年），是东村富商徐氏的宅院。该堂规模宏大，装饰华丽，保存完好，是苏州地区具有代表性的高墙大院群体建筑。2002年10月，该堂被公布为江苏省省级文物保护单位。

徐氏为洞庭西山望族，宗族分支众多，东村徐氏的始祖是徐九一，南宋宝祐二年（1254年）迁居东园里（即今东村），为徐氏东园支。东园支又繁衍出众多支系，散居于湖南、湖北、河阳等地。敬修堂的创建人徐伦滋为东村徐氏明理习长房在外有期为富商。其父徐联习及子徐明理习长房在外有贾。

敬修堂坐北面南，沿街面建，四周有黑色高墙封围，形成一座封闭式的院落。宅院东西宽26米，南北总进深70米。建筑面积达1820平方米，全宅中轴线上主体建筑共有五进，依次为扁厅、大厅、楼厅、后附房，轴线东侧还有门屋及附房。各进主体建筑之间均以天井、墙门隔成独立的单元。

大门南向，沿街而设，门做成库门形式，门内有族长用的小天井，西折为正宅门形式。其装饰十分精美，额枋上依其圆柱形门簪，端面分别雕刻"春、夏、秋、冬"四季的花卉。檐枋及夹樘板雕刻麒麟云头纹图案，门枋用材硕大，青石门枕正面雕刻麒麟、花卉，底侧雕如意花草。黑漆大门，高门槛，俱面刻高户人家显贵气派。

轿厅穿堂后开库门，库门后设砖墙门。墙门为仿木飞椽，滴水椽，椽拱垫板板透雕"寿"字蝙蝠纹，上枋内镂透雕"列续连云"。下设回纹挂落。字牌内镂求书"列续连云"。下设回纹挂落。左右兜肚分别深刻人物戏文故事。额文"鲤鱼跳龙门"图案。两侧浮雕人物，柱头浮雕出如意头，柱中部浮雕荷花柱较长，柱头八字门楣内以细砖雕贴面，未端楼雕莲花，须弥座束腰部为竹节形，并雕如意云纹。下设青石须弥座式勒脚，须弥座束腰部为竹节形，并雕如意云纹。

中厅，面阔五间带两厢19米，进深七界8米。为内四界前廊后双步形式。正贴内四界大梁扁作抬梁式，步柱上设栌斗承四椽栿，四椽栿两肩置荷叶墩与大斗，承平梁，架上金檩与金机。平梁上设一斗六升牌科，承脊檩与脊机，山头施凤凰祥云纹山雾云。边贴穿斗造。前檐廊檐较深，施飞椽，檐下为云头挑斜样檩做法。廊川扁作月梁形，檩，步柱，穿堂两梢间置斗承步檩。明间后设穿斗小天井。东西梢侧有蟹眼天井。明间两侧屏风式隔断做工十分讲究。下端主脚做法别具一格，极有特点。

大厅，面阔五间（三明二瞎）带两厢楼，进深十椽8.9米。梁架为前廊，前轩，内四界，后双步做法。正贴用五柱，次贴用九柱。边贴用八柱。明，次间前檐柱檐较深，檐柱上端出龙头形短枋，施梓檩，架上檩斗不设一斗三升牌科，夹梁板透雕如意卷云纹。廊檐枋间设月梁川攀连檐，步柱础，四椽栿肩置卷草花卉纹。前后置荷包梁。轩船蓬顶，前后步主下设青石质鼓形磉，双斗浅雕卷草花卉纹。步柱一斗三升顶斗，承大斗承平梁。四椽栿平梁背部置雀叶葛垫，蜂头贴金麒麟。平梁背山头裹脚底部置穿仙鹤祥云纹山雾云。斗六升牌科上承脊檩，山尖施透雕仙鹤祥云纹云。脊檩两旁置抱梁云。次贴穿斗造，山尖亦施山雾云。穿斗造（墙上落墙，墙心装饰），边贴筑"闪门子"。厅内方砖直纹铺地。明，次间前步柱间设地长窗16扇，裙板浮雕山水，庭院，花卉图案。次间次间前廊前设木栏杆。

厢楼东西向，面阔两间，进深四界，梁架为圆作，穿斗分心造。两厢楼前分别筑有六角灯景式花墙，将厅前庭院一隔为三。大厅明间前有砖雕墙。墙门前檐下设一斗六升牌科，飞椽出檐。檐下设

入门为门屋，门屋面阔一间3米，进深四界4.7米。出门屋右折为轿厅，厅前为庭院，院墙高耸。南院墙正中有砖雕额额，额内镌"堂构维新"，"清乾隆壬申吉春"额文反年款。院内花岗条石铺地，西侧筑小花坛。

轿厅单檐硬山造。厅面阔三间带左右梢间，通面阔19.6米，进深五界6.6米。梁架为扁作抬梁式。正，次贴均为扁作抬梁式。前后间置荷包梁。前后庑檐仁月梁川攀连檐，步柱，双斗，双斗，明间后设穿堂。穿堂两侧有小天井。东西次间明间后均砌低矮墙，上设低矮的木栏杆，做法较有特点。

一斗三升仿木砖雕斗栱，上下枋及两兜肚内满雕人物戏文故事图案，字牌边框浮雕"仙鹤祥云"图案，内镌"世德□□"、"乾隆辛丑"额文及年款。两侧荷花柱楹较短，顶部浮雕如意头，下端为花篮。八字门楼细砖贴面，下部设有青石质须弥座式勒脚。须弥座的束腰部雕如意纹。墙门两旁的垂口墙水设有六角灯景式花墙洞。

楼厅，取名"凤栖楼"。面阔五间带两厢楼19.4米，通进深13米。步柱通顶，为副檐轩梭厅做法。底楼四界扁作，月梁形。方木擸棚上承楼板。底楼明，次间前设格子落地长窗18扇，长窗裙板浮雕各种花卉图案；夹樘浮雕双龙。人物戏文故事及各种鱼类图案。两次间廊前设木栏杆。二楼梁架为内四界前后廊形式，内四界圆作抬梁式，明，次间与两厢楼面阔相同，窗前做细砖窗台，厢楼面底楼前檐下均设槛窗，梁栾为圆作穿斗造。两厢底楼廊前设有低矮的坐槛，进深四界，上设长窗。东西厢与楼厅楷间之间置有小天井。

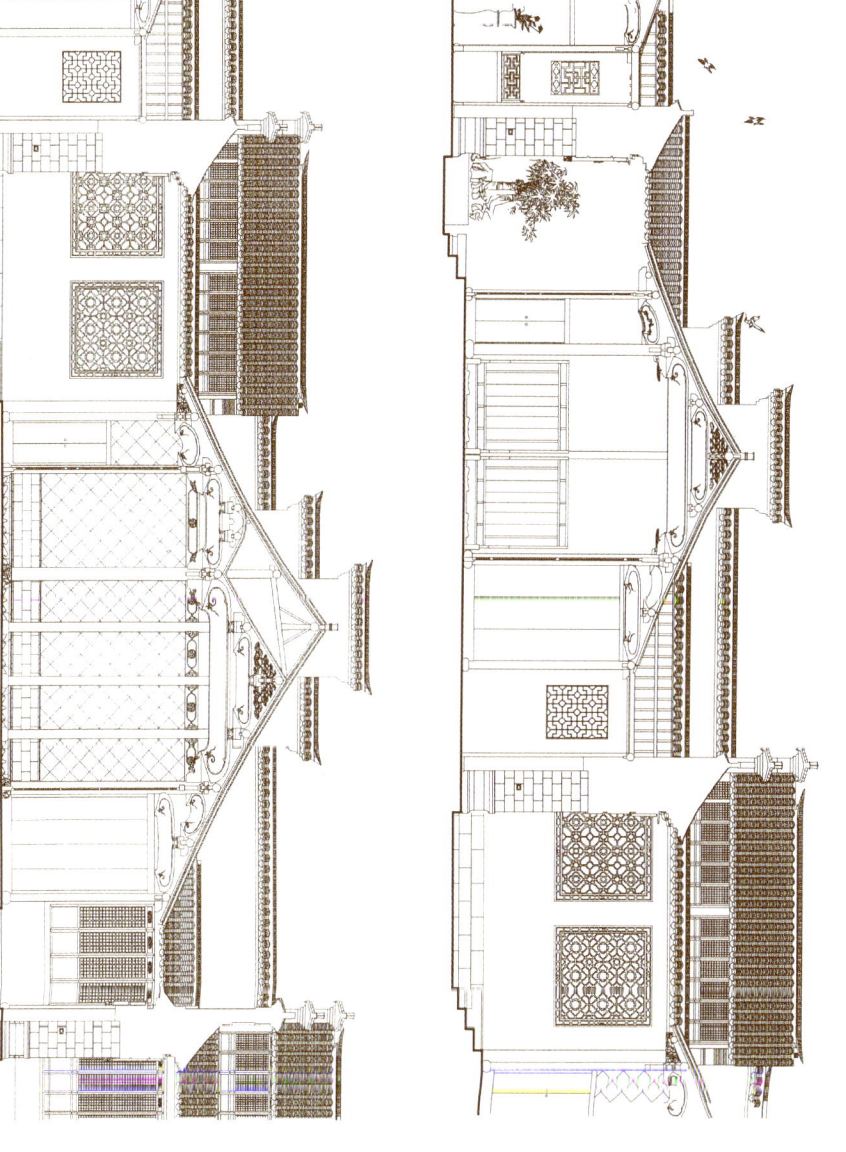

* 编者按：浮雕年久已损，不能辨认。下同。

敬修堂是苏州地区大型民居住宅的代表性建筑之一，其建成年代明确，建筑特点鲜明，具有极高的观赏、研究价值，综观其全貌，大致有以下几个特点：

(1) 建筑规模宏大，布局合理，是苏南地区清代早期民居群体建筑的优秀代表。

敬修堂、魏峨宏敞，气势轩昂。整幢建筑可分门厅、中厅、大厅、楼厅，后际居五进，规模宏大。占地面积达1820多平方米，西端进深六界7.2米，东端进深四界4.7米，平面呈梯形。

楼厅后有附房八间，面阔26.95米，西端进深六界7.2米，东端进深四界4.7米，平面呈梯形。

楼厅前有砖雕门一座，墙门朝外为挂壁形式。上设皮条脊，一坡小瓦屋面。滴水檐口。上枋光素无纹，枋两侧各置一斗。下悬荷花柱，荷花柱下端雕出仰覆莲瓣。字牌内镂楷书曰"功崇业广"额文。两兜肚内浮雕花卉图案。下枋浮雕"二龙捧寿"图案。墙门朝内为砖雕牌科形式。滴水檐下设一斗三升仿木砖雕牌科。上枋与两兜肚内浮雕人物戏文故事图案。字牌内镂"美哉轮奂"、"乾隆壬申"额文与年款。下枋深雕"麒麟图"。两侧荷花柱下端雕出怒放的莲花。楼厅前莲院内设以花坛，植有腊梅、牡丹、芍药等花木。

楼厅前有砖雕门一座，室内地坪高于楼厅1.44米。

宅院正落主体建筑东侧院落内设有附房三进六间，并有古井一座。

梁架圆作，穿斗分心造。室内地坪高于楼厅1.44米。

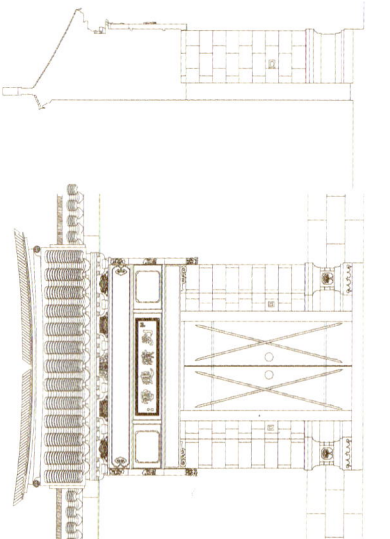

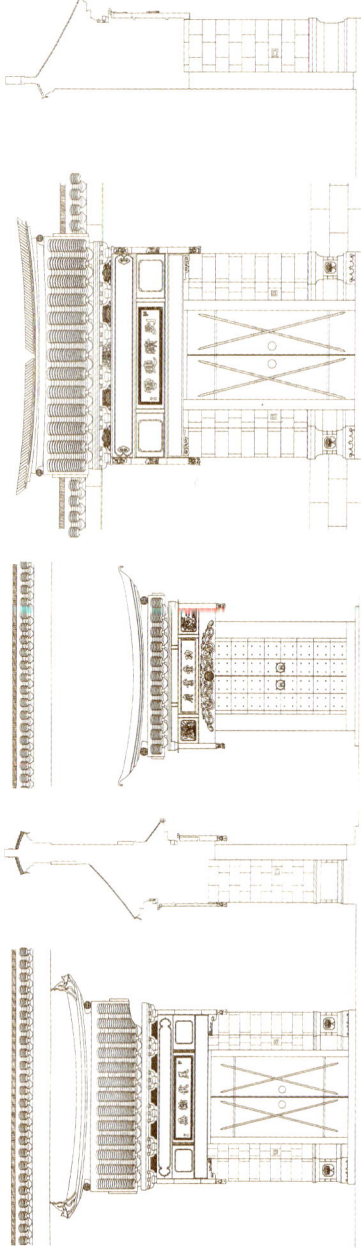

门楼与墙围隔成院落，形成相对独立的单元空间。这种多进住宅建筑以大厅后的门楼作为内外宅的界线。大厅是外宅的中心，楼厅是内宅的中心。前者为重大礼仪和接待宾客之场所，后者为宅主人生活起居之地。功能分明，布局合理。

（2）建筑的构思营造上蕴含着"天人合一"的理念。盛瞻建筑形式是一种实用的时空艺术的结合体。

住宅建筑形式是宅主人主观意识的反映。敬修堂外围院墙高筑，是一种封闭型空间结构，反映了宅主人的内向和防御的心理要求。在这种全封闭的空间中。为了满足人的自身要求，宅主人在多进厅堂之间设置了庭院和天井。庭院、天井的表面功能是通风、采光、排水。其深层次的功能则是引向自然结合的理念。庭院、天井把居住者的视线引向苍穹，天、地、人三者在视觉思维上成一直线，产生"天人共往"的感觉。居居形式的构造上，宅主人努力把它塑造成理想的文化空间。宅主人既在庭院、天井又寻找到人和天的通融之处。

在庭院、天井内的单元空间，塞口墙置以漏窗，设有砖雕门楼，院内置石坛、石桌及花坛，整个庭院既有丰富的文化内涵，又充满了自然情趣。这种设计集中体现了天人与自然相融合的思想。

（3）建筑装饰将木雕、砖雕、石雕糅于一炉，具有极高的艺术价值，是清代建筑装饰之杰作。

古代建筑的雕刻图案是传统文化的积淀。敬修堂不仅规模宏大，装饰也十分讲究，全堂集砖木、石雕于一体，是了解清代苏南民间雕刻艺术在殿堂。

敬修堂从大门到厅堂，从门楼到庭院，从柱础到檐石，从墙垣到照壁，在屋脊、梁枋、桅木、挑檐、门窗、绦板、窗栏等众多的建筑构件上，都施以各式各样的雕刻图案，精彩纷呈。所雕刻图案从装饰题材看，有山水、人物、花草虫鱼、珍禽瑞兽、欢快跳跃的奔鹿、回首跳跃的麒麟、双翼展翅的蝙蝠、纹样纷繁的冰裂纹、二龙戏珠等、纹饰的内容丰富多样，人物戏文故事寓意深刻，透露出浓郁的民俗文化情调，具有主题鲜明、仙鹤祥云、八层、层层深入，所雕人物气韵生动。从雕刻技法看，有浮雕、圆雕、镂雕、线刻等多种手法，尤其值得指出的是该堂的砖雕图案，卓越的匠师在厚度不过一寸多的砖面上雕刻出壮观的山水、人物故事、楼阁流畅，刀法圆润，有极强的立体感。充分显示出民间艺人高超的雕刻工艺水平。

综上所述，该堂应属江南地区清代乾隆时期具有代表性的民居群体建筑，也是苏南地区建筑装饰艺术的优秀代表，对研究我国民居建筑史、民俗文化均有极高的价值。

瞻瑞堂

瞻瑞堂，位于苏州市太湖国家旅游度假区金庭镇明湾村。该堂始建于清乾隆十二年（1747年）。宅院的东、南、北均以院墙相雨，西侧与偏耕堂紧邻，成为一处封闭式院落。2009年7月，该堂被公布为苏州市市级文物保护单位。

该堂坐北面南，原有东、中、西三路建筑，现存中路与东路。中路有楼厅、住楼、门屋，东小楼及前后附房。两路单体建筑间有备弄贯通。门第南向，临街而开。大门沟面有八字照墙，一坡细青砖而顶；皮条脊；木门框，门框两侧砖口，砖下檐下为细砖门楣，侧面浮雕仙鹤图案，飞砖承檐。坤石质坤石，坤石正面浮雕牡丹花，含富贵长寿之意。

入门第为门屋，门屋设在东小楼底楼两间。门屋面阔一间3.8米，进深四界3.7米。入门屋两折设有石库门。入库门为中路门的前庭院。庭院东壁设砖雕牌科墙门一座。墙下一坡小瓦屋面，檐下置仿木细砖飞椽、下设一斗三升牌科，垫板雕出"寿"字。上枋两侧分别以减地法浮雕起变体夔龙纹。上枋中部深浮雕人物故事图案。两旁中部深浮雕人物故事图案。字牌以回纹阳文楷书"蘭蕙流芳"四字款，并刻年款及书者姓名。"乾隆岁次丁卯穀旦，虞山蒋溥"。下枋两端浅浮雕如意头及缠枝纹。中部锦袱内深浮雕人物图案。两侧雕板枋楼雕出垂柱，下部雕如意形，垂莲柱下端雕仰覆莲。墙门下部设须弥座云勒脚，正面浮雕灵芝，侧面浮雕缠枝花。

楼厅二坡硬山造。面阔三司11.5米，进深九檩10.95米。为楼下轩楼厅形式。楼厅底楼前设重轩，廊轩设弓形椽，轩梁梁垫，内轩船篷顶。轩梁扁作，梁底设梁垫。蜂头楼刻菊花图案。轩梁背设双斗承栿，双斗之间置荷包梁。底楼四界雕牡丹花。月梁形，梁底设梁垫。蜂头楼雕牡丹花。明、次间轩步柱间设落地格子长窗16扇。长窗裙板雕团龙卷草、中夹楼浮雕"蛟龙出水、夔龙穿云、鸳鸯登梅、凤穿牡丹、松鹤、鸟鹊荟萃、飞鸟灵芝"等图案。厅内承重扁作月梁形。梁底浮雕金钱灵芝纹。前后步柱下雕牡丹花。梁底端面浮雕金钱灵芝纹。

崇本堂

崇本堂，位于苏州市太湖国家旅游度假区金庭镇飘缈村西蔡里。该堂始建于清乾隆三十五年（1770年）。原规模宏大，有东、中、西三路事体建筑及小花园。现尚存东路门厅、前后主楼及一路后住楼。

门第东向，沿街而设，门脸为青石翻轩形式，上做发戗条脊，设细青砖，檐下设砖细门簪、蓑衣顶门柱、青石门槛，内设直排大门两扇。

门屋为两层楼，面阔一间，四坡歇山面做法，屋面两坡硬山脊，正脊两端稍有升起，内四界做扁作梁圆作抬梁式，三界梁方木承重圆木童月梁，三界梁背有双童柱承月梁。架上双枋，枋上铺方砖。前后轩均为一枝香有形式，轩梁扁作，轩枋作内三界与前轩分别以屏门隔断。二楼梁架圆作抬梁式，饶以屏风铺设样网楼。门屋的形式与前轩做法有特点，各挑南北通前后书房。

前住楼，二坡硬山造，山面施搏风，面阔四间，进深五界。底楼方木承重圆木承重，三界梁圆作抬梁式，三界梁背有设双童柱承月梁。架上双枋，枋上铺长条砖。中路后檐做法，正贴扁作，边贴穿斗式，为客长的天井。二楼梁架圆作，构架简洁朴素。

东小楼面阔两间，进深四界。
东路后楼亦为面阔两间，进深四界。

底楼明，次间前后两进，均为平房，较简陋。
东路建筑，宅主人是明末抗金名将吴璘的次子，迁山始祖吴挺，是南宋嘉泰三年间（1201—1204年）为避祸从四川迁至朱家湾，并改名吴戚，字愠和，东后，明月湾吴氏明月湾。

该堂清乾隆时期建筑的绝对年代，是一处清乾隆时期民居建筑的优秀实例，也是研究吴氏家族史的珍贵的实物资料。

设青石压鼓覆盆形青石础，下垫覆盆形青石础，室内方砖铺地，明间后设穿堂两侧为小天井。东西次间后檐下设格子和合窗与楼厅二楼构架为内四步柱之间设落地屏门隔断，室内方砖铺地，明间后设穿堂两侧为小天井。

正贴抬梁式，边贴穿斗式。明，次间前檐下均设格子长窗，次间之间做细砖隔断，明，次间后檐下做细砖隔断，两次间后檐下设格子长窗，下置裙板。东次间东壁开门可通东路小楼。

后住楼面阔五间带两厢17.3米，进深10米。东西厢楼面阔两间，进深四界，底楼明，次间前檐下设格子长窗，底楼方木承重，明，次间前檐下做细砖摘枋做法。两厢底楼前檐做雀宿檐，槛窗前做细砖做法。上夹楼浮雕丝绦腾胜与螭龙花。中夹檐犀"卷图案。上夹楼浮雕竺绦腾胜与螭龙花出水"穿图案。中间设落地格子长窗14扇，喜鹊登梅，猕猴摘桃，蛟龙木摘枋上承木板。

柱间设落地格子长窗14扇，喜鹊登梅，猕猴摘桃，蛟龙出水穿图案。上夹楼浮雕竺绦腾胜与螭龙枝花。明间次间与两厢前檐下均作拾梁式，槛窗前设细砖隔扇。

底楼明，次间前与两厢前轩后轩形成天井，前轩为拾梁式，圆作拾梁，内四界正贴圆作拾梁式，边贴穿斗。厢房一，圆作。雀口墙高耸，筑脊，设雕毛脊，滴水檐下做雀口墙下部正中设砖细雕牌科墙门一座，作挑枋。雀口墙下部正中设砖细雕牌科仿木飞楼门一枝屋面脑鸡脊。普滴水檐砖细牌科及八字牌楼。设一斗三升隔卷，上防，左右两兜肚及八字牌案。墙门设砖砌人字门楼，花岗石门柱内置直排以灰砂为茶。下部花岗石质满天石浮雕竺腾图点。门柱两侧铺设样网楼，门屋两侧为南北通前后书房，备挑南北通前后书房。

门两扇。

底楼明，次间前后与两厢之间形成天井，天井前廊小楼面阔两间，进深四界。

清俭堂

清俭堂，位于苏州市吴中区东山镇三山岛桥头。建于清乾隆四十三年（1778年），是三山村黄氏祖传宅第，现为黄氏后裔所有。

三山黄氏原籍浙江湖州长兴。早年，黄氏在长兴润安曾建有名为"清俭堂"的古宅，后毁于战火。黄氏后裔黄发祥在湖州经商发达后，为寻求偏安之地复建祖宅，遂于清乾隆四十三年在三山岛上建造了这座清俭堂。

该堂坐北面南，规模宏大，建筑面积达1 048平方米。单体建筑可分东、中、西三路：西路有门屋、大厅、住屋；中路有花厅、住屋、住楼；东路有前后住屋、后楼。同有备弄相通，各进单体建筑之间有庭院或天井相隔，形成独立的建筑单元。

门屋，二坡硬山造。面阔一间，进深四界。内三界后轩作拾梁式，船篷顶。后轩施弓形檐。上设草架。后设天置落地屏六扇。门屋对面有形式体量与门屋相同的祖屋，祖屋实为存放祖先灵位之所，俗称"家堂"。门屋与祖屋之间为前庭院。院墙顶脊、施滴水檐、檐下做水作戗脊。院墙中部有砖雕牌科门楼一座，门楼正面为门罩式墙门形式，二坡小瓦屋面，滴水檐，三飞细砖纹头脊，一坡小瓦屋面。名岗石门框内置方形飞砖斗三升雕牌科。上枋所雕的人物故事图案已损毁。字牌与兜肚以回纹框边，借图案字铭，字牌内仅见"戊戌春月"年款字铭。下枋浮雕荷花图案。庭院后为大厅。

大厅，二坡硬山造，面阔三间，为内四界前重轩后双步形式。内四界大梁编作拾梁式，前步柱与后步柱后设青石质挂落，前后廊。步柱及中柱下均置圆覆青石柱础。院之东西两廊为一坡屋面，下砌半墙。二楼为内四界后郎双步形式，斗造。内屋顶层望板。明、次间前檐下设槛窗，下置木裙板。槛窗前做细砖盘台。明间后墙开有青石槛置梅木窗。

住楼前为庭院，塞口墙中部设砖雕墙门一座。一坡小瓦屋面，一坡小青瓦屋面，脊下两端砖雕"寿"字纹。墙门背面上做皮条脊，脊下两端砖雕细仿木飞椽，下设仿木砖细斗三升牌科，垫拱板浮雕夔龙纹。上枋浮雕回纹，枋下设砖细挂落。兜肚内分别浮雕"荷花水波"、"牡丹山石"图案。字牌以回纹框边，内额文"乾隆辛卯孟夏"，"口东严其焜书"年款与书写者姓名，锦纹浮雕图案已毁坏。八字门檐，下部做须弥座勒脚。

住楼正面为皮条脊，脊下青砖细仿木飞椽，滴水檐。上枋仿木砖细回纹，枋下设细砖挂落。兜肚内浮雕"荷花水波"图案。字牌额文次庚黄中秋"，两侧荷花柱下悬方形小花篮。下枋光素无纹。花岗石柱内设圆雕门两厢。

东路后住楼的体量和形制与中路后住楼基本相同。

崇俭堂应属清乾隆时期的大型群体民居建筑，是第三次全国文物普查的重要新发现。其规模宏大，建成年代明确。该堂的门窗做法极具特点，保留至今的四坡歇山落翼形式的民居建筑在苏南地区已极为罕见。该堂的存在，为研究清代民居建筑的形制与特点提供了极为珍贵的实物资料。具有较高的文物价值。

囤鼓形柱础，顶设斗，上承大梁。大梁后部置斗，上承金机，山界梁背设一斗三升牌科，上承脊檩。牌科两侧刻仙鹤祥云雾云，拱端背做月梁川，住楼明间前与两厢前檐同为天井，天井后面砌塞口墙，塞口墙正中开库门，大厅明间后为小住楼。

大厅两次间后各设有穿堂，两穿堂后各开床一侧置槛窗，槛窗后为鳖眼天井。

内轩鹤顶。双斗之间设荷包梁。轩梁侧面刻牡丹花纹。轩梁底面浮雕蝙蝠云头纹。梁底置梁垫，蜂头镂雕石榴图案。

廊轩为一枝香轩鹤颈椽，轩梁扁作，轩梁背置一斗，上承草架，轩梁竹叶、灵芝纹机，方作桁，轩梁侧面雕如意云头纹。轩梁底面雕蝙蝠纹图案。

廊柱下设囤鼓形柱础，顶置坐斗，上承檐檩。明，次间檐檩下均施回纹挂落。次间廊柱间设木栏杆，次间轩步柱之间装格子落地长窗16扇，长窗下部结板浮雕山水、庭院、亭台楼阁图案，图案精美，线条流畅。

间后步柱之间以屏门隔断，地铺直纹方砖。住楼二层楼为内四界前后双步梁形式，内四界圆作拾梁式，边廷条，一坡小瓦屋面。明间与两厢同为天井。天井前塞口墙高企，住楼明间前设滴水檐。

花厅，取名"漱泉书屋"，因宅院四周有山间相绕，故名。花厅为二坡硬山造，两山顶设有五山屏风式封火墙，面阔三间带两厢，梁底面浮雕葵花，回纹，梁底置斗，三条步梁形式。大梁下设梁垫，蜂头镂雕花卉图案。大梁后端脊檩两旁施蝙蝠云头纹双凤祥云雾云，山界梁两侧刻司灵芝纹。边贴坐斗上承檐檩，梁川连接各柱，扁作月梁川花卉图案。

廊轩一枝香轩施鹤颈椽，轩梁扁作，两侧刻阳花，方作轩桁，斗二两旁设灵芝纹抱梁云，轩侧面刻双乳，轩梁背置一斗，上承司纹机，置囤鼓形青石柱础，底承柱下设回纹挂落。明，次间之间檐檩下设回纹挂落。

住楼，面阔三间，带左右两厢楼，底层承重方木，方木搁栅上承楼板。明，次间之间以单壁砖墙隔断，次间檐已毁。底层檐重方木，方木搁栅上承楼板。明，次间之间以单壁砖墙隔断，次间之间发六字栏杆。

内轩施鹤颈椽，轩梁扁作，轩梁底设梁垫，其蜂头分别镂雕杨梅、柿子等花果图案。轩梁侧面刻兰花，梁底面雕回纹。轩梁背设花又斗，两斗间置荷包梁。

东厢房面阔两间，构架为圆作抬梁式，船篷顶，前檐出檐较深，施飞椽，前檐檐檩下原应有落地长窗。西厢面阔两间，进深四界，三界前轩形式。内三界圆作抬梁式，船篷顶，前轩弓形椽，檐檩下设挂落，形成轩廊。花厅与两厢铺地都用方砖。

花厅前后均有庭院：前庭院较宽敞，院墙筑脊，施滴水檐，檐下做水作抛枋；后院较窄小。花厅后有住屋及住楼。

住屋，面阔三间，进深七檩，内四界前廊形式。构架为圆作穿斗式。明、次间以木板隔断形成房间。明、次间前檐下设槛窗，下为裙板。次间步柱之间设直棂形木槛窗，下为裙板，室内地铺长条形砖。住屋前为天井，天井内植贯杨一株。

住楼，面阔三间，底楼方木承重，方木搁栅上承楼板。明间原有的落地长窗已损，后步柱间以木板隔断，明、次间之间以砖墙隔断形成东次间前廊形式。明、次间前设格子槛窗，下置矮墙。二楼为内四界前廊形式，固作穿斗式。明间与两厢前檐下均设槛窗，下为木羊板。

东路有门第、云住楼。门第，做水作门楼形式，顶部已塌，屋面、做水作门楼形式，以水作方式做出上下枋、青石门槛、砖砌门框。人门为庭院，院为青砖侧砌地坪。

前后住屋及住楼的天井内植有百年桂花一株，古朴而雅致。

前后住屋、住楼基本相同。前后主屋的体量、形式，结构分别与中路住屋、住楼相同。

清俭堂是吴中地区的代表性古建筑之一。其规模宏大，布局有序，地方特色鲜明。三路建筑各分前后院落，主次轴线建筑相互依靠，空间建筑合理。花厅漱泉书屋，抬梁结体、重轩做法，营建精良。室内铺砖，木雕装饰题材广泛，雕刻技法精湛，具有较高的艺术价值。该堂亦是一处清乾隆时期大型群体民居建筑的优秀实例。

师俭堂

师俭堂，位于苏州市吴中区东山镇三山岛山东。建于清嘉庆六年（1801年），创建人潘尔丰。2009年7月，该堂被公布为苏州市市级文物保护单位。

三山潘氏原籍浙江湖州，是当地有名的大族，约清乾隆年间迁至三山岛。该堂的创建人潘尔丰，原在湖州开米行，后把米行业务拓展到了现上海的嘉定、真如与松江一带，由于经营有方，生意十分兴隆。乾隆五十九年（1794年），当地发生饥荒，潘尔丰从难民涌入城镇，并捐出大米300担，赈济了灾情发展，并受到了宝山县县尚的表彰。现堂内尚

保存着一块乾隆乙卯（1795年）宝山县事唐作栋为潘尔丰立的"谊敦周急"匾。匾为长方形，长163.5厘米，宽56厘米，厚3.0厘米，钱杏木质。匾中部镌刻横行楷书"谊敦周急"四字额文，右侧竖行镌刻横行楷书"特授江苏武进县知县署宝山县事唐作栋为"首款文一行；左侧刻竖行楷书"捐粥善士潘尔丰立"落款文一行，乾隆岁次乙卯清和月谷旦"落款两竖行。木匾中部上方刻官印一方。

师俭堂，取汉代萧何名言"于孙贤，师吾俭；不贤，勿与人争，两字为堂名。堂坐西面东，倚山临湖而建，是一座四周围以高墙的封闭式约大型民居建筑。其单体建筑有南北两路：北房有花厅、附房等有门屋、祖屋、大厅、楼厅。同以备弄相通，同路有围门和寒口墙相隔，形成独立的建筑单元。

门第，南向，皮条脊，一坡八瓦屋面，滴水檐，三飞细砖承檐口。上枋两端雕出回纹，其两兜肚，字牌，下枋均光素无纹。门框为青直栱大门两扇，青石门槛前设有石合阶四级。

门屋，面阔一间，进深三界。架梁为圆作抬梁，卷篷顶，前檐出檐较深，施飞椽，檐下为云头挑梁做法，檐柱下置青石圆鼓形柱础，檐柱间设挂落长窗四网，进门屋折西两侧设三大小相同的祖屋一间，原屋内供奉妇先牌位。

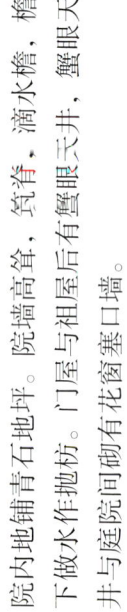

院内地铺青石地坪。院墙高耸。筑脊。滴水檐。檐下做水作抛枋。门屋与祖屋间砌有花窗塞口墙。蟹眼天井与庭院间砌有花窗塞口墙。

大厅，面东。二坡硬山造。面阔三间，进深九檩。山墙顶设五山屏风式封火墙。前檐出檐较深，施飞椽。檐下蒲鞋头云头挑梓梁做法。云头做法极精细。其两间面雕出龙头吞云图案。下端面刻有如意穿金钱纹饰。廊两端壁面开有砖细门景。门框满嵌清水细砖。上部门框做工精细。门框上部以回纹花卉纹框边出云头纹。内分别镌刻行书"青山"、"临水"额文，点出了该堂所处的地理环境。

内轩船篷顶。轩梁圆作抬梁式。轩梁底设梁垫。蜂头雕牡丹图案。轩、步柱间设落地格子长窗22扇。长窗下部裙板刻博古图案。上夹樘雕出蝠云头纹。中夹樘雕有梅花、荷花、菊花、牡丹等花卉图案。下夹樘下设圆鼓形青石础。顶设斗圆作抬梁式。前后步柱下设圆鼓形青石础。顶设斗形承大梁。大梁底设梁垫。蜂头镂刻牡丹花。明间脊檩施彩绘。边贴步柱设穿斗式。山尖设山墙板。明间后步柱间设落地屏门为隔断。明间后步柱上部悬挂木质扁额一块，上有行书"师俭堂"堂名，并刻有"尔翕学长先生鉴"、"闵桂之印"、"燕苓"款下刻出篆书方印两方，分别为"闵桂之印"、"燕苓"。明间后设穿堂。两侧有蟹眼天井，穿堂与穿堂间以砖砌花墙相隔。穿堂后开有库门。门框满贴清水细砖。内设直拼门槛窗。次间后开有库门，下置座槛。两次间后檐下设格子槛窗，下置矮墙。檐裙窗板雕回纹图案，上夹樘刻花卉纹。两次间后廊。廊檐下设短廊。短廊前即蟹眼天井。檐廊尽端各设东向短廊。轩梁底设梁垫。

轩廊施弓形椽。下设梁垫。蜂头雕四季花果图案。次间廊柱之间设木栏杆。檐檩下置挂落。廊柱下设青石圆鼓形柱础。

楼厅，面阔三间，带两厢楼，底楼前步柱通顶，二楼廊柱退半界，立于底楼前步柱之上，为骑廊形式。底楼廊柱下设鼓形柱础，廊顶木置斗前直接承檐檩。明间与底楼前檐山檐较深，施飞楼，方木承重方木桷成坊间。明间后步柱间以屏门隔断，前后步柱中柱下设圆鼓形青石柱础。次间之间上设檐窗。下置木裙板，使底楼前步形成廊。次间与廊之间以木板隔断。明间后步柱间以木板隔断。明间与廊内地铺方砖，次间与廊内地铺成鹧。相隔处以木板隔断。明间与廊内地铺方砖，次间与廊内地铺成鹧。

柱退后。构架圆作穿斗式。明间前廊前柱上部与檐处以木板隔断，明间之间以木板隔断。次间之间以木板隔断。下置砖墙，窗合外沿绕檐下设槛窗，下置砖墙，檐前设砖细窗台。窗合外沿绕檐下设槛窗，下置砖墙，檐前设砖细窗台。明间前设端面镂色窟窿，两侧面有一组图案之间分别以深浮雕手法镌刻两组人物故事图案。其一组图案为：一老者坐于亭内书案前，外望庭院水池边的童儿手持视合仰望主人，仿佛在禀告主人池内的鱼儿任在砚台墨水。人物图案有"洗砚鱼吞墨"之寓意；另一兜肚图案为：一中年男子手执蒲扇，拾头观望庭院内之景物，庭院内合荫之深浮雕手法。两兜肚内分别以深浮雕手法镌刻两组人物故事图案。其一组图案为：招来一只仙鹤，图案有"烹茶鹤避烟"之寓意。字体书艺，篆花框边，内镌"辛酉春月，蔡元定款"字样书艺，篆花框边，内镌"识思其居"四字行书铭。其侧落有"辛酉春月，蔡元定款"字样。砖坊为素面。中间箍袱内雕有人物故事图案，细砖门框青石槛，内设苴拼门两扇。

花厅，取名"凝香书屋"。面阔三间，进深九檩，为内四界前轩后双步形式。前轩做一枝香鹤颈轩。上设草架。轩梁扁作，轩梁侧面刻折枝花卉纹，轩梁背设单斗承栿，斗两端云头抱梁云纹。轩两侧墙面开有砖细门框，门框上部设砖细额

内分别镌"兰言"、"玉质"额文。

楼厅。面阔三间，带两厢楼，底楼前步柱通顶，二楼廊柱退半界，侧厢楼柱下设鼓形石柱础，施飞楼，廊顶木置斗前直接承檐檩。明间与厢前檐山檐较深，方木承重方木桷，明间与厢楼接深。明间后步柱间以屏门隔断，前后步柱中柱下设圆鼓形青石柱础，次间之间上设槛窗。下置木裙板。厅内为青砖铺地。

花厅前后分别设有小花园，前园院墙筑檐脊，施小瓦瓦头，滴水檐，檐下做砖细抛坊，花厅南侧有三间，构架为圆四间两厢，较简朴，正贴扎梁式，边贴扎斗式。居面盖小瓦。

师俭堂是一座清嘉庆时期的群体民居建筑，其建成年代明确，流传有序，保存完好，嘉庆是清代从鼎盛世走向衰亡的过渡时期，这对建筑史的研究具有一定的意义。堂内两块木匾所记述的信息量较大，具有较高的历史价值。其砖、木雕装饰、图案瑰丽，形象生动，含义深刻，艺术价值高，该堂应属苏南地区清中期群体民居建筑中的优秀代表。

爱日堂

爱日堂，坐落在苏州市太湖国家旅游度假区金庭镇西蔡里。为蔡氏始祖蔡源的二十一世孙蔡光渭于乾隆三十年（1765年）同所建造，取《幼学》的"冬日之可爱，夏日之可畏"句中"爱日"为堂名。

爱日堂建成时规模十分宏大，有门间、东轿厅、西轿厅、大厅、楼厅、新楼、上书房、下书房、西湖沿、小花园等建筑，是一处大型群体民居建筑。爱日堂的门屋原有匾额书"紫元"两字，左右柱联为"风历春光溥，龙腾世泽长"。原大厅内有匾三块：正中匾额书"安敦协吉"四字；左匾题"垂后裕昆"；右匾为二十四世传伦夫人九十寿诞时，大总统黎元洪赠题的"福备期颐"四字额；厅内左右抱柱联为"家有龙章传上寿，筵分麟脯作常

珍"。惜已毁，现仅存下书房、小花园、楼厅及住楼。其中，下书房与花园于1986年被公布为县市级文物保护单位。

书房，题名"晚香书屋"。面阔三间9.4米，进深8.8米。单檐硬山造，室内五架梁前后轩，均施复水弯椽。上置草架，内四界前后立金柱。梁架

书房后是花园，园阔13.4米，进深11.5米，面积约150平方米。园内堆有假山，设有水池，筑有亭子，植以花木。假山盘曲，中有洞，可盘旋而上。亭子为半亭，原有亭额，名曰"邀月"。在假山之上倚西墙而立，有迤然欲举之势。亭南有水池，池径1.1米。假山四周植有桂花、紫薇、山茶、腊梅、天竺、竹子等花木。桂花树径40多厘米，为百年老桂。山茶两本，均开十八色重瓣花，有"十八学士"之美称，树形美观，花色艳丽。每逢深秋时节满园芬芳。

花园东侧有花廊，与书房之通道，在迤经花园之处砌筑原是大厅通往下书房的通道，亦为副檐做法，齐膝高的细花半墙，可凭栏观赏园内花木。

楼厅，章敬明亮，面阔五间带两厢，进深八界。楼厅底楼前设副檐，与东西厢前轩相通，形成回廊。楼厅面阔四间，进深四界，亦为副檐做法。月粱二楼构架为内四界前后双步形式。斗式。月粱硕大，前后轩后双步形式。内四界圆作穿斗架远望太湖，湖面景色尽收眼底。

楼厅前与两厢之间为庭院，墙门一坡，墙门两边之间设行细砖砌墙门一座。塞口墙高耸，正对明间设行细砖砌墙门一座。

水檐，檐下设双层飞椽。下施一斗三升棹栔，拱垫板楼出"寿"字纹。上枋浮雕凤凰，祥云，蝙蝠纹。有"凤朝阳"之寓意，两兜肚内深浮雕"和合二仙"图案，字牌以回纹框边，内镂阳文繁体"致祥"额文，并刻落"乾隆乙酉秋八上浣"，一印文为"玉海光斗"。下枋两端浮雕回纹，锦秋门楼内设直拼木门两扇。八字门楼，下为青石勒脚，雕刻精美。

住楼，二层硬山造，面阔三间，进深8.6米，前檐楼出副檐弓形榻，轩式圆作。方木搁栅，出檐较深。底楼四界承重扁作，正贴圆作，上承楼板。二楼构架为内四界前后单步，抬梁式，边贴穿斗式。住楼前为庭院，院内抱铺青石板，植天竹一枝。

爱日堂是一处清乾隆时期的群体三居建筑，布局有序，营造规整，建成年代明确，尚存的砖雕墙门与花园精美雅致，极具文化品位。楼厅前的砖雕墙门体量极大，雕工精细，图案内容具有一定寓意。爱日堂以其深厚的历史文化含量，向进入照示其久远的沧桑美及辉煌。

春熙堂

春熙堂，在苏州市太湖国家旅游度假区金庭镇东蔡村，为洞庭西山望族蔡氏后裔所建。1986年，该堂的花厅被公布为县市级文物保护单位。

蔡氏早年经商湖南，建造该堂是为祈求合家和乐、财运亨通，故取《老子》"众人熙熙，如享太牢，如春登台"之句中"春、熙"两字作为自己的堂名。堂创建于清乾隆年间，以后时有增建，规模最大时有三路建筑，除门厅、二厅、女厅、书房之外，还有七幢住楼，以及位于书房之南的花园一座。花园内有四面厅、九曲桥、八角亭等。营建工程直至太平天国运动后才停止。目前，该堂仅存西路花厅、西楼厅、中路楼厅，以及东路的住屋、住楼。

花厅题名为"缀锦书屋"，取"运生花妙笔，联辞缀句而成锦绣文章"之意。花厅建造于道光二十五年（1845年）。面阔三间9.4米，进深9.15米，平面略呈方形。前金柱一线安装屏门，挂落，将花厅分隔成南和北两部分：南部为四架卷篷轩；北边采用花篮厅形式。梁架重重施于悬空的花篮之上。中间的五架梁及北部的轩均使用鹤颈复水椽，上施草架。室内顶部底三轩连缀形式，极富曲线美。梁枋上均施华美的雕饰，纹样有蝙蝠、寿桃、石榴、如意、灵芝、菊花、凤穿牡丹等。雀替用材较大，镂空度极高，多为如意绶带状。

大梁下置吊灯铜环，四周则雕流云盘肠纹。方形花篮雕出万年青，宝盆形的脊童柱巧夺天工，为别处所罕见。

在花厅左右侧门额分别刻"金和"、"玉润"额文。寓汉王逸约《离骚序》中"金相玉质，百世无匹，名垂罔极，永不刊"之意。

花厅前有花园，面积为70平方米。园中堆以黄石假山，栽有黄杨、天竹、腊梅、枇杷等花木，地所铺以方形岩石块。园前前院墙砌出透空花窗，极具装饰性。

花厅后花园面积近100平方米，四周筑有高章的院墙，墙上攀援着爬山虎，绿意浓浓。花园虽小，却有三绝。其一为白皮松，园内植白皮松两棵，其中一棵主干围径2.1米，高近30米，雪松翠叶，生机勃勃，实属罕见。其二为百年牡丹，园中开时繁艳妖妍，满园生辉。其三为湖石假山，花篮起三峰，中间一峰形若驼背老翁，人称"老人峰"；左右两峰，一大一小，分别取名"大师"、"少

师"。大师峰高3.4米，少师峰高2米。大师峰属精品，可与留园的冠云峰、织造府的瑞云媲美，未时朱勔搜罗多天下奇花异石，到西山采办，"花石纲"，发现了达块奇石，开凿出后没运来得及运走，他便倒台了。后来被蔡氏买得，园内还植有紫薇、芭蕉、天竹、棕榈等，错落有致，情趣盎然。

西楼厅位于花厅后面，面阔三间，为楼下副檐轩做法。廊轩下梁端作，背设双斗上云轩柿，双斗间设荷包梁。底楼月梁承重方木撕栅，上承楼板。次间之间以木板隔断，次间厅成房间，东西次间前檐柱之间设婴式木栏杆，步柱之间下部置槅扇。上设槛窗，东西次间廊轩形成走马廊形式。天井西侧筑有厢轩，与明间廊高窗，墙下部设设牌科墙门一座。墙门设皮条芩特，一坡屋面，滴水檐，檐下设斗三升仿木砖细牌科。上下坊两端均浮雕如意悬方形花篮。上设槛下回纹槛边，字牌内铭文已毁。二楼构层为内四界前后双步形式。

中路楼厅，面阔三间11.3米，迂深10.29米。形制与丙楼厅基本相同，亦为马头墙形式。廊轩所雕图案比西楼厅墙门精细，墙门一复屋面，滴水檐。两侧荷花柱下悬柿子形花篮，上坊两端浮雕如意头。中部浮雕灵芝，暗八仙图案。上坊下镂雕回纹挂落。西兜肚分别浮雕"菅莆登梅"与梅竹楷书"职思其居"。四字额文。下坊回纹挂边，内镂雕文楷书"职思其居"。四兜肚分别细，仙鹤、祥云纹，有"双喜捧寿"之寓意。锦枝内雕蝙蝠，仙鹤，祥云纹，有"双喜捧寿"之寓意。

芥舟园

芥舟园,坐落在苏州市太湖国家旅游度假区金庭镇秦家堡。1986年,该园被公布为县市级文物保护单位。

芥舟园,亦称"秦家花园",是秦氏宅第的一部分。它始建于清嘉庆年间,园门上方砖雕额枋内有无锡顾光旭书的"芥舟"题额,花园面积不大,占地约两分,但小巧精致,故有"芥舟"之称。花园南端堆有黄石假山,堆叠得盘曲错漏,奇峰呈洞巧布于数尺之间。假山四周配植有天竹、枇杷、万年青、罗汉松等花木。其中,罗汉松一株英姿挺拔,树干直径超过70厘米,为数百年之物。花园之东,埋有小缸,缸口复以怪石,做成一泓小池,池虽小,却与假山相映成趣。花园西侧内有石垒琴桌一方,桌前立灵芝状太湖石一块,石上镌有"洞庭波静泛秋水,楚甸林稀见远山"之句,并落有"丙戌夏日书"年款。凭桌抚琴,对石而歌,恰然而乐。

花园之北,有书房三间,名曰"微云小筑"。屋内书房单檐硬山造,面阔9.05米,进深8.2米,金柱做法,为花篮厅形式。后金柱一线用屏门16扇做成隔断。将书房隔成前明后暗的两部分,前屋檐出檐较深,前屋檐柱间做挑斗插芽插梢挑起檐栋。檐口顶部做出轩,施复水弯椽,做工讲究。前檐柱间有落地长窗16扇。裙板上浮雕山水纹饰,远山近水,各具其态。

芥舟之园,韵味无穷,秦氏之宅,源远流长。该园的存在,为我们了解秦氏家族史提供了珍贵的实物史料。

中路楼厅下的后檐做法较为独特。后檐出檐檐板深,施飞檐。檐下为雀宿檐做法。檐棠挑梓檩,出短枋。下悬莲花短柱,明间后设落地气窗,两次间后下设半墙上置儿扇格子和合窗。明、次间后有天井,天井内地铺青石板。天井后有高章的塞口墙,塞口墙下部正中开青石库门。原宅后应该还有建筑。

东路住屋,面阔三间,进深五界6.4米。为内四界前廊做形式。住屋后包墙上部加高形成后墙,墙垣上部嵌有砖细匾额,内镌隶书"秀毓兰阶"四字额文,并刻"道光己亥秋七月"年款。

东路住楼,面阔三间,前后均带两相。底楼方木承檐。方木搁栅上承楼板。明间前设落地长窗,次间之间以木板隔断。二楼构梁为圆作穿斗式,前后檐下均设槛窗。二楼两相为平屋,一坡屋面。构架为圆作穿斗式。前两相檐下设丰墙,置木质百叶槛窗四扇。后四檐为楼房,构架为圆作穿斗式。整座住房楼装折较为简洁,前有百叶槛窗较有特点。

春熙堂是一座规模宏大的群体民宅建筑。尚存的花厅营建精良,装饰豪华,具有较高的文化含量,当属宅第园林中的精品。宅院的冶建至建成年代跨度极大,从乾隆年间至咸丰八年这长达百年的时间里未间断。不仅反映出蔡氏雄厚的经济实力,而且,从中可窥视出洞庭商人商贸活动的轨迹,亦成为研究蔡氏家族的发展与演变提供了珍贵的实物资料。

承志堂

承志堂，位于苏州市太湖国家旅游度假区金庭镇后埠村，建于嘉庆十年（1805年），是一座规模十分宏大的群体民居建筑。2009年7月，该堂被公布为苏州市市级文物保护单位。

该堂坐西北面东南，轴线方位东偏南55°。整座宅院的单体建筑分中路、南路、北路，北边路为其间有两条备弄相互贯通，四条备弄相互剪通。正路、依次有照墙、门第、门屋、大厅、住楼；南路有南书屋，北路依次有北书屋、大厅、北住楼、二边路有附楼、附房。各路单体建筑之间均有庭院或天井相隔，形成独立的建筑宅院内还设有庭院或更楼，辅以水井，生活设施十分齐全。

门第，临街而设，设砖雕门楼一座，门第两侧砌出八字墙，八字墙直顶砌筑有，设两大檐，作抛枋，门第前阶沿石分别下做水，两侧，大门对面设有照壁，照壁高耸，气势非凡，门第门脸门形式，水作回纹有，一坡八瓦屋面，滴水檐，上下枋两端浮雕如意头。两侧蒿花柱，门第连花柱篮。字牌与两端浮雕下施仿木砖细文。为二坡小瓦顶，字牌两侧施字牌內光素无文。门第背面为一斗三升砖细牌科，拱垫板浮雕竹叶灵芝纹，檐下施仿木砖细飞椽及两枋仅在两端沿浮雕回纹，雀枋内柱下悬连花，守门楹下部设青石颁珠座。左右两兜肚四周沿浮雕回纹，中部八字牌仅在两端浮雕

门屋，二坡硬山造，两山墙顶设封火墙，面阔一间，进深七界。为内四界前轩后轩形式，廊轩施枝香鹤颈楼。内四界圆作穿斗式。后轩东西壁开有门扇，前后檐、步柱及中柱下均置青石质鼓形柱础。

大厅，二坡硬山造，面阔三间，进深九界，为内四界前廊前轩后双步扁作。内四界大梁抬梁式。大梁架于前后步柱之上。大梁两侧浮雕缠枝牡丹纹。大梁底部浮雕起如意。大梁两肩设斗，上承机檩。山界梁两侧浮雕枝

厢楼面阔两间，进深三界。梁架圆作抬梁式。两厢楼前檐下均设短窗，下置裙板。内室顶亦设望板。

住楼后为狭长的天井，天井内地铺青石板。天井前塞口墙高耸。顶筑哺鸡脊。中部墨线书"福"字纹。塞口墙下部设墙门一座。墙门水作皮条脊、脊头堆塑灵芝。上下枋两端浮雕回纹如意兜肚、上枋两端下部设短小的回纹荷花柱。左右兜肚均光素无纹。字牌内镌刻阴文篆体"人口其柔"。"嘉庆十年桂月初书"额文及年款。下枋两端下部设斗和垂莲柱。花岗石门框内设直拼门两扇。

北住楼，二坡硬山造。面阔三间带两厢楼，进深七界。其梁架形式及装折与南住楼基本相同。厢楼底楼与二楼前檐下均设格子和合窗。

北住楼明间前砖雕墙门的本量形制与南住楼前的墙门也是基本相同。唯字牌内镌刻阴文楷书"古训是式"，"嘉庆乙丑桂月"额文，"晓泉郭淳"年款。北书房写姓名，另刻有"郭淳"、"晓泉"两枚阴文篆书印章。

前轩船篷顶。轩梁扁作，轩梁底设梁垫与蒲鞋头。轩梁背置双斗承桁。双斗间置荷色梁。后双步扁作月梁川。双步月梁背设斗承机檩，明间后檐下设落地格子长窗。两次间后檐下设短窗。下设座槛。前后檐柱。前轩童柱。后轩柱顶端均坐斗。下端均设石质鼓形柱砯。两山山柱上均设斗。下端置青石柱砯。厅内地铺方砖。

明间前沿下设花岗石台阶三级。两侧垂带石分列。下设砖雕牌科门楼一座。门楼小瓦屋面，滴水檐，下用木质飞椽。檐下设砖细仿木一斗三升牌科。垫拱板雕灵芝纹。两侧荷花柱下悬莲花。上枋两端浮雕人物故事图案。中部深浮雕人物故事图案。字牌以蝙蝠纹框边。额文已略毁。仅留"嘉庆乙丑秋七月"，"宝斛周宗元"年款和书写额铭的人名款。下枋两端雕出如意头、博古、杂宝图案。中部锦袱内所雕人物故事图案已损坏。八字门槛细砖贴面。下设青石质弥座勒脚。

南书房。取名"鸿鹤山房"。二坡硬山造。面阔五间，进深六界。为内四界前后单步做法。前轩为一枝香鹤颈轩。轩梁圆作、上设童柱承机桁。内四界圆作抬梁式。边贴童步斗造。前后檐下均设落地长窗。书房前为庭院。院内植以天竹。堆有假山。十分雅致。

北书房。取名"菊有黄华斋"。庭院内立有一块大湖石。赢精骨立。皱、透而漏。拔地3.5米。是一独块湖石。石上刻有罗其焕诗一首。十分难得。

南住楼。二坡硬山造。面阔三间带两厢楼。进深七界。底楼明、次间以木板隔断。明间地铺方砖。两次间铺地板。明间前后檐下设落地长窗。两厢底楼前做格子和合窗。后步柱之间设以屏门隔断。住楼构架为内四界前后廊双步分式。梁架圆作穿斗式。前后均设槛窗。下置裙板。楼顶设望板。

牡丹纹。山界梁背设一斗六升牌科。止尖施双凤祥云山雾云勾蝙蝠卷云纹抱梁云。扁作月梁川攀连各柱。中柱顶设一斗六升牌科。施飞椽、纹山雾云勾抱梁云。前檐出檐较深。前廊廊川扁作，檐下设落地格子长窗。侧面雕折枝花卉。前廊东西壁开细砖框边门景，入门景可通备弄。

存仁堂

存仁堂,坐落在苏州市太湖旅游度假区金庭镇东村毛竹场,是一处建于清代中期的小型民居建筑。

存仁堂,二坡硬山造,面阔五间带两厢楼,进深七界,为内四界前廊后双步做法。内四界圆作抬梁式,屋内地铺方砖,面阔五间,进深四界。边贴穿斗式,明、次间前后柱之间设落地长窗,次间后柱之间设屏门隔断、屏门隔断下砌半墙,稍间前檐下设格子短窗,下砌半墙,稍间与厢楼之间设有蟹眼天井。前后檐柱及步柱下设青石覆形础。塞口墙正对门屋正间开青石车门,库出水作抛枋皮条荐,细砖一坡小天井。檐下做磨砖镶口,即圆堂。

圆堂,二坡硬山造。面阔五间,圆堂前后檐七界,为内四界前廊后双步做法。屋内地铺方砖,明间前后柱之间设落地长窗,次间后柱之间设屏门隔断,明、次间后檐柱之间设屏门隔断,稍间前后檐下设格子短窗,下砌半墙,稍间与厢楼之间设有蟹眼天井。前后檐柱及步柱下设青石覆形础。两厢楼面阔两间,底楼前檐做法、廊檐下设格子短窗,下置裙板,界为廊。廊檐下设短窗,下置裙板。前檐下设短窗。

北住屋,二坡硬山造,山墙顶部设封火墙,面阔三间,进深七界,为七界楼居用三柱,前后不设斗而自楼承托机檐,前后檐柱及后步柱顶端做梁圆作圆作抬梁式。

北附楼,梁架圆作抬梁式,前后檐柱顶端做硬山造,后包墙为青石基础露出地面0.5米,附楼二坡硬山造,后包墙两端青石基础露出地面0.5米,附楼二坡整齐。该楼面阔十二间,东八间进深四界,梁架为圆作穿斗式,民楼前檐下设格子短窗,下置裙板,二楼前檐下设格子短窗,下置裙板,两四间进深五界,构架为内四界合前廊形式,底楼前设落地长窗。二楼前檐下设格子和合窗,底楼前间顶部均为"冷摊瓦"*。在东第四间底楼西端与第十二间底楼两端各开有侧门,门脸做挂壁式檐门形式。上设回纹皮条荐。一坡小瓦屋面,青石门槛。门柱内设宜拼"丁"两扇,人侧门司通备手。

檐下做冷素条荐。青石门框,青石槛。北附房柱附楼西端,明次间门间通。此外,北附楼两端第一间是更楼,更楼前内有水井一座。上设有石井栏。井水清澈。

存仁堂是一处具有绝对建筑年代的群体民居建筑。其规模宏大,营建规整,布局有序,三幢住楼呈"品"字形分布,大厅位其中,南北书房分别列于门屋两侧,宅院在内部的空间组织上,主要单体建筑十分相互紧密。宅院单体建筑的装饰题材十分丰富,砖木雕刻精细,筑的装饰题材十分丰富,砖木雕刻精细,且有一定的含义,极具艺术价值。两座书房的湖石花点级极有品位,透露出宅主人对雅文化的追求,至今保存如此完整的群体民居建筑较为少见,是一处清嘉庆时期苏南民居建筑的优秀实例,具有较高的文物价值。

* 编者按:"冷摊瓦"是瓦下部不设望砖的做法俗称"冷摊瓦"。

那就形成一幅"猛狮欲扑双羊"的场景。字牌内镌楷书阳文"笃初诚美"、"丙午冬月题"，"南阳唐庚魁"落款及题额者姓氏。下枋饰两端浮雕回纹图案。八字门楹，下部青砖砌壮剔脚。

关于该堂的建造年代问题，墙门字牌肉有"丙午冬月题"年款。丙午年清代共有4个，分别是雍正四年、乾隆五十一年、道光二十六年、光绪三十二年。结合该堂构架做法看，该堂应属清雍正四年（1726年）或乾隆五十一年（786年）的建筑。

值得指出的是，该堂砖雕墙门上方和两兜肚内采用深浮雕手法所雕刻的"八骏图"、"双羊图"砖雕，图案画面不仅精美，而目标具艺术感染力。

"八骏图"画面展示了八匹骏马在山坡下的松林间或长嘶飞奔，或卧伏舔足，或品首嚼松，或卧，或走……喧闹的场景使旷野山林充满了生机。画面案出了自然山林与马之间的和谐融洽。如果说唐曹霸、韩干画马和张扬，朱李公麟的白描马体现的是盛世强国的威猛和张扬，朱李公麟的白描马是借助马来表现文人的雅趣，那么，这幅砖雕"八骏图"所要传达的是一种文人和马和自然山水之间轻松融洽的情调。同时，也抒发了生活在洞庭西山毛竹坞的马宅主人安逸闲适的心境。

画面以方折劲健的阴刻线勾画描形成山坡岩石和松林。以圆活腴润的弧线勾画出马匹及风动的马鬃、马尾，显现了镌刻者丰富精湛的表现力。通过山坡与松林、山与石的虚实穿插，以及重山叠嶂的凝重与平缓山坡的动静对比。使画面山林的清新淡雅之感，十分充实。既传达出秋日山林的清新雅之气，又有一种典饰古朴之气。在纹饰线条与图案的关系中，两者在轻快、舒缓、潇洒的基调下得到统一。镌刻者以简洁洗练的刀法，刀到意足、山坡、松树、马匹的线条飘逸灵动，在这轻快而绚丽的画面之中不乏精微石澹，耐人寻味。

画面将实景与理想中的情景融合创作。画面中，远山近坡，草木从生，透迤起伏，有思尺千里之感。中景山坡平缓、松林成片、静谧安逸的情调如世外桃源。作品以舒缓细腻的刀法传达了雕刻者心中所感受的大湖之滨"天淡活静"的情趣另外一番情景。

然而，墙门左右兜肚内所雕的图案似乎是另一番情景了。左边是双羊卧伏于苍松之下，右边是卧着的猛狮昂首观视着松树上的鸟，似乎隐含有猛狮捕着"八骏图"。和谐融洽的情调，而充满着危机感。作品似乎告诉人们平静和谐的生活之中隐藏着"弱肉强食"的危险。作品含义一下升华到了社会层面，极富哲理。也许就是这幅砖雕作品寓意蕴深厚，是一处清中期小型民居的优秀实例。

该堂虽小，但砖雕作品寓意蕴深厚，是一处清中期小型民居的优秀实例。

榆耕堂

榆耕堂，立于苏州市太湖国家旅游度假区金庭镇明湾村。该堂始建于清嘉庆四年（1799年），原为瞻瑞堂的一部分，后易主邓氏，改名为"榆耕堂"。2009年7月，该堂被公布为苏州市市级文物保护单位。

邓氏为明目湾望族，原籍河南南阳，迁山祖是邓肃，为高宗时中书省左正言。宋建炎年间（1127—1130年）南渡至洞庭西山定居，至民国二十三年（1934年），邓氏后裔邓石侧经商致富后买下了原吴家瞻瑞堂的西部房产，经整修后，取名"榆耕堂"。

榆耕堂坐北面南，临街而建。堂曰东匹两个院落组成：东院落前为宽敞的庭院，后为门楼厅，东侧有备弄与瞻瑞堂相邻，入口也设在此；西侧院落前为小花园，第一进建筑为书楼，第二过为陈房，两组院落成为独立的建筑单元。

门亭南向，临街而开。为挂壁式门罩形式，皮条无脊，下坊为门楣，檐下有上下两部坊：上坊光素无纹，下坊细砖仿方，两端浮雕回纹与牡丹花。砖砌门枕，内设直排门两扇。

东庭院南墙高耸，顶筑雕毛脊，设滴水檐，檐下有砖细牌科墙门一座，庭院内地铺方形花岗石板，东院墙下施水作地坊。墙门皮条一坡小青瓦，一坡三升牌科。上枋图案分三组，两端荷花栏下悬盛开的莲花。垫板浮雕"寿"字纹，檐下设一斗三升牌科，细砖仿木飞椽，两侧分别以回纹框边，中部深浮雕《三国演义》中"三顾茅庐"人物故事图案，左右兜肚内分别深浮雕"长坂坡"、"桃园三结义"图案，字牌以回纹框边，内镌阳文篆书"锡嘉祉福"四字铭，并刻落

底层为门屋，二楼为更楼，构架为圆作穿斗式。门屋层柱下设花岗石柱础，门屋北通备弄，匹壁开花岗石库门，入门两为东庭院。

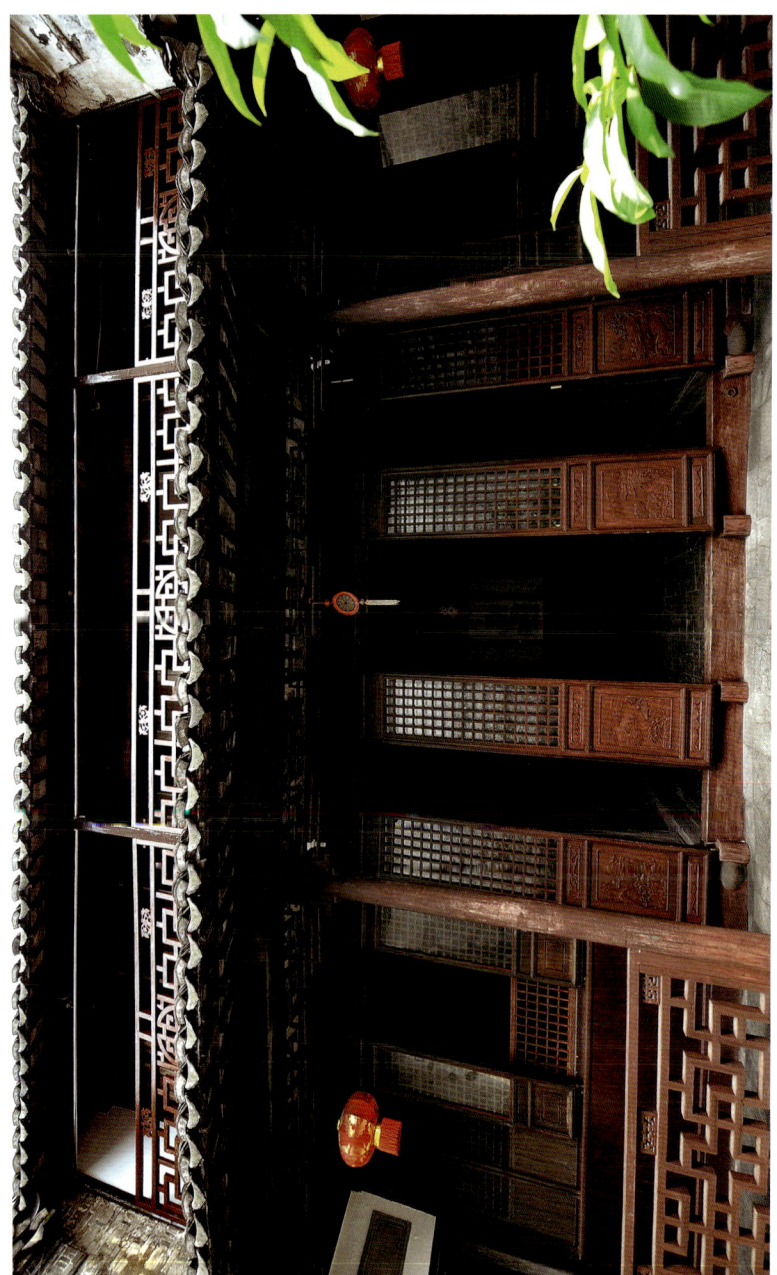

"嘉庆岁次己未穀旦"、"清溪蔡之定"款。下枋锦排内深浮雕人物故事图案，惜人物头部已毁坏。八字门框细砖贴面。花岗石门框内这直开门两扇。墙门营造规整，雕刻精美。

楼厅，二坡硬山造。面阔三间11米，进深9.6米。为楼下轩形式。底楼四界重檐月梁形承月梁袱。前设重轩。廊轩施弓形椽。内轩为船篷顶。轩梁扁作，轩梁背设双斗承枋。双斗之间放荷包梁。明、次间檐枋下置回纹木挂落。明间前步轩柱之间设木栏杆。明间前轩步柱之间雕浮雕梅、兰、竹、菊，蝙蝠纹；上夹樘浮雕石榴、佛手、缠枝牡丹等图案。东、西次间轩步柱之间上长格子窗，下置木裙板。明、次间之间以木板隔断，次间形成房间。次间房内地铺地板，明间铺墁方砖。明间后步柱之间以屏门隔断。楼梯设在西次间后。二楼内四界为抬梁式。后双步为廊。内四界正贴同作抬梁式，边贴施双斗承式。明、次间之间以木板隔断。二楼明、次间前檐柱均设格子槛窗，槛窗前置细窗台。窗以外沿设木栏杆。

书楼，二坡硬山造。取名"听樨轩"。面阔三间7.6米，进深8.9米。底楼为贡式花篮厅形式。内四界前重轩做法。廊轩施弓形椽。轩梁扁作，轩梁背施青石质鼓形柱础。前檐出檐飞椽，内轩施鹤颈椽，轩梁扁作，蜂头镂雕栗子、杨梅、石榴、枇杷等花果图案。轩梁底面浅浮雕蝙蝠云头纹。轩梁背设矮柱，上承月梁栿。前步柱为雀柱做法，悬有方形花篮。大梁扁作，梁侧边缘四面起线，梁两端侧面阴刻折枝花。梁底面浅雕笔筒挂屏图案。大梁底下设矮柱。大梁扁作，山界梁背雕回纹的矮柱的置斗承脊槫。边楼作川攀连各柱。底楼明、次间前檐柱之间设落地长窗六扇。东、西次间前檐柱之间亦设回纹木挂落。底楼东、西壁面细砖贴面。明、次间前步轩柱之间上部亦设落地长窗14扇，长窗裙板浮雕山水图案；之间设落地长窗14扇，虎爪等动物图案；上夹樘浮雕"缠枝牡丹"。后步柱之间中夹樘浮雕蝙蝠博古图；中夹樘浮雕蝙蝠、云头、仙鹤、福裙板浮雕博古八仙。纱槅的内仔边镂出勾连云雷纹、寿桃及蝠八仙。纱槅落地长窗14扇。

书楼前设有庭院。院内堆有湖石假山，植以黄杨、天竹。景致盎然。庭院东侧设花廊，花廊出檐较深。施飞椽。檐下设回纹木挂落，下置木栏杆，可凭栏观景，赏心悦目。

书楼二楼，为内四界前廊后单步形式，内四界同作抬梁式，边贴作川攀连柱头。前廊次间扁作川攀连柱头。前檐出檐施飞椽，檐下设回纹木挂落。明间前步柱之下设落地长窗六扇，长窗裙板分别浮雕"太平有象"、"王羲之爱鹅"、"童子蝙蝠"、"司马光砸缸"、

绥吉堂花厅

绥吉堂花厅，位于苏州市太湖国家旅游度假区金庭镇缥缈村秦家堡，花厅系绥吉堂的一部分，建于清嘉庆二十二年（1817年）为秦氏祖屋，现为村民秦文雨所有。

洞庭西山秦氏是北宋著名词人秦观的直系后裔。南宋绍熙年间（1190—1194年）秦观五世孙秦益之游西山，爱山水之胜，遂建别墅三清夏湾安仁乡。农后葬于缥缈峰下的飞仙山麓，其子秦通守墓，遂定居于此。至明清时期，秦氏堡秦氏已繁衍成大族，并在邑中营建了敬吉堂、绥吉堂、秀吉堂、绥吉堂、惠吉堂，秦氏宗祠等具有一定规模的建筑。

绥吉堂花厅，二坡硬山造，面阔三间，楼下制檐轩形式。底楼前为菱角轩，轩梁为后勒，轩梁侧面浮雕金钱、蝙蝠、祥云纹。轩梁底设梁垫，蜂头分别镂雕如意、蝙蝠、菊花、寿桃图案。轩梁背设莲瓣形双雕斗，上承方形枋，双斗之门置卷云纹荷包梁。前轩西壁设有双龙纹檐边砖细重扁作月梁形，梁底枋设梁垫，蜂头作做细。下悬方形花篮，花篮镂雕仰覆莲为精细。明间后步柱之间设屏门六扇，设槅地砖细。内檐"飞口"篆书额，后楼四界设落地长窗16扇，长窗裙板浮雕"五福捧寿"图案；中夹樘浮雕博古图案，下夹樘浮雕博古及牡丹图案；上夹樘浮雕蝙蝠纹；底楼内四界东西内壁下端以身砖细方砖铺地，前后檐下端贴以身砖。厅内底楼前檐随飞椽，檐下云头挑梓作做法。底楼为小花园，园内堆有湖石假山，围以花坛，植有翠竹、

"群仙祝寿"等图案；上夹樘分别浮雕"莲耦出水"、"蝙蝠云头"、"缠枝牡丹"等图案：中夹樘浮雕喜鹊登梅，夔龙纹案。明间后步柱之间上设短纱槅四扇，下置裙板。短纱槅上夹樘浮雕夔龙，下裙板浮雕夔龙。短纱槅的内行边楼勾连雷纹雕绶带会钱幻意纹，外楼裙板浮雕博古图，仙鹤、连花，营鹉落地纱槅，缠枝花并等图案案。整樘书楼装饰精华丽，雕刻精美。

后附房，面阔三间，进深六界，内四界前后步柱形式。内四界圆作柃梁式，边贴穿斗式，地铺长条砖。用料较小，简洁朴素。

该堂建成年代明确，流传有序，虽经民国时期整修，但主体建筑仍不失嘉庆时期的风貌。对研究太湖地区传统民居建筑文化具有较高的价值。

敬吉堂书楼

敬吉堂书楼，位于苏州市太湖国家旅游度假区金庭镇缥缈乡村秦家堡，属村民秦氏私产。2007年7月在全国第三次文物普查期间被发现。书楼的建成年代无考，从其梁架形式和装饰特点看，应属清代中期建筑。

秦氏，是洞庭西山望族。在秦家堡曾建有秀吉堂、绥吉堂、敬吉堂、惠吉堂、荣吉堂五座规模宏大的住宅。敬吉堂为其中之一。敬吉堂书楼属敬吉堂的一部分。

书楼面阔三间，进深七檩，有上下两层。楼下可见承重扁作月梁形，梁侧镂面浮雕兰、菊图案、梁底设梁垫，蜂头镂雕牡丹、菊花图案。楼下前檐柱

腊梅、天竹。花园前照壁柱顶部筑脊，设小瓦屋面滴水檐口。檐下做水作桃枋，拋枋下部有砖细匾额，内镌刻行书"直谅多闻"额文。额文左侧落有"李宗满"款识。

花厅二楼梁架圆作。明间六架椽屋用三柱，为三界回顶前轩后单步做法。前轩施鹤颈椽，前步柱木落地，为省柱造。下悬圆形花篮，花篮镂雕仰覆莲图案。内三界回顶，与前轩形成两轩连缀形式。值得注意的是，三界梁与前轩轩梁用的是一根通梁。通梁梁背分别设前轩与内三界的两组双童柱，上承月梁与桁。通梁的两端架于前檐柱与后步柱之上。所有梁柱结合部均不设斗。边贴岑斗造。明、次间东西柱之间以屏门隔断。前檐下设短窗，下置木裙板、短窗前设有砖细窗台。东次间内后禾壁设有直棂木板摇梗窗。

该花厅是第三次全国文物普查的重要新发现。花厅虽小，但具有以下两个特点：

一是底楼装饰豪华，雕刻精美。

花厅底楼采用"满堂雕"的手法，厅内的轩梁垫楼蜂头、荷包梁、花篮、门枣、长窗的裙板和夹堂椽均精细雕刻了极具含义的图案纹饰。图案纹样有山水、楼阁、庭院、暗八仙、蝙蝠、寿桃、如意、菊花、松树、祥云、金钱等。图案内容以隐喻、会意、谐音的手法，寄托着宅主人对幸福、长寿、富庶、吉祥的向往和追求。

二是二楼构架形式简洁，特色鲜明。

花厅二楼构架圆作，不设斗，六架椽屋用三柱。较简洁。而三界回顶前轩省柱造的做法，使内屋顶显得十分朴素，且富有曲线美。值得注意的是，三界梁与前轩轩梁用的是一根通梁。这种做法十分少见。它在苏州地区清代建筑中为较孤例，具有较高的研究介值。应属苏南乡村建筑的优秀实例。

与前步柱之间的骑蓬轩，轩梁扁作，轩梁两侧分别浮雕"鸟雀、萧荷"与"风荷牡丹、菊花"纹，一侧的鸟雀图案求富动感：两只鸟雀，一在花卉之间，另一只侧作攀枝雀息状，一动一静，相得益彰。轩梁梁底设梁垫，蜂头分别镂雕鸟雀、牡丹、梅花图案。轩梁背设双斗，双斗分别雕成聚宝盆形。上雕连瓣，下刻连瓣，双斗之间置荷包梁。双斗的外侧各以圆雕的手法做出象头形装饰，轩梁雕饰的内容丰富，情意盎然。楼下前轩三间做通，轩之东西两壁面分别开设砖细框边的门景，上方置回纹棂柱的细砖额，额内分别镌刻阴文求书"艺苑"、"枕漱"额文。题额含有"辞藻华丽，诗文美好"之意。

书楼楼下前檐出檐极深，施飞椽，椽下为云头挑梯檩做法。明，次间檐檩下设一斗六升牌科，拱板浮雕花卉纹，工艺精湛。楼下明间前设宫式落地长窗六扇，长窗裙板上分别浮雕宝亭、楼阁、山水、拱桥、松石、芭蕉图案；上夹堂雕蝙蝠纹。中夹堂浮雕梅、菊、金鸡、鸳鸯图案；下夹堂浮雕蝙蝠纹，图案纹样丰富，雕刻典雅清新，浮雕典雅之美感。明，次间前步檩下置浮雕木挂落，古朴典雅，图案精美。明，次间后步檩下置落地木挂头，中部浮雕盘长纹，次间两端浮雕如意头。稍间槁板分别浮雕博古图。前后步柱及前后檐柱下分别设青石质鼓形柱础，柱础浮雕缠枝牡丹，蝴蝶花草纹，纹样含"长命富贵"之意。

书楼顶层构架为五架回顶前后轩形式，前筑枝香菱角轩，后做船篷轩，内四界为五架回顶，设草架，形成三轩连缀形制，内堂顶梁未和的曲线美，韵味雅致，意趣盎然，尽显富贵气派。

"砖、木、石"三雕于一楼，纹样内容丰富，雕刻技法精湛，图案精美高雅，极合隐简之意。檐部设斗拱的做法，在吴地书楼建筑中极为罕见。该书楼建筑中板昂小，但似具文物价值，是一处清代中期书楼建筑中的优秀实例。

敦朴堂

敦朴堂，位于苏州市吴中区东山镇潘家巷 7 号。始建于清道光年间（1821—1350 年），是潘氏后裔潘家禄的祖传宅第。2005 年 6 月，该堂被公布为苏州市控制保护古建筑。

"彭、宋、潘、韩"是清代晚期苏城的四大望族。洞庭东山之潘氏原籍浙江吴兴。明万历年间，吴兴潘秀因爱洞庭之水，迁居东山之古槎村。为洞庭东山始迁祖。尔后，子孙繁衍，隆庆日起。至清雍正十三年（1735 年），东山潘氏已传至第七代，逐自成一宗。明清时期，潘氏在东山建宅甚多，敦朴堂就是其中的一处。

敦朴堂为一处大型群体民居建筑，现存建筑可分东西两路：东路有门屋、大厅、前后住楼四进；西路有南北花厅。之间有备弄相通，各进单体建筑之间有天井相隔，形成独立的建筑单元。

门屋东向，临巷而设。面阔一间，进深五檩梁架圆作穿斗式。过门屋为前庭院，院内地铺青石板，前有院墙相围，西侧有砖雕门楼一座，与门屋相对而设。折而向北有砖细飞檐，一坡小瓦屋面。檐下施仿木砖细飞檐椽，设佤木砖雕一斗三升牌科。上枋两端雕如意头纹饰，二设缠枝花卉挂落。字牌内铭文已毁损，两兜肚内雕喑八仙图案。枋两端雕回纹。门楼背面正对大厅，远滴水檐口，檐下施仿木砖细牌科。上枋雕有人物故事改事图案。字牌人物雕已损坏。两兜肚肾雕"双凤朝阳"与人物故事图案。字牌上雕刻有"福、禄、寿"三星人物图案。门楼两侧塞口墙顶筑头脊。设滴水檐，檐下做砖细地枋。

大厅，二坡硬山造。面阔五间带两厢，为内四界前廊形式。内四界大梁扁作，架三前后步柱之上。大梁底设梁垫，升口架凤拱，风拱雕有人物戏文故事图案。大梁两肩设大斗，上承金机与脊檩。山界梁背设一斗六升牌科承脊机与脊檩山头设山雾云。山尖设山雾顶。穿堂卷蓬顶，穿堂两侧为蟹眼天井。大厅下设落地长窗。明间后步柱之间以屏门隔断。明间前檐前檐出檐较深，施飞椽。前界东西壁开砖细牌桎边门，厅内方砖铺地。

厢房面阔二间，进深五檩，梁架为圆作抬梁式。厢房前檐下设短窗，下置矮墙。

前住楼，面阔五间带两厢。明间前檐与四厢前檐出檐较深，圆木搁栅上承楼板。明间前设槛窗，裙板铺地。底层明、次间及两厢前檐下均设落地长窗。室内方砖铺地。底楼檐下均为雀宿檐做法。二楼梁架为内四界后双步形式，内四架大梁扁作，抬梁式，边贴穿斗式。明、次间与两厢楼前檐下均设短窗，下置裙板。

前住楼明，次间前与两厢之间为庭院，院内地铺青石板。院前墙水檐口，塞口墙顶部筑鸡脊。设小瓦滴水檐口，檐下做细砖地枋。塞口墙下部有牌科墙门一座，一坡小瓦屋面。墙门雕鸡脊。设砖细仿木牌科。上下枋及两兜肚内均光素无纹。字牌以回纹桎边，惜字牌内额铭已损毁。下部为八字门墙，门框内设砖细贴面大门扇。

后住楼，面阔五间带两厢楼。底楼楼前设船篷轩，为楼下轩形式。前轩轩梁扁作雕卷云纹，轩梁背设斗，承荷包梁。明间设落地长窗，次间与两厢前均设短窗。两次间与两厢前均设短窗，下置木裙板，裙板雕石榴纹。前檐出檐较深，施飞椽。明、次间檐柱顶设坐斗施丁头拱，做云头挑梓梁形式承出檐。两厢底楼前设副檐，前檐下为双步拾梁做法。内四界后双步拾梁做法。二楼梁架斗拱做法，内四界抬梁式。二楼边贴穿斗式。前檐施飞椽，檐下设槛窗，下部置裙板。

后住楼前为庭院，院内铺花岗石板。院前塞口墙高耸，墙顶筑脊，设滴水檐。檐下施砖细抛枋。塞口墙下部有砖雕牌科墙门一座。其形制与前住楼庭院内的墙门相同。

互相对称，俗称"对照厅"。

南花厅面阔三间，进深六檩，为三界回顶前轩后单步做法。三界大梁扁作，梁背设荷叶墩置斗上承荷包梁。前轩施鹤颈椽，轩步柱六落地，下悬方形花篮。厅内一统三间，南端后包墙开有花窗。北端廊檐下设和合窗，下部做半墙，四壁花厅之间为天井，天井内植以花木，十分雅致。东北花厅与南花厅同。轩廊为船篷顶，廊檐下侧设有轩廊，轩廊为船篷顶，廊檐下设木栏杆，可凭栏观景。

主体建筑体量宏大，三路三院拥簇伏庭，正落款朴堂布局有序，营建规整，可能完善，体现出一种中心心理，前后住楼雀宿檐做法区具地方特点。西路南北花厅，互相对称，别具情趣。顶省柱做法，具有较高的文物价值，是一处清代晚期群体民居建筑中的优秀实例。

润德堂

润德堂，位于苏州市太湖国家旅游度假区金庭镇东蔡村东里65号。建于清道光年间（1821—1850年）。

该堂规模宏大，单体建筑有东西两路，间以备弄相通：东路有门屋、花厅、书楼；西路有大厅、楼厅、住楼。每进单体建筑之间有天井，塞口墙相隔，形成独立的建筑单元。

门第东向，门脸上做砖细一坡檐，素面额枋下雕夔体夔龙纹。花岗石门框内设直拼门两扇。入门为门屋，门屋面阔一间，进深五界，梁架为圆作抬梁式。

花厅，二坡硬山造。山墙顶部设有封火墙。面阔三间，进深八界，为内四界前后轩形式。大梁架于前后步柱之上。前轩早年已毁，后轩施鹤颈椽，圆作轩梁，轩梁背设矮柱承轩桁，矮柱两侧砌楼卷云纹抱梁云。后轩壁面设门，通备弄。前后步柱下均设花岗石鼓形柱础。明、次间后檐下上部设冰纹嵌玻璃和合窗，中部设方形短窗，下砌矮墙。厅内地铺方砖。花厅后为天井，天井内地铺青石板地坪。植有枇杷树一株。

书楼，二坡硬山造。面阔三间，进深六界。为楼下轩形式。底楼扁作月梁承重，方木搁栅上承楼板。月梁梁底设梁垫。两侧楼雕牡丹、山石、兰花、蜂头满雕。前做一枝香轩，施楼雕菊花图案。月梁端面浮雕如意纹，轩梁底设梁垫。蜂头楼雕葡萄图案。轩梁扁作，轩梁背设兰花，轩梁背设斗承桁、斗两侧设卷云纹抱梁云。前后轩西壁面设门景，可通备弄。

底楼前檐下为雀宿檐做法。楼面出短枋，架梓檩，设竹节形斜撑。檐下悬有花篮四只。底楼东西壁，下悬方形花篮两只。长窗裙板浮雕远山、明间前设落地宫式长窗四扇，为省柱做法。明间设松树、山石、曲桥、水榭、山水庭院图案。中

失楼浮雕人物故事图案，两次间前各檐下设置方式短窗三幅，下置葵式方川木栏杆，栏杆外钉木裙板。短窗下失楼浮雕"鱼肠、伞"及"鹿、狮"图案。明，次间后步柱之间设落地纱槁十二扇。上部柱谷四周楼雕回纹穿金钱结子。外槁棉板浮雕菊花、舵子，木槿等花卉纹饰。上失槿与中央棉板浮雕兰花，下失楼浮雕回纹。明间前檐柱与后步柱均为四方棱角形。下设扁方形花园石柱础。

书楼二楼梁架为圆作，正贴浮斗造。边贴为六界用三柱，为仪前后檐柱及二楼步柱纱落地。明间檐下设两扇上下以木板隔断。两次间前檐下设水纹嵌玻璃窗，下置木裙板。两次间前后各设两蹄格子短窗。下置暗窖相通。暗窖前后界两肩上抬为矮式。大梁两侧檐棉穗花卉丹纹。大梁两肩上设斗承山界梁。架上金机；山界梁背设一斗六升承机，上承脊有机与脊檩。

大厅，二坡硬山造，面阔三间，进深九界。廊轩为一枝香轩，施鹤颈椽，轩梁扁作，正背贴有细砖檐边。内四界大梁扁作，轩梁背置有抱梁云。廊轩东西壁设细砖柱边门泉。上有砖雕额，内分别镌刻楷书"型仁""讲让"额文。

内轩为船篷轩。轩梁扁作，轩梁背置双斗承双斗，两斗之间置为荷包梁。后檐柱顶设坐斗承斗承山界梁，架上金檩；山界梁背设一斗六升承机，上承脊有机与脊檩。后双步与眉川扁作为月梁形。

边贴穿斗造，扁作月梁川攀连各柱。厅内东西山墙内贴细砖，上承四步方形石柱。厅内东西两方砖铺地。明间后设穿窗，长窗嵌眼，两次间后设双斗承双斗承山界梁。后檐柱顶设坐斗承斗承双斗，两斗之间置为荷包梁。

大厅三楼前檐四步柱之间设置门泉，次间前檐柱下设落地，明间后步柱之间设有门泉，次间前檐柱下设置短窗，下铺矮墙。厅内所有柱子下均为一石鼓墩。

明间阶沿前为两级，两边带垂带石。大厅前为庭院，院内以青石板铺地，院以青石板为墙，明间门一座，下铺矮墙。院东墙设砖雕漏墙门一座，院内以青石板铺地，院门一座，下铺矮墙。

明间阶沿前为两级，两边带垂带石鼓墩。明间前为庭院，院内以青石板铺地。院东墙设砖雕漏墙门一座，檐下施砖雕细仿木方形椽，并设砖细仿木一滴水檐。

失楼三升牌科，上枋与两端兜肚内浮雕棉戏头及弹枝花，中部棉梁呈长方形，内深棉戏文故事图案。

楼厅，面阔三间带两厢，底棉扁作，一枝香轩，施鹤颈椽，轩梁扁作，方木承重，上承楼板。明，次间之间以木板隔断。明间前后檐下设落地长窗六扇，两次间后厢之间设有蟹眼天井。

楼厅二楼为内四界前后双步做法，梁架为圆作穿斗式。明，次间前檐下设短窗。下置裙板。

前设细砖窗合。

东西两厢为平房，东西向，面阔一间，一坡小瓦屋面。梁架为圆作拾梁式。船篷轩，下铺半墙，墙背设抱梁云。天井内地铺青石板，天井前墙与两厢之间以屏门隔断，檐下做木仁抛枋。塞口墙顶部设筑脊。墙门啮鸡香，一坡屋面面。滴水檐。上枋浮雕如意头，两兜肚内分别浮雕弹枝荷花图案。字牌内镌阳文隶书"岑曲旧章"额文，并刻有"道光口口"年款。下枋两端雕如意头，中部锦枞内深棉人物故事图案。

后住楼体量形式与楼厅基本相同，住楼高二层。

该堂是第三次全国文物普查的重要新发现，规模宏大，布局有庭，建成年代明确。大厅为院落三开间，书楼"搬金"、"省柱"做法特点鲜明，其底楼的梁枋，窗橺采用满雕手法，图案又深刻，饰纹精美，极具艺术价值。该堂的存在，为研究苏南地区的清代民居建筑，提供了较为珍贵的实物资料，具有较高的文物价值。

裕德堂

裕德堂，位于苏州市吴中区东山镇人民街。建于清道光十七年（1837年），是一座封闭式院落宅院坐北面南，临街而建，现有建筑前后分东西两路：东路有大厅，楼厅；西路有花园。同以间弄贯通。每进单体建筑之间又有天井隔断，形成备弄贯通。1986年，该花厅被公布为县市级独立的建筑单元。级文物保护单位。

大厅，二坡硬山造。面阔三间12.7米，进深七檩9.4米。为内四界前后双步形式。轩为船篷顶。轩梁下置梁垫，蜂头雕花开纹。轩梁下置花岗石圆鼓形柱础。前檐出檐较深。前廊柱两侧设山尖形式置山雾云，两侧设抱梁云，施飞椽。轩梁前端设短枋挑出上承脊桁，为云头挑梓桁做法。内四界大梁扁作，抬梁式。大梁架于两步柱之上。大梁下置梁垫，蜂头雕如意，牡丹纹。大梁两侧雕缠枝花开纹。轩背置五七式斗，上承金机与金檩。牌科两侧以山尖形式置山雾云，山界梁背设五式斗十六升牌科，上承金檩。牌科两侧以山尖形式置山雾云。次间前设置地长窗。明间后置栏槛窗。穿堂两侧有鳖眼天井。次间东西壁面开有砖细框边门景，与备弄相通。

大厅前为砖细庭院。院内花岗石板与青砖砌地坪。正对大厅有砖雕门楼一座，檐下为哺鸡脊，一坡小瓦屋面，滴水檐。檐下仿木砖细方椽。下置斗三升仿木砖雕牌科。上枋以如意装饰头装饰，下置透雕挂落。左右兜肚内雕人物故事图案。字牌内刻"垂裕后昆"。"道光丁酉孟夏，绿溪钱泳洛书"额文及年号。下枋有图案。两侧直排大门两扇，大门砖细贴"渔舟出行"图案。门楼正面为库门形式，库门上部做面。钉以泡钉。门楣两端雕如意云头，大门三砖做飞檐。一坡小瓦屋面，滴水檐。檐下以三砖做皮条脊。

花厅，俗称"海棠棣厅"。面阔三间9.2米，建深七檩8米。为三轩连级满轩贡式厅形制。前轩为一支香鹤颈椽。轩梁背置五七式斗，上承檩。斗两侧施悬云纹卷云纹抱梁云。轩梁背置梁垫，蜂头楼雕花鸟石榴纹。内四界大梁扁作，大梁两侧雕花鸟石榴纹。生纹。内四界大梁扁作，大梁两侧雕花鸟石榴纹。两侧施悬卷云纹抱梁云。轩梁背置梁垫，蜂头楼雕花。两侧垂莲柱下悬方形花盒，字牌内镌"载德福盆"额文。门容内直排门两扇，门表面贴以方砖，厚。钉有泡钉。

尾墙高耸，照墙顶端筑哺鸡脊。设滴水檐。下部有专雕墙门一座，一坡小瓦屋面，滴水檐。檐下三飞砖做法承檐口。上下枋两端雕如意头。两侧垂莲柱下悬方形花雕饰。左右兜肚内镌凸面装饰。字牌内镌"载德福盆"额文。门容内直排门两扇，门表面贴以方砖，厚。钉有泡钉。

楼厅，面阔三间带左右两厢12.7米，通进深12.4米。明间三间四界下承地长窗两扇，方木搁栅。明间后步柱之间以木楼厅前设落地长窗六扇。明间前檐设槛窗。厢房底板隔断。次间与两厢前设槛窗。厢房底板隔断。次间与两厢前设槛窗。厢房下设楼前檐出檐。以云头挑梓枋做法承檐口。厢房下设 "T" 字形斜撑。楼厅二楼为内四界后双步结构。梁架前端出檐口。以云头挑梓桁做法承檐口以木板作挡。内四界拾梁式。左右厢房为卷蓬顶。前檐下设栏槛窗。做法较朴素。

楼厅前为庭院。院内花岗石板铺地。楼厅对面承檐口。上枋光素无纹。左右兜肚内光素无纹。字牌下悬方形花篮。四字录书"厘峰春满"额文。垂莲柱下悬方形花篮。四字录书"厘峰春满"额文。

下置梁垫，蜂头镂雕花卉纹，梁背两端设斗，上承轩椽。山界梁扁作，背设花盆形坐斗，上承脊檩。轩卷篷顶，轩梁背置双斗，间设荷包梁。花厅前后均设落地长窗。厅内两山面均以砖细贴面，花厅前有小庭园，园为堆以湖石假山，植以花木，秀丽恬静，值得指出的是，该厅顶部均用复水弯椽，柱均用方材，仰视观之似别具一格，内四界梁架做成有艺术价值的海棠。

轩施鹤颈椽，轩梁两侧雕折枝花卉纹，轩梁下设梁垫，镂刻成花枝形，轩梁背置斗承檩，楼下形式四界承重扁作，两侧面雕缠枝花卉纹，轩下步柱之上，承重梁上，置蒲鞋头，蜂头镂雕花卉形，架于两步柱之上。楼下廊柱与轩步柱之间均为方形，下置花岗石方形柱础。正、次间前廊出檐较深，廊柱上端以短防挑出外连下悬花篮形式的垂花柱撑，上承挑出桁条，以雀荷檐做法承檐口。明间前设落地长窗。次间前置槛窗。下设木栏杆，栏杆外设木结板。室内轩廊壁面开有细砖贴面的长方形门景，与备弄相通。东次间轩廊壁面下部以砖细贴面做通。二楼梁架圆作，内四界有梁式，前轩下设槛窗，做法较朴素。

楼厅前为庭院，院内花岗石板铺地，有水井一座，方形花岗石井盖，井盖面雕出"如意把三"庭院前檐口端顶部已残损，东西两侧"形楼，西廊南壁开门与花厅相通，门上设额，下镌"守朴"隶书额文。西廊北端开以木雕门景，二有"适所"隶书额文，内镌"裕德堂"，是一处具有绝对年代的群体民居建筑。该堂是一处清道光时期民居建筑的优秀轩连缀满轩贡式厅做法极具特色，尤其是海棠楼三木价值。

楼厅，面阔三间8.3米，进深8米，为楼下轩形式。

惠和堂

惠和堂，位于苏州市吴中区东山镇陆巷村文宁巷内。建于清道光二十六年（1846年），是东山望族叶氏后裔叶京所建造的一处大型宅第。1986年，该堂被公布为县市级文物保护单位。

宅院坐北面南，四周高墙相围，是一处封闭式的群体民居建筑。宅院规模宏大，保存完整，占地5 000多平方米，建筑面积3 000多平方米。单体建筑可分东、中、西三路。中路是正落，依次有门厅、轿厅、大厅、前住楼、后住楼；西路有客房、花厅、书楼及附房；东路有门第、仆房、账房、东小楼及下房。三路单体建筑之间有东西备弄相通，每进单体建筑之间有庭院、天井相隔，形成独立的建筑单元。

大门，门第设在宅院东侧，大门南向，门楼形式。一坡小瓦屋顶面，滴水檐。上下枋汉雕出如意头、两兜肚、字牌均为素面。背面为哺鸡脊，二跋小瓦屋面，滴水檐，檐下廊仿木砖雕一斗三升牌

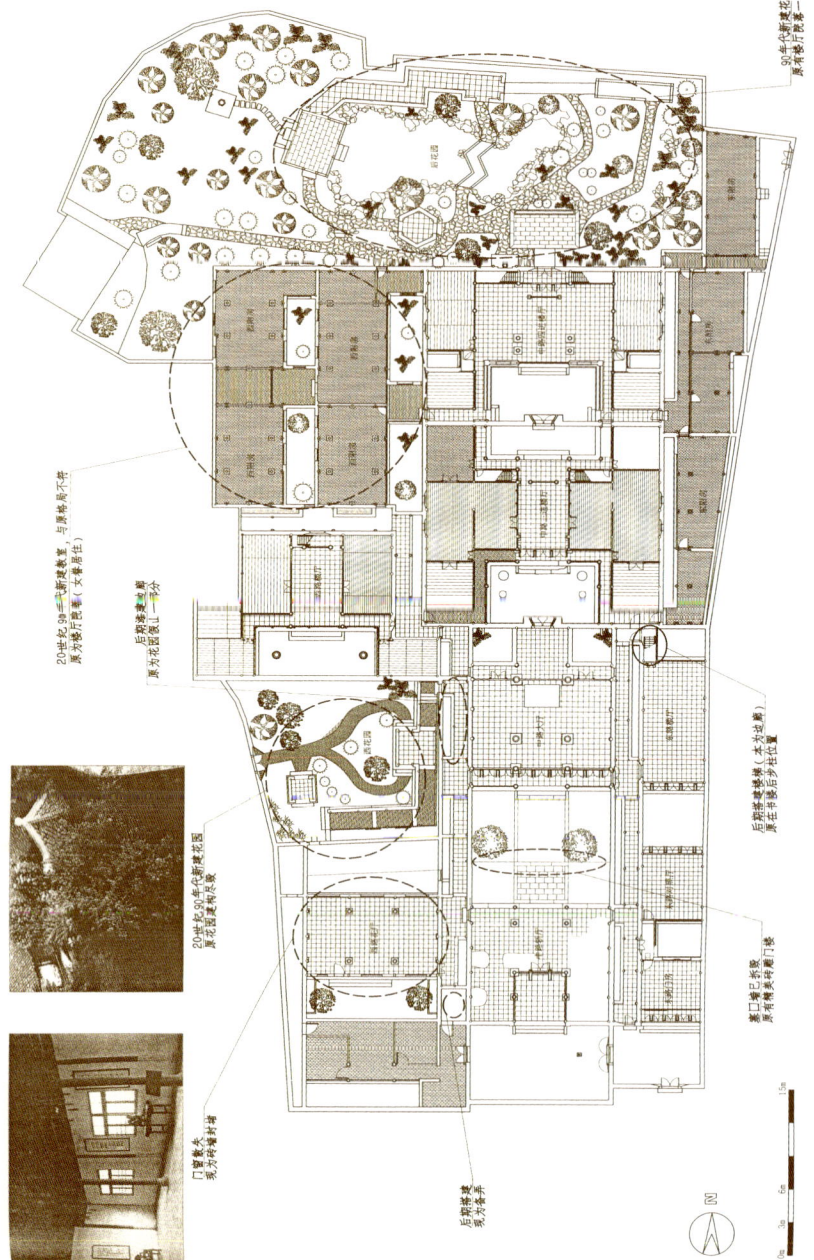

科，上枋内侧雕如意头，下枋设回纹挂落。两侧荷叶花柱下悬扁方形花篮。字牌素面，两兜肚、四边雕菱花装饰。下枋两端雕出如意头，花边石门框，内置大门两扇。入大门两端雕出如意天井，天井内青砖侧砌地坪，西折为中路前庭院，院内青砖侧砌地坪，檐有山茶花两株。庭院前院墙高筑，顶筑有，设滴水檐，施砖细抛枋。

门厅，二坡硬山造，两侧山墙顶筑封火墙，面阔三间，进深五檩。明间前檐两侧做清水砖细垛头，垛头上部为纹头形式，中部兜肚方形，下设砖细须弥座。明间阶沿下设花岗石台阶三级，次间前砌砖包墙，前檐下做砖细抛长条形带石。门厅梁架为穿斗式。明间前檐设挑梁抛枋。门厅后即为轿厅。门厅梁架圆作穿斗式，室内铺地铺方砖。

轿厅，面阔三间，进深七檩，为内四界后轩形式。内四界抬梁式，大梁扁作，梁底设梁垫、蜂头楼雕花卉纹。大梁架于门厅之后檐柱与轿厅步柱之上。大梁前设斗，上承机檩，山界梁背设一斗六升牌科，山界梁与脊檩、梁端下施雕花卉纹牌科与脊檩，上承机檩与金檩之间一式施山雾云。边贴穿斗式，后轩施鹤颈轩梁面雕四季花卉纹作，梁面雕四季花卉纹饰。

大厅，三坡硬山山屏风式，两侧山墙顶筑封火墙，面阔三间，进深九檩，前筑重轩，上置斗栱架，廊轩施鹤颈轩楼，前梁扁作雕莲花纹饰，轩梁扁作雕花纹，青石设斗架。

置荷包梁，轩两端墙面分别开有门景，与东西备弄相通。内轩施船篷轩，轩梁扁作，雕卷云纹，背设斗承机檩，斗之间置荷包梁。内四界大梁扁作，梁底设梁垫，用料硕大，大梁架于前后步柱之上，梁端下设五七式斗六升牌科，上承金檩，牌科背依山头形式斗拱设山雾云，拱端有檩垫板，两侧山头形式置山雾云。大厅明间前后步柱础为小八角形，大厅前为庭院，院内两侧铺花岗石地坪，大厅两侧山墙面下部以清水砖砌筑，山墙面上铺花岗石地面，依山头形式置山雾云。厅明间阶沿前设花岗石台阶三级，两侧垂带石。

前住楼，面阔五间带两厢楼，进深九檩，楼下轩形式，底楼前后船篷轩，轩梁扁作雕花卉纹，楼下侧面雕花卉图案，天井摘栅上承楼板，明间青砖，步，金柱下设花岗石扁圆形柱础，次间前后界与两厢前廊，檩间以木板隔断，底楼明间前后界与两厢前廊下设木栏杆，两厢前檐柱间后设楼梯，二楼明次间铺方砖，为内四界正贴抬梁式，内四界后双步形式，边贴穿斗式。二楼厢房梁架圆作抬梁式，明、

墙门背面。明间前阶沿下设花岗石台阶两级，两侧置长条形垂带石。庭院前照墙高耸，顶部筑脊，墙檐，檐口下设砖细抛枋，下部有砖雕墙门一座，门哺鸡脊，一坡小瓦屋面，滴水檐，檐口下置仿木砖雕一斗三升牌科。二门哺鸡脊，下设仿木砖雕一斗三升牌科。上枋两端雕出如意头，下置云雷纹挂落，两侧荷花柱下悬扁方形花篮。字牌内镌"阳文誉乃吉"阳文隶书额文，两侧镌刻"道光二十六年春日，文园李荣楷"款识。两把肚四角分别雕桃子、石榴、柿子、佛手，中部锦袱刻花卉盆景图案。下枋两端雕刻如意头、灵芝图案。

后住楼，面阔五间带两厢楼，进深九檩。楼下轩形式，底檐五间船篷轩。承重扁作，方形椁栅上承楼板，次间与两厢前界为轩廊。二楼构架与前住楼基本相同。明、次间前与地坪形成庭院。院内青砖侧砌地坪，四周有高出地坪的花岗石台阶。明间阶沿前有两级花岗石台阶，下设砖细抛枋，前照墙高耸。墙顶筑脊，墙门哺鸡脊，一坡小瓦屋面。滴水檐，檐下施仿木飞椽与一斗三升牌科。上下枋两端雕出如意头，两侧垂蓬柱下悬花篮。下枋内镌"堂构云礽"行书阳文，背门字牌内镌"遂生克昌"行书阳文款。墙门文额文，并落已毁。墙

次间与两厢前檐下设槛窗，槛窗前设细砖窗台，上构筑木栏杆。前住楼明、次间与两厢间形成庭院，院内铺青砖侧砌地坪，四周有高出地坪的花岗石台

面为挂壁式库门铺鸡脊，一坡小瓦屋面，滴水檐，上枋两端雕出如意头，两侧设四方柱形荷花柱，守牌征边，刻折尺纹。花岗石门柱，下设花岗石槛。

库门后住楼后墙开有库门，与后花园相通，现复原厂部分景物。

客房，二坡硬山造，面阔三间，进深六檩，梁架圆作，正贴抬梁式，边贴穿斗式，明，次间之间以木板隔断，室内方砖铺地，明前后置落地长窗，次间前后置半墙，设槛窗。前有天井，明间前后设院墙，院墙筑脊，滴水檐。

花厅，二坡硬山造，面阔三间，进深七檩。为内四界前后单步形式。内四界设大梁扁作，梁底设梁垫，蜂头楼雕花开图案。大梁背置双斗六牌机上承脊檩。平梁雕缠枝花纹。平梁背设一斗六牌科上承脊檩，平梁架于前后步柱之上，上贴穿斗式。二楼梁架抬梁式，边机与楼楞设在一处，二楼梁架抬梁式，楼板面铺长窗。厢房构架圆作抬梁式，明间与东备弄及附房相通，两端壁面开有门景，分别镌"迎晖"、"爽垲"行书门景上端有砖细额，分别设有天井。

书楼，二坡硬山造，面阔三间带两厢楼，进深七檩，六架前卸檐形式。底楼明间与两厢前设落地轩，承重扁作，方木摘棚上承楼板，明，次间前后设置落地长窗，厢房前檐下设槛窗。二楼梁架圆作，抬梁式，边贴穿斗式。

阑阁，阑阁前铺青方砖台，上设木栏杆，书楼前为庭院，院内青砖侧砌地坪，四周有高出地坪的青石台基，照壁筑于南侧墙基。借正中砖雕图案青石合基，前有高台阶，照壁下部设青石须弥座，书楼阶前贴水磨方砖，四角浮雕花纹。照壁下端檐口墙，开有门通后进附房。

西路后进附房有五蟠单体建筑，东侧有过堂屋，面阔一间，进深三界，梁架圆作梁式，卷篷顶。过堂屋东有门通后楼。

两侧有南，北两组边屋。
北端一组边屋：体量，形制相同，间以天井相隔，两蟠相对而设，休量，形制相同，进深六界，南间均有面阔四间，北带廊，南间均开间水门通之相对而设，两蟠边屋水居均是相对而设。

以天井相隔，均为面阔三间，进深六界，两组边屋用料稍小，构架朴素。

小房，面阔一间，进深六界，梁架圆作抬梁式，前设落地长窗，后砌包墙，地铺方砖。天井内地铺青石侧砌地平，天井后为东小楼。

账房，面阔一间，进深五界，为内三界前后廊形式，前后设鹅蛋轩，轩梁扁作，梁背设双斗承檩，轩梁底雕花纹，后轩西侧开门可上二楼，二楼梁架圆作为抬梁式，双斗间置荷叶墩，上承檩，备弄底设双斗承结，备弄边门可上二楼，二楼梁架圆作，较朴素。东小楼后设小天井，天井后有下房。

下房三进共十二间，构架用料较小，较朴素。

惠和堂是苏州地区清代大型民居中的代表性建筑。其重建成年代明确，规模宏大，保存完整，它的存在，再现了一个僻处湖山深处的清末大户人家的生活场景，是研究清代群体民居建筑的优秀实例，具有较高的文物价值。

粹和堂

粹和堂,位于苏州市吴中区东山镇陆巷村文宁巷北侧。建于清道光二十八年(1848年),是陆巷富商叶是京所建造的一处大型群体民居建筑。2014年7月,该堂被公布为苏州市控制性保护古建筑。

粹和堂,坐北面南,依山而筑,该堂原规模较其宏大,四周高墙相间,形成一座封闭式的庄院。其单体建筑可分中、东、西及西侧小房四路:中路依次有门屋、大厅、楼厅、住楼四进;东路有棋乐仙馆、东住楼及三进附房:西路有客厅、戏台、花厅、西住楼;西侧小房四进十一间;东路东侧原有沿山而筑的绿阶山庄,内建有赏月坛、旱船、祠堂、花园等。现除了大厅、戏台及山庄建筑被毁,其余各路单体建筑均尚存。三路主体建筑之间有东西备弄南北贯通。每进单体建筑之间有庭院,天井或塞口墙相隔,形成独立的建筑单元。宅院的南端设有东西走向的门巷,门巷西端设门第。

门第东西向,沿花翎巷而设,库门形式,青石门框上方置有砖细门额,门额阴镌"粹和堂"堂名额文。进门即为更楼,更楼基址尚存,为过巷楼形式。过更楼,穿过巷门为中路前庭院。庭院面阔13.95米,进深6.6米,十分宽敞。院内做青砖侧砌地坪。院墙筑脊,施滴水砖口,檐下设砖细挂枋。

中路门屋。门屋前设砖雕门楼一座,门楼二坡小瓦屋面,滴水砖檐,檐下设木砖雕方椽与一斗三升砖雕牌科。上枋浮雕松、竹、灵芝、鸟鹊图案,二置砖雕挂落。字牌以缠花纹框边,内光素。两兜肚内浮雕松鹊图案。下枋两端雕出如意花开纹,中部锦袱内镌石榴盆景式博古图及四季花锦纹。门楼背后上枋浮雕枝牡丹纹,下枋下部雕夔龙"寿"字纹。字牌内光素。两兜肚同楼雕花果,螃蟹,水波纹,下枋两端雕如意头。

门屋面阔三间，进深七檩，梁架为圆作穿斗式，中柱下均置扁圆形木柱础下设圆形花岗石柱础。门屋后为天井，施滴水檐。门屋局部已毁，塞口墙筑脊。门楼一座，二坡硬山造，塞口墙中部有砖雕抛枋。门楼后为天井，上设砖雕方木枋。檐下设仿木方枋，施仿木砖雕凤头昂式牌科，上承两端雕出如意头，中部浮雕"十鹿图"图案，字牌两端雕凤头昂式云头纹槎边，内浮雕人物戏文额枋，借大部分已毁，中部浮雕"有雕人物戏文图案，字牌内光素有"星齐先生属，溪钱泳"款。下方砖雕额枋，两兜肚以云头纹椎边，谷乃大"阴文隶书额文。大个厅，下方浮雕海水，"鲤鱼跳龙门"图案。借大部分已毁，门楼背面，上方浮雕细砖承抛檐，下设清水砖抛枋。

中路楼厅。二坡硬山造，面阔五间带两厢21.8米，通进深14米，为六界前后檐楼厅形式，底楼承重扁作，方木搁棚上承楼板。上六升牌科，五七式斗六升牌科，上承脊檩，牌科设在西次间，二楼构架为内四界前后单步柱形式。

后住楼。二坡硬山造，面阔三间，进深七檩，为五七式斗六升牌科，上承脊檩。大梁架于前后步柱之上，大梁背设两斗，上承金机与脊檩，山界梁背设五七式施双鹤祥云纹山雾云，拱端脊檩两侧设抱梁云。脊檩中部施彩绘。明、次、稍间之间以木板隔断，底楼明间前檐上置槛窗，次间前檐为板壁高窗，顶部筑脊，施滴水檐，檐下置三飞有砖细抛枋。梁下做小瓦屋面，檐下有仿木砖雕凤头昂式牌科，下做仿木方枋，上做砖细抛枋。"迪前裕后"阳文隶书额枋，锦袱内浮雕人物山水图案，局部损坏，天井以回纹花岗石地坪。明间后开阔门，通后住楼。

上，大梁背设两斗，上承金机与脊檩。山界梁背设五七式施双鹤祥云纹山雾云，边贴浮雕头纹抱梁云。二楼厢房构架为扁作，明、次、稍间之间以木板隔断，形成独立的房间，前界为走廊。明、次、稍间之间以木板隔断，前界开青石台阶一级，两侧设青石垂带石，其上雕有麟、鹄、狮图案。

客厅。二坡硬山造，面阔三间，进深七檩，为前单步内四界后大梁架形式。大梁架于前后轩柱之上，梁下置梁垫，蜂头镂雕花卉图案，大梁背面雕缠枝花卉纹，山界梁背置五七式斗六升鹤云，拱端脊檩两侧置抱梁云。后轩船篷顶，檩、步柱。

五七式斗六升牌科，上承脊檩与金檩，牌科两侧以山尖形抱梁云。二楼厢房构架为扁作，明、次、稍间之间以木板隔断，形成独立的房间。前界开青石台阶，两侧设青石垂带石。底楼明间前照墙高耸，下有砖雕墙门，墙门为朋鸡脊，小瓦屋面，荷花柱及上方均为砖雕，字牌内浮雕方形翎鸡衔灵芝图案，牌科两侧施云雾云。拱端脊檩两侧饰有"瓜树檐衍"阳文隶书额枋，两兜肚内浮雕方形翎鸡图案局部已毁，下方两端雕出砖雕花卉，墙门正中置百垂连柱，柱下做出砖细槎边。底楼明间阶前设青石台阶一级，两侧设青石垂带石，

五、大梁背设两斗，上承金机与脊檩，山界梁背设五七式斗六升鹤云纹山雾云，拱满脊檩两侧置抱梁云。后轩船篷顶，檩、步

棠花。厅内东西壁面细贴面，明、次间之间以木板隔断。明间地铺方砖，后檐下设落地长窗，次间内铺地板。上设木板天花。后檐柱间置半墙，上设槛窗。客厅前后有天井：前天井地铺青砖侧砌地坪，三飞细砖承檐，设滴水砖脊，靠做清水砖地坪，明间沿下置花岗石台阶三级，台阶上部做法与前院墙相同。后天井北置塞口墙。塞口墙上部做法与前院墙相同。后天井西侧设轩廊，轩廊筑船篷顶，出檐较深，施飞椽。轩廊北端开有细砖框边门景，上部设有卷草砖雕额，内镌"开盖"阳文隶书额文。轩廊西侧亦开细砖框边门景，内镌"静怡"阳文行书额，上设长方形砖雕额，第一进下房面阔三间，逆深七檩，内四界前轩后双步结构。内四界梁架圆作，抬梁式。前轩后置鹤颈轩，轩梁扁作，轩梁侧雕狮宝图案。轩梁背置双斗承桁，两斗间设荷包梁。

柱下置花岗石扁鼓形柱础。前轩做重轩，廊轩施菱角轩，轩梁扁作，梁端下置荷包梁。梁端侧面雕八仙图案。轩步柱、廊柱、金柱均做方形下置方形花岗石柱础。内轩和后轩均为船篷顶，下置扁方形花芝花果纹，梁端下设梁垫。轩扁侧面雕灵芝花果纹，两斗间置荷包梁。厅轩置两斗承桁，两斗间置荷包梁。厅均成四轩连缀满轩形式，做去板为讲究。

花厅前为庭院。明间厅轩前设花岗石台阶三级，两侧置垂带石。庭院东、西、南做轩廊形式，施弓形椽。与花厅廊相环通，成回廊形式，廊檐下置南水檐。回廊西壁开有细砖框边门景，上有回纹堆筑边门雕额，内镌"潄荻"阴刻隶书额文。庭内堆筑胡石假山，植含笑花一株。庭院四周设有高50厘米的花岗石台基。

花厅后轩北有小庭院，内筑黄石假山。庭院北侧承檐口，下做清水砖地坊。

棋乐轩馆，俗称"洋楼"。洋楼前有门屋，南向，面阔一间。进深五檩。梁架圆作梁式。室内方砖铺地。入门屋上部筑牌梁，出库门为洋楼前庭院。库门背面设砖雕牌科墙门一座，一坡小瓦屋面。檐下施砖雕仿木方形飞椽。上坊浮雕一斗六升十字牌科。上坊仿木砖雕故事图案。下设回纹挂落。字牌内镌"钟兰蕴玉"。阴文隶书字额文。并设有"著雍泹口满月，朗掌沈兆霖"款。两跑肚及下坊亦浮雕三国人物故事

外檐上沿口施砖细贴面装饰带，下嵌回纹挂落，檐口装饰十分精细。

二楼构架为内四界前重轩后单步营结构，内四界大梁扁作，抬梁式，大梁架于前后步柱之上，大梁两侧面刻镂枝花卉八音图，大梁背设两斗与金檩，山界梁背置五七式六升牌科，上承脊檩，牌科两侧依山头形式旁抱梁云，脊檩端抱檩旁形成房间。二楼前檐出檐较深，施飞椽，檐下施"毛筱胜"描金彩绘，檐柱进半界为廊，内顶筑轩，廊两侧铺方砖，外设木栏杆，内廊一枝香鹤颈轩，轩梁扁作，梁侧面雕蝙蝠、祥云纹，轩梁背设坐梁墩，蜂头镂雕花卉纹，轩梁端下设方形坐梁墩。明，次间之间以木板隔断形成房间。明，次间前均设落地长窗，次间之间以木板隔断。明，次间之间以木板隔断，楼梯构架在明间后后单步形式，内四界大梁扁作，抬梁式，大梁架于前后步柱上。梁背置两斗承金檩，梁背雕云纹，脊檩端置两斗承脊檩。上承脊檩与金檩，方木搁栅上承楼板，形成房间。明，次间之间设五七式斗六升牌科，梁背雕云纹。二楼铺地板，二楼前檐前置两斗承金檩。明，次间前檐出檐较深，檐式木窗，底楼明间前后檐前置落地长窗，明间两侧厢前檐出檐较深，梁侧面雕蝙蝠、祥云纹，轩梁扁作，梁侧面雕蝙蝠。再，次间之间以雀宿檐形成回廊，天井前影壁高耸，顶部筑脊，设罗汉砖侧砌地坪。天井内地铺方砖，明，次间之间以木板隔断。明，次间前檐出檐较深，檐下做檐式木窗，底楼明间前后檐出檐较深，檐下做雀宿檐形成回廊，廊前壁高耸，并设砖细承檐，影壁下部有

洋楼，二坡硬山造，面阔三间，进深九檩，底楼为内四界前重轩后单步做法，而内四界前设复水弯椽，天霾为海棠形轩式形制，底楼形成三轩连续满铺形式，做法讲究，且富有创美。前轩为一枝香轩形式，施鹤颈轩，轩梁扁作，轩梁侧面浮雕花卉纹。轩梁底设梁垫，蜂头浮雕楼寿桃，竹叶分及头香云。轩梁背设坐斗，坐斗两侧设缠枝花卉纹抱梁云，内轩为鹤颈轩，轩梁复水弯梁形，轩梁侧雕雕鹤颈轩，轩梁背设双斗承月梁形，轩梁侧雕莹芝纹荷包梁，轩梁侧浮雕花卉纹，四界承重扁作月梁，梁垫坐斗，架于机桁。平梁两侧浮雕花卉纹，四界承重架于前后步柱之上，蜂头坐斗，架于机桁。平梁两端有各雕花，大梁两肩各设上承平梁，架于机桁。平梁两端承檩。平梁背设双斗承月梁。梁面装饰采用满雕手法，侧面两端浮雕双凤纹，中部浮雕暗八仙图案，底端面浮雕花卉纹。大梁底设梁垫，蜂头镂雕人仙图案。大梁两肩设上承檩柱与后步柱之上，前步柱方形，下置扁方形石柱础，前后步柱之上，上置扁方形，下置扁方形石柱础，前后步檐柱与次间次间之间以木板隔断，明间后设檐方柱之上，上置扁方形石柱础，前沿前设花岗石台阶三级，明间前面两壁以细砖贴面，前置荸荠式木栏杆。洋楼底楼的前檐为雀宿檐做法，檐柱上部出短枋挑出，洋楼底半界形成外廊，廊顶设鹤颈檐做法，檐枋前端连接垂栏。垂柱下悬牡丹、菊、三纹花篮，短檐，下部三飞砖承檐。影壁下部有

图案。花岗石门框内置钉有泡钉的砖细贴面直排门两扇。庭内地铺花岗石地坪，前有高耸的墙垣，墙顶筑纹头脊，置滴水檐，檐下设砖细抛枋，中部饰双凤花果砖雕图案。院内置长条形花岗石盆架。

砖雕墙门一座，墙门为哺鸡脊、一坡小瓦屋面，滴水檐，下置仿木砖质方形飞椽，弄施仿木砖质风头昂式牌科。上枋两端雕出如意图案，下置回纹挂落。两侧荷花柱方形，上雕宝瓶乳钉纹。"其旋元吉"阳文额文，并落"戊申孟秋上旬，迪甫严良训"款。两兜肚内浮雕"渔樵耕读"人物故事图案。下枋两端雕出如意头，中部锦袱内深雕"渔家乐、藏舟"戏文故事图案。

东路第一进附房，面阔五间带两厢，通进深12.74米。梁架圆作抬梁式，边贴斗式。附房南侧假青石台阶十二级，为该堂东路登山庄之通道。

绿阶山庄是一座山地花园，建在高20米的小山岗上，占地约30亩之广，以自然景观为主，筑有百尺绿阶，舟居无水，一枝香庐等胜景，山地合阶上多达300余级，两侧花木掩映，故名"绿阶"。园之东有湖石堆砌的假山长达百米，半山腰有旱船，亭名"舟居无水"。山顶有亭，曰"一枝香庐"，亭名取李白的"日照香炉生紫烟"诗句之意。该亭是赏景佳地，身置亭中，北望太湖，群岛如笠，南眺莫山，紫雾飘绕；夜赏明月，皓月当空，繁星点点。

粹和堂是苏南地区大型传统民居中的代表性建筑，其规模宏大，布局有序，功能合理，特点鲜明。其建成年代明确，至今仍保存有四路七院共6 000多平方米的建筑，是苏南地区目前尚存的规模最大的清代民居建筑，亦是研究苏南乡土建筑的珍贵实例，具有较高的文物价值。

锦星堂

锦星堂，在苏州市吴中区东山镇上湾村，该堂坐北面南临街而建，保存完整。单体建筑有门屋、大厅、楼厅一路三进，是一处建于清道光二十七年（1847年）的小型厢体民居建筑。2005年6月，该堂被公布为苏州市控制性保护古建筑。

门屋，三坡硬山造。面阔三间11.9米，进深六檩6.3米。明间前开有矮门，矮门为花岗石门框，前有台阶三级。合阶两侧置有青石质垂带石。门框上部为清水砖做法。上下枋均为素面。下枋为"一块玉"素面形式。上枋以上三飞砖承檐口。门屋内架构园作，穿斗式。明、次间之间以落地屏门做成隔断。明间后步柱间置落地屏门六扇。室内方砖铺地。门屋后置有塞口墙。天井后置有塞口墙，正对门

屋有门罩式三飞砖墙门一座。墙门为戗条脊，一坡小瓦屋面，滴水飞椽，檐下为清水三飞砖做法。两端做成如意头形细砖雕饰，枋面长方形素面，两端与两侧镶以清水细砖框边，两侧置细砖插花插瓶博古纹。墙门背面为砖雕科墙门挂落形式，额枋下部施以细砖框宝瓶柱，枋中部墙以堆灰堆雕有"二龙戏珠"图案一脊，脊下施仿木砖雕十字拱牌坊小瓦屋面，滴水檐口，檐下施仿木砖雕手法颇为

锦星堂虽然是一座清道光时期的小型群体民居，但营建极有特点：一是其砖雕墙门的字牌内镌刻有该堂始建的绝对年代；二是大厅的进深极深，做法极具特点；三是选址较好，宅院建于山坡地上，前后三进，每进建筑前均设三至四级台阶，逐进递升。这种形式不仅使宅的泄水功能极为良好，而且目增强了每进建筑的采光。该堂是一处晚清小型群体民居建筑的优秀实例。

岗石柱础，上设斗以承檐檩。檐下置枋设挂落。左右楼承重扁作，方木搁栅上承楼板。明间地铺方砖，次间与两厢地墁地板。明、次间之间以木板做成隔断。明间后步柱间以屏门设成隔断。楼梯设在明间后，二楼梁架圆作拾梁式。厢房梁架圆作拾梁式。明间与两厢前置槛窗。两厢底楼前置库门，库门花岗石门框。住楼明间后包墙正中开有库门，库门花岗石门框。内设直拼门两扇，门表面贴以细砖，钉以泡钉。后包墙后面置副檐，设左右两厢。

住楼前有高耸的照墙。照墙顶部筑脊，设滴水瓦檐。下部有砖雕墙门一座，墙门哺鸡脊、一坡小瓦屋面。滴水檐。檐下三飞砖做法。上下枋两端雕出花纹头装饰。下置透雕挂落。两兜肚上下雕花卉纹。字牌内镌"轮奂增辉"四字额文。花岗石门柱内置首钉。花岗石门槛。设左右两厢。

大厅，二坡硬山造，面阔三间 11.9 米，进深 13.05 米。为前廊前轩内四界后穿堂形式。进深极深，形制较少见。明间左前廊前廊柱下设花岗石鼓形柱础，顶置坐斗。上承檐檩，檐檩外侧云头刻云头纹。廊川扁作。面刻花卉纹，廊川一头挑出到云头纹。承檐檩，以云头挑檐檩做法上承出檐。出檐较深。檐飞椽。前廊后设轩。轩梁扁作，施飞椽。下置梁垫。设蒲鞋头。轩梁背置双斗。上承檩，同设荷包梁。轩梁面雕缠枝花卉纹。大梁下设梁架。架于两步主之上。大梁下设梁垫，置蒲鞋头。梁两面雕荷花卉纹，大梁上设五七式斗承金檩。山界梁背置五式斗六升牌科上承脊檩，牌科两侧以山尖形式设仙鹤祥云纹山雾云。

明间后做穿堂。上做卷篷顶。轩梁背设今。次间后双步双步川扁作，双步川背设斗承雀替。底楼前设轩，前檐柱下设花岗石鼓形柱础。上枋两端雕出纹头装饰。下置透雕挂落。兜肚内浮雕喜鹊、猫和花卉纹。铝栿内浮雕凤穿牡丹纹。字牌内镌"星云洽颂"、"道光二十七年仲夏榖旦"，琴峰三叔父大人命题。侄孟鸿书"额文，年款及题额人姓名。两侧垂栖柱下是方形花篮。

住楼，面阔三间，前后带两厢楼，为楼下轩形式。底楼前设轩，前檐柱下设圆鼓形花

崇本堂

崇本堂，位于苏州市吴中区东山镇杨湾古街东侧，营造建年代无考，综观其现存建筑的梁架形制与装饰风格，当属青代晚期建筑，而东小楼应是民国时期增建的建筑。该堂原是苏州市控制保护古建筑，2005年6月，该堂被公布为苏州市控制保护古建筑。崇本堂是杨湾公派张知保父子所建。张氏父子是晚清时期上海湾的成功人士，尤其是张知保，曾任上海仁大、森和钱庄经理，江苏银行经事，以及钱业公会董事等职。由于他乐于公益事业，对社会贡献颇多，清光绪年间，清廷曾授予他四品衔花翎。民国六年（1917年）一月三十一日，

民国政府曾授予张知保嘉禾勋章一枚，以示表彰。崇本堂坐北面南，临街而建，四周高墙相围，是一处封闭式的院落。

该宅院原规模较大，占地极多，有东西两路建筑。该堂的现存建筑年代可能有早晚，前后两部分：前为老宅，后为新居。其普建年代可分前后两部分：前为老宅，后为新居。老宅有门屋、大厅、西住楼、东小楼、后附房及更楼；新居有前楼厅、后附房。

门第，单开间形式，门脸做一坡小瓦屋面，三飞砖承檐口。下设素面花边额枋，青石门框内设大门两扇，入内为门屋。

门屋，三开间，硬山造，山墙顶设五山屏风式封火墙。面阔五间，面阔三间带前两厢楼后东厢。东小楼，次间之间砌砖墙，形成独间。明间铺方砖，东、西次间铺地板。明间前设落地长窗六扇，柱间设屏门隔断。西次间后设槛窗。下置裙板，前厢楼茂楼前檐下设槛窗。小楼明间前为天井。天井内植天竹一株。天井前塞口墙高竖，塞口墙顶部砌纹头脊，设滴水檐，檐下做水作抛枋面墨绘"福"字动物纹。

东小楼二楼梁架作穿斗式，明、次间之间以木板隔断，明间前设槛窗。下置裙板，厢楼梁架水

西住楼明后间后设有石库门，匾额内镌"立修齐志"额文。

为圆作穿斗式。前檐下设槛窗。下置裙板。

东小楼后有附房三间。

西住楼，二坡硬山造，两山墙顶设五山屏风式封火墙。面阔五间带两厢楼，过深8.8米，底楼明、次间与两厢前副檐做法。明、次间地方砖铺廊形式。前檐，步柱下均设迭泛青石柱础。底楼前步柱直升楼顶为二楼前檐柱。明、次、梢间之间均以木板壁做成隔断，形成独间，做成矮墙，一置槛窗。两厢底楼前步柱间设槛窗、室内铺地板。

二楼梁架为内四界前后单步穿式。内四界前步圆作抬梁式，副、边贴穿斗式。明、次、梢间之间以木板隔断。明、次间与两厢前檐均施飞椽，檐下置槛窗。下设木裙板。槛窗前设细窗台，窗如外沿口置木栏杆。

底楼明间前设青石台阶台阶两侧置青石垂带石，铺青石地坪。天井前与两厢之间形成高窗，天井地铺小瓦滴水檐，檐下做水作抛枋。抛枋面墨绘花果图案。塞口墙下有砖雕墙门一座。墙门哺鸡脊，一坡小瓦屋面。滴水檐，檐下设一斗三升"鲤鱼跳龙门"砖雕。上枋两端出檐亦雕如意头。一部锦状内浮雕，蛟龙人物图案。下枋两端内分别浮雕麒麟、蛟龙戏珠图案。字牌内镌图案。

院东西有附房四间。后院墙有砖雕墙门一座。墙门哺鸡脊，一坡小瓦屋面。滴水檐。上枋仅两端浮雕如意纹。两兜肚内光素无纹。字牌内镌楷书"深培毓秀"额文。下枋两端端雕回纹。花岗石门框内置直拼门两扇。出墙门为备弄，西端设有更楼。

更楼为楼两层，四坡小瓦屋面。面阔一间，梁架圆作抬梁式，卷篷顶。更楼西侧临街，二楼西墙上设和合窗。下置裙板。楼西墙设石库门，库门花岗石门框，门下堂台阶两级。楼内青砖侧砌地坪，地坪正中设一前一后两个落栓石槽，石槽石质，长方形，边长分别为47厘米、33厘米，石槽正中皆有凹槽。

楼厅，二坡硬山造，两山施驻搏风，面阔五间，进深18.8米，明，次间前后带两厢楼20.6米，进深18.8米。明，次间前后带两厢前副檐做法。底楼承重扁作，方木搁栅上承楼板。承重两侧雕如意纹，次间前设一枝香轩，轩梁扁作，轩梁两侧雕卷云夔龙纹，底施鹤颈椽。梁底中部设有铜环，轩梁下置梁端面雕如意纹，斗两侧置灵芝纹抱梁云。轩梁背斗承轩析，下设花岗石质扁方形柱础，上置坐斗承檐檩。前檐柱出檐较深，施飞椽，椽下为云头挑梓檩檐檩做法。明间前后步柱之间以屏门隔断。次、稍间前后步柱之间设槛窗。下置半墙。次、稍间后以木板隔断。明间铺方砖，次、稍间铺地板。

天井。明、次、稍间后铺地板。

维新堂

维新堂,位于苏州市吴中区东山镇陆巷古村内,建于清代。据《叶氏族谱》载,维新堂是叶氏第三十二世裔孙叶有寄所建,现为叶氏侨建之一,是一处流传有序的民居建筑。1986年,该堂被公布为县市级文物保护单位。

宅院坐北面南,方位偏东200°,自南向北依次有大厅、住楼、附房三进,每进单体建筑之间有天井相隔,形成独立的单元。

大厅,面阔五间14.8米,进深11米,为内四界前轩后单步形式。轩为鹤颈轩,船篷顶,轩梁两端背置两斗承桁,两斗间设荷包梁,内四界大梁扁作,架于前轩步柱与后步柱之上,梁背置大斗,上承金机与脊檩。山雾云包栋,边贴穿斗排柱式,步柱顶设卷云纹山雾云护山尖,山雾云形青石坐斗上承有檩。金柱顶设坐斗上承檩,下端直接落在青石质磉石上。中柱下端落在青石质磉石上。上承有檩,上端有波水,檩科两侧置卷云纹山雾云护山尖,上承有檩,下端水直接落在青石质磉石上。步川扁作,弯月形,施夫底幅板。大厅明间后步柱间设落地长窗,后步柱间设屏门隔断。次间前设半墙,置槛窗。檐柱下设圆鼓形青石础,大厅东、西稍间前后均设坐斗,上承檐檩。山面穿斗排柱式,两稍间前后设阁楼。

住楼,面阔三间带两厢,圆木摘柎作,通面阔11.6米,通进深12.6米。底楼四界承重扁作,圆木摘柎上承楼板。明间,次间前设落地长窗六扇,后步柱间设屏门隔断。明间,次

二楼梁架圆作穿斗式,为内四界前后双步做法。明、次、稍间之间均以木板做成隔断,形成独立间。明,次间与梢间梁前檐做法十分讲究,均在檐柱前置砖细窗台,窗台沿口设成弓形,下做槛窗,槛窗上做挑出半界。上均设栏杆。

住楼前檐桁楼面嵌筒瓦,底楼前设副檐,置一枝香轩,施鹤颈轩,形成轩廊,与明、次间前轩廊相通,成为回廊。两厢,其年轩的做法与所隔檐和明,次间前轩相同,两厢二楼梁架做圆作,拾梁式,卷篷顶。楼厅前为庭院,院内花岗岩石板铺地,院庭口墙上墙头作雕缝门一座,墙下部设砖细墙裙,墙顶做鸡子脊,置滴水檐,檐下设砖细筒瓦小瓦屋面。其下部各构件雕饰均做细纸筋涂抹。

住楼后墙北侧设披檐,形成后备弄。后备弄有住屋,住屋面阔五间带两厢。梁架圆作穿斗式,厢房面阔两间,进深七檩,内四界前廊做法,边贴穿斗式。住屋明间前内四界前檩圆作梁式。

该堂的存在,为研究晚清时期民居建筑的形态,结构及当地的人文历史提供了十分珍贵的实物资料。

乐志堂

太平村

乐志堂，位于苏州市吴中区东山镇翁巷，是严家淦的祖传宅第第。2005年6月，该堂被公布为苏州市控制性保护古建筑。

严家淦（1873—1952年），字孟繁，出生于官宦世家。清末由附贡生选授吏部司务，因办事干练，深得两宫太后和光绪帝之信任。历任江西九江府同知、广州府知府、广东巡警道等职。在任时颇有政声，尤其是两次拒开赌禁，以辞职力争，声震朝野。民国后又先后任粤海关监督、广东财政厅长、湖南财政厅长、江苏财政厅长等显职。1920年曾任东南大学校董。抗战时期曾历任伪华中政府

住楼明间前与两厢之间形成天井。天井内青砖侧砌地坪。四周有高出地坪犬牙咬合台基。天井前有塞口墙，墙下设墙门一座。盖门皮条脊，滴水檐，三飞细砖承檐口，下设方木砖雕牌科。水作仿，做如意头形式。

附房，面阔三间11米，进深6.1米。梁架圆作，穿斗式，用料较小。

该堂是一处小型群体民居建筑。其布局紧凑，营造规范，是研究清代乡土建筑的绝好材料。

间之间以木板隔断，明间铺方砖，次间与两厢铺地板。两厢前下设半墙，上置槛窗。次间与两厢前方砖，楼梯设在西次间。二楼构架为内四界前后单步形式。内四界大梁扁作，抬梁式。大梁架于前后步柱之上。大梁两肩各设斗。上承金檩与山界梁。上承金机与山界梁。边贴穿斗式。明、次间之司以木板隔断，明间与两厢穿斗式，卷蓬顶。明间与两厢前檐下均设槛窗。

"财政部长"、汪为南京政府"财政部常务次长"、"监察院监察使"等伪职。抗战胜利后，严家织因汉奸罪被判刑13年。1952年病逝。

这座严氏祖宅历经沧桑较大，现尚存前住楼、前住楼。二坡硬山造，面阔四间带后厢，底楼四界承重扁作。方木搁栅上承楼板。边贴穿斗式，四界内四界大梁扁作，抬梁式。前檐下设檐窗，铺地。二楼内四界大梁扁作，前檐下设檐窗，铺地。上施草架，前后檐下设挂落。照墙上嵌楼前为庭院，院为花岗石板铺地。照墙上嵌下部正中砖雕仿木牌科。门楼二坡一座，门楼下部正中砖雕仿木牌科。上枋内施砖雕水檐，檐下施砖雕仿木牌科。上枋内施砖雕两兜肚，檐下不施砖雕图案已毁，字牌内饰燕翼"额文。

前住楼后厢之间形成天井，天井内地铺花岗石板地坪。正对后住楼有砖雕门楼一座。门岗石板地坪。正对后住楼有砖雕门楼一座。门仿木砖雕鸡背。上枋"凤穿牡丹"图案，两侧荷花柱内光素无纹。花岗石条石门框，门柱下悬莲花。花园石条石门框，门楣雕如意纹。门下悬莲花。

楼背面为哺鸡脊，一坡小瓦屋面，滴水檐，檐下施仿木砖雕为楼与牌科。上枋内浮雕"玉映蕙茂"四字行书额文，两图案，字牌内刻云龙纹。下枋浮雕花开、鹿、鹤纹饰。两兜肚内刻荷花柱下悬莲花。

后住楼，面阔四间带两厢，底楼副檐做法四界承重扁作。圆木搁栅上承楼板。室内方砖铺地。二楼内四界大梁扁作，抬梁式。大梁架于前后步柱之上。梁肩设大斗，上承金檩。山界梁架于前叶界大梁扁作，抬梁式。梁肩置前叶梁肩，设一斗六升合牌科。承脊檩。山尖施山雾云。拱端雀替两务设抱梁云。

后住楼，前檐出檐式，船篷顶。前檐下置斜窗。
厢房底楼梁架扁作抬梁式，船篷顶。前檐下置斜窗。
后住楼前有天井，天井内地铺设当属清代建筑，该厢二楼后住，天井内铺设花岗石板坪，两侧住楼梁架形制看，两厢当属清代建筑，该从梁架形制看，两厢当属清代建筑，该宅的存在，为研究当地的人文历史及严氏家族史提供了重要的实物资料。

纯德堂

纯德堂，位于苏州市吴中区东山镇杨湾村张巷80号，建于清咸丰五年（1855年）。该堂中轴线方位为西南向，依山坡而筑。它四周有高耸的院墙相围，是一处封闭式群体民居建筑。2009年7月，该堂被公布为苏州市市级文物保护单位。该堂规模宏大，现存单体建筑可分东、中、西三路：中路为正落，依次有轿厅、大厅、住楼；东西路有备弄相通，每进单体建筑之间又有天井相隔，形成独立的建筑单元。轿厅，二坡硬山造，两山墙顶部设五山屏风式

封火墙。面阔三间12.4米，进深六界8米，为内四界前廊形式。内四界大梁扁作，拾梁式，前后步柱下设圆鼓形青石础。顶置圆坐斗上承大梁与步檩，大梁前设斗上承金檩。山界大梁设斗三升牌科承脊机与脊檩。边贴穿斗，前檐出檐较深，施飞椽。檐下设51.5厘米，厚20厘米的青石压口石。

轿厅前有庭院。院墙顶筑脊，设滴水檐，檐下做水作抛枋。东西院墙正中各开一墙门，形式相同。墙门一坡小瓦屋面，滴水檐。素面枋，下开门框。庭院内设青砖，侧砌"人"字纹地坪。

大厅，面阔三间12.45米，进深11.4米。内四界前后单步形式。前廊扁作川，前檐出檐较深，施飞椽，檐下为云头挑梓檩做法。廊柱下设石圆鼓形础。前前轩轩梁扁作，梁背设双斗上承桁，双斗之间设荷包梁。上设草架。轩梁下有梁垫，雕葵花、牡丹图案。内四界大梁扁作，前后步柱下设圆鼓形花岗石础。顶置坐斗上承大梁。大梁肩设斗上承脊檩。山界大梁设斗三升牌科，上承脊檩。山界大梁底设落地长窗，雕如意脊檩施彩绘，山雾云已毁。大梁底设落地长窗，次间前设落地长窗，长窗图案。边贴穿斗式。明、次间前设落地长窗，长窗裙板上浮雕梅、兰、菊、牡丹花纹，绦环板雕博古图案。大厅前廊左右壁面开细砖框边门景。门景

上部额内分别镌刻"兰言"、"梅韵"砖雕隶书额文。大厅明间后设穿堂，穿堂现已毁，穿堂两侧有蟹眼天井。两次间后设厢窗，上置槛窗。

大厅前的庭院，院墙顶部筑脊，院墙正对大厅明间设砖雕门一座，门楼一坡小瓦屋面，设滴水作抛仿，檐下设仿木砖细牌科，上坊下部施砖雕回纹挂落，中部光素，上坊下部施砖雕回纹挂落，花岗石门槛内置直棂门两扇。庭院地铺青砖，两侧砌地坪，植棕树两株。

住楼，二坡硬山造，小瓦屋面纹头脊。面阔五间带两厢19.15米，底楼副檐青石础，前檐出檐极深，月梁形，步柱下设圆鼓做法，做工极为精细。明间前设落地和合长窗六扇，稍板浮雕牡丹图案。两次间前设落地长窗，下设矮墙。厢房面阔两间：前间前檐下设和合窗长窗，下设矮墙，次间前后地铺方砖，两稍间六扇，长窗稍板浮雕牡丹花；后间前檐下设长窗六扇。住楼明、次间地铺方砖，两稍间铺地板。二楼梁架为四界做法，明间前设落和合窗六扇，山界梁蜀柱上承脊檩，脊檩下包圆作抬梁式。二楼稍板浮雕牡丹图案。

青砖侧砌地坪，内置天竹两株。院墙高耸，墙顶筑脊，设滴水檐，檐下做水作抛仿，抛仿面墨绘回纹图案。正对明间设砖雕墙门一座，一坡小瓦屋面，设滴水檐，檐口置水波纹瓦头"寿"字纹滴水，上方中段光素，檐下两侧浮雕荷花柱，两兜肚内周四周雕回纹挂落，中间光素，上方两侧镌阳文"勤俭忍耐"、额文左侧镌刻阴文行书"历年居厉得额豆月"，额文右侧镌刻阴文行书"游藝華周豆月"，额文下部镌刻回纹图案及绝对年代"自跋文，乙卯岁，不自量力，戤咐工匠材……为创造花厅。这种记述方式在吴地明清民居中仅此一例。

前轩为卷篷轩，轩梁扁作，轩梁抵设鳌头雕牡丹图案，轩梁背设双斗承桁，双斗间包头雕牡丹图案，轩梁出檐较深，檐柱下设青石础，前廊川扁作，檐柱下设青石础，施飞椽，檐椽下置双斗承挑川扁作。山界梁背设蜀一斗三升科，榫科两侧设云头纹山雾云。大梁下设梁垫，蜂头镂雕"寿"字如意图案。

云雷纹。下夹檩雕回纹，上夹檩透雕折枝花卉图案。明间后步柱间以屏门隔断。次间后檐柱之间设槛窗。下置木栏杆与裙板。西次间后有边廊通书房。次间后步有天井，墙垣高大，筑脊，设滴水檐。檐下做水作抛枋。

花厅前庭院地铺青砖，侧引地坪，内植枇杷两株。院墙筑脊，设滴水檐，檐下做水作抛枋。前廊两壁开砖细棂框门景，上有砖雕后，内镌楷书"环秀"额文。

两路书楼，二硬山造，小瓦屋面。面阔三间9米，进深 11.5 米。底楼为四界连缀形式，现后半部分已拆。廊轩施弓形椽，前檐卜檐较深，施飞椽。廊柱顶设坐斗。下置圆鼓形青石柱础。柱间设木栏杆。内轩施鹤颈轩椽，轩梁背设双斗上承桁。双斗间设荷包梁，轩梁下置梁垫，蜂头雕灵芝纹图案。前步柱为省柱做法，上悬方形

花篮。内三界船篷顶，梁扁作，下设梁垫。梁扁作，山架梁背设双斗头分别雕兰花、牡丹、菊花图案。明。次上承桁。双斗间设荷包梁。后半部分已拆。明。次间前步柱间均设落地长窗，窗隔裙板浮雕博古图案。上夹檩光素。底楼室内方砖铺地。二楼梁架为圆作抬梁式，构架较朴素。二楼前檐出檐较深，设置细窗台。窗台外侧设木栏杆。二楼前檐前设槛窗。二楼梁背设置细窗台。窗台外侧设木栏杆。二楼底楼前有庭院，院墙顶筑脊，设滴水檐。书楼檐下设水作抛枋，抛枋面墨绘图案。

值得注意的是，书楼前楼前的前院院墙呈弧形，前院墙外又有小院。小院外设整个宅院的院墙，院墙两道墙垣之间有古井一座，古井青石井栏，高耸。呈六角形，高 40 厘米，内径 35 厘米。井栏外侧镌有"大明嘉靖三十六年仲春吉旦"字铭。据推断，该堂应始建于明代。清咸丰五年进行了全面翻建，

该堂之房基应属明代，内院墙可能也是明代之物，而外院墙则为清咸丰五年所砌筑。

纯德堂是一处具有绝对年代的群体民居建筑。其规模宏大，布局有序，呈"前堂后寝"的格局。该堂砖雕、木雕工艺精湛，构图鲜活，具有较高的艺术价值，是苏南地区清代晚期群体民居建筑的优秀实例，对研究我国民居建筑的发展史及民俗文化史均具有较高的价值。

瑞凝堂

瑞凝堂，位于苏州市吴中区东山镇东新街殿后弄，始建于清咸丰年间。该堂原是席福田的住宅，2005年6月，该堂被公布为苏州市控制性保护古建筑。

该堂原规模较大，现存单体建筑有前后两进，前进有东西住楼；后进有住屋。

东住楼，二坡硬山造，面阔五间带两厢楼。底楼承重扁作，方木搁栅，上承楼板。明、次间前置落地长窗六扇，次间前檐下设落地长副檐。正间步柱间上设槛窗，下设葵式万川木栏杆，做法较为讲究。正间后步柱间以屏门做成隔断，室内方砖铺地。二楼正贴构架大梁扁作，拾梁式作牙斗式。前檐下设槛窗，厢房面阔两间，抬梁扁作，并置方头云头挑桁做法。檐下为云头挑梓桁做法，檐下悬方形小花篮八只，极有装饰趣味，属雀宿檐做法。两厢前檐柱间设宫式落地长窗。住楼前为天井，天井前塞口墙高耸，筑脊，设滴水檐，檐下施砖细贴檐面抛枋。塞口墙下部有砖雕墙门一座。墙门两端雕如意头，一坡小瓦屋面，滴水檐。上下枋下有回纹挂落边，内光素，左右兜肚以勾连云雷纹框边，内光素。

西住楼，面阔三间带两厢楼。底楼承重扁作，明间上承楼板。明间地铺方砖，次间铺地板，正方木搁栅。明间前置槛窗六扇，下设半墙。二楼梁架圆作，前设牙斗式，边贴抬梁式，前设槛窗。住楼前有天井，以及高耸的塞口墙。塞口墙筑脊，设滴水檐，檐下施抛枋，抛枋面墨绘花纹装饰带。照墙下部有砖雕墙门一座，抛枋上一坡条脊，一坡小瓦屋面，滴水檐。上下枋与左右兜肚内均光素无纹。字牌内镌"□□□□祥"额及"咸丰□□"年款，部分字迹已漫漶。

景德堂

景德堂，位于苏州市吴中区东山镇翁巷建新村，为清代晚期建筑，原是东山大族严氏祖宅，后因房主无力管理，要求国家收购。1980年后由当地房管部门管理，2005年6月，该堂被公布为苏州市控制性保护古建筑。该堂坐北面南，现存住楼，住屋两进单体建筑，占地面积473平方米，总建筑面积614.5平方米。

住楼，单檐硬山造，面阔五间带两厢18.36米，进深七檩，底层进深9.15米，二层进深8.8米。底层承重扁作，圆木搁栅上承楼板。明间室内为砖铺地，两次间与两厢前檐做法、底层明、次间与两厢前廊后檐做法，前檐出檐较深，檐下为云头挑梓檩形式，下设斜撑，形成雀宿檐做法。

二楼前檐柱退后0.35米，为骑廊做法，梁架圆作，为内四界前廊后双步结构，正贴中柱落地分心穿斗式，边贴穿斗式，所有柱头均直接承托梁架，下部均设石质鼓礅。

两厢楼，东西朝向，两厢房面阔两间4.79米，进深2.47米。梁架作梁式，卷篷顶，东厢楼面阔、进深、梁架形式与两厢相同。

住楼前为庭院，正对明间设砖雕墙门一座。墙门铺鸡脊，一坡小青瓦屋面，罩花边头，上下防两端雕如意头，两兜肚以锦纹框文，内开落有"乙卯仲春吉日，郑长昕"刻款，区光素。字牌内阴刻"以德为宝"隶书额文，后住屋，单檐硬山造。面阔三间带两边门11.7米，进深六界6.83米。梁架为内四界前后

后进住屋，二坡硬山造。面阔十间，进深七檩。梁架圆作，正贴掐梓梁式，边贴穿斗式，较朴素。该堂西住楼前的墙门字牌内镌刻有"咸丰□□"年款。当属该宅院建成的绝对年代。

福田是洞庭东山严族严氏之后裔，其曾祖在上海经营钱庄，致富后返乡建宅是情理之中的事。该堂存在，为研究当地人文历史及严氏的家族史提供了珍贵的实物资料。

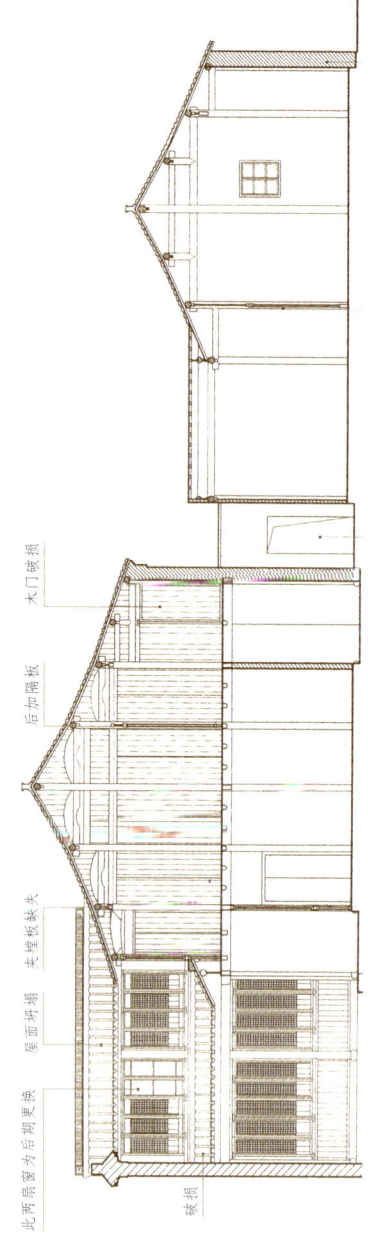

廊形式。正贴内四界大梁扁作，大梁架于前后步柱之上，梁两肩设童柱上承平梁，架上金机与金檩。边贴圆作，中柱落地分心穿斗造。明间前设落地长窗六扇，长窗裙板刻有"美"字蝙蝠纹，寓福寿之意。住屋共用柱18棵，柱下均设石鼓墩。

两厢东西向，二坡硬山造。西厢房面阔3.25米，进深2.4米。与一进住楼相通。东厢房面阔4.71米，进深3.5米。南侧设有宽为1.46米的通道进入天井。东厢与一进住楼东次间相通。两侧均设窗。两厢房所有柱头均直接承托梁架。

住屋前为天井，天井内铺青砖墁地坪，正对住屋明间设有挂壁式砖雕墙门一座。墙门纹头脊，一坡小瓦屋面，滴水檐。上枋、两兜肚及字牌内均光素无纹。青石门帽上镌刻笔锭胜图案。

该堂的存在，为研究晚清时期的民居建筑提供了珍贵的实物资料。

承德堂

承德堂，位于苏州市吴中区东山镇东新街古石巷内，是洞庭东山大族周佐经在清光绪甲辰年（1904年）所建。2014年6月，该堂被公布为苏州市市级文物保护单位。

据《洞庭东山周氏支谱》记载，东山周氏为北宋周敦颐之后，迄明初，周芝品迁居洞庭东山周家港，为东山周氏之始祖，后繁衍为东山望族。周佐经，字庚五，清光绪年间（1875—1908年）曾入仕为官，起先捐了个浙江候补道台，不久至天津大沽口临江候补总办，晚年返乡，在东山古石巷建造了这所豪宅。

该堂深藏在一条小巷之中，其规模宏大，气势恢宏。单体建筑可分东西两路：东路依次有门第、轿厅、大厅、前住楼、后住楼，西路有前后花厅，间以备弄相通。东路轿厅、前住楼、上下枋两端雕出如意头，花岗石门框内设穿水檐，上下枋两端雕出如意头，花岗石门框内设门两扇。

门屋，面阔两间，进深四界。

门第，南向，门脸砖细篮门形式，皮条青石门筑，二坡硬山造，面阔三间，进深七檩，明间前支落地长窗六扇，两次间前设短窗，下置木栏杆。明间前设穿堂，穿堂两侧设蟹眼天井，檐下做细砖贴面铺砌，院内铺花岗石板地坪。

大厅，二坡硬山造，面阔三间，为内四界前轩后双步架做法，内四界大梁扁作，抬梁式，梁架圆作抬梁式，边贴穿斗式，明间前轩纹饰，刻有"双凤朝阳"、"鲤鱼跳龙门"、"缠枝花卉"等图案。山尖设一斗六升蒲鞋头与脊檩，山界梁背设山雾云，轩两侧设落地长窗六扇，为船篷式，轩内梁檩、两侧砖细堂门上，额枋端壁面分别镌"鸾翔"、"凤翥"额文，明间后设穿堂，穿堂两侧设蟹眼天井，明间前设落地长窗六扇，次间前设槛窗，下置木栏杆。厅内方砖铺地。

大厅前为天井，天井两侧院墙开有花窗，地铺花岗石板，塞口墙下设砖细雕牌门楼一座，门楼铁头较深，二坡小瓦屋面，滴水檐，檐下底枋前设副檐，出檐较深，二坡梁架圆作抬梁式，边贴穿斗式，三楼为船篷顶，上设草架。枋下雕刻有人物戏文故事图案。左右两兜肚内雕有人物戏文故事图案。下枋两端雕出如意头，桃子图案，含"福子多子"之意。下枋内镌"承先启后"，"光绪甲辰"额文及年款。

前住楼，面阔三间带两厢搂，底楼为方木椽地铺，塞口墙下设落地长窗六扇，两厢底楼前设门楼，明间前设落地长窗六扇，二坡小瓦屋面，滴水檐，上设梁架圆作，二楼梁架扁作，上设草架。明间前与两厢前檐出檐较深，二楼为船篷顶。住楼明间前与两厢之间为天井，下设槛板。住楼明间前设仿木砖雕牌科门一座，墙下置砖雕牌科，檐下设仿木砖雕牌科，一坡小瓦屋面，滴水檐，两端雕出如意头，枋两端雕出如意头，中部刻双夔龙图案，字牌内镌"作善降祥"、"光绪甲辰"额文与年款。

斗上承檩。山界梁背设一斗六升牌科上承脊机与脊檩。山头施山雾云。前轩船篷顶。轩廊东西壁面开有细砖框边门景。上均设砖额，额内分别镌有"雯月"、"元风"、两门景分别与东备弄相通。后花厅后部做法较特殊，明间后设轩，施鹤颈椽。两门景后部嵌法木板天花。后轩步柱间以屏门做成隔断。西备弄西壁面设门景。与后花园相通。西备弄北端底设楼梯，楼梯前安暗门。进暗门上楼梯右折为楼面两暗室。暗室左右各一间，分别是后花厅东、西次间后轩的上部空间。

后花厅明间后为天井。后墙高耸。下设库门与后街相通。

后花院在花厅西侧。院内植以花木，置有石台、石栏。十分雅致。

该堂是一处规模宏大的群体民居建筑。营建规整，布局有序。其正落各进单体建筑利用宅基坐落的坡地逐进提高。既利于采光。又便于泄水。科学合理。大厅与两花厅采用满堂雕刻的手法。十分华而。所雕纹饰有一定寓意。反映了宅主人对多子长寿的企盼和对未来生活的憧憬。同乐轩三轩连缀的做法使内屋顶富有柔和的曲线美。具有较高的艺术价值。省心书屋后部二楼暗室的设置极为巧妙。充分显示出古代建筑匠师对布筑之心态。亦可窥视出宅主人具有防患于未然的私密心态。是一处苏南地区晚清群体民居建筑的优秀实例。具有较高的文化价值。

后住楼。面阔三间带两厢楼。底楼形式和梁架做法与前住楼相同。唯明间与前厢前缩进半界为廊。形成走马廊形式。廊檐下设木栏杆。

后住楼前塞口墙下有砖雕墙门一座。墙门头、一坡小瓦屋面。滴水檐。上匀两端雕以如意头。两兜肚内光素无纹。字牌内镌"积善余庆"，"光绪甲辰中秋"额文与年款。

前花厅。取名"同乐轩"。面阔三间。为三界回顶前后轩做法。形成三轩连缀禊轩形式。前轩船篷顶。后轩施鹤颈椽。三界梁扁作。明间前后均设落地长窗。次间前后均设槛窗。下置木栏杆。厅内方砖铺地。花厅后东西两侧落地长窗形成隔断。厅内与后花厅相通。

后花厅。取名"省心书屋"。轩步柱上有木楹联一对："数百年人间无非积善，一件好事还是读书。"书屋面阔三间，为四界前后轩形式。四界大梁扁作，架于前后轩步柱之上。大梁背设两

文德堂

文德堂，位于苏州市吴中区东山镇人民街46号，建于清光绪三十一年（1905年），系大盐商叶鹤甫之别业。现为于如林私宅。2014年6月，该堂被公布为苏州市市级文物保护单位。

叶鹤甫（1845—1917年），号荷成，是南末名臣叶梦得第二十七世裔孙。他早年在松江、青浦典当铺学业。后又从事运输业。因极具经商理财之才能，深得南浔大盐商刘氏赏识，并委以重任。不久，又自行立业。继而他又转向金融业，先后在上海、扬州、苏州、淮阴、镇江开设同德昌盐号，睢宁开设当铺，遂成巨富。叶氏垂老归乡后，于光绪三十一年（1905年）构筑了文德堂。

该堂坐北面南，临街而建。单体建筑沿中轴线分布，依次有门屋、前后花厅及楼厅。占地面积达1800平方米。

门屋，面阔四间，进深五檩。
前后花厅相互对称，两侧有廊，前后可贯通，中间为庭院。
前花厅，二坡硬山造，哺鸡脊，小瓦屋面，面阔三间10.8米，进深七檩8.4米。厅做廊头轩形式，前后轩均施鹤颈椽。轩梁扁作雕鲤鱼花卉纹，轩梁

底设梁垫、蜂头雕寿桃、石榴。轩梁背置双斗承檩，间设荷包梁。梁面雕缠枝花卉纹。下置梁垫。蜂头雕如意。大梁背置五七式斗，上承金机与金檩。三界梁背置一斗六十牌科、上承脊檩。牌科两侧以山头形式置山雾云。边贴穿斗式。明间前设落地长窗六扇，次间前设槛窗，下置半墙。后步柱间以落地花窗做成隔断。厅内方砖直纹铺地。院内花岗石板铺地。

后花厅，面阔三间10.8米，进深6.4米。两侧有轩廊，均施鹤颈椽。两侧轩底与前花厅相贯通，形成回廊形式。轩廊宽1.8米，前檐出檐较深，檐

下为云头挑梓檩做法。轩廊两侧壁面开有砖细框门景，与东西备弄相通。后花厅的形式和梁架结构与前花厅基本相同。前后花厅间为庭院，院内地铺花岗石板，四周以花岗岩条石做沿口。

楼厅，二坡硬山造。面阔三间带两厢 10.2 米，总进深 13.9 米。楼厅为楼下轩形式，前设轩，施鹤颈椽。轩梁满雕缠枝花卉纹与戏文故事图案。轩梁下置梁垫，蜂头雕如意纹。轩梁背设斗，置荷包梁。轩廊两端壁面开有细砖框边门景，与备弄相通。楼厅大承重扁作，下置梁垫，蜂头雕刻如意、石榴纹。承重侧面雕缠枝花卉纹，方木搁栅上承楼板。明间前设落地长窗，次间前设短窗，下置半墙。厅内方砖铺地。楼梯设在东次间内。二楼梁架圆作，用料硕大。构架为内四界前轩后双步做法。前轩卷篷顶。内四界抬梁式。厢房卷篷顶，前檐下设短窗，下置木栏杆。

楼厅前为庭院，前院墙开以花窗，开有月洞门，院内地铺花岗石板，并植有黄杨，十分雅致。

信恒堂

信恒堂，位于苏州市吴中区东山镇新义村 24 号，为潘氏祖传宅院。2005 年 6 月，该堂被公布为苏州市控制性保护古建筑。

据《潘氏宗谱》记载，潘氏在明万历年间从吴兴怀七里迁居太湖东山唐股村，始迁祖为潘秀。潘秀之孙潘文选，曾候选州同知。从此潘氏涉足仕途，亦耕亦读，亦商亦仕，家势渐起。潘秀九世孙潘金莱，早年随父经商，后成为江淮盐商，遂于光绪年间在东山响水涧北购地建造了信恒堂。

信恒堂坐北面南，依山脚而建。单体建筑一路五进，依次为住屋、双圆堂、前住楼、后住楼。间以天井相隔，形成独立的建筑单元。

谨庆堂

谨庆堂，位于苏州市吴中区东山镇通德里25号，为东山望族万梅峰之宅第。2005年6月，该堂被公布为苏州市控制性保护古建筑。

万梅峰，名履占，字梅峰。早年家境并不富裕。只好到上海一家商号当伙计。尔后，在一家洋行经营布业。据传，咸丰年间沪地白呢畅销，众多商号怕进货后造成积压不愿进购，因此当时市场上的白呢极为便宜。而万梅峰却代洋行收进了大量的白呢布。同行纷纷认为此是冷门货，一定血本无归。咸丰皇帝驾崩于热河行宫，全国举丧，是年盛暑，咸丰皇帝驾崩于热河行宫，全国举

门屋东向，设在第二、三进园堂之间。面阔一间，进深三界。第一进住屋，面阔三间带前后厢，梁架圆作，正贴抬梁式，边贴穿斗式，较朴素。住屋前有墙垣相围，形成庭院。院内有桂一棵，主杆直径12厘米，甚为珍贵。

第二、三进为两座对称的圆堂。圆堂面阔三间，进深七檩。梁架圆作，正贴抬梁式，边贴穿斗式。前檐下设落地长窗六扇，东西两侧设轩廊，廊轩施鹤颈椽，上设草架，两圆堂前后可贯通。圆堂之间为天井。

前住楼，面阔三间带两厢楼，底层承重扁作，方木搁栅上承楼板，明间前方砖铺地，室内方砖铺地。二楼梁架圆作，正贴抬梁式，边贴穿斗式。前设檐窗。厢房面阔两间，设半墙。两厢前为天井，天井前照墙高耸，筑哺鸡瓦脊。设滴水檐。照墙下贴有细砖面抛枋，照墙下部正中有砖雕墙门一座，墙门为哺鸡脊，一坡小瓦屋面，滴水檐。字枋内均为光素无纹。

后住楼，面阔五间带两厢楼，底层承重扁作，方木搁栅上承楼板，明间前方砖铺地。明、次间前与两厢之间形成庭院。前檐下设落地长窗六扇。厢房面阔两间。明、次间与两厢梁架圆作副檐。施飞椽。二楼为内四界后双步形式。梁架圆作副檐。明、次间内四界抬梁式，构架较朴素。前檐下设槛窗。次间前与两厢之间形成庭院。院内铺花岗石板地坪，四周条石压边，院内有水井一座。庭院前为高耸的照墙，照墙下部有门罩式砖雕墙门一座。墙门为哺鸡脊，一坡小瓦屋面，滴水檐。檐下部即置石门楣。

从形式与梁架结构分析，信佰堂当属清末建筑。该堂布局紧凑，构架朴素。其特点是利用山坡地形。前后各进单体建筑逐渐提高，既利用采光，又便于泄水。该堂的存在，为研究当地的人文历史提供了珍贵的实物资料。

表，官员们均需购买自呢做衣服，一时引发自呢价格暴涨，全部脱销，洋号大赚了一笔，遂以重金奖赏方梅峰，万氏瞬间致富。

万氏滴庆堂，原规模做法、现尚存建筑可分东、西两路：东路依次有门屋、楼厅，前后住楼；西路有花厅、书房、佛楼，间有备弄相通，天井相隔。

门屋，面阔一间，进深五檩，进门屋折西有砖雕墙门一座，墙门正面为一坡小瓦屋面，滴水檐下有上、下枋，字牌，两兜肚内均光素无纹，花岗石门框。上槛面雕笔锭胜图案，墙门背面为纹头脊，中部堆塑走兽，一坡小瓦屋面，滴水檐，檐下三层叠涩飞砖。上枋雕回纹，下设回纹挂落，左右兜肚无纹，中部字牌以回纹镶边，中部光素。下枋中部施锦袱，两侧荷花柱下悬莲瓣形花篮。

楼厅，面阔三间，底楼承重扁作，前后设船篷轩，为楼下轩形式。明间与两厢前檐出檐较深，两厢檐下设挂落，下悬方形花篮置有竹节形斜撑，为雀宿檐做法。二楼方形花篮，上贴拾梁式，边贴穿斗式，有檐施彩绘作。正贴抬梁式，边贴穿斗式，有檐施彩绘作。上设草架。面阔三间，底楼承重扁作，方船篷顶，上设草架。前檐置雕花船篷轩，前住楼，面阔三间带两厢，底楼承重扁作，明间前设花木摘棚上承楼板。室内地铺直纹方砖。

岗石台阶两级，二楼梁架圆作，正贴抬梁式、边贴穿斗式，构架朴素。两厢底楼前设副檐，置有挂落与斜撑。明间与两厢间形成天井，天井前有高耸的影壁，墙面筑脊，影壁下部正中有墙门一座。

花厅，二坡硬山造，面阔三间，为四界大梁扁作，梁侧雕人物花卉故事，前后轩柱柱础，为省屋面，下悬方形花篮。厅内方砖铺地，两侧山墙内壁贴有清水细砖。明间前设落地长窗，次间前设槛窗，下置木栏杆。明间后轩步柱间设花岗石飞罩，前檐柱下置扁方形花岗石柱础，顶设坐斗、前檐出檐较深，施飞椽，檐下为云头挑梓承檐檩。花厅构架做工讲究，装饰图案雕刻精细，十分华丽。

后轩花篮厅做法。上设草架。内四界大梁扁作，梁侧雕有人物花卉图案。厅内方砖铺地，后轩连缀形式。上设草架，较简洁。后轩花篮做法，形式和构架基本相同。

花厅，二坡硬山造，面阔三间，为四界大梁扁作，内四界大梁扁作，梁侧雕花卉飞罩，前檐柱下置扁方形花岗石柱础，顶设坐斗，檐下为云头挑梓承檐檩。花厅构架做工讲究，装饰图案雕刻精细，十分华丽。

该堂始建无考，从单体建筑的梁架形制与装饰特点看，属晚清时期建筑。其花厅的做法极为讲究，具有较高的艺术价值，楼厅雀宿檐做法极具地方特点。该堂的存在，为研究当地民居建筑的发展史，提供了多贵的实物资料。

容春堂

容春堂，位于苏州市吴中区东山镇翁巷，为河庭东山望族刘氏后裔刘恭保在清末所建。2005年6月，该堂被公布为苏州市控制性保护建筑。

刘恭保（1871—1931年），字尚如，生于东山翁巷村。早年在沪经营钱庄，先后任志庆、庆成、协升钱庄当首（经理），还出任过上海钱业公会会长。成为沪地清末民初时期金融界的翘楚。民国九年（1920年）返乡后，致力于家乡的公益事业。

这座刘氏所建的容春堂原来规模极为宏大，整座宅院有108间房屋，当地俗称"一百零八间"。现尚存中、西三路。中、西三路建筑：中路依次有门厅、大厅、楼厅、住楼；西路有门屋、前花厅、茶厅、书楼、后花厅。同以备弄相通。每路单体建筑之间有天井相隔，形成独立的建筑单元。

门厅，二坡硬山造，面阔五间，进深七界。内四界大梁扁作，拾梁式，大梁架于前后步柱之上。大梁肩设一斗三升斗拱上承平梁。平梁背设一斗三升斗拱上承脊机与脊檩，边贴金檩穿斗造，用柱5根，中柱落地，前后金柱不落地，各柱间以扁作月梁穿与穿插枋攀连。明间前后廊面以砖细攀连檐步柱，攀连檐步柱，惜将军门已佚。门厅后为窄长的天井，过天井为前庭院。院墙顶部筑脊，设滴水檐，檐下施砖细抛枋。正对大厅明间设砖细雕门楼一座。

门楼朝外为二坡小瓦顶，滴水檐，檐下施仿木砖细飞椽及凤头昂式砖细牌科。上枋仅以阴刻线雕出如意图案，两兜肚内光素无纹。字牌内镂楷书阳文"服我先畴"额文。下面外露不贴砖细的天满石上，浮雕暗八仙图案。两侧荷花柱下悬方形小花篮。花岗石门框内设直拼门两扇。

门楼朝内为滴水檐，下设风头昂式砖细柿蒂纹。上下枋及两兜肚内均光素无纹。字牌内镂阳文楷书"怡启后人"额文。拱垫板雕出柿蒂纹。

大厅，二坡硬山造，面阔三间，进深六界。为内四界大梁前后单步柱式，内四界大梁扁作，拾梁式，大梁架于前后步柱之上。大梁肩设荷叶墩置斗上承平梁，平梁背设一斗六升斗拱上承脊机与脊檩。山尖施山雾云与抱梁云。明间脊檩施彩绘。明间与两稍间、明间前与两厢楼之间为天井。天井内铺花岗石板地坪。极具地方特点。明间前后步柱及山面各做法，极具地方特点。明间前后步柱为八角形。前檐出檐较深，施飞檐。明间前后步柱下置人字角杵头式青石柱础。下部均不设柱顶，直接落在条青石之上。大厅柱楞用料硕大，十分粗壮。

楼厅，二坡硬山造，山面施砖重扁作，面阔三间带两厢楼，底楼四界前步形式，方木搁栅上承楼板，次间之间以木板隔断。檐柱下设青石质提灯形柱础。二楼梁架荷叶圆作，较朴素，厢楼面阔两间。底楼前退一界为廊，明间与两厢檐下为雀宿檐做法。极具地方特点。明间前与两厢楼之间为天井。天井内铺花岗石板地坪。塞口墙下部有砖雕墙门一座。墙门纹头脊，中部堆塑灵芝纹。一坡小瓦屋面，滴水檐，檐下置砖细仿木飞椽，设细砖仿木牌科。上枋、左右兜肚及字牌内均光素无纹，两侧荷花柱为四方束腰形。仿面雕"凤穿牡丹"图案，纹饰精美。

住楼面阔三间带两厢楼。底楼承重扁作，方木摘棚上承楼板，窑内方砖铺地。二楼梁架为圆作，楷有花四界冇脊梁式，边贴为斗式。明间及两厢前檐下设槛窗。下设裙板。

住楼前有庭院。门楼为仿木砖细雕鸡脊，一坡小上瓦屋。花砖边滴水。上坊两端施雕如意头，纹饰精美。字牌以回纹装饰，两侧兜肚内刻灵芝图案。下坊花岗石质，刻"瑟筱胜"图案。门楼正面门罩形式，两侧荷花柱做成四方束腰形。两侧设直拼门两间。字额已毁。

中、西路之间有备弄。备弄前有门屋。门屋面阔一间，进深三界。梁架为圆作抬梁式，卷篷顶前花厅。面阔三间，花厅前为庭园，庭园内植以花木。封火墙，墙面高耸。东侧院墙中部有一座砖细墙门。墙面设条砖，一坡小瓦屋面。下为石门槛，内门皮设条砖。

前花厅后为小庭院，院内堆以假山，植有花木。庭园西侧为花厅，书楼面阔四间，梁架为较简洁。庭院后有茶楼。后花厅面阔三间，进深七檩。内四界回顶，为三轩连缀满轩形式。前轩施鹤颈椽，轩梁刻绳枝花卉。内四界大梁扁作，梁面雕刻编蝠、祥云。缠枝花图案。后花厅地坪铺楼，后花厅前为庭院，院内花街铺带。装饰带可分三部分：正面素描画装饰带，墙瓦筑脊，三级"图案。椽下有墨笔画，字牌与兜肚，青石门边。

该堂规模宏大。布局有序，是吴中地区清代晚期群体民居建筑的代表。该堂的存在，为研究当地的社会经济、人文历史提供了珍贵的实物资料，同时，也是研究江南民居发展史的珍贵实例。

冯桂芬故居

冯桂芬故居，在苏州市吴中区木渎镇下塘街，是一座清中后期风格的规模宏大的宅第园林。宅第延承了江南水乡宅园的布局形式，门前临街枕河。居所与自然环境十分融合。宅院主体后面辟庭园，东路、西路：西路为南北对称的书房、建筑分东、西两路；东路为迎宾大厅与生活起居之楼厅；西路为南北对称的书房。南部为花园。建筑高低错落有致，区域功能分明。1999年5月，冯桂芬故居被公布为县市级文物保护单位。

大厅面阔三间12.28米，进深九檩11.05米。二坡硬山造，系扁作抬梁式。北端重轩，廊轩施一支香鹤颈椽，内轩为船篷轩。南端亦为船篷轩。内四界抬梁式，大梁扁作，梁端下置斗拱。山界梁背设一斗六升牌科，承脊机及脊檩。山界梁背形式施山雾云。内四界大梁雕"狮子滚绣球"，金钱芽如意纹饰。廊轩两侧有门额，取《荀子·儒教》中"君子修其内而让其外"之意，分别镌"修内"、"让外"砖雕额文。

楼厅面阔14.95米，进深12.10米。楼厅底楼设前后轩，北端重轩，廊轩施茶壶档椽，内轩为船篷轩。南轩施茶壶档椽。内四界大梁扁作，楼厅北置两厢，以小天井相隔。二楼架式圆作，抬梁式，前后船篷轩。构架朴素简洁，北端两厢面阔一间，卷棚顶，上设草架。

书房面阔三间9.05米，进深8.15米，为内三

冯桂芬所生活的时代，正是外国列强用坚船利炮轰破了清廷的大门而纷至沓来的时刻，中国逐步沦为半殖民地半封建社会。他对中华民族的危机优心如焚。他认为：中国要自强独立，必须向西方学习，变法图强。在这样的情况下，他毅然撰写了《校邠庐抗议》一书。对当时的财政赋税、官吏选拔、对外贸易、工农业生产等方面提出了一系列的改革主张。这是中国资产阶级产生之前最早的一部带有改良主义色彩的政见书。这部政见书中始终贯穿了一条学习西方长处、变法自强以抵御列强入侵的思想。他希望清政府能改变途泛滥和言路壅塞的机构臃肿，实行清王朝的封建统治秩序。主张以新颖的考试办法选拔优秀人才参与政权。"以中国之伦常名教为原本，辅以诸国富强之术"的理论，以资本主义的技术来维护清王朝的封建统治。他的这些改革主张，在当时应该说是难能可贵的，以至对后来的戊戌变法运动都产生了积极的影响，成为洋务派的极成。

而鲜为人知的是，冯桂芬在写成这部力作以后的同治初年，即赈得郎都沈德潜旧宅的一幢，并自命为"校邠庐"。后一直在家著书立说，讲学授业。一生著作甚多，同治十三年（1874年）卒，归葬于吴县木渎镇北竹园岭上。

目前，该宅园已由木渎山北竹园政府相继修复，现正以崭新的面貌，笑迎八方游客的到来。

至右中允。后受到排挤，于咸丰九年（1859年）要职回乡。

冯桂芬（1809—1874年），字林一，号景庭，吴县人。清末著名政治家。清道光二十年进士。官清代苏南建筑中的瑰宝。

书楼与书房相对，坐南面北，中以天井相隔，书楼两层，面阔7.38米，进深8.25米。底楼亦为花篮厅形式，花篮做方形，雕牡丹、荷花、菊花、松鼠、葡萄、梅花、喜鹊等图案。线条流畅，纹饰精美。

界前后轩形式，前后轩均施荼壶档回顶，省步柱做方形，悬以垂莲柱，垂莲柱下悬花篮。花篮做方形，上端雕梅、兰、竹、菊图案，下雕双狮滚绣球，玲珑剔透，三界梁扁作，刻花篮做方形，花篮做方形，极为精致。

书楼与书房形成素和的曲线，精巧而富有变化。厅内采用省柱悬花篮做法。这种南北相对、互为对称的花篮厅书房形制为吴地仅有，为清代苏南建筑中的现宝。

值得提出的是，该宅等的建筑形制极富特点。书房是一处由内三界与前后轩构成的单体建筑。其前后三界的回顶形成三轩连梭形式，内屋顶形成素和的曲线，精巧而富有变化。厅内采用省柱做法，而以天井相隔的两端的书楼与其书房形制与梁架的雕刻题材透露出宅主人浓郁的雅文化气息。而厅下厅内也采用省柱悬花篮的做法，既美观又明亮。方形的花篮雕以梅、兰、竹、菊图案，玲珑剔透。大梁扁作，上刻风穿牡丹、松鼠、葡萄、梅花、喜鹊等图案，线条流畅，极为精致。二楼梁架圆作枱梁式。书楼南端屋角，样云图案，檐下设斜撑。

蔡小渔旧宅

蔡小渔旧宅，位于苏州市吴中区木渎镇下塘街，是木渎富商蔡小渔的旧居。宅院始建无考。从现存建筑的形制特点看，属清末民初时期的建筑。1999年5月，该宅被公布为县百级文物保护单位。

蔡小渔，清末木渎四大富翁之一。祖籍洞庭西山，早年是苏州城内一家米行的伙计，后任上海饭颜料生意致富。回木渎后，置田万顷，并在山塘街买了这幢旧宅。经翻造后颇具规模。

宅院坐北面南，临街而建。原规模较大，现尚存门厅、轿厅、大厅、楼厅及东侧附房。门第为库门形式。门厅与轿厅相连。轿厅面阔8.57米。抬梁式构架。

大厅，二坡硬山造，哺鸡脊。面阔三间11.3米。进深11.98米。为内四界前后轩形式。大厅前为重轩，施鹤颈椽，内四界施山雾云，明间大梁与轩梁间的升口架梓木。梓木上雕有暗八仙和戏文故事为题材的透雕图案。明间内四界中一银方椽上刻有琵琶八只，有"八音合欢"之寓意。

大厅前为天井，塞口墙中部正对大厅明间设砖雕门楼一座。门楼哺鸡脊、小瓦顶、滴水檐、檐下施仿木砖细飞椽。设仿木砖细挥科。两侧荷花柱较短，下悬盛开的荷花。字牌内镌阳文浅雕"明德惟馨"额文。左右兜肚分别深雕"张良拾履"、"高山流水"人物故事图案。上下枋则分别浮雕"老子人关"、"疯僧扫秦"、"将相和"、"截江夺斗"、"张羽传书"、"宁戚饭牛"等人物故事图案，图案雕刻精美，纹饰线条流畅，有较强的艺术感染力。

楼厅面阔五间带两厢17.43米。进深九檩11.98米。楼厅底层四界承重扁作，前有轩，施鹤颈椽。檐口施斜撑。轩廊施篮形挂落。轩廊包梁上

刻有一对"大象"，寓"吉祥"之意。楼厅二楼梁架圆作，抬梁式，结构简洁。楼厅二楼梁上雕有凤凰16只。"平升三级"、"四季平安"等吉祥图案。楼厅檐枋、窗格、栏板、轩廊施菱角椽、轩梁上雕有"暗八仙"、"四季平安"等吉祥图案。反映了宅主人追求吉祥、平安的心态。

楼厅北部原有庭园已毁，1998年重建，园内辟有"人居阁"、"观景廊"、湖石假山，引流入园。身置园内，可赏小园全景，可眺灵岩山。

蔡小渔的这幢旧宅虽是清末民初时期的建筑，但宅内装饰华丽、砖雕、木雕图案精美，极具含义，具有较高的艺术价值。该宅的存在，亦为研究当地的人文历史提供了珍贵的实物史料。

沈柏寒旧居

沈柏寒旧居,坐落在苏州市吴中区甪直镇西汇街。旧居建于清同治九年(1870年),是清光绪年间留日学子、苏南贤达沈柏寒先生的故居。1997年7月,沈柏寒旧居被公布为县级文物保护单位。

该宅院坐北面南,临街而建。占地面积达2 500多平方米。单体建筑依次为茶厅、大厅、楼厅,其间均以天井相隔,组成独立的建筑单元。西路有两路三进,东路有照墙,门厅,账房。

门厅为两层楼形式。底层面阔一间3.78米,进深6.52米。黑漆大门,方砖铺地,花岗石台阶踏步。正对大门新建一砖细照壁,正面阴刻"滴韵"两个大字。

与门厅相对的账房,面阔一间4.26米,进深6.52米,其屋架结构基本保持原状,边贴六界,立柱5根,柱下垫花岗石圆形鼓礅,柱顶均施坐斗。柱间眉川,额枋相互穿插攀生,额枋下设斗,柱间置鹤颈,梁背置斗承轩椽,轩梁长扁作,后轩置山雾云,月梁,眉川上均刻两道流云饱纹,额枋浮雕灯景式图案,做法规整精细,保存完好。

进门厅左折后为茶厅,面阔三间9.55米,进深九檩8.65米,前后双步廊,边贴立柱7根,柱头设斗承檩,梁架圆作抬梁式。

茶厅后的大厅,厅名"乐善堂",是沈宅的主体建筑,也是该宅的精华部分。大厅面阔三间9.9米,进深十檩11.4米。二坡苏瓦顶,山墙越过屋面,左右相对做五山屏风墙。花岗石台阶,明间前后设两级踏步,为扁作抬头轩形式,上施草架。内四界扁作大梁,架于两步柱头之上。梁挖底作圆弧形卷茶,下设楼雕卷草如意纹,梁挖底作圆势,形成柔和的曲线。两侧琴面刻有双道弦纹浮雕流云纹饰。钱条圆润饱畅,梁背两端拱置柱斗之上,再铺以"蒲鞋头"承托,增加了大梁两端拱置的稳固性和装饰性。大梁肩设斗,承金檩及山界梁,山界梁背设斗置六升牌科,以承脊檩。脊牌科两侧依山尖形式,楼雕流云飞鹤牌科,檩下均施连机。大梁制作规整,檩两务置抱梁云。

岁丧父，由母亲抚养长大。沈家是甪直镇有名的富户，有"沈半镇"之称。其祖父沈宽夫在光绪年间重建甪里书院，后来沈氏在甪里书院设私塾，还请昆山名士方还执教。沈柏寒从小得到名师指授，打下了坚实的旧学根底。

1904年，21岁的沈柏寒东渡日本，进入早稻田大学攻读教育学。在日期间，他学得新知识，结识了同盟会会员于右任等一批志士，并与陈叔通、秉农山又结金兰。1906年，沈氏家族内部发生纠纷，祖母忧急成疾，发电报催促他这个长房长孙返乡处理家事，他只得辍学回乡。

回乡后的沈柏寒有教育救国的志向，他步祖父之后尘，开启了甪直的新式教育，创办了甪里小学，"培本"幼稚园，以全新的观念，全新的方法培养了一批有用的知识青年，对家乡的教育事业作出了一定的贡献。此外，沈柏寒积极倡办实业，在他的参与下，甪直创办了电灯厂、电话局、碾米厂、面粉厂。抗战期间，他组织"自励社"，讲气节。他也参政，当过吴县参议员。新中国成立后，作为特邀代表，他参加了第一次苏南政协会议。1953年12月病逝于苏州。

沈柏寒先生的旧宅如今尚在。从该宅豪华的装饰风格看，不仅反映出沈氏家族的豪富，同时也透露出宅主人对雅文化的追求。该宅的存在，为研究沈氏的家族史提供了珍贵的实物史料，也为我们研究晚清建筑文化提供了优秀的实例。

沈柏寒，名长慰，字伯安，吴县甪直人。他七

整。金柱圆形，上粗下细，高与柱径的比约为12：1，柱下垫有花岗石鼓礅，下置方形條石。金柱前设重軒，轩廊为"鹤颈椽一枝香"形式，内轩为船篷顶，上覆重椽草架。厅轩梁均为扁作，遍施流云纹。厅前明间设六扇长窗，次间为地坪窗，均为"十字川海棠"式花纹。明目后金柱间设屏门，上悬"乐善堂"匾额，次间后窗为宫式和合窗。厅内方砖墁地，两侧山墙底部以细绸贴面。

楼厅两层，面阔六间，两边带厢19.54米，进深6.75米。楼厅内四界承重扁作，上施雕刻。其前廊柱与柱通上层屋顶，楼下筑鹤颈一枝香轩。前檐下设雀宿檐，斜撑等构件，均雕刻卷草纹饰。楼梯设在厢房内。楼厅前设30扇"宫"式长窗。楼上设"书条川式"半窗。

宅院大厅装饰豪华，高大宏敞；楼厅体量硕大，极富气派。

萧氏旧宅

萧氏旧宅，坐落在苏州市吴中区角直古镇。宅院建于清光绪十五年（1889年），为杨姓武举人所建，后卖给萧冰黎。1999年5月，该宅被公布为县市级文物保护单位。

萧氏旧宅，宅院布局紧凑，形制规整，分南北两路：北路为正落，前后共有三进，依次为门厅、大厅、楼厅。其间用砖雕门楼和天井间隔，组成各个独立院落；南路有书楼。宅院临街而建，坐西面东，占地1000余平方米。

门厅为两层楼形式，面阔三间10.8米，进深9米。

主体建筑大厅是该宅精华部分。大厅硬山造，山墙顶部做五山屏风式封火墙，厅面阔三间10.8米，进深七檩7.62米，南次间外接附房

一间（原为书房）面阔3.8米。明间前设花岗石踏步两级，天井与明间等宽，北筑偏房，南砌塞口墙。厅内方砖铺地，房屋举架较高，略带曲线，柱圆形，高与柱径比为12:1，柱下垫有花岗岩圆柱础，高与柱径比为12:1，柱下垫有花岗岩圆柱础。厅内方砖铺地，墩下置方形礅石，柱上施坐斗，承内四界扁作大梁。大梁底部"挖底"有圆势，形成柔和的曲线，两侧琴面刻有双道弦纹，内刻卷草纹饰，线形鼓皴，墩下置方形礅石，柱上施坐斗，承内四界

条圆润流畅，梁背两端向上做圆形卷杀，前后两侧"剥腮"成斜三角形。下设雕于牡丹纹饰的梁垫，再铺以丁头拱承托。既增加了大梁搁置的稳定性，又起到了装饰作用。梁肩置五七式坐斗，承三界梁。山界梁做法悉同大梁，梁肩中间设五七式斗六升牌科一座。牌科两旁依山尖形设山雾云。次间山面立柱5根，柱底垫有花岗岩圆形鼓墩。柱间均用扁薄的月梁写枋相互攀连。厅前施鹤颈轩橼一枝香轩，轩梁扁作，满施花纹，十分考究。厅后设复廊，做法简洁，为厅翊修复所致。厅前明间设长窗六窗，次间前后设半窗，均为"宫式万字川"样式。后金柱间设屏门，后接墙门。整个大厅基本保持了清代建筑风貌。

楼厅两层，面阔三间10.78米，楼下进深9.45米，踏步两级。为副檐轩楼厅式。花岗岩台基，设楼上缩进1.2米。楼下承重扁作。做法规整，楼上四界梁为圆作拾梁。前设重轩，前为鹤颈轩橼一枝香轩，内轩为扁作船篷轩，轩之梁枋、机、雀替等木构件制作精细，满施花草纹饰。金柱用材较大，下垫花岗岩石圆形鼓墩和方形碡石。厅内方砖纹铺地，两侧山墙墙裙以细砖贴面。明间金柱间设屏

门，次间设于"葵式万川"挂落飞罩。楼厅设在北次间后廊。明间前设六扇地坪长窗，次间设地坪窗，均为"十字海棠"形式。楼上明、次间前设有18扇"矩形万字川"半窗。

南路书房前后设有小天井，植以花木梁竹，垒筑假山小品。

宅内有牌科墙门两座，均为仿木砖雕结构，其规模、形制、风格基本相同。有哺鸡脊、垂莲柱、弹科、枋子、飞檐等结构。梁头、勒脚均用细砖贴面。楼厅前墙门牌科斗为一斗六升，更为精制。墙门上下枋及兜肚上满施透雕，惜已毁坏。正中匾额题刻保存完好，正对大厅墙门的额文为"积善余庆"，"光绪己丑孟秋"。第二座墙门的额文为"燕翼诒谋"，"光绪□□□仲夏"。

宅主人萧冰黎（1881—1946年），名钧，字冰黎，毕业于江苏高等师范学校，热心地方公益事业，曾任乡议会副议长。其孙女萧芳芳为香港著名电影演员。

1998年，甪直镇人民政府投资对萧宅进行全面维修，并增设萧芳芳演艺馆，现已正式对外开放。旧宅正以新貌笑迎四方宾客。

春在楼

春在楼，俗称"雕花楼"，位于苏州市吴中区东山镇，建于1922年，历时三年完工，是一座封闭式的群体民居建筑。2006年5月，春在楼被公布为全国重点文物保护单位。

春在楼的建造人金锡之（1881—1960年），名基应，洞庭东山施巷村人。14岁到浦东川沙的一家典当行内当学徒，后转至福纱行为徒。民国后，任上海日商恒兴（交易）所经理事长。不久，自立门户，设立公茂纱号，分别经营棉花、棉纱和棉布。此时，适逢第一次世界大战爆发，棉布价格猛涨，金锡之就此发迹，号称拥有"百万家财"。民国十一年（1922年），金锡之遵母命，将上海江西路"汉茂颜"的一幢住宅以17万银元出售，

用此款敬在亲德堂老宅旁兴建了这座春在楼，寓春在楼坐西朝东，其朝向含有"向阳门第春常在"之意。宅院四周以黑色高墙封围，古地5500平方米，是一座院落式的群体民居。宅园平面呈多边形，布局有序。主体建筑依中轴线分布，宅院平面呈多层影壁、门楼、前楼、中楼、后楼，前楼与中楼两侧设立厢楼，对称平衡。楼与楼之间以天井分隔。一进房屋套一进院落，北侧设置小巧的花园，南边则与古朴典雅的明代老屋——亲德堂相连，建筑空间显得疏密有致，十分得体，是典型的苏南传统住宅建筑。

照墙，位于大门前，砖砌"八"字形，墙上细砖贴面，上方嵌砖额一方，内镌阳文"鸿禧"两字。照墙与大门间花街铺地，以鹅石铺嵌出"平升三级"图案。

大门为双门楼形式，形体高大宏伟。门楼朝外为单坡板瓦顶，花岗石作门。门之上字牌内镌阳文"天锡纯嘏"四字额文，意示天赐大福。其上枋中枋，下枋分别平地浮雕灵芝、牡丹、菊花、兰花、石榴、蝙蝠、佛手、祥云等吉祥花升图案，左右兜肚内深雕"古城相会"、"古城释疑"、"戏文故事"图案。牌门里是一座单檐翼角斗拱重昂的牌楼式门楼。门楼通高9.35米，阔3.6米，宽1.68米，高3.6米。门楼正中两端塑蝙蝠一对，中央置放豆青色石盆，内植万年青，含"洪福齐天、万年永昌"之意，正背中部塑有"独占鳌

头。竖带塑"天官赐福"、"恭喜发财"，设角吞头作泥塑"鲤鱼跳龙门"。门楼砖雕层次丰富，中部字牌以蝙蝠祥云镶边，内镌阳文隶书"聿修厥德"字牌四字额文，写门外之"天赐纯瑕"额文相呼应。字牌下的平台上设有细砖栏杆，三根望柱分别以圆雕的手法深雕以"福、禄、寿"三星像，以示三星高照，其乐无穷。平台下端设透雕牡丹藤景烘托，门楼左右兜肚深雕"文王访贤"图案。门楼上枋横勒里深雕"八仙庆寿"图，中枋深雕"鹿十景"，寓意为"禄"。下枋深雕"郭子仪庆寿"七子八婿，几孙满堂。比喻为福寿双全，五寸台内设一斗三升丁字拱牌科一探，砖饰昂起翘，斗拱凸起，轻扬秀逸。垫板上雕有"凤穿牡丹"图，两旁的荷花，层次丰富而不紊，雕工精细而秀逸，具有极高的艺术价值。

后代锦延不尽。上端根部雕有和合二仙，以示吉祥。五寸台两端外侧雕猛户插芽，象征子孙绵延。一雄鸡锦毛勃发，扭颈瞪眼，以示捍食金护邻。北侧砖雕为"凤穿牡丹"图，比喻富贵双全。两旁的荷花，摆出伸脖吞食之姿，纹饰题材宽广而统一，内容繁而不乱，灵巧，砖饰题材宽广而统一，内容繁而不乱，层次丰富而不紊，雕工精细而秀逸，具有极高的艺术价值。

前楼，单檐硬山造，上下两层，两山顶做五山屏风式封火墙。面阔五间带两相楼21.8米，进深九檩10.8米。外观宏伟富丽，精雕细刻为全宅之冠。楼下为厅，前后施卷棚，轩架细于檐，步柱之间，前轩施鹤颈复水曲椽，为鹤颈轩；后施海棠轩，为海棠轩。金柱圆柱，向上略有收分，柱下设花岗石质石灯形柱础。明间檐柱之间设落地长窗，两次间装半窗。两梢间则与厢房相连。扁作大梁，梁端下设梁垫，梁垫下辅以"蒲鞋头"，以增强承重之稳定性。后步柱顶部架上棹木，承重，摘棚通体雕"福禄寿"、"三星"、"八仙过海"、"刘海戏金蟾"、"和合二仙"、"梅木透雕"指日高升"、"马上封侯"、"加官受禄"、"带子上朝"图案，所雕人物气宇轩昂，神采飞扬，梁垫镂雕牡丹花。包头梁的三个平面都是黄杨木雕。图案为"桃园三结义"、"三顾茅庐"、"草船借箭"等48幅《三国演义》戏文故事。人物形象栩栩如生，征战场面生动逼真，构图线条流畅精美。楼厅左右两壁，以水磨方砖通体贴面，前轩左右壁面开设方门合角式门

景。上部细砖雕额内分别镂刻"居仁"、"由义"额文，楼厅廊沿雕有花篮20只，分别是春兰、秋菊、夏荷、冬梅四季花卉。而前檐额枋部位装饰的花式纹样是民族传统风尚和人们的审美情应、反映了当时的建筑装饰风尚和人们的审美情趣。落地长窗与短窗的窗梃采用了"鸭蛋混"做法，长短窗的裙板与栏板分别雕刻着"二十四孝"人物图案。而值得一提的是，长窗的六块裙板上，通体雕饰山水人物风景图，内容丰富，层次分明。远处的枕河小尾，三孔石桥，万里客船与弯弯的山石、山路、树木、流水、人物、车马、塔楼，景色幽深，引人入胜。

次间短窗外各设木栏杆，前栏杆为凌式"营"字形，后栏杆为百结"营"字形。
二楼梁同作抬梁式，前后设轩。金柱顶无坐斗。承五架梁。施童柱、承三架梁。明间脊檀施苏式彩画。款式为包袱式，袱内画聚宝盆，以衬财富。金笔女彩，色调鲜艳。前后轩形制与楼板相同。前檐出檐较深，檐柱21根，全部制作成竹节形。柱间配置两洋式铁铸栏板，栏板图案为"延年益寿"篆字缓以太极、蝙蝠纹。这是欧洲洛可可装饰与中国传统建筑装饰艺术的巧妙结合。

左右厢楼体量外貌相同，而室内各异，左室取

铁 墙 门

"铁墙门"老宅，在苏州市吴中区东山镇马家弄。因宅院大门钉铁泡钉，故俗称"铁墙门"。该宅院为苏州市控制性保护古建筑，2005年6月，该宅被公布为苏州市民国时期叶氏所建住宅。单体建筑可分东、西两路；东路有门屋、住楼、面阔三间10.4米，进深7.4米。明间前后檐柱间设落地自排大门四扇，门表面包以竹片并钉有泡钉。明间前檐两侧做青水砖装头，上部为三飞砖形式，方形兜肚，内分别雕以寿桃、佛手图案，下部以混装线承兜肚，勒脚以细砖贴面，形式秀美。两次间前砌的包檐墙，正贴衬梁

檐柱间设落地自排大门四扇，上部有泡钉。明间前檐两侧做青水砖装头，方形兜肚，内分别雕以寿桃、佛手图案，勒脚以细砖贴面，形式秀美。两次间前砌的包檐墙，正贴衬梁

蒿饰做法，内侧设立柱，平装有飞罩。右室步柱不落地，以短柱相代，为花篮厅做法。垂莲柱满雕花纹，飘逸洒脱。两厢前长窗裙板夹樘板不分，分别浮雕"思贤对"、"囊萤刺股"、"负薪挂角"、"不顾裘冷"、"与圣贤对"、"悬梁刺股"、"随月读书"、"道途磨杵"等少年登科的传说故事。

两厢楼山墙上分别堆塑"牛郎织女"和"和合二仙"图案，含喻为百年好合、相亲相爱。

中楼为重檐硬山造，面阔五间带两厢楼21.6米，进深9.15米。前轩后廊，中楼的承重山墙上还绘以壁画，题材内容为辟仁贵征东与薛丁山征西。自地及顶，全施雕刻，值得注意的是，窗幅上亦全施雕刻。题材内容为辟仁贵征东与薛丁山征西。自地及顶，全施雕刻，以工笔手法勾勒人物轮廓，线条流畅，人物比例匀称，做窗神韵三层前后各缩进二界，而且两侧有封火墙遮挡，形成"明二层暗三层"形式。据说第三层是宅主人的暗室，曾躲过太湖强盗的三次抢劫。中楼南做阳台二座，北侧设长廊与前楼二层北廊连通，渐进、曲折深邃。南侧轩廊亭阁，依楼而筑，园中部则楦以四季花木，春夏秋冬各皆可赏花。同时采用借景手法，在院墙上开有各式花窗，人们凭窗借景手法，在院墙上开有各式花窗，人们凭窗观楼下花园内的景物。

花园位于前、中楼北侧，面积318.5平方米，平面呈窄长方形。园内紧贴北院墙建佛楼，造曲平面呈窄长方形。园内紧贴北院墙建佛楼，造曲廊、堆假山、筑亭榭、挖水池、架小桥、小径迂回廊、堆假山、筑亭榭、挖水池、架小桥、小径迂回实例。尤其在建筑的装折上，在继承民族装饰风实例。尤其在建筑的装折上，在继承民族装饰风格的同时引进西方建筑的装饰元素，广泛采用了西方风格的彩色玻璃、铸铁栏杆、水泥阳台，还引人了希腊科林式风格及巴洛克建筑艺术，具有中西合璧的装饰风格。在装饰工艺上，该楼熔砖雕、木雕、彩绘、堆塑艺术于一炉，其雕砌构件数量之多，题材之广泛，雕艺之精湛，堪称江南近代建筑之瑰宝，为同时代民居建筑中所罕见，对研究我国建筑史和民间文化均具有极高的观赏价值。同时，存在楼的雕刻史和民俗文化的存在，从一个侧面可窥视出这一地区的社会经济发展的轨迹。

式，边贴穿斗式，构架简洁斗素。

楼厅，面阔三间 13 米，进深 13.2 米。为骑廊轩楼厅形式。

底楼前设轩，船篷顶，穿梁扁作雕如意头。底楼承重扁作，方木搁栅上承楼板。厅内方砖铺地。拾梁两次间四界大梁扁作。上尽金机与金檩。山界梁大梁一斗六升牌科承脊扦机与脊檩。边贴穿斗式。二背设一斗六升牌科置五七式斗上承脊扦机与脊檩，船篷顶。楼厅前为庭院，十分宽敞。院内有水井一座，地铺花岗石板甬坪。东、西、南墙垣高耸。院墙筑纹头脊，置滴水檐。檐下施细砖抛枋。正对楼厅有砖雕墙门一座，

门楼哺鸡脊，一坡小瓦屋面。滴水檐。檐下置仿木砖细方椽，设仿木砖雕一斗三升牌科。上枋两端雕出如意头。中部浮雕人物戏文图案。左右兜肚内人物图案已毁。字牌以回纹框边，内镌"视履考祥"楷书额文。下枋两端雕如意头。中部施锦袱纹。

住楼，面阔三间 13 米。底楼承重扁作，方木搁栅上承楼板。室内方砖铺地。明间前步柱间设落地长窗六扇，次间以木板做成隔断。二楼内承大梁扁作，抬梁式。大梁背两端设五七式斗上承界大梁扁作。山界梁背一斗六升牌科以雾云承脊扦机与脊檩。金檩。山界梁背两侧以山头形式施山雾云。正间后设脊牌科置一斗六升牌科。正间后设穿堂，穿堂船篷顶。梁背置双斗。双斗间设箱包

梁。正、次间之间以木板隔断，正间前设槛窗，下置葵式木栏杆。厢房面阔两间6米，底楼前设槛窗，下置半墙。二楼左右两厢均与前楼厅穿堂相通。梁架圆作，抬梁式。

两厢前檐出檐较深，以云头挑梓桁形式承檐口。檐下设檐窗，下置葵式木栏杆。值得指出的是，住楼二楼明间及两厢前檐下部施有一周满雕卷草纹的木雕装饰带，纹饰精细，图案繁密。明间前与两厢房之间形成天井。天井内地铺花岗石板地坪。天井前有高耸的照壁，照壁筑脊，施滴水檐，照壁下部正中有砖雕墙门一座。墙门为哺鸡头，两兜肚坡小瓦屋面，滴水檐，上枋两端雕如意头，

内光素无纹。宇牌内额文已损，两侧有荷花柱，门框内置直排大门两阁，面贴方砖，钉以泡钉。

佛楼坐东面西。四坡歇山造，面阔一间5米，进深7.6米，四角飞翘，为歇山四方楼阁形式，佛楼南侧有轩廊。上设鹤颈椽。轩廊前后与佛楼底层相通。佛楼前后设副檐，底层为三界轩前后楼板，后均施鹤颈椽。承重扁作，方木搁栅上承楼板。底层前后均设落地长窗。楼梯设在北侧，二楼内顶施木板天花，前后均设短窗，下置裙板、歇山四方楼阁式佛楼做法极具特点，具有较高的文物价值。

该宅楼厅、住楼的体量较大，

通德堂

通德堂，位于苏州市吴中区东山镇新乐村。建于民国三十五年（1946年），与民国时期上海纶线大王沈莱舟所建。2005年6月，该堂被公布为苏州市控制性保护古建筑。

沈莱舟（1894—1987年）。字宏让，号弱余轩主。洞庭东山望族沈氏后商。上海"恒源祥"毛纶线商号创始人，上海裕民毛纶线厂董事长兼经理。民国时期上海著名实业家。清代末年从商，17岁到上海久康西洋杂货号学业。民国十六年（1927年）人英商开设的"德记洋行"当跑街。没几年就自筹经费，开创了以人造丝、纶线与主要经营项目的恒

源祥商号。民国二十八年（1939年），他在几位同乡实业家的支持下，集资创设上海裕民毛纶线厂，自任经理，兼任恒源祥织布厂总经理。所出产品"小囡"牌、"双洋"牌纶线，质优价廉，风靡市场，遂成为上海有名的实业家。沈莱舟先后担任过上海市各界人民代表大会工商界代表、上海市普陀区、徐汇区政协委员及上海市政协委员等职。1987年，沈莱舟病逝于上海，享年93岁。

沈莱舟所建的通德堂是一座庭院式别墅。其规模宏大。宅院前设门屋三间，其后即为花园，园内堆以假山，挖以荷花池，筑有水榭，园石有两栋住楼及附房。

东住楼，住楼门前设有门亭，亭依墙面建为半亭。平面长方形，面阔4.3米，进深2.8米。为单檐歇山攒尖顶形式，三坡小瓦屋面，亭顶线条柔和。亭前翼角飘逸，如凤凰颈轩。回顶四周鹤颈轩，花岗石合基，前设檐柱四根，两两成对。角柱为圆形，下设花岗石质圆形柱础。檐柱方形，下置四方形花岗石柱础。四根檐柱两圆两方，一对圆柱圆础，一对方柱方础。石础玉立。相得益彰，精美端庄。前檐柱出檐较深，檐下设云头样檩以承出檐。檐檩下施额枋，枋面两端雕如意

头，中部浮雕"福，禄，寿"三星及花卉图案。额枋下设大木挂落。亭之后柱及牖均向内砌在楼前院墙内。亭之两面启开，后为通向住楼的库门。亭之两侧檐下设搏，架于前角柱与柱之上。亭内45°搭角轩檐扁作，面雕"福、禄、寿"三星及花卉图案。轩梁下置额枋。枋面雕如意头图案，45°搭角轩梁一头与角柱相连。另一端与垂花柱相接，为省柱做法。亭内垂花柱下悬挂方形花篮四只。玲珑剔透。十分美观。

入亭内，进库门，过庭院即为住楼。住楼面阔三间带两厢，底楼承重扁作，方木搁栅，上承楼板。

德润堂

德润堂，在苏州市吴中区东山镇殿泾巷2号，建于1948年，是一处建成年代明确的民国建筑。该堂坐北面南，宅前以墙垣相隔，形成封闭式的院落。单体建筑有门屋、门屋、面阔两间，进深四界，厨亭及楼厅。西侧四合做法，屋顶做成阴角，正脊为三脊，东侧山面硬山造，西侧面两有合成三脊，正脊为三脊，两端前后屋角下设老戗，老戗两侧置撑网楼，门屋西端前后屋角下设老戗，老戗两侧置撑网楼，门屋西侧一间前开坐年门。梁架圆作穿斗式。屋内方砖铺地。

楼厅，二坡硬山造，面阔三间，进深九界，底层中柱落地九心造，边贴花岗石式穿斗造。厅内方木承重，明、次间为泥幔吊顶，明间后步柱之间以屏楼层各间柱下均设花岗石鼓形础。门隔断，次间后步柱之间以屏门隔断，楼厅梁架圆作，楼梯设在明间后。

正、次间之间以木板做成年代明确隔断，正间前置六隔落地长窗，地铺方砖。二楼梁架圆作，较朴素，正间前设披檐，上承椽椽，下悬垂莲柱，出檐较深，檐柱上端挑出檐枋。底楼两厢前设副檐，檐篮为雀宿檐做法。塞口墙下部以砖雕做成簸箕脊。

住楼后为后室，面阔三间带两厢，正间前与两厢间为天井。其上、下枋，左右兜肚及字枋均为天井，天井内地铺水泥及石地坪。

住楼两侧有附楼，附楼面阔一间，两洋式。底楼前包墙上孤下方式园门两个，二楼顶部为平台。四两筑有水泥栏杆。二楼上墙开门，并置有水泥露天楼梯，登楼梯可上顶部平台。

西住楼，面阔三间带两厢，附楼有花池。两石方族粉饰，步柱下置青有石质方形柱础。顶部石质盆形础。檐柱下雕如意头纹饰，兜肚内雕缠枝花卉，字牌内镌"光前裕后"隶书额文，两住楼檐较深。施飞椽。天井前塞口墙高耸，设滴水檐。塞口墙下设墙门一座。墙门上设字额，"丙戌九秋"、"卫道"字铭，西住楼后有年门、以及门前原有四方形半亭一座，已毁，基础尚存。

该堂是一处建成年代明确的中西合璧的别墅式院落。其花园布局具有中式传统园林建筑风貌，亭、榭、池、假山俱全。十分雅致。住宅建筑运用了西洋建筑元素，体现出宅主人浓郁的海派文化色彩。同时，也反映出民国时期的中国内地民居的建筑风貌，已受到西欧文化的强烈影响。

227

文裕堂半亭

文裕堂半亭，位于苏州市吴中区东山镇东新街依仁里3号，建于民国年间，原是叶天乐所有的文裕堂花园内的建筑，现该房产权为谢福奎所有。

亭为六角形半亭，依墙而筑，攒尖顶，筒瓦脊，翼角飞翘。圆形立柱四根，下置花岗石鼓形础，上承檐椽。亭之三面檐下为云头挑梓檩做法。檐檩下设额枋，枋面浮雕如意头。檐檩与额枋间的板檐下雕折枝花卉。亭前下部设半墙，原有"吴王靠"已佚。半墙正面嵌有黄石匾额，额内镌有阴刻楷书"连阴刻楷书"静以修身，俭以养德"，"民国十年孟春之月，韬文记"诗文，以及"礼乐传家贤圣业，陆稼书先山流水智人心"。"甲子孟春，韬文记"，"陆稼书先生句"联句。亭内维以假山，置有盆景，十分雅致。

该亭形式小巧，构筑精良，亭内诗文、联句字迹清晰，凿刻甚工，字里行间透露出主人追求修身养性的生活情趣。

该堂楼厅体量极大，十分宽敞。门屋的四合合做法用于民居极为罕见，吴中地区仅此一例。攒尖顶四方半亭的营建亦极有特点，尽览的构筑引人了园林元素，院为亭、廊、假山，错落有致，十分得体，营建出了十分适合人居住的环境，是一处极为优秀的民居建筑实例。

下部的缠檩口雕以繁缛精细的缠枝牡丹与回纹组合而成的装饰带。

楼厅前是宽敞的庭院，院墙高耸，顶部筑脊，设二坡小瓦顶，滴水檐。西院墙上部开有海棠芝花式花墙洞六个，南院墙西侧上部开相同式样的花墙洞两个。院之西南角堆以假山，院内植以花木。西院墙下靠墙设廊，廊为一坡小青瓦屋面，前檐做瓦头滴水。檐檩下设额枋，额枋下设回纹木挂落，垫板镂雕缠枝牡丹纹。廊之南端屋面做戗角，设老戗，置搏风椽，翼角起翘。廊之中段设一半亭。半亭以墙而建，平面呈四方形，攒尖顶，三坡小瓦屋面。亭顶后脊与廊顶结合巧妙，亭前翼角分张。亭面阔一界，进深三界，后界与廊贯通。亭内木板吊成平顶，顶中心楼出回纹柱边的圆形"寿"字图案。亭前设落地长窗四扇，两侧置短窗，下设细砖面贴陡墙。

黄氏宗祠

黄氏宗祠，位于苏州市太湖度假区金庭镇明湾村。始建于清乾隆四十九年（1784年），重建了客厅、附房，并辟为明湾村村史馆。2014年6月，该祠被公布为苏州市当地政府拨资整修。

明湾黄氏原籍福建邵武，始祖为黄明善。黄明善在宋徽宗朝时是明经博士，著作佐郎，随高宗南渡后辞官退隐。先居杭州，后渡太湖定居于西山消夏湾月湾。至明代初年，黄明善八世孙黄统山迁居明湾，为明湾黄氏始祖。尔后，子孙繁衍，成为明湾黄氏大族。

黄氏宗祠，坐北面南，临街面建，占地930平方米。其门厅、把厅为原构建筑。

门厅，单檐硬山造。内四界圆作，面阔三间，前船篷轩顶形式。轩梁底设连蒲鞋头。轩梁底面浮雕梁垫蜂头棱雕灵芝形。两步轩梁底面浮雕如意双斗上承桁。两斗之间设荷包梁。轩梁眉作，墙面均以细砖贴面。前两侧设青石质门枕石，门枕石侧面浮雕"狮子滚绣球"图案。青石质门兔撑，门下置门枕石。门下设祥云之意。墙面内壁均以细砖贴面。檐下设风头十字棒寿字纹，含双福捧寿之意。枋下设额枋，檐下设飞罩，檐椽下设将军头，施飞罩，枋椽下设挂落。后廊东西壁分别设额枋面浮雕回景，门枕上有细砖额，额内分别设花岗石楷书"施善"、"济美"额文。丁内方砖铺地。明间前设花岗石台阶六级。

把厅，单檐硬山造。面阔三间，为内四界前后轩形式。

内四界大梁扁作抬梁式。大梁底设梁垫，置蒲鞋头。梁底面浮雕扁作抬梁头与绞带纹。大梁顶面置叶墩，置大斗上承金机与金檩，山界梁背设一斗六升牌科上承有机与脊檩，山尖处仙鹤祥云纹山雾云，边贴穿斗造。中柱顶设脊檩，山尖处设山雾云，厅前做重轩，廊轩之间设鹤颈轩。廊轩扁作，轩梁置双斗上承轩桁，双斗施连鹤颈做法，廊轩之间设砖额，额内分别开有门景，门景上部有细砖回纹柱做珠，前檐扁作，内轩贴檐下为云头挑梓檩做法，轩梁侧面阴刻芝纹，轩梁底面浮雕如意纹，前檐出檐较深，施"恩敬"、"怀仁"额文，前檐贴檐背设荷叶面浮雕如意纹，双斗间置双斗承轩桁，双斗间置荷包梁，轩梁底面圆作。厅内一统三间，明、次间轩篷顶。轩后步柱

第三节 祠堂 东村徐氏宗祠

享堂是一座立面近正方形的敞厅，满满地矗在院落正中。这种做法是这一地区祖祠形制的标准形式。寝室正立面为副檐做法，内按序列设龛供奉徐氏各祖先的神位。整座祠堂门厅、堂、寝室、门庑廊阶各齐备。制式规范，装饰华丽。该堂是目前尚存的西山地区体量最大、形制最规整的祠堂建筑，具有极高的文物价值。

前后四架卷棚，上覆草架。梁柱制作精细，金柱高4米，底径0.28米，上细下粗。柱础青石鼓镜式，鼓腹部直径0.48米。柱头出丁头拱承托轩梁。梁垫、峰头镂雕如意。轩梁扁作，梁肩置荷叶连瓣雕柁礅，同包荷包梁，荷包梁头雕麻叶替木，承托轩檩。檩上置罗锅椽。设镂花替檐下额枋上设平身斗科与柱头科，传递屋顶的重量，檐口高3.65米。为单昂重拱，昂嘴上卷似象鼻，昂上牌科不出跳。昂头里外两端均雕麻叶云，雕卷叶花纹。拱垫板下枋镂雕人文故事图案。整座建筑装饰华丽，其梁、枋、斗、替木、梁垫、椽木、垫板等木构件均施满雕刻，其内容有人物戏文、花草动物、喜庆吉祥等图案。雕刻手法采用透雕、高浮雕、阴刻等。尤其珍贵的是前厅的轩梁及轩檩上均满施游粉金线聚锦苏式彩画，共有40余幅。彩绘颜色有金、红、白、蓝，色调艳丽明快，图案繁缛而清秀，是江南地区罕见的彩绘加雕刻举举的满堂彩雕做法。

徐氏宗祠

徐氏宗祠，位于苏州市太湖度假区金庭镇东村。建于清乾隆十三年（1748年）四月，落成于乾隆十四年（1749年）十二月，历时一年多，耗白银9 000余两。2011年12月被公布为江苏省文物保护单位。

徐氏是洞庭西山最大的宗族，金山共有六支，即南徐支、北徐支、东园支、堂里支、徐巷支。这六支的始祖都是中唐人徐练，徐氏原籍浙江衢州，后裔过居洞庭西山，也都在南宋时期江衢州。

据《东园徐氏祠堂记》碑记记载，东园支的世祖是徐诉搽，北末大比而遭国难，携家参移居开封。他的第三子徐捺，于靖康元年（1126年）试进士为举人第一，未及大比而遭国难，软二帝，被金人所杀。靖康二

年（1127年）追录死节，诏赠宣教郎。后，徐诉河携徐搽之子徐元吉移居临安，再迁平江光福梓里村，至浮熙年间，徐元吉携春过居西山梅梁里，即今后堆，此后又衍分为：一支居崤南，即北徐支；另一支为徐元吉携之七世孙徐万一，于宝佑二年（1254年）迁居柄步山麓之东园里，即今东村，是为东园支。

因此，东园支的炸祖是徐万一。尔后，东园支又繁衍出诸多支系。聚居湖南、湖北、山西应城，河阳等地。

《东园徐氏祠堂记》云："徐氏之祠，中为享堂，后为寝室，门院廊阶尖宝体藏毕具，奉给祖一公居中龛，其下犹以次祔……"由此可知，该祠西山徐氏东园支的支祠。

该祠建成时规模较大，有庭园、前厅、享堂、寝室。一路三进，占地952平方米，前庭有大棚，旗杆石，礼义廉耻"八字屏凡，上悬挂"徐氏宗祠"匾额，现仅存前厅厉构建筑。2009年对该祠进行了全面整修，复原了享堂。

该祠坐北而南，倚山而建，前院较宽阔，东、西两院墙各开劵门。南院墙下部设有青石须弥座，须弥座束腰部3雕刻着精美的夔龙纹，气势雄壮。

祠堂前厅面阔五间18.3米，进深9.2米，外观为二拨苏瓦硬山顶。下设青石基座。厅内为九架梁

第二章 古建筑

祠堂

门楼正面为歇条脊，小青瓦屋面滴水檐。上下枋两端部雕回纹，中部雕素，两兜肚光素无纹。字牌内镌刻阳文楷书"敬宗睦族"额文。花岗石门框内设直拱门两扇。门楼背面小瓦屋面做寿字滴水檐。檐下施仿木细砖飞椽。这一斗六升仿木砖细牌科，拱垫板镂雕"寿"字纹。下枋浮雕回纹。整堵门楼显得十分庄重而简洁。

该祠门厅的后廊两侧与祀ま的前廊两侧均设有门景。可见原来祠堂的规模较大，除了现今重建的客厅外，应该还有其他附属建筑。该祠门厅和祀厅前均设有六级台阶，地坪均逐进提高，祀厅前为最高点，除了便于整座宅院内的泄水之外，亦可营造出庄严肃穆的祭祀气氛。

之间设落地格子长窗十六扇，长窗裙板浮雕"寿"字纹。厅内方砖铺地。明间前设花岗石台阶六级，两院墙正中设砖雕牌科门楼一座。祀厅前为庭院，南院墙正中设砖雕牌科门楼一座。

叶氏宗祠

叶氏宗祠，位于苏州市吴中区东山镇含山村末巷。据祠内所立的《重建叶氏宗祠门楼记》碑记述，该祠创建于清中期，道光间重建。这是一处奉叶氏先祖的祠堂建筑。

叶氏，是洞庭东山之望族。其先祖可追溯到北宋时的刑部侍郎叶垄。而正居洞庭东山的中华大夫叶垄，南宋时的中华大夫叶垄。据镶嵌在该祠壁内的《重建叶氏宗祠门楼记》载："我吴中始祖荆部侍郎造玄公宗祠向在三头巷内，委女僧司香火。嘉靖时例禁淫祠，县人不察，遂兴毁祠。厥后，我曾祖尧明公创建于末巷大夫街。"由此可知，早期的叶氏宗祠在东山陆巷内供奉先祖叶垄。明代嘉靖年间，吴县知县康知耀因巷内有女僧之故，重新创建了叶氏宗祠。尔后，叶氏后裔叶尧明在末巷大街重新创建在末巷后面。到了道光年间，末巷叶祠"年久失修，旋致倾圮"。后裔叶熙宁召集族人公议，捐资重新改建宗祠三厅三槛，名曰"永思堂"，为商孙读书祖先。并增建书室，题名曰"似舫"。

该祠坐北面南，沿街而建。现存单体建筑有门屋、书室、前后圆堂及附房。四周围以院墙，形成封闭式的院落。

门屋，面阔两间，进深三界，梁架为圆作穿斗式。门屋两墙内嵌石碑两方：一方为道光二十八年（1848年）的《重建宗祠门楼记》；另一方是《计开门数》碑，记载了当年重建宗祠门楼的经过。

书室，名曰"似舫"，东向，面阔一间，进深七界。为内四界前后廊形式。

前进圆堂，单檐硬山造，面阔三间，为内四界前轩后廊形式。内四界圆作抬梁式，边贴穿斗式，前轩后廊形式。内四界圆作抬梁式，边贴穿斗式。堂前东院墙壁内嵌有清光绪三年（1877年）的《叶氏宗祠碑记》石碑一方。

后进圆堂，单檐硬山造，两山顶部做观音兜，施搏风。山墙与后包檐下部加厚做法。圆堂面阔三间，进深六界。为内四界前后单步做法。内四界圆作抬梁式，边贴穿斗式。前轩为一支香鹤颈轩，轩梁下设梁垫，蜂头雕牡丹花，下置蒲鞋头。边贴前轩步柱为省柱做法，次间前檐出檐较深，施飞椽，檐下云头挑梓梁做法，并在檐檩下设领枋，垫板镂雕缠枝牡丹花。明，次间前檐下云头挑梓梁做法。明间前沿设花岗石合阶三级，合阶两侧置垂带石。

后进圆堂西侧有附房五间，构架为圆作穿斗式。用料较小，较简陋。

该祠的存在，为研究当地的人文历史提供了十分有用的实物资料。

费孝子祠

费孝子祠，位于苏州市太湖度假区金庭镇后堡古村内，是一处费氏族人为颂扬十一世祖费鲤泉的孝行而建造的祠堂。2007年7月，在全国第三次文物普查中发现。

该祠前为庭院，后为园堂，是一处封闭式的小院落。

前院墙正中设砖雕牌科门楼一座，门楼正面做回纹脊，滴水檐口，上枋两端浮雕如意头，两兜肚与字牌间光素无纹，下枋两端浮雕回纹，八字门框下设青石质束腰竹节须弥座式勒脚，青石门框内置直折门两础。门楼背面，二坡小瓦屋面，滴水檐，檐下施砖细仿木飞椽，下设一斗三升牌科，拱垫板浮雕竹叶灵芝纹。上枋仅两端浮雕如意纹，字牌板左右兜肚纹饰已毁。下枋两端浮雕如意纹，中部铺秋内浮雕寿桃、灵芝、兰花图案，饰纹精美。

园堂，二坡硬山造，面阔三间，进深七界，内四界前廊前轩后单步形式。前界为廊，前轩做船篷顶，前后檐柱，前开步柱下均设青石质鼓形柱础，堂内构架筒洁朴素。从该祠的梁架形式及门楼所雕图案纹样看，属晚清时期的建筑。

费孝友（1742—1808年），号鲤泉，是后堡费氏十一世祖，为孝悌之楷模。孝友幼时即知孝理，髫年待家政，里中推其为族长，公每遇族中公事，雄辩若流水。母祠疾，矜褥沾污，必亲为更替，浆塞用户管吸之。父患心疾，意月衣不解带，药必亲尝。尽孝之例不胜枚举。其孝行名扬族中，该祠原为供奉费孝友而建，他虽是一位封建地的士人，但他的那种尊老爱幼，他品是一位值得提倡的精神，至今还是值得提倡的。该祠堂的存在为研究当地人文历史提供了十分有用的实物资料。

235

秦氏宗祠

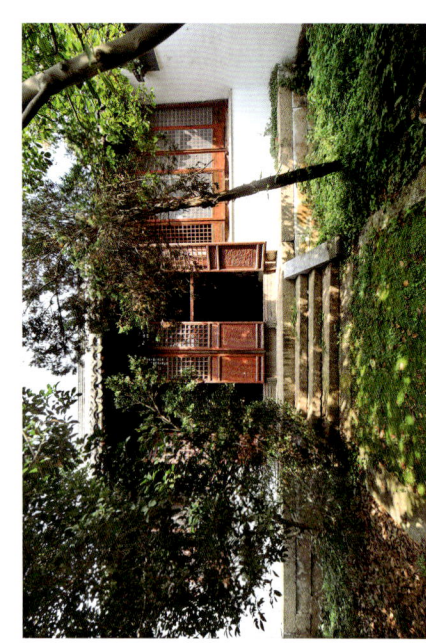

三山岛秦氏宗祠，位于苏州市吴中区东山镇三山岛西湖堡。据《三山岛秦氏祠记》碑记载，该祠创建于清乾隆三十八年（1773年），清道光八年（1828年）族中捐款重修。现辟为"三山文物陈列馆"对外开放。

据《洞庭秦氏宗谱》记载，洞庭秦氏是宋代著名词人秦观的直系后裔。秦氏原籍甘肃天水。后迁至江苏北高邮武宁乡左厢里。宋元符三年（1100年），秦观卒于广西藤州，子秦湛扶父柩暂厝湖南潭州。北宋政和年间（1111—1117年），秦湛任常州通判，因北方时局不稳，将父秦观葬于无锡璨山，自此定居江南。宋光宗绍熙年间（1190—1194年），商朴秦益之游洞庭西山，爱西山山水之胜，遂建别墅于消夏湾安仁乡，卒后葬于缥缈峰下飞仙山麓。其子秦通安守墓，遂定居于此，并更名名为秦家堡，是为江南秦氏洞庭西山支。尔后，西山秦氏又分出秦家堡、明湾、石公等支系。石公支的秦洛浩从西山迁到了三山岛，秦洛浩成为三山秦氏的始祖。其后裔以经商为业，逐渐致富。在岛上立祠建堂，繁衍生息。

三山秦祠坐北面南，临湖而建，与西山岛上的石公山遥遥相对。现该祠尚存大厅及附房。

大厅，二坡硬山造。面阔三间，为内四界前廊前轩后单步架形式。

内四界用大梁扁作，抬梁式。大梁架于前后步柱之上。大梁前设大斗上承金机与金檩。山界梁背设蜀柱。蜀柱顶设斗承脊机与脊檩。边贴穿斗式。前檐出檐较深，施飞椽。檐柱下置青石鼓形柱础，檐柱顶设坐斗上承檐檩。轩梁扁作，轩梁背设两斗以承衍。双斗之间设荷包梁。两次间轩梁背设轩步柱。轩为船篷顶，轩梁扁作，攀连檐与轩步柱。前廊廊川扁作月梁形，下砌矮墙。前廊东西壁开井砖细门景，门前设短窗。砖细门景上有回纹框边之砖额，额内分别镌"履顺"、"循裕"隶书额文。

大厅前为庭院。院墙筑脊，设小瓦滴水檐，檐下做水作抛地。院墙正中开门，花岗石门帽，花岗石门槛。院落内植以黄杨、桂花。东院墙内嵌砌"秦氏宗祠捐款碑"三块。

该祠的存在，为研究当地的人文历史提供了珍贵的实物资料。

万氏宗祠

万氏宗祠,位于苏州市吴中区东山镇东新街,是洞庭东山万氏建于明清时期的一处祠堂建筑,2014年6月,该祠被公布为苏州市市级文物保护单位。

据《万氏宗谱》记载,万氏原籍河南汴梁(今开封)。靖康之难时,和州州判万夔恺随高宗南迁避难于眺陵(今常州),后遣仲子禹思迁居洞庭东山张巷。万夔恺虽为和州州判,亦只是个六品小官,家无厚蓄。定居东山张巷后,以种果为业,家族并不显达。至十五世应明,始外出经商,家始建祠,修谱牒,到清道光年间,万氏二十八世孙万梅峰往沪经商发迹,同其子万振声重振家族雄风,成为东山首屈一指的大富豪。

万家祠堂坐北面南,沿街而建,建成时规模宏大,南北长53.55米,东西宽22.65米,占地1213平方米。四周有高墙相围,是一处多进建筑的封闭式院落。按宗祠建制,目前尚存祀厅,东西扶厢,寝室,后祀厅及后房。

祀厅,坐北面南,三坡硬山造,面阔三间带两厢,左右各有挟屋一间,总面阔22.65米,为内四界前后双轩后单步做法。内四界大梁扁作,抬梁式。

大梁架在前后步柱之上,步柱直径30厘米,下置直径54厘米的花岗石柱础。大梁底设梁垫,镂雕牡丹图案。大梁底两端雕双凤纹,架枫拱,枫拱镂雕物故事图案。大梁底端面雕人物故事图案,中部浮雕蟠螭纹;大梁两侧面两端浮雕双斗上承机楞,山界梁两侧面浮雕人物故事图案,月梁川两侧面浮雕蟠螭花卉开纹,肩设一斗三升雀替,脊檩底背设绘彩绘、脊檩两旁设抱梁云、扁作月梁川攀连各柱,月梁川面雕雾云与抱梁云,中柱顶置一斗六升雀替,山尖施山雾云,前轩为一枝香鹤颈轩,下设梁垫,轩梁扁作,轩梁侧面雕蟠枝花开纹,两侧面置鹤颈顶,轩梁扁作,下设梁垫,置蒲鞋头,枫拱雕动物图案。轩梁两侧壁设砖细门景,斗蒲栱,双斗上承荷包梁,月梁川两侧面浮雕蟠枝花卉,轩梁背设斗三升雀替、前轩顶斗承机楞,月梁川两侧面浮雕蟠枝花卉,厅内东柱与后檐柱,月梁川攀连各柱,大厅前檐柱间前设海棠菱角式落地长窗十八扇。明、次间前檐枋面两端浮雕起如意头,中部浮雕花卉图案,明间额枋,檐檩与额枋之间设一斗六升雀替做法,檐檩下设额枋,施方形飞椽,檐下办为海棠菱角式落地长窗,拱垫板镂雕灵芝图案,两次间额枋浮雕如意头,牡丹花图案,明间前檐柱间额外,其余各柱下均设花岗石鼓形柱础。

厢房硬山造,纹头脊,面阔三间,为后三界前轩形式。后三界抬梁式,船篷顶,前轩为一枝香鹤颈轩,轩梁扁作,下设梁垫,置蒲鞋头,两厢前檐椽出檐较深,轩梁扁作,置蒲鞋头,两厢间檐椽出檐下设额枋,檐檩与额枋间设一斗六升雀替做法,拱垫板镂雕花卉,两厢前各设海棠菱角式落地长窗十二扇。两厢间为庭院,院内铺长方形花岗石极地所雕出灵芝花,两厢间为庭院,院内铺长方形花岗石板。

该祠的建造年代存疑，其门楼字牌内有"乙丑口口口口"年款，乙丑年清代共有四个，分别是康熙二十四年（1685年）、乾隆十年（1745年）、嘉庆十年（1805年）、同治四年（1865年）。结合该祠梁架的形制、装折风格看，当为清同治四年（1865年）所建。

祠堂是宗族或家族定期祭拜祖先、举办红白之事、召集族人议事的场所。其制式一般均为一路两进或三进，分门屋（下厅）、祀厅（中厅）和寝室（上厅）。

万氏宗祠建成时为后厅当属祀厅，其门厅早年已毁。其两进大厅与后厅均属祀厅，是祭拜、聚会议事之场所。而第二进寝室则分布在祀厅与后附房之间，从门楼到大厅通面进深达53.55米，东西向通面阔22.65米。单体建筑有大厅，中间有庭院，两厢及东西挟屋，形成独立的建筑单元。值得注意的是，该祠还设有后祀厅。其形制也十分规范。这种双祀厅设置的目的主要是为了满足祭祀、聚会等大型活动的需要。而第三进寝室则分布在祀厅与后附房之间，其目的是给族人营造一个追思先人和静谧的空间。

从梁柱构架体系看，其主体建筑的两座祀厅的用材硕大，为适应宽敞高大的体量需要，祀厅在形式上设轩，在结合体上以抬梁为主，从而使整座祭祀祠厅高大而宽敞。

从装饰风格看，整座大厅采用了满堂雕的形式，厅内所有施彩绘、砖雕、木雕工艺精绝，并且加梁、枋、川、机、枫拱、拱垫板、拱垫蜂头、山雾云、抱梁云、长窗裙板等木构件及砖雕门楼均精雕细刻有各种纹饰彩绘，且祥檩绘有彩绘。纹样题材也极为丰富，有牡丹、灵芝、如意、石榴、荷藕、兰草、缠枝花等各类花果，还有双凤、"福、禄、寿"三星及三国人物故事等图案。雕刻手法有阴刻、浅浮雕、镂空雕等。所雕图案注重写实，生动自然，线条流畅，构图华丽，具有强烈的艺术感染力。

万氏宗祠，是第三次全国文物普查的重要新发现。其规模宏大，布局严谨，功能合理，祠堂建成年代明确，其建筑特色鲜明，文化内涵丰富，具有较高的历史、艺术价值，是研究建筑发展史和万氏家族的实物资料，是苏南地区晚清祠堂建筑的优秀实例。

纹，轩梁背设双斗，双斗间置荷包梁。厅内各柱下均置花岗石质鼓蹾。前轩后壁设砖细栏边门景，人门祀厅前为天井，天井东侧设廊，廊南与东挟屋相通。

祀厅前设高耸的砖雕牌科门楼一座。门楼哺鸡脊，二坡小青瓦屋面。设滴水檐口置仿木方形飞椽，下设一斗六升仿木砖细牌科，拱垫板雕刻如意斗，石榴等花果图案。上枋两端雕出如意头，内区满雕"凤穿牡丹"图案，上枋下部设挂落，字牌内镂刻阴文隶书"承先启后"，"乙丑口口口"额文又有款。两甩肚内深雕人物故事图案。下枋两端浮雕回纹如意头，中部锦袱内深浮雕人物故事图案。八字门楼内设大门两扇。门楼两侧基口墙顶部筑脊、滴水檐，檐下做砖细抛方。

祀厅东西两侧各设挟屋，挟屋面阔一间，进深六界。梁架为内四界前后单步穿形式。内四界前轩用穿斗式。前轩为一枝香鹤颈轩，轩梁扁作，轩梁四界长五界。室内方砖铺地。前檐下设落地长窗，东挟屋前设有小天井。祀厅与两侧西厢两门通东西街路面。后附房东侧为后祀厅。

寝室为两层楼房，面阔三间，进深五界5.55米，二楼构架为前四界后廊形式。前四界圆作抬梁式，边贴分心穿斗造，构架较朴素。

寝室后天井，天井东西两侧设廊，廊之北端通后附房，后附房面阔三间10.5米，进深四界4.6米。为后三界前廊形式。后三界梁架圆作抬梁式。回顶。后附房明间后开年门通东新街路面。后附房东侧为后祀厅。

后祀厅，面阔三间11.3米，进深八界9.65米。为内四界前后轩形式。内四界前后大梁扁作。架子前后步柱之上，大梁底设梁垫。蜂头楼雕牡丹纹，大梁侧面浮雕缠枝牡丹。人物故事及兰草图案，大梁上端面浮雕缠枝牡丹。大梁两肩设一斗六升牌科上承平梁。架上端浮雕缠枝牡丹。平梁背设一斗六升牌科上承脊机与脊金机与金檩。平梁两端面满雕缠枝牡丹纹。山头施仙鹤祥云山雾云与轩梁云。边贴分心穿斗造，中柱顶亦设一斗六升牌科上承棒檩。山头施山雾云抱梁云，前后轩均作船篷顶，轩梁扁作，轩梁侧浮雕缠枝牡丹

薛氏家祠

薛氏家祠，又名"慎余堂"，位于苏州市吴中区东山镇殿新村，建于民国十五年（1926年），为商人薛浩峰所建。2005年6月，该祠被公布为苏州市控制性保护古建筑。

薛浩峰生于光绪初年，其先祖于清初过居洞庭东山。薛浩峰自小家庭清贫，五岁丧母，与父相依为命。迫于生计，年少时即在沪之洋栈、丝厂打工。习练商务。尔后，以做纽扣生意发迹，遂返乡建祠造屋。

据嵌砌在门间内壁的《江苏洞庭东山薛氏家祠碑记》记载，该堂于民国十四年（1925年）正月鸠工，民国十五年（1926年）四月落成，计头进三间，享堂三间，边屋六间，走廊一条，另于祠后建楼屋，拔屋以备祭祠时子孙居住之用。其费洋二万二千余元。"供奉高祖考绍棠公一支而下历代栗主，俾待春秋祭祀，永远勿替。"可见，这是一处前为家祠，后为住宅的群体建筑。

现宅院朱存基本完好，单体建筑依次有门屋、享堂、住楼及东侧偏房。

门屋，二间硬山造，面阔三间，进深六檩，前后院朱斗式，中住上置斗承脊檩，这仓云纹。梁架圆作梁斗式，前后潜地长窗六扇，做法较为讲究。

享堂，二坡硬山造，面阔三间，为内四界前轩后双步形式，前为重轩，轩梁雕缠枝花卉纹，界梁架扁作，抬梁式，双步川扁作，雕以缠枝花卉纹。

住楼，面阔三间带两厢，底楼承重扁作，以方木搁栅上承楼板，前设轩，施鹤颈轩，为楼下轩形式。正间地铺地坪砖。二楼地长窗六扇，次间与厢房设槛窗。二楼梁架圆作，前后木栏栅。正间前与两厢前檐下置一周雕花装饰，纹饰精细。正间前与两厢之间形成天井，天井对面照壁高筑，该照壁下部设门罩式墙门，上饰砖雕，以砖细壁，下设滴水檐。"口口永绥"字额。

住楼后面还有一幢带有西洋风格的两层洋楼，取名"桐荫别墅"，面阔三间带两厢，后设休闲阳台。其建造年代应晚于祠堂慎余堂，是一处具有绝对纪年的民国建筑，前后二宅的休憩并存特点。该堂的存在，为研究当地的人文历史提供了珍贵的实物资料。

第四节 园林

启园

启园，俗名"席家花园"，在苏州市吴中区东山镇太湖边，建于民国二十二年（1933年），是东山镇富商席启荪的私家花园。1986年，该园被公布为县市级文物保护单位。

席启荪（1879—1943年），名裕昆，洞庭东山山麓席村人。早年，他到上海钱庄学生意，从学徒到跑街，后升为经理。先后任鼎盛、鼎元、荣康钱庄经理。民国二十二年（1933年），席启荪在东山镇的席家湖头，买下了10亩洼地，在太湖边掘湖垒土，建造启园。其面积扩展到了40余亩，耗资十万，历时三年建成了这座私家花园。

建园之初，席氏邀请了当时苏城的著名画家蔡铣、范少云、朱竹云等参加了设计。园内主要建筑有融春堂、镜湖厅、复廊、摆波桥等，又有转湖、假山、春堂，镜湖厅，复廊，摆波桥等，园内背靠青山，面向太湖。

小河，花木点缀其间。

融春堂，是一处三间两厢的两层楼房，位于园之西侧，为园主人生活起居之所。该堂采用砖木结构，粉墙黛瓦，十分素雅。

复廊，又称"避阴手"，中间隔墙，墙上开设各种式样的花墙漏窗，移步其中，既能避同遮阴，又能观望被隔断的园内之景。复廊过回曲折，高低起伏，给人以遐想和游之不尽之感。复廊的尽头和两侧缀以小巧的亭台，愈臻古朴雅逸。

镜湖厅，是一座重檐歇山形式的两层建筑。底层四面设廊，檐下立柱粗壮，矮墙宽平。翼角翚飞，气宇轩昂。厅之四周空旷，东西筑有"五老峰"、"美竹假笋"，其间植以含笑、山茶、腊梅、桂花、红枫，花木扶疏，十分媚人。

园中有宽广的水池，名曰"转湖"。池为圆形，池水清漪荡漾，波光粼粼，如同过山影折射于池面上。岚影绰绰，为此园巧于因借之佳例。池之周以湖石叠砌成高低参差之池岸，蜿蜒曲折，凹凸起伏，池底叠石空悬出水。具凌空豪浩之势。南岸以湖石叠成一拱门。门内有钓台，登台垂钓，悠然自得，亦是趣事。环湖花木茂盛，繁花似锦，缤纷满池。

园之东侧是一条濒临太湖的小河，河上架以石桥，小河东侧的太湖沿岸筑成长堤，长堤南端建有抱波桥，为花岗石质单孔石拱桥。南北走向将沿岸长堤连接了起来。当时园主人的汽船从太湖开来，可经该桥桥孔入园，沿小河北行折西直抵河码头。长堤北端叠筑湖石假山一座，虽不高大，但峰峦参差，洞谷盘曲。假山顶为一平台，是观景的绝好之地，近可俯瞰全园景色，远可眺望太湖湖景，远山近水尽收眼底。

启园的营建，采用了借景手法，它巧借园外浩淼的太湖与巍峨的莫厘峰，引太湖之水入园，内外相通。并与太湖浮现的岛屿互相衬托，融山景、湖景于一体。把人工构筑的园林建筑和自然山水有机地融合在一起，创造了"天人合一"的理想意境，达到了中国古典园林艺术的最高境界。

复荷园

复荷园，在苏州市吴中区东山镇马家底。复荷园，创建于明代，为东山严公弢所筑，原名"曲溪"，含"曲水流觞"之意。该园眺莫厘峰西南余脉之水，经秦家涧分流入溪，溪流盘曲，沿溪均以湖石相筑。曲溪曾是明代洞庭山诗人严果（1518—1600年）咏筋之地。清雍正年间，经严氏后裔修葺及民国时期族裔严家恕整修后，将园林筑为别业，有嘉树幽岩，荷沼亭榭诸胜。

严公弢，为明代嘉靖年间富商。他与文徵明所善。该园建成后，"曲溪"园额为文徵明所题。明诗人陈朝有《莫厘严公弢七十寿诗》，云："五湖烟水称幽居，饱看风波十载余。烧烛应披高士传，毫时作右军书。短筇花径行随月，小艇杯荫坐钓鱼。严公坐园内居之情景跃然纸上。"

严公奕之子严果,字毅之,号文石,明代诗人。他曾朝夕坐卧在"曲溪"园内,左图右史,吟咏赋诗,煮茶饮酒,乐在古书竹素间,过着"天隐子"的闲居生活。至民国初,严氏后裔严家淦对曲溪进行了全面整修后,更名为"夏荷园"。该园虽历经沧桑,但旧迹犹存。现存建筑有书楼、花厅、花园。

花厅,临水池而建。面阔三间,进深七界。内五界后廊形式。大梁扁作,大梁顶为前轩内五界后廊形式。内五界船篷顶。大梁扁作,下设梁垫,蜂头楼柱承雕牡丹花,梁底浮雕缠枝牡丹。大梁肩设童柱承机檩。山界梁背设双童柱,童柱之间置荷包梁。轩梁背设双斗底承桁,双斗间置荷包梁。轩梁扁作。轩梁背设落地长窗,两次间前后均设短窗,明间前后檐步柱及中柱下设青石鼓形柱础。下砌半墙,前后檐步柱及中柱下设青石鼓形柱础。室内方砖铺地。

花厅东山墙披一界屋走廊,廊端翼角起翘,饮角老戗,置梓网椽。

花厅前为水池一座,四周水洞相绕,洞上有花岗石小平桥一座,小巧雅致,别有情趣。

花厅东三间西三间,西三间为五界椽屋船篷顶,下置书楼,二坡硬山造。面阔五间,东二间进深六界,西三间进深五界。西三间为五界椽屋船篷顶。大梁扁作,拾梁式,二楼前后檐下均设槛窗,下置裙板,西山墙亦做槛窗。东二间明间后檐设楼梯,二楼为内四界前廊形式,廊檐下设木栏杆。底楼前檐满雕缠枝花卉纹装饰带,图案精细而繁缛。

花园甚广,曲溪一条自西入园,呈"之"字形流经园内,又从东汇入马家港。

小溪两侧置湖石,植以花木。小溪之上架曲桥。嘉木繁花相掩,小桥溪水幽岩,幽静而雅致。园内古银杏一株,高30多米,根深叶茂,冠如华盖。据说为建园时旧物。

东崦草堂

东崦草堂,又名"徐家花园",坐落在苏州市太湖度假区光福镇杨树街花园弄内。该草堂是明末里人徐鉴湖所构筑的私家花园,后经久颓废,至清道光年间(1821—1850年),徐鉴湖五世孙徐傅重建。1986年3月被公布为苏州市文物保护单位。

徐傅,字月波,博涉经史,久客楚湘,交结名流甚多,曾辑里中故实,成《光福志》十二卷问世。其子徐庆治,字调之,是同治庚午年(1870年)举人。徐傅晚年回到家乡后,重新修复祖上花园,修葺丁月满廊、欣怀亭、延翠轩,从桂小榭,读书堂诸胜,增筑了"看云处"等,并在花园旁构筑艺圃别墅。尔后,徐氏衰败,到民国时期,徐家将花

园卖于苏州画家吴仪兰。因此,亦称"吴家花园"。

东崦草堂南临东崦湖,西倚邓尉山,可见涟漪,可听松涛,风物诱人。花园内采用前苑后宅的布局方式。住宅跟北,为两层楼建筑,其规模非东崦草堂可比。南部花园以荷花池为中心,池西有

寒山别业

寒山别业，位于天平山之北，章家山以西，花山以东的寒山岭下。寒山岭是支硎山的一支，其四周群峰环抱，石壁峭立，奇石嶙峋，古道蜿蜒，洞水萦回，风景幽绝，是一片占地约64公顷的饱含人文史迹的山林石景。

明万历甲午（1594年），高士赵宧光买山葬父于此，携家人庐墓隐居山中。他在寒山收户三十，连芳五百，利用深谷山野的自然景观，自辟岩壑，疏泉构室，植松构椽，依山而筑"寒山别业"。有千尺雪、云中庐、弹冠室、警虹渡、绿云楼、飞鱼峡、其中篆书堪称一绝、对每处景点，他均以景寄情命名之、拂拭斩岩、刻之崖壁。赵宧光精通六书，其中篆书堪称一绝，对每处景点，他均以景寄情命名之、拂拭斩岩、刻之崖壁。融人工美于山林野趣之中。自此，寒山别业名声大震，引来无数强人墨客赏景吟哦于此。"每花飞月丽，香车宝马，选胜修禊"，纷至沓来，成为声著吴中的名胜。

以后数十年间，寒山胜景名闻遐迩。当时的文人视赵氏为高士隐居之象征，纷纷前往一探，诗酒流连，使寒山别业名声日盛。

至清康熙年间，寒山胜迹日渐衰败。赵氏后人复归大仓。康熙三十八年（1699年），清圣相玄烨游华山途经寒山时，见房屋破败，为僧人所居。乾隆十四年（1749年），吴中名儒、礼部侍郎沈德潜带职返乡，"慨高风之弗嗣，叹胜迹之就湮，为之正其地址，复其旧观"。寒山名景修葺如旧。沈德潜是乾隆帝的近臣，他深知乾隆帝要游览寒山。乾隆帝有意是要让乾隆帝游览寒山别业和于他曾授意木渎画家张宗苍绘制了含有寒山别业和千尺雪的《吴中十六景》图册。两年之后，张宗苍以《吴中十六景》图册。两年之后，张宗苍以《吴中十六景》画册进呈，乾隆帝被寒山千尺雪胜景图

一人工所挖小溪蜿蜒曲折，连通荷花池与外湖，溪上架一小桥，即为"延翠轩"，荷花池及曲溪廊石筑有驳岸，大牙交错，十分得体。岸边植以桃、梅、紫荆等花木，并有银杏一株，高大茂盛，已适百年。荷花池东西两侧均为曲廊，高下回环，起伏有致。池东北一亭，小巧玲珑，精巧雅致。池东侧长廊壁内嵌有《东庵草堂记》《东庵草堂平面图》石碑两块。碑记中有"思夫沧浪之亭、乐圃之居、天镜之阁、王山之堂，其林麓烟云之趣，浩渺幽邃之观，孰为胜绝！而四方人士之来是者，奉拂相招至，以不到为耻"之语。草堂之胜，于此可知。

东庵草堂现属县市级文物保护单位，也是光福地区唯一一处私家花园。

该园虽不大，但因地制宜，临湖而建，构筑得体。亭、台、楼、轩、池、溪、山石筑园要素俱全。而"前园后宅"的布局形式，是其可贵之处。一花园布置在前、临湖河取水方便。从大门入一园，繁花锦簇的花园首先映入眼帘，令人赏心悦目。增加了对园主人的景仰之情。再则，前部设置花园，其任宅主体建筑也有遮掩，不至于一览无遗，但少了一点唐突。这也许就是士大夫的那种内敛、含蓄心理在园林建筑上的反映。

所吸引，钦定其为巡游地之一。江苏巡抚衙门、苏州府衙等地方官府拨出千金，在寒山建行宫，筑御道，及至乾隆帝六次临幸，"驻跸凭眺"，对景怀古。

乾隆以后，寒山别业与行宫逐渐荒废。

据清代黄安涛所著的《吴下寻山记》记载："过寒山忆赵凡夫，故居于道光癸巳（1833 年）被蛟水冲毁，相与惋惜久之。"到丁晚清时，寒山除丁重修的法螺寺尚存外，其他建筑俱毁。

1984 年，第二次全国文物普查期间，在此野外调查时发现，寒山别业往址仍依稀可辨，行宫遗址尚存17 处，以及众多的系马石，石砌叙墙，残街断壁，假山、水池、石幢、断碑等遗迹。因乾隆曾在此驻跸，当地村民称之为"皇废基"。

目前，17 处摩崖题刻散落在山岭岩壁之上。这些摩崖题刻，集一山之胜，字体以篆、行为多，风格独特，镌刻极精，从时代上看，可分为明清两大部分。这些题刻借景咏情，对泉怀古，寓意深刻。从内容上看，主要有以下几个方面：

（1）表达作者隐逸超脱、寓高思亲之情的摩崖题刻有：

"跟青冥"。跟者，踮也；青冥，天也。《楚辞·九章·悲回风》有"据青冥而摅虹兮，遂儵忽

而扪天"，表达了作者悲痛流连之意。

"隔帘"。取《楚辞·九歌》中"隔帘兮三镇，盖将把兮琼芳"，寓寄"竭诚尽礼以事神"之意。

"蝴蝶径"。自讽处世若大梦，胡为劳其生。

这些题刻的复杂情感，无奈的复杂情感。

（2）起到点景作用的题刻感。

"千尺雪"为赵居尤篆上石于曲岭壁若上的题刻。这里岚霏映合，泉声淙淙。

"江池灌缨"。飞瀑溅雪，似瀑布，泉水沿峭壁而下，石壁夹涧处，流泉怒呃，声光双绝，崖壁临昔而石翼。但见"江池灌缨，机引千尺，循巅下注"。

乾隆十六年（1751 年），高宗弘历第一次游寒山时曾登上"千尺雪"石壁，观此胜景，乾隆帝登石壁朗观丘壑探望："有板逆逐以养其流，稍接起之，则声势新盛。飞泉激素，吹丁飞泉，只觉"泉流入耳，洽洽清远"。其时，他忽然要笔墨侍候，一样手便写下了"千尺雪"两字。他身临其境，方觉得达世上之物全在"意境"，泉说成"千尺雪"，意境早已脱俗，而眼观飞泉如雷，耳听却是瀑如雷，唯有仔细吟听，方觉尾瀑震所

山时的雪景："千尺雪"石壁，循巅下注"。飞瀑溅雪，似瀑布，崖壁临昔而石壁夹涧处，流泉怒呃，声光双绝，劲风从深涧吹来，吹丁飞泉，吹起丁水珠，而水珠再度被吹碎，随风飞扬，于是飞泉变成了雪。飘飘洒洒，如梦如幻。

首先，让我们追溯一下寒山别业的人文史迹。别业的开创者——赵宧光（1559—1625年），字凡夫，号广平。末赵氏王室后裔，靖康之难后，其先祖随康王赵构南渡，后侨居江南太仓。其祖父赵怀，进士出身，父樗生，号含元先生。宧光少豪自喜，中岁读书庐寒山父墓旁，疏泉架壑，策名如图画。史载宧光"泛滥经书，贯串百家，手辟荒秽，文字学家、金石家，为明代著名文学家，文字学家、金石家。

乾隆帝在这些即兴诗中，把寒山别业的山泉幽景作了画龙点睛的描绘。他六游寒山，题诗三十余首。寒山别业成为产生乾隆御诗最多的地方。乾隆之所以六游寒山，一是寒山别业具有"天人合一"的生态景观，二是赵宧光高超的构景艺术吸引了他，三是寒山别业饱含着独特的人文史迹。

清高宗乾隆辛未（1751年）题《寒山千尺雪长句》

支硎一带连寒山，山下出泉为寒泉。
冷冷幽幽赴溪壑，跳珠溅玉多未源。
主人区分称各别，已诠一一征名诠。
半椒策马寻幽胜，山水与我果有缘。
就中宧光好事者，引泉千尺注之渊，
泉飞千尺雪千尺，小篆三字铭云岩，
名山子孙真不绝，安全宅资福田。
架陀坐对清万感，得泉有诗亦然。
雪香梅色在水，其苦乃在虚无间。

乾隆王丑仲春（1757年）御笔

泉出寒山壑，
香分支硎支，
当游曾未到，
名胸常闻之。

乾隆王午（1762年）御笔《出间门游寒山寺二首》

（一）

清晨出间门，轻归忘变喧，
递来将雨意，恐致碑幕繁，
麦叶秀含润，菜花黄较论，
将兴耕作矣，爱嘴上衣论。

（二）

鸣鞭度庆桥，别墅见山椒，
小憩支公阁，间凭赵隐寮，
竹虚原自密，花艳却非妖，
欲物青青想，法螺喜不遥。

在"听雪"于声景之中，"听雪"于虚无之间，一代帝王与前朝高士不禁息息相通，心境相印。这也评说是"千尺雪"胜景的魅力所在吧！至清高宗乾隆又咏题了"泉飞千尺雪千尺，小篆三字铭云岩"之句，可见气势之磅礴，仅三字题刻，点出了一景之胜。

"芙蓉"两字，篆书，字径达125厘米。镌刻于三面有坡的山巅，一面如削，每当晨雾缭绕之时，山谷间有缕缕轻烟冉冉升起，文化成白气，浮绕于山腰，再徐徐扩散到整个山头。而当晨曦闪现，晓雾初开，万道霞光，射至山巅，犹如出水之芙蓉。

"凌波栈"，为两崖剖切，山泉从悬崖飞渡至石渠水寨的题刻。石壁上镌赵宧光之父含元先生的水岩诗："淳泉静注千寻壑，飞瀑晴回万仞峰。"已是点睛之笔。

(3) 对景怀古的即兴诗有：

一生著书几十种，数万卷，尤精文字学。以其学识和人品，成为晚明文坛的代表人物。

赵宧光任寒山葬父庐居，一边建泉点做学问，引来了无数缙绅学子，骚人墨客来此访，使寒山成为了一个山林学馆，文化积淀日渐深厚，而寒山名人隐居或小住于此。他们分别是赵宧光夫妇文化人住于此。他们分别是赵宧光夫妇陆卿子、于灵均、悠文俶、文俶之女儿惠子从简、任文俶、灵均之女即枕烟及其夫徐媛等，而其中尤以陆卿子、文俶、徐媛三位才女最为著名。

陆卿子，赵宧光妻，著名文学家陆师道之女，与徐媛非称"吴中两大家"，常与岳光唱和，著有《云卧阁稿》《寒苦草》《考槃集》《玄芝集》等文俶（1595—1634年），字端容，书画得家传，性明惠，所见幽花异卉，小虫怪蝶，信手漫染，皆能擎写性情，鲜妍生动，曾绘有《寒山草木昆虫状》，并摹《内府本草》千种，代表作有《湘君捣素》《惜花美人图》。远远购素者填塞，贵姬少女，争来师事。

相传笔法。《画征录》有"吴中闺秀之冇者，三百年来推文俶为独绝"的评价。钱牧斋称其画"点染写生，自出新意，为国朝闺秀之冠"，尺幅片纸，人争宝之。"做风致婵娟之妙"。

徐媛，留园主人徐泰时的之常客，经常在山中小住，与陆卿子诗词唱和，范允临妻，她是寒山别业的常客，经常在山中小住，与陆卿子诗词唱和，范允临之《说文长笺》自著有《金石考辨》《金石林》。

文从简（1574—1648年），字彦可，号枕烟老人。崇祯十三年（1640年）拔贡，入清不仕。画兼王蒙、倪瓒，用枯笔皴斫，作方从义、画时人暖径，书法本邕，最得其神。

赵灵均，宧光之子，从文俶学，后又从燕山僧学梵文，博学多才，继承文学之长，书法本邕。

赵昭，字子惠，灵均之女，性至孝，有淑德，工写生，尤擅长兰竹，兼学问。后期寒山别业的主要管理人，以"一女能代子职"才子，名媛集于一山，吟诗唱和，作图绘画，令众多仕人心仪向往，记载寒山别业的《内府木草》于种，代表作有《湘君捣素》《惜花美人图》。远远购素者填塞，贵姬少女，争来师事。

书籍达几十种之多,赞美之辞溢于言表。当时的人们称赵氏父子、婆媳四人"父子篆字,姑妇诗画",为"吴门三秀"。他们对明代末期的吴门文坛产生了巨大的影响。同时,这批文化名流对寒山别业的建成也做出了积极的贡献。

赵宧光所构筑的寒山别业,无疑其意蕴是十分深邃的。赵宧光进入寒山以后,经历了踏勘相地、斩榛历莽,心灵感应,入山对话,精神长存的过程。他经营寒山做的第一件事,是"收子三十,连琴五百","破产买山","纂以周匝,一千余丈"。他的构园理念是将"目中诸峰"全部纳入寒山大同中。在赵宧光的眼里,寒山的每一块峰石都是有灵气、有生命的,他对石岩的喜爱、对石的感情,几乎达到了痴迷的程度。这使他的《寒山志》和《寒山堂草》中早已言明。从而似乎让后人触摸到了这位高士将自然山峰嬗变为园中之山的诀窍。在寒山,赵宧光花了几十年的功夫,书刻了众多的题刻,为后人留下了弥足珍贵的寒山摩崖石刻。精美恢宏、意趣天然。尤其是在寒山别业的建筑文化内涵中,赵宧光以自身的修养与境界,达成了"天人合一",崇尚自然的审美观与价值观,这正是赵宧光寒山别业的成功之处,以致使乾隆帝自一见寒山"千尺雪"后,再也不能释怀,回到京城做的第一件事便是在"西苑之淑清院,盖就海液池尾闾",仿照寒山"千尺雪",竟然在皇家园苑里叠山理水,也打造了一个"千尺雪"。然而,"有明时所作假山,乔木峭石、喷薄之形似之矣,而之天然。"尔后,乾隆帝又到承德避暑山庄,"乃得飞流嗽峡,盎枯不已者,作室其侧,天然之趣足矣,而尚未得松石古意。"接连打造了两个"千尺雪",依然未合乾隆满意。直到次年,乾隆帝到盘山,不料遇到一处山水,让他惊讶不已。为此,他欣然命笔,写下了《盘山千尺雪记》云:"开虚窗,俯流泉,觉松涛石籁,同答亲人。乃叹寒山千尺雪,固在世间。"开目,在崖壁上摩以题曰:"我书三字提檐端,亦有雪花拂檐落。""昨岁巡幸江南,观民间俗之余,流览江山胜概。其悦性灵而发藻思者所在多有,而独爱吴之寒山千尺雪。"这是乾隆帝在《盘山千尺雪记》中所写的话。这也许就是寒山别业的魅力所在吧!

自此,北方皇家园林的构筑手法受到了寒山别业的强烈影响,从原来的那种单锦集绣式的平地园林布局,稍加变化的四合院的建筑形式,由此开始向多立面、多层次的山地园林发展。清代皇家园林的艺术创作进入了一个创新阶段。以自然山水为空间,灵活多样的建筑为点缀,强调空间的多变性,提供人性化的自然美,这正是寒山别业的成功之处。

桥

第二章 古建筑

吴中文物

宝带桥

宝带桥，位于江苏省苏州市吴中开发区古运河西侧，是古运河旁的牵道建筑。桥创建于唐元和十一年至十四年（816—819年），后圮。南宋绍定五年（1232年）重建。元代修筑为长石拱桥。明正统十一年（1446年）重建为现形制与规模。清康熙九年（1670年）桥被大水冲记，三年内修复。道光十一年（1831年）林则徐主持修缮，费"工料银六千六百七十两有奇"。清咸丰十年（1860年）毁三孔。同治二年（1863年）为镇压太平军，被英军炸去桥之中间大孔，导致26孔连续倒塌。抗战期间，南端六孔被日军炸毁。1956年，苏州市人民政府拨款修竣。1981至2001年期间，江苏省文化厅文物处拨款进行了五次维修。2001年6月25日，宝带桥被公布为第五批全国重点文物保护单位。

宝带桥系用青石夹花岗石砌筑而成，全长316.08米，两端孔桥脚间长249.8米，北端引道长23.2米，南端引道长43.08米，桥面宽4.1米。整桥采用53孔连拱薄墩式，桥身窄长如带，多孔联缀，中孔跨径最大的为6.95米，矢高7.5米。宝带桥的建造，凝聚了我国古代造桥匠师的聪明才智：其桥面平坦以利于纤夫行走；桥下53孔联级，既方便澹台湖、又能使澹台湖上游之水直通吴淞江并畅流入海。宝带桥采用了"柔性"在桥体结构上。

桥北堍有碑亭一座，司治十一年（1872年）重建。亭为方形，重檐歇山式，石质仿木结构，边长4.32米，通高6.13米。亭为歇开式，有石栏可供纤夫、路人歇脚。桥南、北段引道各有青石狮一对，形象威武。桥北堍与桥中间西侧的水盘石上各有宋代石塔一座，塔高4米，五级八面，以鉴坎青石雕凿而成，刻海浪云龙纹，每组各面雕出佛龛，内镌小佛像。

宝带桥是我国现存最长的石拱古桥，其桥孔之多，结构之精巧，在中外建桥史上是极为罕见的，具有较高的历史、科学价值，更有极高的桥梁工艺价值。

（1）宝带桥优美的桥体形式与绚丽的江南水乡环境融为一体，是古代建筑艺术与生态环境完美结合的典范。桥梁是三度空间到永久性建筑。在对宝带桥规划设计时，对桥体形式与功能，桥体形式与环境的结合上的构思做极为巧妙。该桥采用了软地基加固联拱薄墩形式，桥面平坦以利于纤夫行走；桥下53孔联级，方便行船。宝带桥采用了软地基加固联拱薄墩形式，使檐合湖上游之水畅流入海，达到了形式与功能的统一。而这种薄墩连拱形式的应用，使桥身显得极为轻巧又富有曲线美，与娇脆的江南水乡环境相映衬，形成了水乡独特的桥梁风貌，沉如"长虹卧波"，鳌背连云"，青山遥望，春水相映，是古代建筑艺术与生态环境完美结合的典范。

（2）桥基加固技术的实用而奇特。宝带桥坐落的地域属长江下游冲积平原的河网区域，表土层松厚，为防止桥基下沉。宝带桥采用了软地基加固法。其方法是：用直径15～20厘米，长120厘米左右的木桩，每墩密排60根，分5行，每行12根，排列有序，顶部桩间用块石嵌紧。其上再用整块盖基石玉顶，使其成为整体。采用打木桩加固软地基，省工省资，施工简便，十分实用；且木桩长年浸泡池在水底，不易腐朽，尤其是密打的桩尖阻力一起，可起到了挤密地体的作用，而且与桩本身承载作用，从而减少墩体陷沉的可能。

（3）创用"柔性墩"和多绞拱工艺，独领桥梁

墩"与"刚性墩"相结合的方法，其柔性墩可减轻桥身的质量，桥中间采用刚性墩可防止整桥连续倒塌。

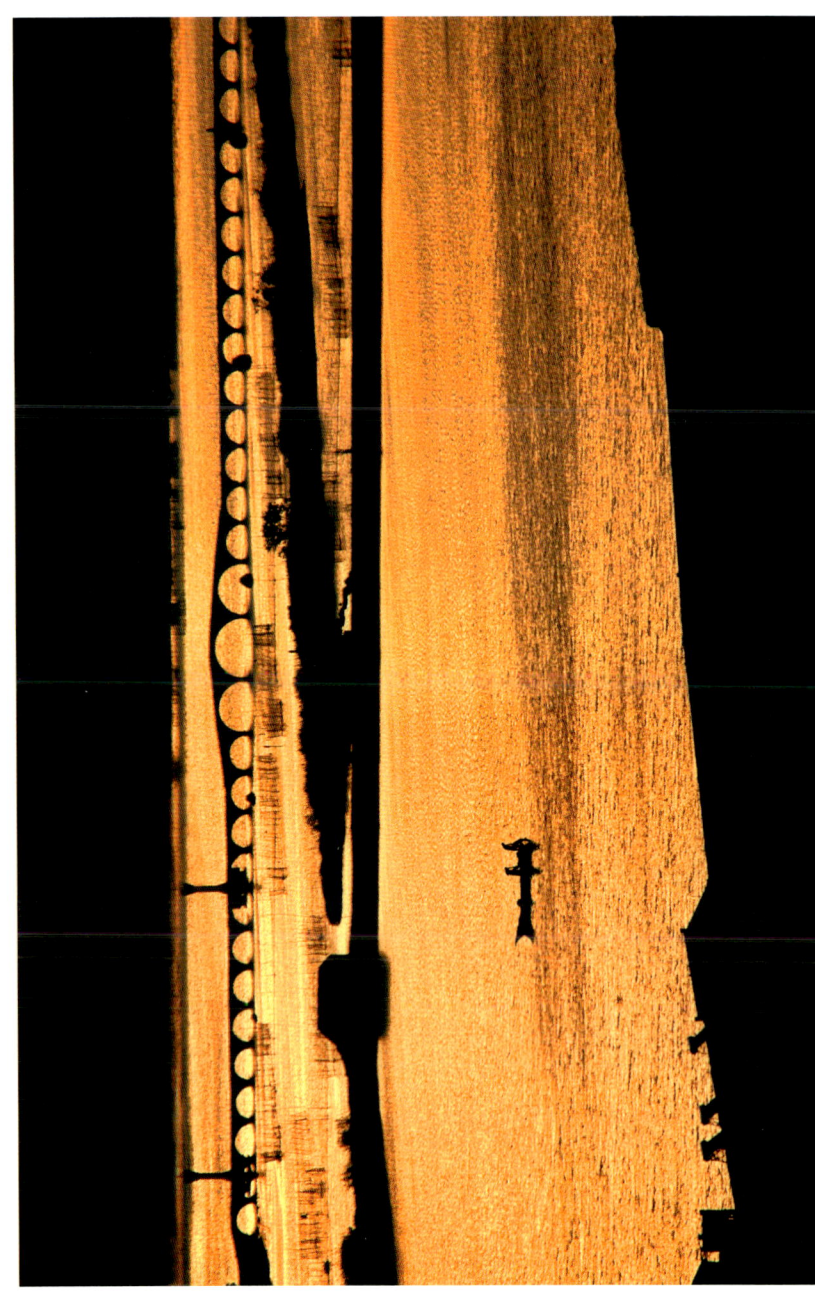

建筑工艺风骚。宝带桥在设计营造上，科学合理地创用了"柔性墩"与"刚性墩"相结合的方法。宝带桥的建造者创用了上大下小、轻巧薄型的"柔性墩"，宝带桥最大孔的跨径与墩厚比为11.6∶1，居世界石拱桥之首。宝带桥"柔性墩"的结构极为合理，其相邻两孔拱圈的拱脚落嵌在水盘石预留的沟槽内，两拱脚间距仅10厘米，用一块倒梯形块石嵌紧；桥面与拱圈同空腹内，用石灰三合土填充，从而减轻了桥身的自重，使墩体所受的水平推力大大减少。宝带桥"柔性墩"的创用，揭示了拱桥内力传递途径的变化，克服了"重力式桥墩"的弊端，实现了工省钱、减轻自重、利于泄流行船、造型美观，无疑是我国桥梁建筑工艺技术的一大发展与突破。为了防止多孔薄墩型桥墩的变形，宝带桥在从北端起的第27号墩上建造了一个单向推力墩，即"刚性墩"。该墩由两个桥墩并立而成，体积大，凭借它的自重可平衡来自单向的推力，一旦一端拱圈倒塌，也不至于波及另一端的其他各孔。"刚性墩"的重大功能、构思和设置，足以说明我国古代的造桥匠师对多孔拱式结构传递规律认识的深度。

宝带桥的拱圈工艺，集"并列法"、"纵联法"之长，运用了一种拱圈砌筑的新工艺——"联锁多纹拱"。其结构是采用"联锁法"砌成拱，同时在版块拱石两端各凿出石榫，嵌入长纹石预留的榫眼内，并留有空隙，可容许微小的移动。这种筑拱工艺的独特优点是：当出现温差变化、基础沉陷或不对称活载等情况时，通过石榫作细微的调整，可自动对拱圈的形状作细微的调整，而使拱圈的受力有所改善。其构思之缜密、技艺之先进，令今人赞叹。

"柔性墩"和"刚性墩"相结合的做法，既利于大桥的长久保存，又能使古桥的形式秀美轻巧。几百米长的桥体横卧于淹合湖口，似长虹卧波，宝带浮水，极为壮观。值得一提的是，宝带桥历来有"串月"的奇观，每逢中秋之夜，明月当空，53个桥孔出现53个月影，连接成串，妙趣横生，成为吴中一大名胜。

大觉寺桥

大觉寺桥坐落在苏州市吴中区车坊街道大姚村大觉寺前，宋庆历七年（1047年）建，重建于元至正十一年（1351年）。桥全长5.15米，宽2.7米，高2.1米，系武康石、青石、花岗石混构。大觉寺桥为该寺桥，桥为梁式石桥，南北走向，桥面用五块略带拱势的武康岩长条石铺成，中间三块较宽，均为0.62米，两边为两块略高形成沿口石。金刚墙以石灰岩错缝垒叠而成。桥孔北壁镶嵌碑记一块，记载了大觉寺桥创建及重建年代。摘置桥面的天盘石上，有凹字形缺口，是建桥时为丁安

大觉寺桥东侧面

全地安装桥面而有意设置的。从桥体结构已建桥技术看，大觉寺桥应是宋元时期梁式石桥的有式。桥两侧的浮雕，确是研究宋代雕刻和装饰艺术的宝贵实物资料。

大觉寺桥沿口石两侧各饰有精美的图案。东侧中部饰"二龙抢珠"，两端各饰"腾云夜叉"。西侧则以宝珠为中心，两边对称依次饰有蝙蝠、玄鸟、天马等图案。东西两侧均以海浪纹、云纹作边饰。馒首形的梁头上雕刻均有大姚的金刚力士，背依颁弥山，形象十分古朴，间有圆雕、刀法圆洋、线条流畅。整座桥体雕刻十分精美，雕刻手法均以浮雕为主，雕刻样看大姚的金刚力士，具有极高的艺术价值。1995年，该桥桩公布为江苏省省级文物保护单位。

香花桥也为梁式石桥，位于大觉寺桥东侧60米处，横跨在大姚港上。桥长14.2米，宽3.2米，桥洞宽度4.2米，桥面由四块花岗岩长条石铺成，两侧各有一武康岩桥栏石，侧面均浮雕"缠枝牡丹"图案，纹饰精美，线条流畅，具有较高的艺术价值。

现存的宋代古桥数量极少，而雕刻如此精美的宋桥，更若晨星，弥足珍贵。

工、宋时旧物"的记载。是苏州地区目前尚存的少数宋桥之一。但从现桥构件的形制、石质看，该桥经过了后代多次重修。1995年，该桥被公布为江苏省省级文物保护单位。

桥为单孔武康石梁式桥，全长16.1米，宽3.05

光福寺桥

光福寺桥，坐落在苏州市太湖度假区光福镇。该桥为光福寺前的寺桥，南北走向，横跨在福溪河上，连通古镇的上街与下街。桥创建于宋代。民国版《吴县志·古迹》有"光福寺前桥扶栏有石幢云

大石桥

大石桥，在苏州市吴中区甪直镇车坊办事处姚盛村费头牛家浜。从桥的形制与用材看，该桥应属南宋时期建筑，明、清时又重修。2008年在第三次全国文物普查期间被发现。

桥为武康石构筑的东西走向的三孔梁桥，横跨在石桥港上。全长21.92米，中宽1.67米。中孔跨径5.47米，东、西边孔跨径分别为3.95米与3.9米。总跨径13.32米。桥两端厚石砌的桥台。桥台端面分别设有扁方形立柱两根，上承横石梁。石梁上端面搁置木梁而回槽，分别以两根扁方条形石组成桥墩。桥之中间横石梁。每孔桥面两侧各设一块折沿石，以通行人。每孔桥由六块石梁组成桥面，折沿石外侧两端面水浮雕有"压地隐起缠枝化开"图案，横石梁两端面水浮雕卷云纹。桥之三孔桥面均稍有隆起。中孔长而边孔略短。

该桥营建规整，形式朴素，其武康石制作的折沿石线条流畅，剔地隐起的装饰花筒清而饱满。横梁石端面保留有搁置木梁的回槽，宋代做法特点鲜明，且桥的主要构件大多数为宋代原物。保留至今较为完整的宋桥已二三座，而三孔梁做法此区仅此一座，该桥的存在，为研究宋代的桥梁建筑提供了十分珍贵的资料，具有较高的文物价值。

米，跨度4.5米。桥面制成弧形拱势的长条石并列铺成。西侧一头为武康石质，长5.45米，宽0.6米，厚0.37米。其余四块均为同样大小的花岗石质，桥面铸刻地浮雕双龙图案。

其中东侧一块侧面中部篆刻楷书"光福寺桥"，桥名及上水纹图案。桥孔两侧的水盘石为花岗石质，水盘石上端各立桥柱两根，上承桥面。桥面两侧砌筑的金刚墙，其材质大部分为花岗石，金刚墙上有两块武康石质压口石，形体较大。寻杖为武康石质，康石质栏板，为"单钩栏"形式，寻板末端置武康石质抱栏板雕刻"华板万字"纹，云板木端置武康石质抱鼓石。

该桥形制端庄古朴。其武康石质栏板形式，与《营造法式》所载单钩栏制栏相吻合，当为宋代原物。桥面石所雕双龙图案，纹饰青美，工艺精湛，具有较高的文物价值。

里尺桥

里尺桥，位于苏州市吴中区临湖镇灵湖村。该桥建于明弘治十一年（1498年），2009年7月被公布为苏州市市级文物保护单位。

该桥地处太湖之滨，东西向横跨在横泾江上。桥为青石质单孔拱形桥，全长12.8米，桥面宽2.1米，桥堍宽2.9米。拱圈系分节并列砌筑，拱圈之券石上镌有"大明弘治十一年岁卯午八月"建桥年款。桥南北两侧金刚墙以长条形青石砌筑，整座桥梁桥体形体完整，色泽美观。

里尺桥是一座具有绝对纪年的古桥梁，历经数百年风雨沧桑，而风貌依旧。该桥形体小巧，形制规范，玲珑可爱，尤为难得的是，整桥均选用上等青石构筑，色泽青灰，质地细腻，极具观赏价值，是一座明代古石桥中的优秀作品，具有一定的文物价值。

永安桥

永安桥,位于苏州市吴中区木渎镇山塘街北端的王家村,俗称"王家桥"。桥始建于明弘治十年(1497年),1986年被公布为县且市级文物保护单位。永安桥是一座花岗岩石质单孔拱形桥,横跨在兴福塘上。桥全长13.7米,桥堍宽2.4米,桥面宽2.2米。桥拱呈圆弧形,分节并列式砌筑,矢高4.2米,跨度7.8米,拱圈内镌有"放生河,禁止采捕"字铭。桥两侧的金刚墙以花岗岩条石叠砌。东西桥堍石级踏步形式,两侧桥栏石高0.73米,厚0.18米。桥之梁头上均刻有阴文"一花莲"图案,纹饰精细。

该桥的特点如下:一是桥体中的四根青石竖柱和拱圈中的八根横纹石互相联结,加强了拱圈的强度,结构合理,便于行舟,桥身高耸,倒影如环,为山塘古街增添了几分古朴之意。桥孔宽敞,

震泽底定桥

震泽底定桥，位于苏州市吴中区东山镇石桥村，地处太湖之滨。震泽系太湖之古名，桥名含有大禹治理太湖水患"三江既入，震泽底定"之意。该桥始建于南宋绍定五年（1232年），由里人朱安宗所建。明成化乙巳年（1485年）被山水冲毁，安宗后裔朱济民发起重修，桥复旧观。清乾隆五十二年（1787年）整修桥身，至今桥之古貌依然。

该桥为梁式平桥，花岗石与青石质。桥长4.7米，宽4.2米。桥面由五块长条石铺成，横跨在山洞之上。成为石桥村的主要通道。桥面上建有廊屋，廊屋为砖木结构。面阔一间，二坡屋面，进深四界。梁架圆作抬梁式。为后修之物。桥南民居墙中嵌有明成化乙巳年七月《重建震泽底定桥记》石碑一方；桥北立有乾隆五十二年八月《重铺坪磬官路记》石碑一方。两碑主要记载了该桥两次整修的经过。

此外，桥南道路旁边有古井一座，井口直径70厘米。井壁用青石盘筑。井口之上有八角形青石质井栏石，井栏石外径66厘米，内径35厘米，高41厘米。井栏顶、面皆刻有阴文楷书"乂井"两字铭。从形制看，当属明代之古井。井水至今清澈，村民仍在使用。

该桥的存在，为研究当地的人文历史提供了珍贵的实物资料。

具区风月桥

具区风月桥,又名"渡水桥",位于苏州市吴中区东山镇渡桥。渡水石桥创建于元至正年间,明弘治九年(1496年)里人吴天裕重建,现存之具区风月桥为清道光十九年(1839年)和宣统三年(1911年)重建之物,1986年被公布为县市级文物保护单位。

具区风月桥为花岗石质三孔拱形桥。桥横跨在渡水港上,全长37.2米,桥顶宽3.5米,桥堍为喇叭形。底宽4.73米。西堍长15.5米,有23级石级踏步;东堍长18.9米,有28级石级踏步。中孔跨径10.8米,两侧小孔跨径各为7.8米。拱圈之矢高比约为5:2,中孔拱圈采用分节并列式砌筑,结构合理。十分罕见。中孔东侧券板上有镌刻题记两条,一为:"明弘治九年吴氏八世祖天裕公独办,十九年合族捐修,十八世孙晚裔经办。"另一条为:"宣统三年春三月二十二,一世孙吴佗鉴重建。"记述了该桥重修重建的年代。桥面与桥堍以条形花岗石砌的筑得十分平齐。桥之"龙门石"上镌有圆形变方形石柱和石栏板,方形石柱和石栏板,整座石桥制作规整,形体壮观。

具区风月桥三孔联缀,跨度大,减少了河水对桥礅的冲击力,过往舟楫通行也较为便利。此外,多孔砌筑的方式降低了主桥孔的高度,桥水较为平缓,方便行人行走。具区风月桥是连接东山镇五与武山之间的通道,为洞庭东山之门户,长桥到现在,为研究当地的历史提供了珍贵的实物资料,也是吴中地区晚清桥梁建筑的优秀实例。

善桥

善桥，又名"塘桥"，位于苏州市吴中区临湖镇塘桥村。桥始建年无考，根据现桥的形制、用材判断，属清代之桥。

该桥是一座单孔石拱桥，所用石材有武康石、青石、花岗石。桥南北走向，横跨在苏东运河上。桥全长22.15米，桥面宽3.03米，南堍宽3.3米、北堍宽3.88米，南北桥堍平面略呈喇叭形。桥之拱圈为分节分列式砌法。两侧金刚墙用长条形花岗石错缝一丁一顺砌筑。桥顶两侧栏板为青石须弥座形式。桥身两侧压口石为武康石质，上部花岗石栏

板高0.45米，较低矮。桥西侧有阳文楷书桥联"九曲波流从北锁，群峰灵秀自西来"。

该桥的存在，为研究当地的乡土历史提供了十分有用的实物资料。

蠡野

古桥

蠡墅位于苏州城南石湖之滨。相传战国时期越国大夫范蠡曾于此居住，故名。清代后期建蠡墅镇。镇内河道呈"十"字形分布，蠡墅港东西横贯穿镇而过，中港与栈廊浜南北贯通。河道两旁通商建屋，民居毗邻，沿河驳岸整齐，河埠众多，形成傍河林立，农河成街，路桥相接，依水成市的江南水乡小镇风貌。

蠡墅老街长2970米，河道长970米，驳岸700米。现仍有古桥4座，分别将上、下塘老街的东、西两段连接在了一起。

重建于清代的蠡墅桥横跨在蠡墅港东端，东西走向，连接上、下塘老街。单孔花岗石拱桥，南北走向，连接上、下塘老街。单孔花岗石拱桥，南北走向，桥全长12.5米，高3.25米，跨径5.45米。拱圈为纵联分节并列砌筑。桥面宽2.45米，长2.05米。南堍底宽2.93米，设13级台阶；北堍底宽3.5米，设15级台阶。台阶两端铺以网状纹，具有防滑作用。桥面两侧设栏板石，栏板置池鼓石，石之间设方形望柱8根，其中桥面4柱顶端雕出"回头石狮形"，形态生动。桥两侧拱眉上方刻有"重建蠡墅桥"楷书桥名。

建于道光十三年（1833年）的须茂桥横跨在蠡墅港西端，亦是一座花岗石质单孔石拱桥，同北走向。桥全长19.3米，拱圈高3.64米，跨径5.25米，纵联分节并列砌置。桥面宽2.6米，长2.05米，正中为漩涡状刻石。南堍长8.45米，底宽4.3米，设台阶14级；北堍长4.1米，长8.8米，设16级台阶。桥两侧分设低缓的栏板石。桥两侧有桥联："一镇生新虹焕彩，八方古端月重轮"。正中拱眉石上方刻有"须茂桥"及"道光十三年九月吉日"桥名款。

太平桥系单孔花岗岩梁式桥，横阳在西北流向的中港之上。桥全长13米，桥面至水盘石高2.5

米，桥面宽1.8米，长4.3米，由4块花岗岩条石铺成。两侧条石立面刻有"重建太平桥"正楷字样。桥东块长4.6米，底宽3.3米，西块长4.1米，宽3.1米。两侧金刚墙用加工较细的花岗岩条石"一顺一丁"砌筑，十分整齐。

太平桥

永兴桥系单孔花岗岩梁式桥，东西走向，横跨在栈廊浜上。桥全长11.6米。桥面宽1.9米，由4块长5.6米的花岗岩条石铺成，南侧条石立面刻有"重修永兴桥"楷书。两侧金刚墙用加工较精细的条石"一顺一丁"砌置。桥东块底宽2.6米，长2.9米，分8级踏步；西块底宽2.3米，长3.1米，分8级踏步。桥上两侧设方形望柱4根，中间栏板现改成青砖砌成，两端有抱鼓石4块。

永兴桥

桥南侧两块中嵌有一块青石"重修永兴桥"碑刻，记载了该桥曾于嘉庆二十一年十二月由众姓捐款维修的情况。

蠡墅小镇的这四座古桥，为我们了解清晚期的桥梁形制，提供了十分有用的实物资料。1997年7月，蠡墅古桥被公布为县市级文物保护单位。

五龙桥

五龙桥,坐落在苏州市吴中区长桥街道龙桥村。

该桥始建于南宋淳熙年间(1174—1189年),清同治十年(1871年)重建。1997年7月,五龙桥被公布为县市级文物保护单位。

该桥为花岗石质五孔拱形石桥,横跨在西塘河南端。

桥全长95.5米,桥晚宽5.5米,桥面宽5.1米。桥下七孔联缀,中间五孔临水。中孔高4.8米,跨径10.05米;次孔高4.4米,跨径7.95米;梢孔高3.3米,跨径5.3米。五孔拱圈均采用分节并列砌筑法,桥面较为平缓,立面略呈弧形。两侧金刚墙砌筑齐整。桥面两侧栏板石排列整齐,栏板均以高0.5米,厚0.23米的长短不等的花岗石石板构成,低平而厚实。每块栏板两端均以榫卯相连。桥既设有粗缓的四方立柱。桥的中孔两侧各有一对蕴联,北侧槛联为"建初在吴东承淳熙中岁,议复于皇清同治十年",南侧槛联为"锁钥镇三吴下饮长虹跨同月,支条种五水远通飞骑挖全湖"。中孔拱圈顶部有桥额为"重建五龙桥"。桥联内容不仅写出了古桥的英姿,还记述了该桥始建与重建的年代,以及古桥坐落的地理环境。

五龙桥跳瞻台湖口,位居石湖、澹台湖、呙塘河等五水合流之地。它是古代苏州的西塘河则是苏州盘门外的西塘河到苏州城南的水陆交通要津,在苏州城南的水陆交通地区位上占有十分重要的位置。

五龙桥多孔连缀,在建桥技术上采用了柱墩方式,桥墩窄,桥体显得十分轻巧。桥之拱圈采用并列砌筑法,横向没有铰石,增强了拱圈内的拉力,多纹拱的使用令古桥十分坚固。五龙桥营造规整,结构科学合理,形体秀美柔和,是研究晚清时期建桥技术的珍贵实物资料。

西津桥

西津桥，又名"永平桥"，是一座花岗岩质的单孔石拱桥。坐落在吴中区木渎镇西胥江上。桥始建于明万历年间，清康熙年间重修，同治十三年（1874年）木渎镇济善堂筹资重建至今，是吴地较为有名的古桥之一。

西津桥全长22米，阔3.05米，矢高4.2米。桥孔石拱采用分节纵联并列形式，券石平接严密，

受力均匀，十分坚固。

石拱形成的桥孔形如半月，势若飞虹。桥面两侧有侧石桥栏，造型古朴，端庄。游人拾级登桥观赏，可见蜿蜒远去的胥江上行船如织，粉墙黛瓦的民居临水而筑，水乡风光尽收眼底。而月夜之下的西津桥更具风采，是一副多姿的风景画：明月高挂，古桥在胥江中映下倩美的倒影，与半圆的桥孔虚实相接，合为整圆。空中的明月与水中的月影相互映辉，妙趣横生。微风骤起，波光粼粼，那桥影、月影在江水中随风荡漾……身临其境，定使人领悟出"水面忽添新锁钥，波心仍照明月光"诗句的意境。

而尤其值得一提的是，该桥东侧磐柱上尚有清晰的桥联："立马望苏台，山翠万重拱虎阜，扬鞭来震泽，风涛千古泣鸱夷。"这副桥联有景、有史、既点述了桥所处的地理环境和周围的自然景观，又以悲愤的笔调揭示了2500年前吴越春秋时期的一段人文历史，令人读后勾起怀古之情。上联中所述的苏台即春秋时期的吴王离宫苏苑的——站苏台，该台高三百丈，可望见三百里，有九曲之路可登临，

周旋盘曲,横亘五里,规模宏大,盛极一时。虎阜即虎丘山,相传为吴王阖闾的陵墓所在。下联中所述的震泽,是吴县的别称。而"鸱夷"是指:吴两朝功臣伍子胥,最后为太宰嚭所谗赐死,皮囊盛尸沉落胥江的史事。下联的字里行间饱蘸了对伍子胥的痛悼之情。

西津桥不仅以它月下的桥姿为世人称颂,而且还以斐然可诵的桥联点述了可歌可泣的吴地历史,从中使人得到"真"的陶冶和"善"的启迪。这也许就是吴地桥文化的魅力吧。

泰安桥

泰安桥,位于苏州市吴中区郭巷老街。该桥为商人陈泰安捐资而建,故名。该桥临建无考,据嵌砌在金刚墙内的《重建泰安桥碑记》记述,古桥重建于清光绪二年(1876年),1997年7月被公布为花岗岩质单孔拱桥,桥全长17米。北坡长6.73米,宽3.8米,有台阶13级;南坡长7.2米,宽4.15米,合阶11级。拱圈高4.25米,跨径5.8米。拱圈采用分节并列法砌筑而成,两侧金刚墙砌筑整齐。东、西两侧各有楹联一对,东侧楹联为:"东接尹湖溢人网美,西连笠泽依客航来。"西侧楹联为:"物阜民康受之以泰,山青水秀静而能安。"楹联以咨嗟了建桥人的名字和古桥坐落的方位,十分雄群。泰安桥形体规整,结构合理,拱圈采用"分节并列砌筑法",十分稳固,且具有明确的建桥纪年碑记,为同类古桥的断代提供了实物依据。

泰安桥

后塘桥

后塘桥，位于苏州市太湖度假区香山街道水桥村，因地处原南官塘的后塘桥而得名。该桥创建于清道光九年（1829年），民国十八年（1929年）重建，1986年被公布为县市级文物保护单位。

该桥为花岗石质单孔拱形桥，横跨在南官塘上。桥全长22.45米，南堍长10米，宽2.88米；北堍长10.3米，桥顶长2.15米，宽1.78米，拱顶矢高2.9米，跨度5.1米。桥两侧的金刚墙由长条形花岗石条砌筑，上部各设桥耳一对，下有桥楹联云："愿天常生好人，愿人常行好事。"形体完整，风貌古朴。

该桥的特点是桥堍长略显平坦，桥面窄而结构稳固，便于行人通行，是一座难得的古桥梁。

廊桥

廊桥，又名"和桥"，位于苏州市吴中区木渎镇南街，建于民国时期。

该桥是一座木结构平桥，东西向横跨在南街河上。桥全长5.34米，宽2.3米。桥面下用4根圆木跨搁在小河两侧的石驳岸上，上铺木板组成桥面。桥面上设有廊屋四间，廊屋叠瓴顶，顶有铺望板。二坡小瓦屋面，廊屋叠瓴顶，施木樑，顶有铺望板。廊屋之间设棚栏式木栏杆。桥两侧各立有廊柱三根。桥柱之间设棚栏式木栏杆。桥之东端接河街里备弄通南街；桥西端设有砖砌檐柱，与沿河街居相连。整座廊桥风貌古朴，极具观赏价值。

廊桥

甪直水道驳岸与桥

甪直古镇，位于苏州城东南25公里。古镇四周湖河密布，镇内河港纵横，素有"五湖之门，六泽之冲"之称。

古镇内的水道河流有六条，三横三竖，呈"用"字形分布。明清以来，随着资本商业的崛起，甪直古镇成为苏州东部地区的一处商业重镇。由于地处水乡，环境闭塞，交通工具仅为舟楫。每日早市，古镇内的水道中有船只梭如织，附近各乡、各村的农副产品及水域渔民的水产品纷纷入市交易。商贸交易繁荣，为了方便货物的装卸与行人的行走，水道上的桥梁与驳岸便应运而生。

甪直素有"古桥之乡"之称，桥梁密度达每平方公里48.3座，旧有72座半，现存32座（见附录）。始建于宋代的有1座，建于明代的有13座，建于清代的有15座，余为民国后所建。桥之形制有拱形、梁式或平桥两种。桥之用料有武康石、青石、花岗石，大小不一，形式各异。

古镇内现存最古老的桥是位于中市北端的中美桥，中美桥又名"和丰桥"。据《甫里志》载，该桥始建于宋代。其桥基水盘石及拱眉为武康石，拱圈用青石纵联并列砌筑，具有宋代拱桥砌筑的特点，其桥面石均有浮雕图案，十分精美。

位于古镇东市梢的正阳桥，是甪直最大的古桥，原为浮桥，明成化间建板桥，名"东板桥"，明万历间建石质梁桥。乾隆十三年（1748年）建成现之石拱桥。整桥均以花岗石砌筑，桥长43.4米，宽5米，失高6.3米，跨径12米。该桥的特点是东西两侧的金刚墙的砌筑带有收分，桥体高大而稳固，站立于桥面，古镇风貌尽收眼底。夜观桥影，别有情趣，成为甫里八景之一——"长虹漾月"。

镇上最小的桥是位于保圣寺西院内斗鸭池上

进利桥

正阳桥

建桥工艺最为巧妙而奇特的桥，是建于明成化二十一年（1485年）的东美桥。该桥位于塔弄口西，桥长34.2米，宽3.9米，矢高4.1米，跨径7.3米，系花岗石拱桥。据当地资料记载：1956年河流干涸，发现该桥的拱圈是全圆形结构。这种全圆形结构是将拱圈砌筑成一个整圆筒形，圆筒的下半截理置于河底充当桥基，不致阻得河水流动和水上通船；向上的半截主拱圈则砌在下半截拱圈上，形成全圆形石拱桥。其特点是比一般单孔拱桥承受力强，由于结构独特，该桥被载入了《中国桥梁史》。

角直的古桥不仅形态多样，工艺奇特，而且古桥两侧的石栏板、石望柱也独具匠心，具有实用、安全、美观的多种功能。栏板大多为石质，亦有砖砌，后期的则用铁栏杆。石栏板的两端通常配以狮头实心望柱，未端镶接有收头石，俗称"狗尾巴"。所有石栏柱、石栏板的体量、高度，主要是从安全角度参考思的，如正阳桥的花岗石质石栏板简洁朴实，石栏低矮厚实，既有安全感，又不妨碍人们的视线，还可供人们憩憩。

有直古桥，无论是拱桥，还是平桥，在桥两侧的金刚墙内大多均设置桥楹联，由文人题诗配联，辅以书法篆刻而成。其内容大多为描述桥地的风光和地理位置，以及借景抒情的。如正阳桥的桥联，东侧有联为：苗里金波绕玉梁，双挠旧迹夷新象；西侧有联为：西迎淞水源远，东接昆冈鏡繁。再如寿昌桥的两副桥联，南侧有一联为：遥山黛影分江路，夹岸青过客船。北侧一联云：波静清浊环竹院，目临吸市集云帆，横跨在河同浦上的河同浦桥上，有联为：鹰齿远吞三迎白，龙门高锁两峰青。生动地描述了张陵山，河同浦地区的地理形

的东西垂虹桥。桥长5.6米，宽仅1.65米，小巧玲珑，十分可爱。

大通桥

势。而环壁桥的楹联也值得一说，其东侧一联为：湍流到此仍环转，皎月涌空口壁圆。两侧一副云：拾级营利涉后必有昌，桥联成梁年行皆并未。这些桥联均有的字里行间透露出几分人生的哲理。这些桥联的文字韵一定的文化含量。人们可以从这些楹联的文字韵律、优美书法和意境中，得到许多艺术的享受。

甪直的桥是温婉的，也是秀丽的。与那种雄强豪迈的中外历史名桥相比，是两种截然不同的风格。它没有时代精神的沉重负荷，仅仅是江南水乡的人们审美情趣的体现。它没有巴黎塞纳河上古石桥的那种人情时代精神，抚剑长啸的时代精神，也没有卢沟桥的雄伟吼声，有的只是一份静幽的闲适。而根植于河道两侧的石驳岸与缆船石看似平常。细细观察品读，倒也别有一番风情。

甪直镇内的水道驳岸总长约有两公里，分布在六条河道的两侧。驳岸均以花岗岩条石垒砌而成。驳岸上往往设有许多河埠，河埠有宽有窄。大多是泊船上岸之地，亦是居民日常洗衣之所。也有不少商铺驳岸，从屋内就设有踏步通至河埠，装运货物，日常生活十分方便。亦有利用驳岸为基临河建房的，人称"枕河人家"。驳岸的修砌，既保证了河岸的整齐美观，又防止水浪冲击所造成的岸滩倒塌。

值得一提的是，许多驳岸上还雕凿着精细别致的缆船石。所谓缆船石，就是砌筑在石驳岸内的系船石。大多有一尺见方目雕凿图案，在图案的上下或左右凿出穿孔，可受船之缆绳穿系而固定船只停泊。缆船石的图案纹饰丰富多彩，有寿桃、如意、蝙蝠、蝴蝶、灵芝、石榴、蕉叶、对瓶、定胜、瓶(平)升三载(级)、狮子滚绣球、刘海戏金蟾等吉祥图案，另有象鼻、猫眼、爱龙、奉龍、立鹤等动物图案。雕刻手法为浮雕与透雕相结合，纹饰线条流畅，图案内容透露出浓郁的民俗文化色彩。

甪直镇的古桥汇集了自唐代以来苏州水乡集镇桥梁建筑工艺之大成。这些古桥的存在，为研究苏南地区明清古桥的建筑工艺提供了珍贵的实物资料。水道驳岸上的缆船石，具有较高的艺术价值和观赏价值，是研究江南水乡民俗风情不可多得的实物资料。

缆船石

甪直镇古桥名录

1. 正阳桥，又名"东大桥"、青龙桥，位于镇东侧，旧为浮桥。明成化年间陈雄深倡建板桥，名"东板桥"。后改"震阳桥"。万历中陈源深倡建石梁桥，初名"青龙桥"。清顺治十一年（1654年）严昌嗣重修，改名"正阳桥"。清乾隆十三年（1748年）陈东组、沈丹诏募捐始成现之石拱桥。俗名"东大桥"。拱圈采用纵联分节并列砌置。有桥台绕基，两坡各设踏跺及两个桥堡。桥长43.4米，宽5米，矢高6.3米，跨径12米。桥上有楹联两副：东为"甫里金波绕玉宽"，西为"淞水顺流远，东接昆冈镜毓鬓"。

2. 丰间桥，又名"望江溪桥"，位于塘路口处。明万历末年（1619年）陈三魁倡募建。1985年将上桥踏阶、口处拆除，改为无级坡桥。桥东西走向。日"界浦桥"。清乾隆十五年（1750年）陈东弄等人募修，曰"通裕桥"。20世纪70年代将原花岗石阶踏步拆除，改为无级坡桥。余保存尚好。桥，长3.2米，宽2米，高2.77米。

3. 通裕桥，明万历末年（1619年）陈三魁倡建，日"界浦桥"。清乾隆十五年（1750年）陈东弄等人募修，曰"通裕桥"。20世纪70年代将原花岗石阶踏步拆除。系花岗石梁桥。桥东西走向。长16.4米，宽1.9米，高3.4米，保存尚好。

4. 凤屙桥，明崇祯初（1628年）建，桥南北走向，系花岗石梁桥，桥东西走向。长60米处，原保存尚好。

5. 交会桥，又名"总管桥"，位于北港口，建于清乾隆之前。桥三魁石梁。系三魁石梁桥，长3.95米，宽4.1米，高3.35米。20世纪70年代将石阶踏步拆除，改为无级坡桥。余保存尚好。

6. 东美桥，又名"鸡鸣桥"，位于塔弄口西。明成化二十一年（1485年）水权谦募建。桥南北走向，桥上有石刻谦，拱圈采用分节并列砌置。桥长34.2米，宽3.9米，矢高4.1米，跨径7.3米。系花岗石拱桥，其余保存尚好。

20世纪70年代将花岗石踏步改为平砌砖。

7. 安乐桥，又名"小九华桥"，位于九华寺旁。清康熙三十二年（1693年）钱镒建。现该桥为全圆形结构，即半个拱圈在水面上，半个拱圈在河床中。

8. 太平桥，又名"红木桥"，位于今用直医院西。明万历年间中翰沿昌建。桥南北走向。三孔梁桥，青石基柱，花岗石梁。20世纪70年代桥长22.4米，宽2米，高3.75米。余保存尚好。桥栏改为铁栏。

9. 广济桥，位于电话弄口。明万历十五年（1587年）建，清乾隆二十四年（1759年）严振元募资重建。桥南北走向，基本保持原貌，桥长25米，宽2.5米，高4.65米。系花岗石梁桥。桥内有碑文两方：一刻"大清雍正九年次巳乙严禹镆鲛乙氏修"，另一方刻"大清乾隆二十四年岁次己卯二月严振元、严振文重建"。

10. 凤凰桥，又名"滨桥"，位于思安弄口，清乾隆前建。20世纪70年代将花岗石面及踏步改为斜坡。

11. 奋昌桥，又名"新桥"，位于中美弄东。清乾隆前建。桥南北走向，原为花岗石桥，20世纪70年代重建为石基桩水泥梁桥。桥长6.5米，宽4.1米，高3.5米。

12. 中美桥，又名"和丰桥"，位于角直影剧院前，始建于宋。桥东西走向，拱圈及桥基为花岗石，拱圈用青石纵联并列砌置，其他构件为花岗石。20世纪70年代将原花岗石桥栏及踏步拆除，改为砖栏斜坡桥。桥长32.2米，宽3.3米，矢高4.25米，跨径7.5米。

13. 永壁桥，位于西侧，两桥相连。明万历末年（1619年）高士标等人募建。桥东西走向，桥上有楹联两副：东为"永昌桥"，西为"濡流到此仍环水"。原桥栏被拆，余均保存尚好。桥长17.4米，宽1.65米，高3.37米。

14. 金安桥，又名"金巷浜桥"、高家桥，位于金巷浜口。建于清乾隆前，桥东西走向，系花岗石梁桥，长10.8米，宽1.65米，高3.37米。

15. 寿仁桥，又名"寿宁桥"、庄家桥，位于玄桥东西走向，原为花岗石梁桥，20世纪70年代修建时，将梁面和桥栏改为水泥质地，现桥长4.15米，宽4米，高3.25米。

台庙口，始建于清乾隆前，桥内有碑刻三处，分别刻有"乾隆三十八年（1773年）郡人汪鼎口捐资重修"，"大清同治辛未二月里人金铭重修"，"大清康熙十一年岁次壬子僧士重建"。桥南北走向，系花岗石拱桥，拱圈纵联分节并列砌置。桥长10.4米，宽2.43米，矢高4.35米，跨径4.3米。桥上刻镌联两副：东为"寿宇从今拾级同臻大寿，仁瞻溯昔希踪敢绍前修"，西为"紫气徵祥合庆抗龙高踞，绿波澋彩官题司马雄辞"。除桥栏残缺外，余均保存尚好。

16. 大通桥，又名"西大桥，猛将桥"，位于镇西栅。桥内有碑刻载"前明成化十九年癸卯春三月里人募捐始建"，"大清三十三年凝德堂严乐翰重修"。桥南北走向，系花岗石拱桥，拱圈纵联分节并列砌置。桥长23.5米，宽2.8米，矢高4.7米，跨径6.5米。桥上刻有镌联两副：东为"名区毓秀看连雁齿，高土流芳认钩矶"，西为"甫里千家连雁齿，吴淞一碧映虹堤"。

17. 环玉桥，又名"剥狗桥，北沟桥"，位于和丰桥南左。明崇祯初建，清康熙三十年（1691年）重建。20世纪70年代在原来的花岗石桥基上，改建水泥拱桥。桥东西走向，长21.9米，宽2.6米，高4.2米，净跨6.8米。

18. 众安桥，又名"麻皮桥"，位于蜡烛弄口。清顺治年间顾茂林倡募重修，道光中文修。桥东西走向，长18.3米，宽1.75米，高3.75米。

19. 万安桥，又名"矮凳桥"，位于眠牛泾浜西口。建于清乾隆前。桥南北走向，系花岗石梁桥，桥长3.7米，宽2.1米，高2.1米。除部分桥栏残缺外，余均保存尚好。

20. 三元桥，又名"三官桥"，位于三官弄东口。明万历四十二年（1614年）周复盛募建，清咸丰十年（1860年）重建。桥东西走向，长12.2米，宽1.55米，高3.55米，系花岗石梁桥，镌刻镌联两副：南为"东溯眠牛浮绿水，西邻斗鸭挹清风"，北为"四境顿来新端气，三元重建著名桥"。该桥保存尚好。

21. 进利桥，建年无考，清光绪分金刚墙条石为青石，始建及部分拱圈纵联并列砌置。桥长15.04米，宽5.4米，矢高3.8米，跨径6.3米。保存尚好。

22. 兴隆桥，又名"陈家桥"，位于牛家场弄南。桥为明成化年间陆惟明募建，清乾隆三十年（1765年）里人张图南等六人投资修葺。桥东西走向，青石拱桥，武康石桥基，余为花岗石，拱圈系纵联分节并列砌置。桥长17.6米，宽2.37米，矢高3.51米，跨径7.2米。保存尚好。

23. 南昌桥，又名"埠楼桥"，位于王家浜南20米处。建于清乾隆之前。桥东西走向，系花岗石梁桥，桥长13.2米，宽1.45米，高3.55米，桥石梁桥上镌刻镌联两副：南为"中流三度环金钥，夹岸双映彩虹"，北为"津梁层叠洽环玉，砥柱萦洞接寿康"。该桥保存尚好。

24. 永福桥，又名"吉家浜桥"，位于洁溪浜西口。与南昌桥相连成一直角。桥建于清乾隆之前。桥北走向，系花岗石梁桥，长7.9米，宽1.5米，高2.65米。保存尚好。

25. 福民桥，又名"胯酸桥，俞门浜桥"，位于衙门浜东口。明嘉靖四十五年（1566年）重建，清光绪二十八年（1902年）重建。桥南北走向，原为花岗石梁桥，20世纪80年代将石梁改为水泥板梁面。

26. 寿咸桥，位于广滩头北侧，始建无考。康熙三十七年（1698年）重建。桥东西走向，原为花岗石梁桥，后改为花岗石梁桥。桥上镌刻楹联两副：南为"安流北注汾绥道，通市南荣第二桥"，北为"徽祥合境寿而康"。该桥保存尚好。长20.8米，宽0.75米，高3.4米。

27. 依人桥，又名"丁滩桥"，位于丁滩头，建于清乾隆至民国年间。桥南北走向，系花岗石梁桥。长13.9米，宽1.9米，高2.7米。桥保存尚好。

28. 寿昌桥，又名"南大桥"，位于丁镇南栅。明万历年间里人陈双当重建。清康熙三十六年（1697年）失伊慰重建。桥东西走向，系花岗石拱桥，拱圈作纵联分节并列砌置。长28.6米，宽3.15米，高4.75米，跨径8.3米。桥上镌刻楹联两副：南为"遥山黛影分江路，夹岸钟声过客船"，北为"波静清江环竹院，日临晓市集云帆"。

29. 金涅桥，又名"金典桥，草桥，铁砚桥"，位于西泳汇东畔，建于清乾隆之前。桥南北走向，系花岗石梁桥，长7.7米，宽1.7米，高3米，栏板石于20世纪80年代改为铁栏杆，其余保存尚好。

30. 香花桥，位于保圣寺山门前约60米处，原桥为花岗石拱桥，建于清乾隆之前，在20世纪70年代被夷为平板，部分构件收集于保圣寺内。1982年3月国家投资，重建成石拱桥，借风格与原桥大致不同。现桥南北走向，系花岗石拱桥，长10.5米，宽2.1米，失高3.4米，跨径5.4米，拱圈作纵联并列砌置，两坡设石阶踏步，栏柱正中四根顶部各雕坐狮一只。

31. 小平石桥，位于今香花桥东8米处，是20世纪70年代拆除香花桥时所建，80年代因重建香花桥而将该桥东移至现址。桥南北走向，系花岗石梁桥，长4.4米，宽3.2米，高2.3米。保存尚好。

32. 东垂虹桥和西垂虹桥，位于直侯圣寺内陆龟蒙墓前清风亭东西两侧的斗鸭池之上。明正德十三年（1518年）为纪念晚唐诗人陆龟蒙而作，原为砖砌拱桥，1986年改为花岗石拱桥，两桥形制相同，分别为长5.6米，宽1.65米，失高2.17米，跨径2米。

公共建筑

吴中文物 第二章 古建筑 第六节

栖贤巷门

栖贤巷门，位于苏州市太湖度假区金庭镇东村栖贤巷北端。巷门始建年代无考，从梁架结构看，当属明代晚期建筑。2002年10月，该巷门被公布为江苏省省级文物保护单位。

巷门坐南面北，跨巷而建，东西两侧紧邻民居。南为栖贤巷。面阔一间2.15米，进深四檩1.84米。砖木结构。巷门外，巷门为二坡硬山顶，四周设青石压沿，地所高出街巷0.2米，四周这青石压沿，地所砖铺地。立柱四根，下置青石扁平砥，直径0.31米。前柱高3.3米，柱身略呈梭形，柱头带卷杀，上置高0.2米的栌斗，四角出一担海棠曲线。支承脊檩。柱前出一担梁及丁头拱挑起檐檩。柱之间，以月梁和穿插枋相连接。后柱高2.38米，柱头置栌斗，承檐檩。月梁肩正中施单斗雀替承檩。后柱旁有门臼，现门已佚，前后柱之间这坐板，供人憩息。

巷门，是里坊制时期的坊门演化而成的古代村落的一种安全防卫设施。巷门白天而开，日落而关，巷门一关该村落就成封闭形态。这种建筑设置是研究明代古村落安全防护措施的绝好材料。

西山东村，是专说中汉初"商山四皓"之一的东园公庾秉德隐居之地，故名"东村"。该村的村布局中规秀矩，村中街道为东西向"一"字形，街道南北两侧有众多的小巷。巷之一端设这巷门。因此，这种门的存在也是研究太湖地区古村落布局的珍贵史料。

目前，明代所建砖木结构的巷门在苏两地区仅存这一处，其梁架结构，建筑风格具有极高的文物价值。

贺九岭石关

贺九岭石关，坐落在苏州市吴中区木渎镇藏书人西部山区的一条古山道上。古道两侧山峦起伏，形势险要。这条古山道是古代苏州经枫桥往人西部山区的交通要道，行人极多。相传，石关的建立是为镇风水。由是，在明代隆庆年间（1567—1572年）东西两座石关相继建成。横跨在这条古山道上，成关一道关隘。

两座石关均为石构单孔拱形建筑。基础部分以块石垒砌而成。上以券板合挖成拱圈。金刚墙上部结顶。石关两端以块石砌筑有金刚墙，金刚墙上部有青石雕凿的龙头石梁伸出，用43块花岗石券板筑成。天盘石用料极大。西石关跨径2.8米，长4.6

米。因顺坡而筑，一端高2.8米，另一端高3.3米。用46块青石券板并列分节错缝砌成拱圈。每块券板上均镌刻着下为连花座，上覆荷叶的小碑，且小碑上均有铭文。从铭文内容看，这些券板都是由信土所捐。其中一块小碑上镌有"吴县十一都九图高陂大王界，信人沈儒人，母陆氏，年四十八，舍圈石一块，祈保寿命延长，吉祥如意，"隆庆二年八月中秋立"捐石题记。题铭中透露出一丝道教色彩。

贺九岭石关形式独特，而构筑方式与石拱桥类似。其拱圈券板同相互用榫卯联结，十分牢固。该石关的存在，为研究当地的人文历史提供了珍贵的实物史料。1986年，该石关被公布为县市级文物保护单位。

诸公井亭

诸公井亭，位于苏州市吴中区东山镇西街，建于清代。1982年被公布为江苏省文物保护单位。井亭临街而建，单檐歇山造，面阔一间3.35米，进深三间7.56米。亭由八根柱子支承屋顶前檐。前金柱为抹角石柱，下施石鼓，垫八角形碇石。柱头做覆盆形卷杀。后面各柱均为木质圆作。石柱顶端嵌一斗六升拱字形棒槽，嵌额枋，上承平板枋，施一斗六升拱出风头昂。前、中间顶做夹抄井；承托歇山顶。顶做卷棚式。正中间梁架夹抄升栱，承托歇山顶，顶做卷棚式，再施横向檩条做卷棚顶，前间纵向抬梁于木柱上，两侧有石坐栏供人歇息和当中井间为敞开式。

水井在亭的正中，施八角形青石井圈，圈高41厘米，内径40厘米，口沿处有绳索磨损，有的深达3厘米，形制古朴。井做圆筒形，直径1.3米，井壁以块石垒砌，井深7.35米。井水清澈，常年不枯。后间置棚栏式门窗相隔，室内原祀列猛将神像（原像已毁，图中为新塑神像），今仅存神龛。该井亭八角溪井制作精巧，翼角翚飞，极具观赏价值，其顶部八角溪井制作精巧，极具装饰性。去到了结构与装饰的巧妙统一。

水井的发明是人类改造自然的一种创造。早在距今6000多年前的新石器时代马家浜文化时期，太湖地区就已出现了原始的水井。其后的各个历史时期都有水井的出现。水井的出现在一定程度上又能令聚居地人们的关系变得密切。孟子云："乡里同井，出入相友，守望相助，疾病扶持。"则百姓亲睦。"一口水井，方圆几十户人家共汲共饮，井边而达蘼诸公井却有一段鲜为人知的故事，就像纽带一样使人们形成一个自然的有机联系群体。这也许就是一种而井文化吧！

志记载，明嘉靖二十四年（1545年）大旱，太湖水位下沉，东山乡民用水发生了困难。当时，里中公老倡议募贤挖井，以解水荒。造井挖成，乡民得益，为了不忘挖井倡议众人的恩德，遂命名为"诸公井"，说来也神，诸公井常年汲不枯，当地的居民至今还在饮用。

诸公井的故事是一段可歌可颂的历史沉凝，而达种别具一格的井亭建筑形式极为鲜见，是清代亭式建筑中的优秀实例，具有极高的文物介值。

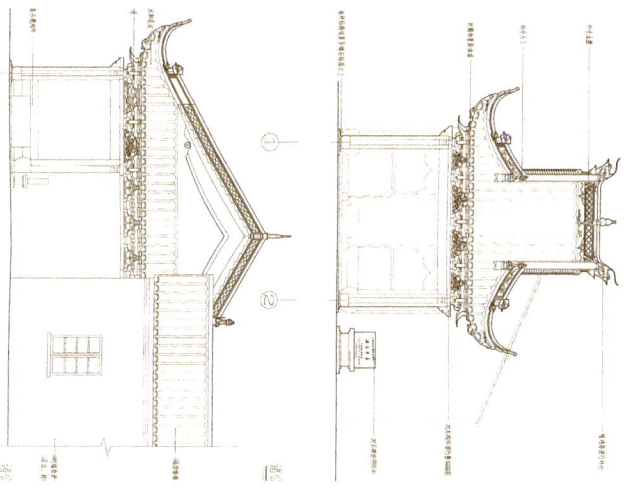

诸公井亭

井亭

后埠井亭，坐落在苏州市太湖度假区金庭镇后堰古村内。亭始建于南宋淳熙年间（1174—1189年），元大德年间（1297—1307年）大修，同治年间（1862—1874年）重建。1997年7月，该亭被公布为县市级文物保护单位。

亭为单檐歇山造，平面为四方形，面阔3.30米。四坡小青瓦屋面，平面为方形，面阔3.30米。亭为歇山式，亭之四角设四方抹角形青石立柱。柱高2.52米，直径45厘米，顶开有口宽6厘米，深28厘米的十字凹榫，上置檐枋，檐枋上设榫科承檐檩，四角设搭角梁，发戗采用老戗发戗，嫩戗发戗较小，四角起翘平缓，古朴而简洁。

亭内置双井栏与井一座。古井井口直径1.7米。井壁以黄石盘砌。井口以两块青石质底石拼合覆盖，一块底石长2.24米，宽0.93米，厚0.3米，上置外径0.68米，内径0.35米，高0.37米的日石质圆形井栏；另一头是底石长1.97米的青石质盖口石，长1.97米，宽1.2米，连井栏石凿为一整块青石凿成，井栏圆形，外径0.6米，系整块青石凿成，井栏圆形，外径0.58，口径0.35米。两井栏圈的内壁口沿各有数条3~4厘米的凹槽痕，系长期汲水形成。现井内水清澈，村民仍在使用。

根据该亭的梁架形制看，井亭的木构架当为清同治时期重修的产物。四角的青石立柱当为元代之物。该井亭的存在，为研究当地的人文历史提供了珍贵的实物资料。

樟坞里方亭

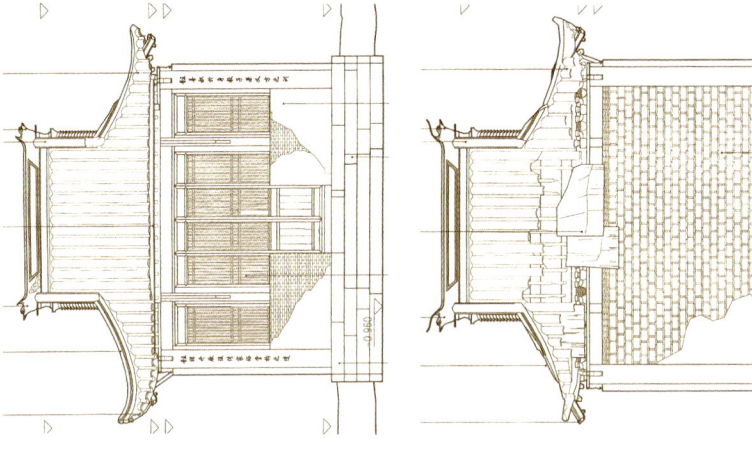

樟坞里方亭,位于苏州市太湖度假区金庭镇梧巷村樟坞里,是一座建于清代中晚期的墓地建筑,2009年7月,该亭被公布为苏州市文物保护单位。

方亭坐北面南,依山坡而建,亭基黄海高程12.9米。现亭之西南为民居,东为果林,亭前50米处有一半圆形洋池。

方亭,单檐歇山造,四坡小青瓦屋面,四角飞翘。面阔三间5.1米,进深三间5.67米,面积为33.89平方米。梁架为三界回顶四周弓形轩。青石台基,四角设四根花岗石质方形角柱,柱顶开十字榫口,上架设斗、檐桁与檐枋间设一斗三升牌科,拱垫板雕篆书"寿"字纹。前檐出檐较深,施飞椽。下设直棂落地长窗。前立面两侧角柱正面分别錾刻"善积于身教子著义方之训,祥开三界回顶四周弓形家格堂构之遗"阳文篆书楹联。东西山墙开四年诏封碑一块。方亭西体墙,墙内嵌砌乾隆五十四年诏封碑一块。方亭西南侧5米处有青石质龟趺一座。根据形制,推测该龟趺是亭后墙所嵌砌的诏封碑之座。

根据诏封碑的碑文内容和纪年看,这一方记述清乾隆帝敕封官员凤汝仲父母的诏文碑,年代为清乾隆五十四年十二月初九。

根据《西山镇志》记载,凤氏系梧巷村望族。原籍陕西凤翔,迁山始祖是凤韬。凤韬(?—1176年)名韬,字济,号福清。北宋徽宗朝时,凤韬任汴京马步军副统制。靖康元年(1126年),金兵入侵汴梁,凤韬清随童贯出城迎敌,不料兵败黎阳渡,后被贬为洞庭西山头寨巡检。凤韬卒于石公山侧,子孙遂居西山梧巷。凤汝仲,生卒年月不详。据史料记载,曾任随州侯补同知。查《西山镇志》,其当为凤韬第二十世孙。另据李根源《吴郡西山访古记》载,石公山凤氏宗祠暨凤氏书屋有凤允绾题额铭"敬慎威仪"。查《梧巷凤氏族谱》字号排行,"允""字辈列在"汝"字辈前一位,可知其主人应是凤汝仲之父辈。由此可见,诏封碑为凤韬后人所立无疑。

而现从方亭的坐落位置看,正好位于石公山北侧,方亭之地望与《西山镇志》的"凤韬卒后葬于石公山侧"之记载相吻合。由此推断,凤韬墓可能就在方亭之后的山坡上。而研究凤氏民间的享堂建筑。

该亭营建规整,形制古朴,亭内三界回顶,四面弓形轩的做法十分讲究。立面亭柱的楹联内容透露出浓郁的宗族色彩。该亭的存在,为研究凤氏的家族史提供了珍贵的实物资料,亦是清乾嘉时期享堂式建筑的优秀实例,具有较高的文物价值。

怡泉亭

怡泉亭,位于苏州市吴中区木渎镇山塘街。该亭始建于清康熙四十三年(1704年),原在木渎镇毁家弄北端,后因故移建于此。

该亭单檐歇山造,二坡屋面,平面呈正方形。面宽3.1米,高4.1米。整座亭均以花岗石砌筑而成,前坡三块,后坡四块。以一块近似三角形的条形块石作脊,其中一块盖顶石上刻"康熙肆拾叁年"字样,记录了亭的始建年代。四角设立柱,柱高2.38米,宽0.4米,厚0.3米。立柱一米以上抹角成八角形。亭檐下四面均设额枋,各长2.3米,厚0.17米。正面额枋上镌"怡泉亭"阴文楷书名亭。亭内四面均设石栏凳,栏凳两端均以榫头与四角柱相嵌结,十分牢固。

亭中原有古井一座,上置花岗石井栏,井栏圆形,外径0.63米,内径0.3米,高0.5米。石井栏厚薄不均,质朴古雅。

梅花亭

梅花亭,位于苏州市太湖旅游度假区光福镇香雪村吾家山上,建于1923年,由清末民初匀著名建筑匠师姚承祖所建。1986年,该亭被公布为县市级文物保护单位。

姚承祖(1866—1938年),字汉亭,号朴云,吴县香山舟山村人。同治五年(1866年)生于木匠世家,祖父姚灿庭著有《梓业遗书》承祖十一岁随叔父姚开盛学木作,长年营建于乡郡间,一生设计建筑的屋舍殿宇,不下千幢。民国元年(1912年)成立苏州玄妙观秀开办祥义小学,曾于城区玄妙观秀开办祥义小学,在家乡创办会长,免费招收建筑工匠于苏州工学。

洋龙公所

北区洋龙公所,位于苏州市吴中区东山镇陆巷古村内。该公所坐南面北,沿街而建。公所为二坡硬山造。面阔一间,进深五檩。大门宽阔,上有砖雕字额,内镌阳文楷书"北区洋龙公所"。梁架为同作穿斗式。前后包檐开有砖砌花窗。室内地铺青砖,侧砌地坪。大门上端钉有蓝底白字洋铁皮门牌,上书"吴县东后山二十八都三图四八集山头镇"字铭。从大门上方的字铭可知,该建筑当属民国时期苏南地区民间乡土建筑的性质提供了珍贵的实物资料。

苏州城西之光福盛产梅,而吾家山麓是赏梅的最佳地。其方圆二十里尽是梅花,每当冬末春木临之际,千万株梅花一齐怒放,漫山遍野,蔚成梅香雪海之奇观。清康熙三十五年(1696年),江苏巡抚宋荦曾登吾家山赏梅,但见梅花似海,暗香浮动,天姿皎洁,冷艳如雪,真是"遥看一片白,雪海波千顷",感慨之余,欣然题下千古叫绝的"香雪海"三字,并镌刻山崖石壁,自此香雪海名扬天下。

业专科学校。民国二十七年(1938年)逝于上海,后归葬故里。其代表性作品有木渎严家花园,苏州怡园藕香榭,灵岩寺大雄宝殿,光福吾家山梅花亭所著《营造法原》被誉为"中国南方建筑之宝典"。

而梅花亭就坐落在吾家山之半山坡上。亭做五坡五角攒尖形式。高二丈余。平面呈梅花形。檐下用五棵花岗石质石柱支撑亭顶。后檐柱之间砌有墙。亭顶五有脊屋面分为五坡。翼角飞檐。亭檐口呈五瓣梅花形。亭内顶部设梅花形藻井。整座亭子构思巧妙,形式别致。亭内顶部分均由梅花形式组合而成。瓦、柱、栏、檐口、藻井、底面均为五瓣梅花形。与四周环境融为一体,象征着梅花处在梅花之中。而亭之顶部则设铜鹤散立,寓"梅妻鹤子"之意。上下出彩。乌革翚飞,令观赏者称奇而当梅花盛开时,移步于梅花亭中,纵目眺望,无处不是梅,雪海荡漾,银波耀眼,奇丽瑰怪,蔚为壮观。此乃梅花亭赏梅之奇观也。

商铺巷门

第三章 古建筑

吴中文物

涵村明代店铺

涵村明代店铺，位于苏州市太湖旅游度假区金庭镇涵村古街上，街道南北走向，西向。店铺临街而建，西向，长1500余米，宽3米。店铺临街而建，从后院遗迹考查，该店铺当年属"前店后宅"布局形式——前为铺面，后为宅院。现宅院已毁，仅存门楼门残迹。据村姓店主回忆，该店铺当年曾经营过杂货、做过肉店、茶馆与箍桶店，直到1993年才歇业，空关至今。2002年10月，该店铺被公布为江苏省省级文物保护单位。

店铺面阔三间10.8米，进深七檩7.52米。"彻上明造"，屋面举架平缓。正间与南次间里退一界上明造"，屋面举架平缓。正间与南次间里退一界形成檐廊，以遮风雨。廊地面铺砖，前设两级青石台阶。廊柱下设圆形青石柱础。正间为铺面，前设短扉"形式的短扉四扇，形成四个营业窗口，短扉自由关闭。营业时短扉内翻，用铁吊钩扣住使用方便。短扉坐槛下置裙板。室内地面铺设地板。南次间开设大门，做成将军门形式。门之顶施额枋。额枋之"门当户对"之间，以代上槛。额枋之上置高垫板。抱柱与门当户对之间设木板。门当户对之下，左右置青石质神石，两抱石间设金刚腿形下槛。南次间内上部筑有阁楼，北次间临街面包檐墙上部开有直棂小窗。

店铺构架为内四界前后廊内四柱形式。正贴抬梁式，南侧内四界扁作，用材颇大，月梁架在两步柱上，梁垫菱角形，梁面施水带纹，装饰简洁。梁背设荷叶墩，置栌斗，上承山界梁，山界梁上置童柱，置斗承脊檩，山尖施山雾云。童柱下端刻如意纹。北侧正贴圆作，四椽栿上置矮柱承平梁，平梁上施童柱，承脊檩，朴素简洁。

内四柱用材较大，下设圆形木质柱础。从该店铺的梁架结构分析，当为明代木构建筑。店铺正间梁架用扁、圆作两种做法，极为罕见。据东南大学潘谷西教授考证，这类明代店铺建筑，存世极少；目前国内仅存两处，有极高的文物研究价值。同时，该店铺的存在，为研究明代苏南地区乡村商品经济的发展提供了绝好的实物资料。

万成恒米行

万成恒米行，在苏州市吴中区甪直镇南市上塘街。米行开创于民国初年。2009年7月，该米行被公布为苏州市市级文物保护单位。

"万盛米行的河埠头，横七竖八停泊着乡村里出来的敝口船，船里装载的是新米，把船身压得很低，齐舷的菜叶和垃圾给白腻的泡沫包围着，一漾一漾地，填没了这船和那船之间的空隙。河埠上去是仅容两三个人并排走的行道……"

这是叶圣陶先生在小说《多收了三五斗》里所描述的20世纪30年代江南水乡农民卖米的情景。该小说被人民教育出版社选入了中学语文教科书。其中描写粜米场景的片段，也被选进了小学语文教科书。万盛米行就是甪直镇的万成恒米行的原型是甪直镇的万成恒米行。

万成恒米行是甪直镇的一家老字号店铺，由镇上沈、范两家富商合伙经营。米行坐西面东，临街而建。其布局呈前铺后场形式——前为做生意的店面，后为加工大米和储存粮食的仓库。店前沿河的河埠头，就是装卸贩运米的码头。万成恒米行原来规模极大，以后场存放米的敞有近百间，是当时该地区首屈一指的大米行，成为甪直镇及其周边十多个乡镇的粮食集散中心。目前，该米行尚存有河埠头、铺面及厢房。

河埠头，沿河而设，面宽14.4米，呈"八"字形，均以花岗石砌成，以便于舟辑停泊。

铺面，面阔三间12.3米，进深五界5.5米。梁架圆作，为前后双步形式。

铺面后有圆堂三间，面阔9.7米，进深8.3米，为内四界前后廊形式，梁架圆作，抬梁式。园堂北侧有厢房一间，所有建筑均无雕饰，朴实无华。

甪直古镇河流众多，且相互贯通，水上交通十分方便。万成恒米行地处古镇南市，从南塘往进南大桥，或从镇域西侧的田肚港东行过前门洪桥就可来到万成恒米行的河埠场。每年新谷上场，这里舟楫汇集，就会出现《多收了三五斗》里所描述的热闹场面。

中区小菜场

中区小菜场，位于苏州市吴中区东山镇上湾石桥村，是一处民国时期的小菜场。2008年7月，文物普查时发现。菜场的现存建筑有门楼、铺面平房两幢。

门楼，西洋式，全砖结构。

立面为三间四立柱形式，通高4.25米，中有券顶拱形门。门宽1.51米，高2.7米。拱顶上部有长方形额，内堆塑出楷书阳文"中区小菜场"，额上做出砖砌弧形顶。拱门两侧砌设方形立柱，以青水砖错缝砌成。立柱高耸。门楼两侧砌出对称的边饰，并以清水砖砌出方形边柱。边端下部有勒脚，门楼的弧形顶及两侧面以堆塑手法做出忍冬纹图案，饰纹清晰，线条流畅。

铺面南房两幢，砖木结构，形制大小基本相同，均为单檐歇山造，四坡小瓦屋面，面阔三间，进深六界。四面敞开式。梁架为圆作穿斗分心造。中柱、前后檐柱落地，步、金柱不落地。每间的前后檐柱及中柱以包柱手法砌出青水砖方形柱墩。

门楼与铺面房之间形成宽大的露天院场，院场内地铺面长条形青砖，十分平整。

该地区盛产水稻，20世纪30年代用直镇的商品经济已十分发达。谷米是大宗商品，当时的米价是七、八元一石。但每当秋后新谷登场，米价就越低，且越是丰收，米价就越低，以致"谷贱伤农"。丰收的喜悦与此构成强烈的反差。"旧毡帽朋友"劳苦了一年，把新收的稻谷拿到镇上的米行去卖，然后换一些生活必需品。可是等待他们的却是比去年更惨的遭遇。当时，粮商垄断市场，资本主义国家又对华大量倾销"洋米"、"洋面"。因此，价格低得让人心疼，若不卖给他们，稻谷就只能烂在田里。丰收反倒成灾年。叶圣陶强压着心中的愤懑，看到这些情景，以极为深沉的笔调和"悯农"的人文情怀，写就了这篇千古咏唱的佳作。

而万成恒地区米行的存在，为我们研究民国时期苏南地区的商品经济和社会形态，提供了极为珍贵的实物例证。

宅门楼

菜场所在地石桥村历史悠久，南宋绍定年间（1228—1233年）已成村落。明清时期，村内商店林立，市场繁荣，是东山后山有名的古村落。小菜场四周环境幽静，东侧为石桥村，民居林立，西北面有石桥港流经，港上有石桥一座，这里原有小码头，民国时期进村菜农和渔民的舟楫可通过石桥港直达菜场门前。水路交通十分便利，岁月悠悠，如同小港中的流水匆匆而过。历经八十余年风雨的中区小菜场犹在。它的存在，完民国时期当地的乡村商贸经济提供了十分重要的实物资料。

古镇古村古建筑 吴中文物

图版

石雕

宝带桥桥堍明代石狮。

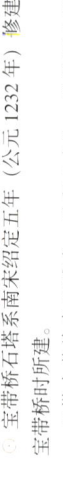

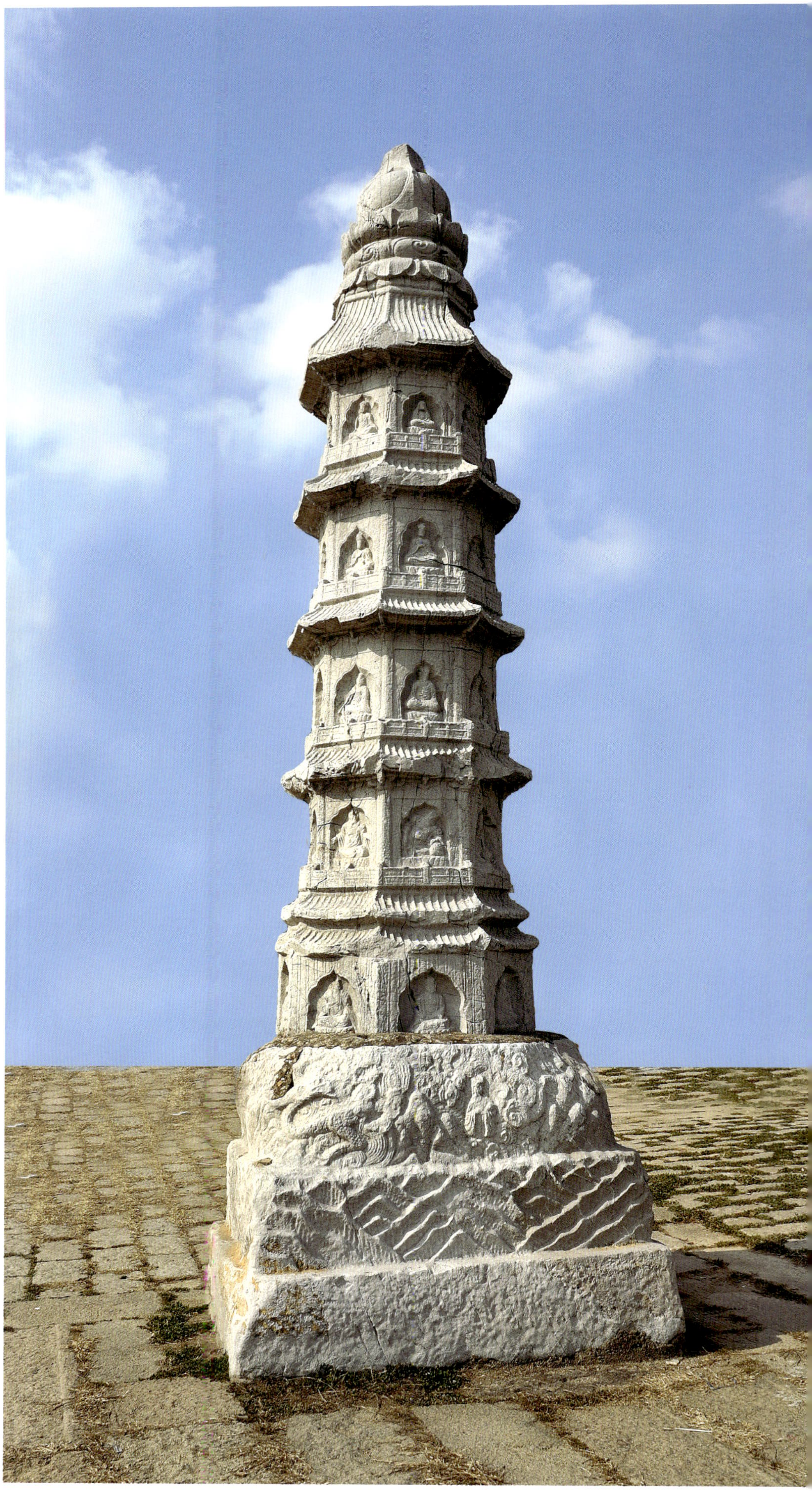

宝带桥石塔系南宋绍定五年（公元1232年）修建宝带桥时所建。

· 石塔由整块青石雕成，通高4米许，整塔可分塔座、塔身和塔刹三部分。塔座高出地面0.8米，长、宽各为1.2米，呈正方形。塔身和塔座相连，高3米，共五层，八面七级。第一层重檐，二至五层为单檐，每层均雕出腰檐、斗拱与戗角。塔座雕海水云龙纹，塔身各面雕有佛龛、佛像，形象古拙。顶部塔刹高约0.4米，四周出檐；平座，形制粗犷。该石塔雕凿精细，形式古朴，为宋代石塔中的佳作。

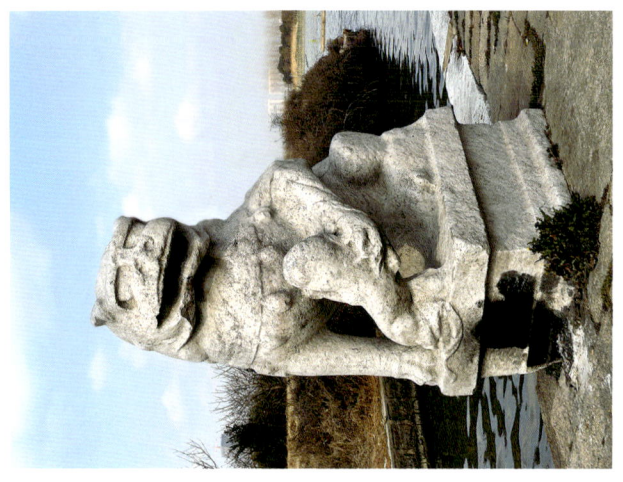

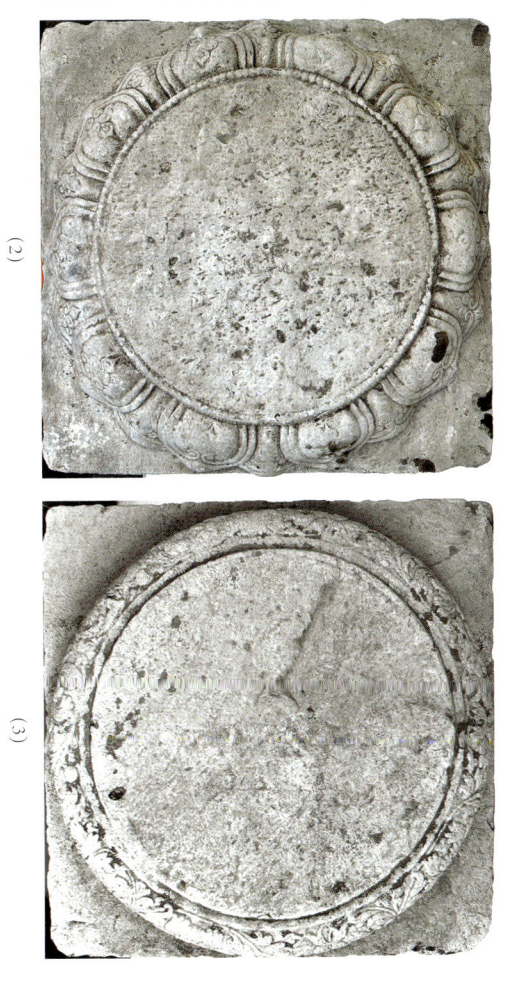

(1) 甪直保圣寺院内白莲教寺柱础。宋代。

(2)、(3) 甪直保圣寺原大殿柱础。宋代。

① 甪直保圣寺院内北宋武康石幡杆夹石。幡杆夹石即幡杆石，位于天王殿前，通高2.81米。上端雕刻覆莲，束颈，上下端设穿孔，当为北宋遗物，十分罕见。该石雕是研究北宋石雕艺术的实物资料。

② 花山元代大接引佛。大佛是以整块巨岩刻凿而成，面目端庄，衣褶线条简洁，为元代石刻造像中的精品。

北宋，大觉寺武康石桥沿侧面石雕。雕有"仙人、天马、蝙蝠、宝珠"图案。

明善堂后墙门进墙门青石门楣"欢天喜地"。

· 石雕图案布局疏朗匀称，纹样简练而饱满。动物形象生动逼真，极具神韵。具有极高的艺术价值。

瑞霭堂墨口墙下部须弥座石雕"鹤、莲"图案。

· 瑞霭堂墨口墙下部须弥座石雕，鹤、莲图案，鹤，是为传统寓意纹样，鹤，自古被国人视为吉祥鸟与仙禽，被喻为长寿的象征。古人有"鹤寿千年也未神"之诗句，故有鹤顶、鹤令、鹤发、鹤寿瑞宝，莲与廉同音，意蕴"清廉"，《楚辞·招魂》云："朕幼清以廉洁兮"，王逸注："不受曰廉，不污曰洁"，故莲花象征身居高位，不受贿。

· 石雕图案以通雕形式雕刻出仙鹤七只，或飞舞挺立或觅食……飞舞梭于莲花丛中，井井有条，姿态生动，为明代石雕中的精品。

瑞霭堂墨口墙下部须弥座石雕"鹿十景"图案。

· 瑞霭堂墨口墙下部须弥座石雕"鹿十景"图案。鹿，历来被称为灵瑞之兽，是祥瑞的象征。在中国道教文化中，鹿被视为长寿的神兽。石雕图案以通景的形式雕刻出十只鹿，在祥云、山石、仙树中或奔或伏或回或首……其中有一只鹿奉饮在山石之上正在侧首吃仙桃；共同有两位仙女择动长袖，在翩翩起舞。图案内容似乎透露出一丝道教中仙女中仙的色彩。这种"鹿十景"的表现形式与清代的不同，有明显的不同，当为明代石雕作品中的佳作。

明善堂门楼青石门楣石雕。"鸳鸯戏荷"图案。

明善堂门枕石雕。仙鹤荷连图。

绍德堂墙门青石天满石雕。凤戏牡丹。古代传说中视凤为鸟中之王，牡丹为花中之王，寓意富贵。丹、凤结合，象征美好、光明和幸福。

瑞霭堂砖瓦雕门楼青石门楣石雕。五鹤图。五只仙鹤形态各异，展翅飞翔在祥云之中。

◎ 明善堂大厅前石墁口墙下部石雕。双狮滚绣球、凤串牡丹图案。

◎ 东山镇白沙村达顺堂砖雕门楼正面青石门楣与背面石坊石雕。"平升三级"组成图案。中为宝瓶，内插三戟，含"平升三级"之意。左为鸾凤，右为麒麟。鸾凤作曲颈回首，相对鸣翔，双翼展翘，长尾飘逸。作凌空飞翔状，麒麟背双足上抬，后双足青地，后尾卷翘，作奔驰回首状。动物形象逼真，动感十足。鸾凤是鸟中之王，是祥瑞的象征；麒麟被尊为神兽，图案多饰寓育祈福吉祥万音之光。

之意，寄托着主人对美好生活的祈望。图案由三位神仙与蝙蝠、鹿组成，中间光头头露双手握杖，身骑仙鹿的，旁有走鹿，蝠同行；左边一位仙人头戴帽，右侧者亦戴冠，手托鹿角，均作观然行夫状，为福寿之鸟，手托如意者，当为福星，与"禄"同音，托鹿角，手执如意者，是禄星，骑鹤握杖者，鹿、蝠同行，应是寿星。整幅石雕寓意为福、禄、寿"三星高照"，好运临门。

阴亭 | 石雕

东山轩辕宫陈列着一座形式特殊的出土文物——明代阴亭，亭为青石质，通高3.58米，直径2.5米，攒尖顶六角仿木结构，中空，内藏厂书，每面均以落地长窗封闭，实际上是一座形式特殊的明代亭式石椁。

这座阴亭的构筑其间还隐含着一段悲凉辛酸的爱情故事。据传明代正德年间（1506—1521年），洞庭东山后山小村内的周氏自小和叶时敬订婚，因她天生丽质，十分美貌，十六岁时被正德皇帝选秀选中，要入宫为妃。在进宫前夕，周氏坚贞不屈，为未婚夫殉情而死。叶时敬悲痛欲绝，倾其财力为周氏构建了这座特殊的葬具，以寄托哀思，并终生不娶，守墓而终。

值得指出的是，该亭系仿木结构的石作，形式特殊，结构严谨，尤为难得的是，整亭通体雕刻，图案精美，纹饰题材丰富，雕刻技法娴熟，文化含量较高，具有极高的艺术价值，是明代石雕中的代表性作品。

现择其部分石雕作，介绍于后。

阴亭全景

阴亭全景及仿木窗扇石雕

⑥阴亭垫拱板石雕,仙鹤祥云。

⑦阴亭窗楣石雕图案,密纹。

阴亭石雕："一路连科"、"喜鹊闹梅"、"麒麟"。

阴亭石雕
(1) 龙凤呈祥
(2) 鱼化龙
(3) 牛气冲天
(4) 欢天喜地
(5) 世代爵禄
(6) 马上平安

阴宅石雕
(1)、(2) 狮子戏球；(3)、(4) 芙蓉出水

敬修堂墙门勒脚石雕，鹿。

敬修堂墙门勒脚石雕，"笔锭胜"图案。

◎ 敬修堂门枕石雕。(1) 荷花。(2) 菊花图。

(3) 敬修堂端门抱鼓脚石雕。如意头。

◎ 徐氏宗祠前院墙下部须弥座石雕。变体夔龙纹图案。石雕以变体夔龙纹样组成图案，突出了夔龙的形体与尾巴，简化省略头首，整体呈现S形，并将S形连续延伸展开。产生一种连绵不断、轮回众生的艺术效果。在构图上采用均衡的形式，讲究出线条，富有动律感。这种变体夔龙纹被赋予了持续吉祥寓意。

(1)

(2)

(4)

(3)

(5)

(5)

(1)、(2) 勾山镇大石巷村久大宅门屋垛头下部青石刻须弥座石雕。图案以"龟背海水、牡丹金钱、鹿兰草、双寿纹"组合而成。龟为长寿之动物，与"冠"同音；图案具有富贵长寿、冠禄之意。

(3) 明湾村薛家厅端门青石雕脚石雕。"双福捧寿"纹。

(4) 仁木堂庭院内青石盆一侧石雕。双凤朝阳。双凤为两首相对，两尾高翘，作展翅飞翔状。中间旭日高升，图案纹样形态生动，雕刻精细，为石雕中的精品。

(5) 用直叶石桥拱圈券板石石雕。刘海戏金蟾。刘海是我国道教全真北祖之一，做过燕王刘守光的丞相，后从汉钟离、吕洞宾学道成仙。民间传说刘海成了神仙，但过着他的妻子仍念念不忘。下界要把妻子带到天上，他的妻子化金蟾并用一串铜线戏引他，一同上天成了神仙。

◎ 棠樾古村仁本堂门口抱鼓石雕。狮。

◎ 明济村薛家厅端门抱脚石雕。雄狮图。

砖雕

一、花卉鸟兽及吉祥纹

明善堂门楼两侧寨口墙檐下砖雕斗拱与抛枋砖雕,"五鹤捧寿"图案。

鹤历来被视为羽族之长,为长寿仙禽。《淮南子》载:"鹤寿千岁,以极其游。"图案以高浮雕与镂雕相结合的手法,刻画出五只形态不同的仙鹤飞翔在祥云之中,中间一鹤背骑寿星。五鹤形态生动,雕刻线条流畅而飘逸,为砖雕作品中的精品。

明善堂大厅前砖雕门楼。

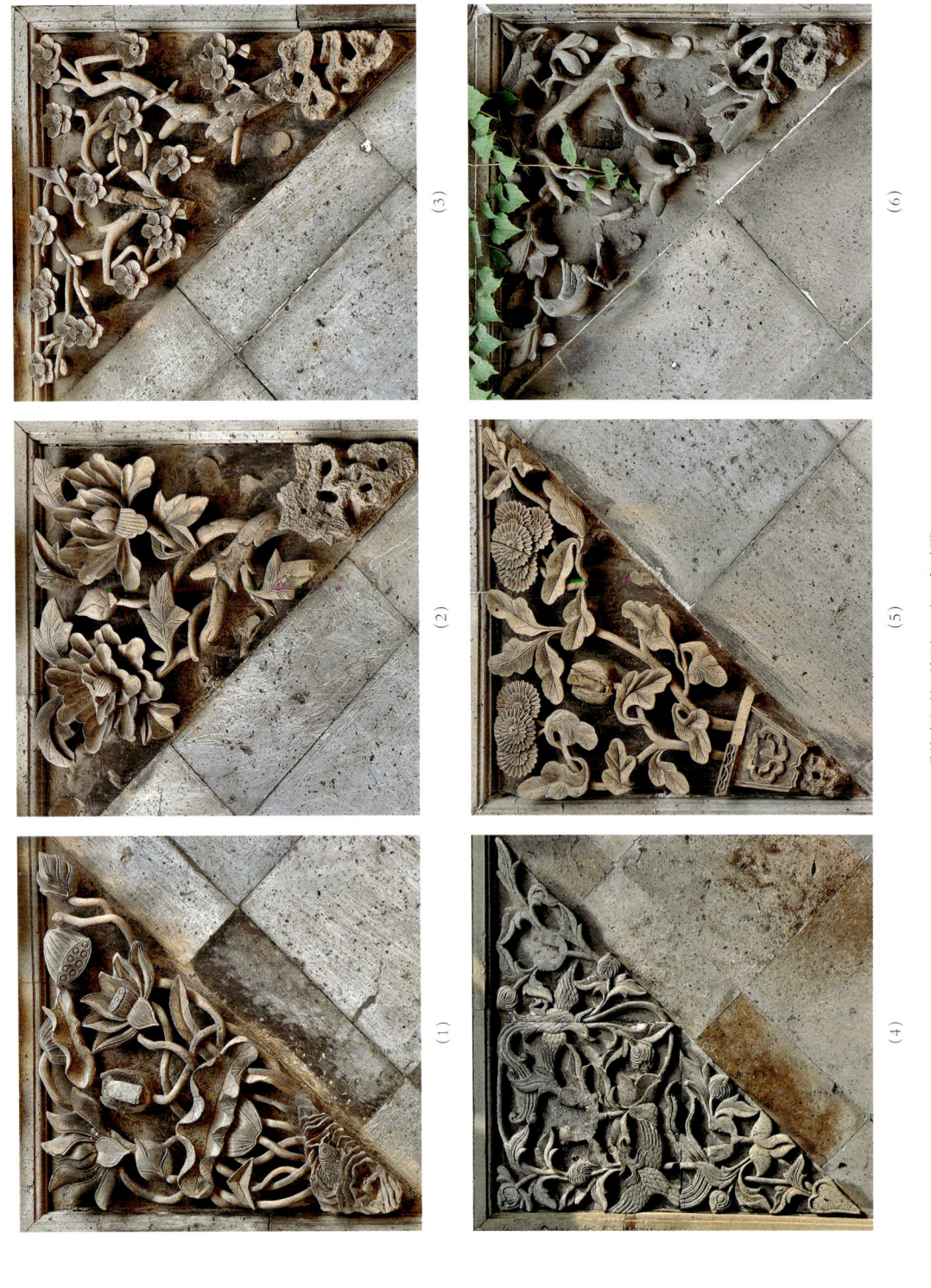

◎ 明善堂门楼西侧塞口墙四角砖雕。
(1) 荷莲。下刻池塘水波纹。有鱼一尾，游戏其间。几茎荷花相互缠绕，有含苞，有盛开，结成连蓬者，莲心粒粒可见，花叶茎脉清晰，无不惟妙惟肖。
(2) 牡丹。山石之间牡丹两枝，枝粗叶茂，花朵盛放，生机盎然。
(3) 梅花。径石之中有梅一株，主干粗壮，分枝倾斜，花朵盛开。
(4) 凤穿牡丹。凤凰两只，又美展翅，长尾飘逸，穿梭在牡丹丛中。纹样穿插自如，静中有动，相得益彰。
(5) 菊花。秋菊一盆，花秀、叶壮，在有限的空间里精排密布，仅瓷端方。
(6) 木槿。木槿一本，横下坚枝，鸟兽两只息息其间，活泼可爱。图案小损，但独占一角，无伤大雅。

⑥ 瑞霭堂门楼及左右垂口马的砖雕。

瑞霭堂影壁砖雕："欢天喜地"。

存仁堂砖雕墙门上枋"八骏图"及兜肚内"狮"、"羊"图。

陆巷五萼堂双挂楼照壁砖雕。抱枋内浮雕缠枝花开金钱纹，抱枋下部的砖框上部左右角分别浮雕牡丹花五朵，梅花五朵，枝叶相扶，花朵绽放，生意盎然。该砖雕似寓主人富裕丰足。

陆巷顺德堂楼下前照壁砖雕。四角分别为"缠枝牡丹、金钱纹弯带纹"组合成的图案，中部菱角圆形中深浮雕"罐、鹿、鲤鱼眼龙门、鱼化龙"组成的图案。"罐"与"欢"同音，"鹿"与"乐"谐音，"鲤"谐音"利"。整组图案寓有"富贵欢乐"之意。形状可爱，能神变，常飞跃江湖"（《本草纲目》），而且，"鲤为诸鱼之长"。

⑤ 金庭镇世德堂砖雕墙门上枋砖雕。牧羊图。

这是一幅清乾隆三十一年（1766年）的砖雕作品。图案内容描述了山峦叠嶂的山村旷野中群羊在自由地嬉戏和觅食的情景。画面构图采用了大型山水通景画面的手法，气势雄浑，意境深远。画面左侧描述两山之间的小河上架有石拱桥一座。左侧河岸山峦起伏对立，河岸右侧岩石嶙峋，古树耸立，树造有一羊四蹄撑立或作休憩状。其旁另有羊三只，或蹲或立或作休憩状。面画中部山坡上星坡下山洞之间有石屋……有一羊从山坡上走下来。画面右侧是蜿蜒山坡岭之中，山洞上平桥一株，干粗叶茂。正院后洞的山坡上星罗有羊群羊在玩食。院子四周墙垣相围，院内有一轩，屋宇错落有致，山洞上平桥飞架。平桥下有有三只卧在岩石之下，似乎有羊群羊在吃食。院子四周墙垣相围，院前的空地上有双羊前行。其后另有羊三只侧又有一座大庭院。右侧河岸边山道之中有一羊在急速地赶路。远处山坡得林中有群羊在觅食。好一幅山村牧羊图！图案采用了深浮雕还有那河岸边山道中的羊，或奔或跃或或蹲或卧或翻滚，形态各异。远近山近水相得益彰，画面动静结合，生机盎然。将江南山村的景象表的手法，近景雕琢得层次十分分明。是一幅清代乾隆时期砖雕作品中的精品力作。现得淋漓尽致，具有强烈的艺术感染力。

⑥ 惠和堂照墙砖雕。九狮图。

采用圆雕、镂空高浮雕的手法。雕刻有九只狮子，球滚狮舞，形态各异。将九狮图案雕于照墙上，寓有"九世同堂"之意。

⑦ 瑞霭堂砖雕门楼下枋砖雕。"鱼化龙"图。

《汉书·西域传》载："金龙者，为含利之兽。先戏于庭板，毕乃入殿前激水，化成比目鱼，跳跃漱水，作雾障日，毕，化成黄龙八丈，出水戏于庭，炫耀日光。"老头鱼尾之老，乃"老龟五爱"之形状。我国古代早已有之。《说苑》曾记："昔日白龙下清冷之渊化为鱼"，《长安谣》水有"东海大鱼化为老"之说。此砖雕寓"飞腾成老"之意。

⑧ 延庆堂新厅前墙门垫拱板砖雕。梅、兰、竹、松、水仙、灵芝图案。

梅、迎寒留香、迎雪绽放，是传春报喜的吉祥物；兰，幽香清远，其叶飘逸秀气，是离香清的象征；竹，临寒不凋，是高风亮节，虚心清高之象征；松，枝叶茂盛，四季常青，是长盛不衰的象征；水仙，清水一泓，叶青花香；灵芝，生于枯木之上，古人称之为"仙草"。整组图案以名贵花木组成，是古建筑中的传统装饰纹样。

310

渴庆堂墙门兜肚内砖雕，"大师少师"构图。"师"与"狮"同音，"大"近音，"小"与"少"亦近音。大小狮子寓意官至太师、少师，世代高官厚禄，子嗣昌盛。右兜肚雕"狮子戏球"。左兜肚内以太师与小师构图。

东山上湾绍星堂砖雕墙门兜肚内砖雕，"欢天喜地"。图案为喜鹊与獾的组合，一上一下，一獾一喜，相对而视。"欢"谐音"獾"，喜鹊取"喜"字，故称"欢天喜地"。作品以深浮雕手法，所雕动物形象夸张，动态十足，松树、槐枝、枝壮叶茂，雕琢得十分精细而空灵，为清代砖雕中的优秀之作。

桢和堂中路巨楼前墙门兜肚砖雕，螃蟹、牡丹图案。牡丹为花中之王，寓富贵之意。螃蟹，以背之甲壳突出，古人云："凡物负出群类者皆曰甲。"故蟹壳为甲，甲又有登科考试中得头名之意，此，螃蟹寓托在科考中头名之意，该砖雕的图案动静有致，牡丹枝叶十分空灵，为清代砖雕作品中的佳作。

◎ 东山承德堂住楼前砖墙门兜肚内砖雕，回纹与花卉组合图案。

锦垦堂门楼下枋腰肚内砖雕，"凤穿牡丹"，传统吉祥图案。古代传说，凤为鸟中之王，牡丹乃花中之王，民间常以凤凰、牡丹为主题纹样，称之为"凤穿牡丹"。寓意美好瑞气，传承至今长盛不衰。

◎ 承露堂住楼前墙门锦袱内砖雕，"二龙捧寿"图案。

◎ 明善堂门楼砖雕斗拱与荷叶墩。

惠和堂照壁砖雕，喜鹊，石榴，松鼠图案。

· 石榴绽开，果实累累，被视为"多子之果"。
· 喜鹊为报喜之鸟，喜鹊与石榴组合，表达了宅主人喜得贵子的愿望。图案以高浮雕与镂雕相结合的手法刻画出喜鹊、石榴、松鼠纹。石榴生于粗壮、枝繁叶茂，硕果累累；数只喜鹊穿梭其间，十分灵动；天有松鼠两只，一只跳跃，一只回首，活泼可爱。

· 惇和堂中路门楼上仿砖雕，"十鹿游春图"。
· 图案以通景形式展开，十只梅花鹿嬉戏于山林中，布局巧妙，姿态生动有趣。

· 惇和堂中路门楼下仿砖雕，"鲤鱼跳龙门"。
· 鲤鱼感到鱼为吉祥瑞应之物。《孔子家语》记载：孔子喜得贵子，国君鲁昭公把鲤鱼作为礼物送给孔子以示祝贺，孔子感到鲁大的荣光，给儿子取名叫"鲤"，字"伯鱼"。唐代皇帝姓李，因"鲤"、"李"谐音作为皇家的标志，凡皇帝、大臣身上佩戴的"鱼袋"、到皇帝赠予大臣的信物"鱼符"，都做成鲤鱼状，故鲤鱼还具有生殖繁盛，多子多孙的含义。民间将鲤鱼跳龙门视为天赋运，俗语有"鲤鱼跳龙门，好运在后头"之说。

○ 三山岛查兴仁宅砖雕墙门下枋浮雕，宝器纹样。

○ 爱日堂后楼厅前砖墙门上枋砖雕，蝙蝠祥云纹。

○ 明善堂门楼，墙门荷花柱砖雕，仰覆莲、牡丹。

○ 木渎冯桂芬故居砖雕，博古图。

◎ 尊德堂墙门荷花柱砖雕。宝瓶灵芝、牡丹图案。

◎ 久大堂住楼前墙门砖雕。佛手。佛手亦称"九爪木","五指橘"。佛手之名又如"佛祖之手"。"佛"与"福"音近,寓有吉祥之意,更有多子多福的祈望。

① 纯德堂砖雕墙门字牌内额文。

② 桂馨堂任楼西厢轩廊门楼上坊嵌雕额文"余香",王文治书。

(1)

(2)

(3)

③ 尊德堂墙门荷花柱砖雕,灵芝。
(1)灵芝为传统寓意图案。灵芝为菌类植物,质坚不腐,冠呈半圆形并有云纹,冠柄光泽如漆,古代称芝为仙草。曹植的《灵芝篇》云:"灵芝生王地,末草被洛滨,荣华相晃耀,光采晔若神。"末草代指芝兰,寓灵芝图案雕刻作墙门上,寓瑞祥之意。
(2)语馨堂墙门荷花柱砖雕。柿子与花篮。荷花柱上部插芽雕出柿子两只。"柿""事"谐音。两字连续,寓意事事。该两种柿子与右侧上坊的如意头纹相组合,则具有"事事如意"之寓意。荷花柱下部雕有富裕生活的祝愿篮,寓富贵之意。寄托了宅主人对美好富裕生活的祝愿。
(3)纯德堂砖雕墙门荷花柱插芽砖雕。松鼠、葡萄纹。

做修堂砖细"福、寿"漏窗。

木渎冯桂芬故居大厅隔年两侧门额砖雕,两门额以回纹框边,额文取《荀子·儒效》中的"君子务修其内"之句,分别铁篆文"修内"、"让外"。字迹清晰,字体端正。

椿桂堂花厅轩廊门景上坊砖雕额文"漁兴、静寄"。

(1)

(2)

(3)

(1) 明善堂砖雕锦地"寿"字纹。图案以剔地浮雕的手法，雕刻出里外两层纹饰。组成"回文锦"。外层纹饰以"八结"横竖连续排列，对称均衡。各种字体的"寿"字纹，构图严谨，内嵌盘曲缠绵的人结纹与多变的"寿"字相互套连。极具柔美优雅的气息。为砖雕中的上乘之作。

(2) 爱日堂后楼厅前砖雕门锦裙内砖雕，"百寿图"。

(3) 春在楼花园墙垣中的砖雕，《停云陇》。正面龙，四周云海翻腾。

二、戏文人物及传说

⓪ 东山镇翁巷樊德营宅砖雕墙门兜肚内砖雕。"张果老倒骑毛驴"。

张果老原名张果,传说其久隐中条山,往来汾晋间。唐武则天时即已数百岁,武则天派使往迎,张果老诈死不见。其后,人在恒州山中又见,传说白鹳千纸做成,张果老带将折起,藏木箱之中。

⓪ 东山镇翁巷樊德营宅砖雕墙门兜肚内的砖雕,"大禹治水"。

远古时期,宇宙洪荒,人类饱受洪浸木涝之苦。尧帝命禹治水,禹从冀州开始,不畏艰难,跋遍九州进行实地考察,他采用因势疏导洪水的办法,终于将浅海沼泽之地变成平原。在治水过程中,禹曾经三过家门而不入。他那不畏艰险,栖性自我以改造山河的博大胸怀,一直是中国人民的巨大精神力量。

⓪ 金庭仁本堂楼厅走马廊槛口内的砖雕。"苏武牧羊"图。

西汉武帝元狩四年(公元前119年),汉将卫青、霍去病打败匈奴,单于进至漠北。从此,"漠南无王庭"。汉武帝派遣中郎将苏武送匈奴使者回归。但是,至匈奴单于漠之心不死,竟扣留了苏武,并派卫律劝降。卫律故伎重施,苏武坚不受命。于是,单于将苏武送北海,无法使苏武变节,机吞雪,拟着使节睡觉,时刻不忘自己是汉朝的使者。至汉明帝时,匈奴内乱纷争,再也没有力量与汉朝打仗了,只是没有力量与汉朝打仗了,可是没有得到勾奴和漂亮汉使苏武,再次向汉求和。汉昭帝派使者要求单于放回苏武,武等。可是匈奴谎称苏武已死。汉使知道底细后向单于秦责苏武,汉使出使匈奴受难19年,始终未变节,这种高尚的气节值得东汉伟东武受,手执使节放牧,抱着使节睡觉,机吞雪,单于终于答应放回苏武,颂扬。

④ 木渎蔡少渔旧宅砖雕前宅砖雕墙门下枋砖雕。"截江夺斗"（出自《三国演义》）。

· 东吴孙权乘刘备入川的时候，用张昭之计，假称孙权母亲染病，派心腹将周善驾荆州接孙尚香回宁，并嘱带回刘备之子阿斗，以作人质。趋助刘备、孙尚香不疑，怀抱阿斗登舟欲行。赵云今云半渡，截江夺斗也追赶到，杀死周善，和救云保护阿斗，同回荆州。张飞也追赶到，杀死周善，和救云保护阿斗，同回荆州。

⑤ 尊德堂任楼前砖雕端门铭欲内砖雕。"文王访贤"

· 周文王为商末周族领袖，姓姬名昌，曾被商封为西伯，因纣为灭商伯西伯时为西伯。在硕溪得遇姜尚，姜尚字子牙，其先祖佐禹治水有功封于吕，故从其封姓，也称吕望或吕尚。尝在渭水河边垂钓以无饵直钩钓天等学道，拜为丞相，又助武王伐纣，终成灭商之大业，故誉为"兴周始祖"、"武圣"。80岁时在渭水河边被文王访得，拜为丞相，又助武王伐纣，终成灭周之大业，故誉为"兴周始祖"、"武圣"。

⑥ 春在楼砖雕门楼兜肚内砖雕。"舜耕历山"。

· 《史记·五帝本纪》载："舜耕历山，历山之人皆让畔，渔雷泽，雷泽上人皆让居，陶河滨，河滨器皆不苦窳。一年而所居成聚，二年成邑，三年成都。"《尚书·舜书》载："帝（舜）初二历山往于田。"瞽瞍，性至孝，父顽，母嚣，弟傲，然舜不殒生，大象替耕，于田，慈爱于弟。共孝行感天帝，舜在历山耕种，大象替耕，鸟代锄。砖雕再现了舜帝在历山神耕的场景；舜手执斗文左，手持有鱼篓；右侧文王手持长髯，神态自然。

⑦ 东山春在楼砖雕门楼兜肚内砖雕。"文王访贤"。

· 商末纣王暴政，民不聊生，民不聊生，商纣王为周族领袖，商封纣时为西伯。文王为灭商四处寻访贤能之人，在渭水河边遇见垂老的姜子牙。文王解到姜子牙与他同年而归，便让姜子牙与他同车而归，并拜为师，建立了共同筹划天商策略，终于在其子周武王时打败了殷纣王，建立了周。画面左侧姜子牙坐于河溪边，右手持竿，鱼已上钩，身后置有鱼篓；右侧文王手持长髯，旁立的人赞叹不已。

木渎蔡少渔旧宅大厅前砖雕门下的砖雕，"宁戚饭牛"。

春秋战国时期，齐国逐渐强大，广纳天下贤士，以谋仲为相，国力日强。宁戚也想向齐桓公谋求官职，但无人举荐。一天，正逢齐桓公到郊外迎客。晚上露宿在城门外，等三天，连宁戚赶牛到齐国，打开城门。要将自己车夫的差使不能做，感到很忧伤。他抚摸着牛角大声起歌来。齐桓公听到了歌声，就指着唱歌者说："真奇怪！那个唱宁戚的不是个平常人。"托人去问他。齐桓公觉得走不及，令人喊宁戚来见，并问了许多问题。宁戚对答如流。齐桓公觉得这是个人才。次日再唤宁戚，准备任用他。群臣功谏："这位客人是卫国人，卫国离齐不远，不如派人去查询一下，如果为贤德之人，再任用他也不晚。"齐桓公说："不要这样，去问问他的缺点，这是君主之所以失天下贤士的原因。"后来，宁戚为齐国的强盛作出了巨大的贡献。"宁戚饭牛"的典故亦传为千古佳话。砖雕图案再现了宁戚饭牛遇齐桓公的动人场景。

蔡少渔旧宅大厅前砖雕门下的砖雕，"张良拾履"。

秦朝秦末战国时期，韩国贵族王室未成，张良刺杀秦王未成，被追逃亡深山之中，途经迷路，遇太白金星指引赴下邳寻师，至下邳，居长李仁家。一日，偶神仙点化，会见黄石公。黄石公考验张良三次，后传授张良《太公兵法》。后韩信奉汉刘邦命，并亲率东西讨用，令滥婴收复获临淄、商城诸郡，民意服帐呼，唤张良为其商议，左侧张良依音桥面为黄石公进履。

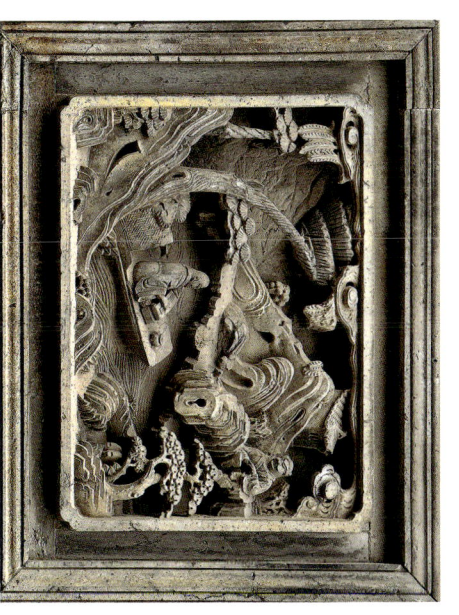

蔡少渔旧宅砖雕门口肚，"高山流水觅知音"。

相传春秋战国时期，晋国乐师俞伯牙路经汉阳，月夜抚琴骋怀。调寄高山流水，引来樵夫钟子期，善知音律。琴音："峨峨兮若泰山，洋洋兮若江河。"伯牙感过我，未想半年后子期已病逝，两人相约半年后来此相会。伯牙悲痛欲绝，来到子期墓前，重弹"高山流水"旧曲以悼念知音，并将七弦琴捧碎，从此不再弹琴。砖雕中坐船头抚琴者为俞伯牙，右上端端坐在山岩间听者是钟子期。

◎木渎蔡少渔旧宅砖雕墙门下枋砖雕，"将相和"。这个故事出自司马迁的《史记·廉颇蔺相如列传》。

战国时，赵国舍人蔺相如奉命出使秦国，上大夫；又陪同赵王赴秦王设下的渑池会，不辱使命，传言蔺相如居功自傲。为表彰蔺相如的功劳，"以后让我见了他，一定让他下不了台"。蔺相如闻此语，官蔺相如负荆请罪。将相和好，共同辅国，国家无忧。

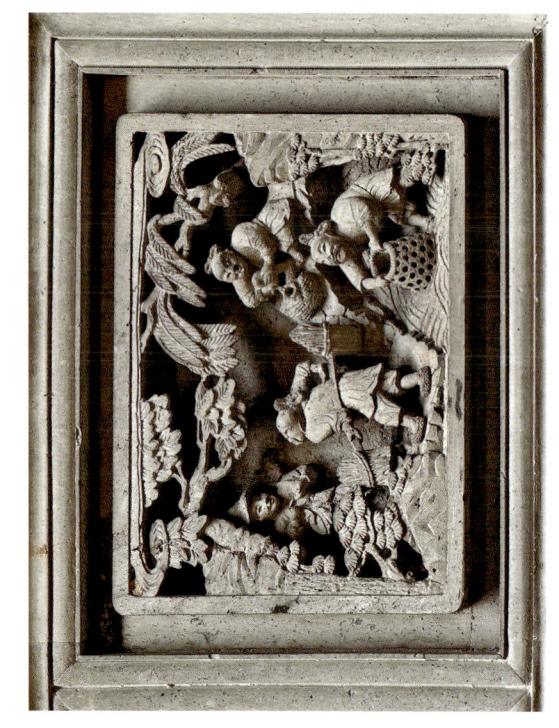

◎木渎蔡少渔旧宅砖雕墙门下枋砖雕，"疯僧扫秦"。相传，秦桧害死岳飞后日志不安，是年初一进庙烧头香，见庙门上有诗句"东窗密计胜连环，但愿老僧心狼戾"，急忙要写诗的人找来，末时痛煞老僧为一圣嘴，斗鸡眼，癞痢头，鸡胸背的疯僧见来者为一圣嘴，两脚一拐一拐地走着，末时一手拿火筒，一手拿扫帚。秦桧十分厌恶，同道："门口那首诗是你写的吗？"疯僧答："难道有人做得我就写不得吗？"疯僧问："你的吹火筒要松通番邦呢？"秦桧斥道："不能有洞，有洞就是新的，没有洞就是好的"。疯僧道："你拿的扫帚还是新的，是要扫尽奸臣"。这就是"疯僧扫秦"的传说。

◎梓和堂东路住楼前砖雕墙门左右兜肚内砖雕。"渔、樵、耕、读"。

"渔"为东汉光武帝刘秀的同学刘子陵，他是汉光武帝刘秀的同学，一生不仕，隐于浙江桐庐，垂钓终老。"樵"则汉武帝时的大臣朱买臣。朱买臣出身贫寒，后来当了汉武帝的中大夫，文学侍臣。"耕"所指为舜释在历山下教民众耕种。"读"则是讲苏秦到秦国游说失败，为装取功名发愤读书，每当要打瞌睡时，他就用锥子刺自己的大腿未提神。

·砖雕所刻人物比例合适，五官清晰，服饰他各有特点。

存在于老的雕门楼两侧的花柱,"寒山拾得"。

寒山,拾得皆为唐代贞观年间人氏。寒山,又名寒山子,出身寒官宦人家,因多次投考不第,遂遁入空门,亦是一禅门弟子。相传,唐代的寒山在天台山国清寺。一天,他在松林中漫步,山道旁忽然传来小孩的啼哭声。寻音一看,原来是一个襁褓小孩,衣服虽不整,面目粗有神,但没有人知道这是谁家的孩子。手千禅师不得已,只好把这男孩带回国清寺,等待其家人来认领。因他是手千禅师捡回来的,因此大家都叫他"拾得"。拾得在国清寺安住下来,渐渐长大。上座就让他担任了行堂(添饭)的工作,时间久后,拾得交了不少道友,其中寒山与其最为友善。寒山,拾得佛法高妙,更兼诗才横溢,佛门弟子以30岁后隐居于浙东天台寒岩,成为一位"不群于俗,夐楚狂,混湖之流"的富于神话色彩的诗僧。拾得为他俩介别是文殊,普贤菩萨转世。天台山国清寺是寒山,拾得的祖庭,内有他俩的画像,文字描绘曰:"一手抚抹,一手同卷,亦赤足,拾得的形象。"

该砖雕再现了寒山,拾得的形象。

◎ 明溪村薛家厅墙门砖雕，人物故事。

· 这是一幅清乾隆二十二年（1757年）的砖雕图案，上坊的"少年求学"、"进京赶考"、"中第出战"、"衣锦还乡"及右兜肚的"封帅出战"组成。下坊锦袱肉雕子玩耍图案，内容由下面的"童子玩耍"、童子在高坛之上与下面的童子斗玩嬉戏，祖父母在旁观看，喜形于色。上坊左图，梧桐树下雕塑一少年，跟随在两书生之后，意为求学；其前以"柳叶潇洒飘逸；尾随一童，肩相稻篮，右手执扇，右手执梁衣"之意处右生头戴秀才巾，身穿铜袍，左手指路，身穿状元中；前遣一长者头戴状元帽，右手执扇，其后随一骑马状元相迎。上坊右图，雕琢一举之头戴状元帽，身穿状元衣，骑在马上作出游状，其后及前侍者骑马紧随其后，似乎在马蹄处上之路上。但见小路逢逆崎，松柏高举，岩石嵯峨。环境凑细腻，意境深远。即左手执马疆绳，右手衣锦还乡之路上。但见小路逢逆崎，松柏高举，岩石嵯峨。环境凑细腻，绘画武备，均为一佳印封帅之将，前有持印位老兵，后有举帅旗肉雕之老兵，将帅身披甲作飞马出阵之内容，整组砖雕图案所雕之内容，求简求秀，求简求秀，整组刻苦支读、中举做官，为国征战的含义。

◎ 三山岛查兴仁宅砖雕墙门锦袱内砖雕，"和合二仙"。

· "和合二仙"是民间传说之神，清代雍正皇帝敕封唐代怪僧寒山为"和圣"，拾得为"合圣"。故这两位蓬头笑面的僧人又成了"和合二圣"，寒山，拾得作为"和合二仙"，在民间象征夫妻相爱。这种变化其实是荷花，一棒圆盒，形合和谐好合，这种变化其实是平民百姓世俗化的精神寄托。

❻ 三山岛在兴仁宅砖雕墙门额枋内砖雕，戏文故事图。

❼ 三山岛查宅墙门兜肚内砖雕，"叶公好龙"。故事出自汉代刘向的《新序·杂事》。相传叶公子高很喜欢龙，衣服上的带钩刻有龙，酒杯上也刻着龙，房檐梁柱上也雕刻着龙的图案。爱龙成癖，天上的真龙知道后，便从天上降至叶公家中。叶公见真龙后惊恐异常，脸色骤变，际上并不真正爱其所爱之物。实叶公爱的共实不是真龙头，而是似龙非龙之物。画面右侧，身披甲，腰束龙头腰带，左手指柱上蟠龙者当为叶公。

325

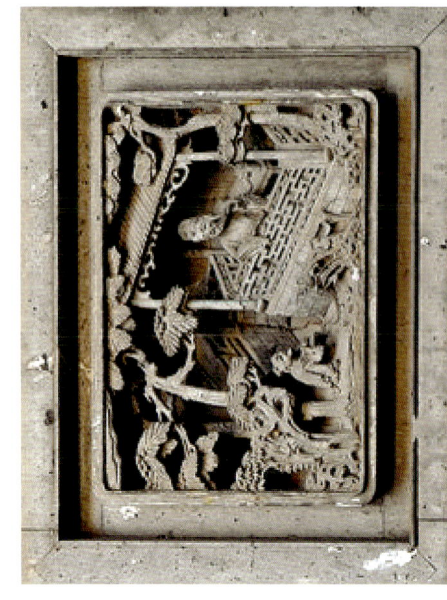

⑥ 金庭镇俆湾村薛家厅后进住楼前檐墙门两侧肚腑砖雕。"和合二仙"。

"和合二仙"本为民间传说之神,主婚姻,亦呼"和合二圣"。相传有人来如兄弟,共爱一女,临婚时寒山得悉拾得爱其女,即离家为僧,然拾得亦舍女去寻寒山,两人相会,俱为僧,立寒山寺。至今苏州寒山寺尚存青石碑,上刻两人形像,可保家庭和睦,和气生财,阖家幸福。家中常年悬挂其像,可呼家庭和睦,和气生财,阖家幸福。

⑦ 三山岛师俭堂砖雕墙门下枋铭枕内深浮雕。"洗砚鱼吞墨,烹茶鹤避烟"。

两幅砖雕图案取材于北宋诗人魏野的"洗砚鱼吞墨,烹茶鹤避烟"之句,居住涪林泉,远我根源车,洗砚鱼吞墨,烹茶鹤避烟。诗中"洗砚鱼吞墨,烹茶鹤避烟"当句最为佳,作品的背景选择突出了一个"雅"字,其中一幅砖雕图案的主人公置身在一座苍松掩映之下的水榭当中,凭栏侧吧看庭院中的水池。小童正蹲在水榭一旁的小童,几尾鱼逐到洗砚过来。在池水中快地游着。另一幅砖雕图案中的主人公则手执扇子站在书桌前的庭院中,正在抬头观看一只飞起来的仙鹤,而庭院一侧花树下的假山边有一童正蹲坐在炉前烹茶,炉中青烟缭绕,壶中茶香飘飘,而这时的小童正侧头观看一只飞起来的仙鹤。此情此景正是画出宋人魏野诗中所描绘的意境。砚、墨、鹤、鱼、茶、烟均是雅洁意象,作品是描绘的文人书斋生活,亦是隐逸志趣隐志态的写照。

⑧ 三山岛师俭堂砖雕墙门下枋铭枕问深浮雕。"郭子仪出阁"。

郭子仪为唐朝大将,因平定"安史之乱"有功,被肃宗皇帝封为汾阳王。传说肃宗皇帝将女儿升平公主许配给郭子仪的小儿子郭暧为妻。郭子仪八十寿诞之日,七子八婿均上门拜寿,唯独郭暧之妻筒仗自己是金枝玉叶,强调君不拜臣而不行儿媳之礼,结果被性情急躁的郭暧所打。郭子仪绑子上殿请罪,肃宗却郭暧无罪,劝人回府拜寿。该砖雕作品描述了郭子仪出门之场景。

榫和堂右路住楼前砖雕槛门内砖雕戏文故事《渔家乐·藏舟》。

汉章帝曾纳刘蓁之母邬氏为妃，邬氏生刘蓁即帝位，派兵捉拿刘蓁。刘蓁逃跑，梁赛桥刚造杀刘蓁不位。刘蓁苗提人邬氏逃跑，梁赛桥之女邬飞霞为义。邬飞霞倚仓皇出逃，匿于邬飞霞所驾之舟中得以见邬，邬飞霞得知其父又为梁赛所害，立志为父报仇，由是，与刘蓁均成达人藏匿舟中。梁赛权作日重，令马瑶章入梁府索此事后，自请代替与瑶章人梁府在相士花家春的帮助下跳出梁府，悲此事后，自请代替与瑶章人梁府，在相士花家春的帮助下跳出梁府，在梁前往投亲。刘蓁感其恩，当即成亲。砖雕中左侧为邬飞霞手执竹上敖归来，与藏舟中的刘蓁不期而遇。

世德堂墙门兜肚内砖雕，"夜探白璧关"。

夜探白璧关，出自《说唐全传》。尉迟恭到太原投军，叫他做火头军，每天九人的肉食他一人都吃了，三王太怒。林林责打他一大板并其出城。尉迟恭春想在唐王所限在位，他出雕门关。正值定周篡造先锋，因武之名高强被封为正北侯。两对唐兵投之，尉迟恭挑战十杯，日抢三关，夜夺八寨，进迫各殿齐不退放。唐王李世民顿兵受会，不料照旧命奉王世民与尉迟恭约好，夜採白璧关，月光下看见有两人指手划脚，一人头上插着鸡毛，一人是奉王李世民与程咬金会晤，山二站立手拉林捷着当为明尉迟恭。

世德堂墙门兜肚内砖雕，"美良川"。

美良川，出自《说唐全传》。尉迟恭见奉王李世民与程咬金两人在採白璧关，即提刀上马，悄悄出关，大叫："唐王休走！并欲伤秦王。秦王说："孤与你无仇无恨，为何如此？"尉迟恭打代四十板，打发去了，怎说无仇？"程咬金回营报，尉迟恭紧追世民不放，便大叫一声："一鞭打下，秦王硬架一枪，手中不稳，又一鞭，手中剑宝一声长叫一棒，又一鞭，两人大手拥打不过，回头就跑。尉迟恭击秦琼三鞭，尉迟恭与秦琼击两枪，次採白壁关，看秦琼两锤锤回身。

该砖雕图案中再现了尉迟恭与秦琼打斗的情景。

木雕

(1)

(2)

(3)

（1）文德堂楼厅前檐木雕，太师少师。大师与小师组合即为太师少师，为传统纹样。汾阳王郭子仪与其子郭暧分别受封为太师与少师，尔后，民间称雄狮与幼狮为"太师少师，带子上朝"，以示父子同获官位的殊荣。"狮"与"师"同音，象征官禄代代相传之意。

（2）东山翁巷蔡尊德堂住楼前檐下木雕，花篮。

（3）木渎蔡少渔旧居楼前檐下木雕，花篮。何愁垂挂不平平，一样可妙笔生花，与铜纺中应，其可谓是一帧精品力作。

▷ 木渎冯桂芬故居书楼木雕,花篮。

(1) 木渎冯桂芬故居书房大梁木雕,松鼠、葡萄图案。松鼠、葡萄象征子孙众多,万代绵长。

(2) 木渎蔡少渔旧居大厅大梁、山界梁及山雾云木雕。大厅采用满堂雕手法,布局精细,雕刻功夫精到,刀刀生辉,丝毫到位。

◎ 木渎蔡少渔旧居楼厅轩梁木雕,双凤。凤凰是古代传说中的百鸟之王。《尔雅·释鸟》:"鹢,其雌凰。"郭璞注:"鸡头,蛇颈,燕颔,龟背,鱼尾,五彩色,高六尺许。"凤在古代被尊为鸟中之王。《说文》认为这种神鸟是祥瑞的象征,如果出现则天下安宁。

◎ 万氏宗祠坊面木雕,"凤穿牡丹"。

◎ 敬修堂大厅前檐斗盘枋木雕,麒麟、喜鹊图案。麒麟是中国古代传说中的圣兽。麒麟、凤凰、龟、龙四灵之一,是百兽之首。关于其形状有各种说法,《毛诗正义》云:"麟·······麇身,马足,牛尾,黄毛,圆蹄,一角,角端有肉······"古人心目中,麒麟是仁瑞圣德之神兽,其神性可用瑞、通灵、秉仁、显贵等来概括。麒麟板为长寿,专说少则活1000年,多则活3000年而喜鹊乃报喜之鸟。喜鹊组成图案,寓吉祥喜喜之意。该图案中右侧两麒麟在祥云松树下奔走;左侧两只喜鹊在庭院林石中栖息,灵双成对,形态逼真,构图丰满。该木雕是清乾隆时期建筑木雕中的精品。

◎ 绍德堂仪门槛木雕,"双狮滚绣球、鹿、马"图案。

·相传雌雄二狮相戏时,其纹毛会结合成球,俗称绣球,而小狮子就从绣球中诞生。因此,将球成视为吉祥之物。狮子滚绣球寓意吉祥和喜庆,与喜鹊、鹿合雕有"天下至健"之意。《易传》云:"乾为马。"称是天,故马寓有"天下至健"之意,是祥瑞的象征。整组图案来雕球烘托,纹样错杂流畅,动物形象生动,为木雕中的精品。

◎ 存在楼前进楼厅轩梁木雕,双凤。

· 凤首相对,凤尾高翘,饰纹密密,雕工挟嫩,是难得的佳品。

◎ 绍德堂仪门走马板木雕,"欢天喜地"图。

· 图案以透雕与高浮雕的手法,刻划出两种动物同不同形态。上部蜂峦耸伏的山岭中,有两只獾在山洞口钻出。大獾翘尾昂首,张口望天;小獾眠依在山坡上,上部松林中刻出两只喜鹊,一只凤翅飞翔,另一只凤鸣悬在松枝上,喜鹊在上作下视状,獾在下望天,藏"欢天喜地"之意。

(3)

(2)

(1)

久大堂大厅棹木木雕。马。

马，善跑，十分矫健，马曰行千里，是古代最快的交通工具，马能驮物，亦能骑驴，自古以来，马就与人有着密切的关系。旧时民间有"宝马驮来千倍利"之说，因此马也就成了一种财富的象征。

(1) 马在山林中品食树叶。主人在劳观之。
(2) 马在老树下的河边饮水。主人在一边伺候着。图中树下粗壮，树叶叶脉清晰；河水潺潺泛涟漪。
(3) 马在山石松林下翻滚嬉戏，后蹄上扬，姿态极度夸张。

久渼蔡少渔旧居挂落木雕。蝙蝠、葫芦。

万家宗祠柏厅丁汝进木雕，虎、象、牛、鹿、松鼠图案。

（1）（2）牛在庭园外的松树下。其中一头牛侧首抬足在行走，另一头牛在觅食。牛为六畜之一，在农耕社会里牛乃是耕耘的好手，也是财富的象征。

（3）松鼠图中两只松鼠在庭院的山石松树下嬉戏。松鼠形态可爱的小动物，鼠在十二生肖中为子，喻"子"之意，谐多子多代。

（4）鹿。图中两只鹿站立在宅门前的松树下，鹿是灵瑞之兽，是祥瑞的象征。人们就有了对鹿的信仰。根据多古发现，石器时代有鹿角制成的"权杖"，而成为"逐鹿中原"说明鹿在人们心目中的地位是极为重要的。早在新石器时代。"鹿"与"禄"同音，所谓"高官厚禄"即是此意，因此"禄"字有官位，封建社会中，官越大新俸越多。

（1）

（2）

（3）

（5）（6）虎，图为两虎伏卧在院外山林岩石之上。虎为大虫，《周易·革》云："大人虎变。"未片有云"虎变。"虎变身有花纹的变化，比喻居上位者行动变化莫测。

（7）象，图为两头大象两首相对站立在拔枝松树下。象，性情温顺，"祥"谐音。成乂英的《南华真经疏》载："吉者，有善之事；祥者，新庆之征。""象耕鸟耘辫"云："兽之形魁者无出于象，行必端，视必深。""象的这些特点与太平盛世相和谐，故象为瑞兽，寓意好的象征。

这些极具寓意的动物纹样在宗祠建筑中的出现，这是极具寓意和强烈地反映了当时的环境和气氛；为一方面是为了强化建筑空间的环境和气氛；为一方面也反映了当时的万家宗族新喜各族人生活满，阖家幸福富贵，族内兴旺的寓意。

（4）

（5）（6）（7）

⑥乐山米巷老久大堂大厅内大梁荷叶墩木雕。图中雕有锦鸟、白鹭、喜鹊、仙鹤、老鹰等珍禽，或蹲或飞，神态各异，多姿多彩，一派祥和景象。

三山岛儿思堂大厅长窗绦环板木雕。纹样有宝相花、牡丹、秋菊、石榴、花卉网状纹。在有限的空间里精排密布，纹样有宝相花，为适合纹样之精华，仪态端方。

①②③东山纯德堂大厅梁垫木雕。"寿"字如意、牡丹图案。

④⑤东山张巷久大大堂大厅梁垫蜂头木雕。牡丹、葵花。所雕图案花叶丰满，枝干灵秀，不失为优秀之作。

⑥东亭冯桂芬故居窗槅裙板木雕。"海水雄鹰图"。

336

◎ 爱日堂"晚春书屋"梁垫蜂头木雕,花果图案。

奋庆堂窗槅绦环板板木雕。动物、花卉、雪景图。

◎ 金庭镇里古堂圆堂窗槅扇板木雕。兰竹图。

◎ 东山纯德堂窗槅扇板木雕。花卉山石图。

仁本堂窗槅绦环柜环木雕。灵芝、如意头。

仁本堂窗槅裙板木雕。梅、菊、绣球、牡丹。

◎ 仁本堂窗槅裙板木雕,花鸟图案。

仁本堂窗槅裙板木雕,花鸟图案。

仁本堂窗槅裙板木雕，花鸟图案。

⑥ 仁本堂窗槅槅板木雕，花鸟图案。

凝德堂大厅山尖木雕，卷云纹如山雾云。

(1) 木漆沙挂柱方故居窗棂裙板木雕，璧、磬图。
(2) 木漆紫少渔旧居窗棂裙板木浮雕，图案以如意头组成，纹饰回环曲折，连绵不绝，寓意吉祥如意，绵长久远。
(3) 东山纯德堂窗棂绦环板，裙板木雕，图案以"卍"纹、海棠及抹角方形组成，所雕图案十分空灵而秀美。
(4) 萱里古村仁木堂窗棂木雕，海棠以回纹。
(5) 凝德堂仪门木雕，网状纹。

(2)

(1)

(1) 怀药堂大门门楹木雕。"福、寿"字纹及祥云纹。图案以镂雕、浅浮雕加阴刻的手法雕出"福、寿"字纹及祥云纹，并在其中部镂出万年青，俗称"福寿门楹"。整组图案雕刻精细，饰纹优雅。

(2) 明善堂门楹木雕。金钱缠枝、"福"字纹。门楹中部刻一"福"字，并施红彩；两侧雕刻有对称的金钱与缠枝花组成的图案，寓"进门是福"、"富贵一生"之意。

木渎蔡少渔旧居正居楼厅檐口木雕。暗八仙。

346

② 东山镇张巷村久大堂大厅梢木木雕,"牛郎织女"。

"牛郎织女"是我国四大民间爱情传说之一。织女是天上的仙女,她思凡心切,到人间游玩,在河里沐浴时被路过的牛郎看见,两人日生情意,于是结成夫妻,在人间生活,几年后,织女被强行带回天庭,牛郎也得与后迅速追赶而去,王母娘娘划出一条银河挡住牛郎的去路,后来他们的忠贞爱情感动了喜鹊,千万只喜鹊搭成鹊桥,让牛郎织女在七月七日相会,每年农历七月初七,相传是牛郎织女鹊桥相会的日子,并由此形成了七夕节。

该木雕图案再现了牛郎织女在七夕相会的情景,所雕纹饰线条流畅,人物造型逼真,动态十足,具有强烈的艺术感染力。

⑥ 久大堂大厅梢木木雕,"天宫晋爵"(左图)。

木雕中间天官为冠戴装束,其前一老者持轴卷,寓意加官晋爵。

⑥ 久大堂大厅梢木木雕,"麻姑献寿"(右图)。

麻姑是中国古代神话中的仙女,关于她的传说很多,有说她是后赵石勒的部将麻秋之女,又是唐代从麻姑山放出的仙女;或说是东汉时建昌人,修道于牟州(今山东牟平,又是东汉桓帝时人)姑余山,后飞升成仙。最初的记载是东晋葛洪的《神仙传》所记。麻姑是女寿星,为法家颜真卿所书的《麻姑坛记》,是引葛朝时东海三次变桑田,自言曾见东海三次变桑田,由此被人们视为长寿仙女。麻姑长寿而容姿华美,故人们常以"麻姑献寿"作为贺寿的表饰。

该木雕左上为月洞门外棒灵芝正在献谷的两位老者,门内一位老者在前,双手作捧接灵芝状,其后的老者左手持剑相迎状,所雕线条流畅,飘逸,当为清代木建筑木雕中的精品。

孝，是中华民族的传统美德，也是我国古代重要的伦理思想之一。春在楼厅楼厅窗棂槅板与绦环板刻有《二十四孝》木雕图案，其内容出自元代郭居敬辑录的古代二十四孝子的故事。其中虽不乏有落后的、甚至不合情理之事，但作为孝亲的精神还是值得借鉴的。现择22幅精美者，分述于后：

◎孝感动天

舜，传说中的远古帝王，五帝之一，姓姚，名重华，号有虞氏，史称虞舜。相传他的父亲瞽叟及继母、异母弟象，多次想害死他：让舜修补谷仓仓顶时，从谷仓下纵火，舜手持两个斗笠跳下逃脱；让舜掘井时，瞽叟与象却下土填井，舜掘地道逃脱。事后舜毫不记恨，仍对父亲恭顺，对弟弟慈爱。他的孝行感动了天帝。舜在历山耕种，大象替他耕地，鸟代他锄草。帝尧听说舜非常孝顺，有处理政事的才干，把两个女儿娥皇和女英嫁给他；经过多年观察和考验，选定舜做他的继承人，舜登天子位后，去看望父亲，仍然恭恭敬敬，并封象为诸侯。木雕图中的帝尧正在耕田，大象正在耕田，右下附白群鸟为之耘，仿佛恭恭敬敬，当舜正在耕田，右下附白群鸟为之耘。居中的帝尧在观之，画面再现了舜耕历山的场景。

◎鹿乳奉亲

郯子，春秋时期人，父母年老，患眼疾，需饮鹿乳治疗。他便披鹿皮进深山，混进鹿群中，挤取鹿乳，供奉双亲。一次取乳时，看见猎人正要射杀一只母鹿，郯子急忙掀起鹿皮现身走出，将获取鹿乳为双亲医病的实情告知猎人，方免被射杀之祸。山石、树木、流水、拱桥、丹榉、茅亭、景色幽深，引人入胜。木雕图案左下身披鹿皮者为郯子，右下松树下的两人为猎者。

◎ 拾葚异器

蔡顺,汉代汝南(今属河南)人,少年丧父,事母甚孝。当时正值王莽之乱,又遇饥荒,柴米昂贵,只得拾桑葚与母亲充饥。一天,遇赤眉军,赤眉军士兵问道:"为什么把红色的桑葚和黑色的桑葚分开装在两个篓子里?"蔡顺回答说:"黑色的桑葚留给老母亲食用,红色的桑葚留给自己吃。"赤眉军怜悯他的孝心,送给他两斗白米,牛蹄一个,以示敬意。

◎ 芦衣顺母

闵损,字子骞,春秋时期鲁国人,孔子的弟子,在孔门中以德行与颜渊并称。孔子曾夸赞他说:"孝哉!闵子骞!"(《论语·先进》)他生母早死,父亲娶了后妻,又生了两个儿子。继母经常虐待他,冬天,两个弟弟穿着用棉花做的"棉衣",却给他穿用芦花做的"棉衣"。一天,父亲出门,闵损牵车时因寒冷打颤,将绳子掉落在地上,遭到继母的鞭打。父亲返回家,才知闵损受到虐待,返回家狠狠地用鞭子抽打后妻。闵损跪求父亲饶恕继母,说:"留下母亲只是我一个人受冻,休了母亲三个孩子都要挨冻。"父亲十分感动,就依了他,继母听说后也悔恨知错,从此对待闵损如亲子。

医祸构思为大型风景画面,门口怀抱婴儿的妇人应是闵子骞的后母,部右侧鞍马与牵马者,其子父坐在牛车中归家。一家人共乐融融,还有治在桂边的客都与弯腰的山道,因来雕刻细致人人,层次分明,今人凉叹。

◎ 刻木事亲

丁兰,相传为东汉时期河内(今河南安阳一带)人,幼年父母双亡,他经常思念父母的养育之恩,于是用木头刻成双亲的雕像,事之如生。凡事均与木像商议,每日三餐敬过双亲后自己才食用,出门前一定禀告,回家后一定面见,从不懈怠。久之,其妻对木像便不太恭敬了,竟好奇地用针刺木像的手指,而木像的手指居然有血流出,丁兰回家见木像眼中垂泪,问知实情,遂将妻子休弃。

木雕构思为一大型风景画面,一座宅院内置有丙寿雕像,宅院外置有山岩、枕河小屋,三人对着一妇人似乎在愤怒斥责之,宅院外山岩、河流、小桥、宝鼎,站立一男子指一妇人似乎在愤怒斥责之。宅院外山岩、河流、小桥、宝鼎,屋宇、树木,景色秀丽,层次分明。

◎ 怀橘奉母

·陆绩，三国时期吴国吴郡吴县（今属苏州）人。六岁时，随父亲陆康到九江谒见袁术，袁术拿出橘子招待。陆绩往怀里藏了两个橘子。临行时，橘子滚落于地上。袁术嘲笑道："陆郎来我家作客，走的时候还要怀藏主人的橘子吗？"陆绩回答说："母亲喜欢吃橘子，我想拿回去给母亲尝尝。"袁术见他小小年纪就懂得孝顺母亲，十分惊奇。

◎ 闻雷泣墓

·王裒，魏晋时期营陵（今山东昌乐东南）人。博学多能。父亲王仪被司马昭杀害。他隐居以教书为业，终身不面向西坐，表示身不做晋臣。其母在世时怕雷，死后埋葬在山林中，每当风雨天气，听到雷声，他就跑到母亲坟前，跪拜安慰母亲说："袁儿在这里，母亲不要害怕。"他教弓时，每当读到《蓼莪》篇，就常常泪流满面，思念父母。

·墓地松柏间，一座圆形墓冢，墓碑前一男子跪拜在地，掩面哭泣。

(1)

(2)

(3)

(1) 戏彩娱亲

老莱子，春秋时期楚国隐士。为躲避世乱，自耕于蒙山南麓。他孝顺父母，尽拣美味供奉双亲，70岁尚不言老，常穿着五色彩衣，手持拨浪鼓如小孩子般戏耍，以博父母开怀。一次为双亲送水，假装摔倒，躺在地上学小孩哭，二老大笑。戏彩娱亲图，双亲开怀，喜色满庭间。

· 画面中一菜园中有一人坐于地，双手高举着在玩拨浪鼓。右侧廊楼下有两个老者，其中老头双手提杖观看状，老太概玩耍者神态与引楚长寿子腰。画面人物形态生动，极为有趣。

(2) 百里负米

周朝，孔子的学生仲由，字子路，家贫，时常在外采集野菜当食物，曾请子路在楚国做了拥有百辆车马的官，常常感叹道："我现在虽然富贵，但仍不忘父母。可以说是尽力，死后思念啊！"《孔子家语》

· 母在世时，子游南游到楚国，楚王敬佩他的学问人品，聘请子路在楚国做了拥有百辆车马的官，所给的俸禄达到万钟之多。子路坐而锦衣玉食，常常感叹道："我现在虽然富贵，但还想念着以前吃野菜，百里之外背米回来的日子，但哪里能够再得呢？"
· 画面右侧者当为仲由，左侧屋前两老者手持拐杖正在迎之。

(3) 啮指痛心

曾参，字子舆，春秋时期鲁国南武城人，世称"曾子"，以"孝"著称。少年时家贫，常入山打柴。一天，家里来了客人，母亲不知所措，就用牙咬自己的手指，知道母亲在呼唤自己，便背柴迅速返回家中，跪问缘故，母亲说："有客人忽然到来，我咬手指以招待。"曾参接见客人，以礼相待。曾参学识渊博，曾提出："吾日三省吾身"《论语·学而》的修养方法。相传他著述有《大学》《孝经》等儒家经典，后世儒家尊他为"宗圣"。

· 画面一屋内有一老妇人作咬指状，老妇人对面有一束发长须的男子双手作揖作拱立状，屋外一男子肩扛薪愁归家者当为曾参。

351

① 亲尝汤药

· 汉文帝刘恒,汉高祖第三子,为薄太后所生。公元前179年即帝位。他以仁孝之名闻名于天下,侍奉母亲从不懈怠。母亲卧病三年,他常常目不交睫,衣不解带;母亲所服的汤药,他亲口尝过后才放心让母亲服用。他在位期间,重德治,兴礼仪,使西汉社会稳定,人丁兴旺,经济得到恢复和发展。他与汉景帝的统治时期被誉为"文景之治"。

② 卖身葬父

· 董永,相传为东汉时期千乘(今山东高青县北)人,少年丧母,因遭兵乱迁居安陆(今属湖北)。其后父亲亡故,董永卖身至一富家为奴,换取丧葬费用。上工路上,于槐荫下遇一女子,自言无家可归,两人结为夫妇。女子以一月时间织成三百匹锦缎,为董永抵偿赎身,免除债务。事情帮助董永还债,言毕凌空而去。因此,槐荫改名为"孝感"。葬父贫乏礼兄,仙姬相上逢,仙缘织缱偿债主。画面中槐荫树下一男子双手作揖者,当为董永,其前站立者一位头绾双鬟,背挎持带的仙女。

哭竹生笋

· 孟宗，三国时江夏人，少年时父亲亡故，母亲年老病重，医生嘱用鲜竹笋做汤。适值严冬，没有鲜笋，孟宗无计可施，独自一人跑到竹林里，扶竹哭泣。他忽然听到地裂声，只见地上长出数茎嫩笋。孟宗大喜，采回做汤。母亲喝了后果然病愈，后来他官至司空。
· 画面中的竹林里，一男子右手扶竹，左手捂面哭泣。跪于地，地面上生出了一些竹笋。

卧冰求鲤

· 王祥，琅邪人。生母早丧。继母朱氏多次在他父亲面前说他的坏话，使他失去父爱。父母患病，他衣不解带侍候；继母想吃活鲤鱼，适值天寒地冻，他解开衣服卧在冰上，冰忽然自行融化，跃出两条鲤鱼。继母食后，果然病愈。王祥隐居 20 余年，后从温县县令做到大司农，司空，太尉。
· 画面大树下，白雪皑皑，一男子裸上身侧卧在冰面上，冰中跃出两条鲤鱼。

扼虎救父

· 杨香，晋朝顺阳（今河南淅川县）人，杨丰之女。杨香从小失母，由父亲抚养长大十分不易，因此，她对父亲十分孝顺。他记她拉柴成人。父亲扑倒叼来一只猛虎，把父亲扑倒叼来。杨香见若木里的安危，急忙跳上前，用尽全身气力扼住猛虎的咽喉。最后，猛虎终于放下父亲跑掉了。

◎ 尝粪忧心

庾黔娄，南齐高士，任孱陵县令。赴任不满十天，忽觉心惊流汗，预感家中有事，当即辞官返乡。回到家中，知父亲已病重两日。医生嘱咐说："要知道病情吉凶，只要尝一尝病人粪便的味道，味苦就好。"黔娄于是就去尝父亲的粪便，发现味甜，内心十分忧急，夜里跪拜北斗星，乞求以身代父去死。几天后父亲去世，黔娄安葬了父亲，并守制三年。

◎ 涤亲溺器

黄庭坚，北宋分宁（今江西修水）人，著名诗人，书法家。虽身居高位，侍奉母亲却竭尽孝诚，每天晚上都亲自为母亲洗涤马桶，没有一天忘记儿子应尽的职责。贵显闻天下，平生孝謇亲。亲自涤溺器，不用婢妾人。

◎ 孔姑不怠

唐朝节度使崔山南的曾祖母长孙夫人，年事已高，牙齿脱落，祖母唐夫人十分孝顺，每天盥洗后，都上堂用自己的乳汁喂亲婆婆，如此数年，长孙夫人不再吃他饭食，身体依然健康。长孙夫人病重时，将全家大小召集在一起，说："我无以报答新妇之恩，但愿新妇的子孙媳妇也像我敬她一样孝敬祖母唐夫人。做了高官。果然像长孙夫人所嘱咐那样孝敬祖母唐夫人。

◎ 负亲逃难

江革，字次翁，东汉时期山东临淄人。汉章帝时，盗匪诉说想母子悲惨，竟感动了匪首，江革负母而逃，途中遇到盗匪。江革告知了路径，盗匪非但未加害于他，而且还告知了路径。盗匪自己驾辕拉车而行，至下邳，他打工做人佣的临淄故里，以养老母。不久后，回到了阔别多年的临淄故里。江革之事传遍了当地，拉车之事传遍了当地。江革孝至五官中郎将，后告老还乡，称他是"江巨孝"。汉明帝时，死后当地百姓立庙祭之。

◎ 希音寻母

宋代，天长人朱寿昌七岁时，生母刘氏被嫡母嫉妒，不得不改嫁他人，50年母子音信不通。神宗时，朱寿昌在朝做官，曾经刺血书写《金刚经》，行四方寻找生母，得到线索后，决心弃官到陕西寻找生母，发誓不见母亲不返回。终于在陕州遇到生母和两个弟弟，母子欢聚，一起返回。这时母亲已经70多岁了。

○ 文王问安

周文王姬昌,在其为世子的时候,每天去朝见他的父亲王季三次。凌晨鸡啼时,便穿好礼服,至父寝门外问安;到了正午时分再去问安;到了晚上又去请安。一日三次,天天如此。有时王季身体偶有不适,姬昌就忧愁满面,待王季的身体康复了,他过露有喜色。其父每进膳时,姬昌将来饭冷暖,饭毕,又问进膳情况。敌曰:姬姓之后,百世其昌,号文王孝德启之也。

○ 鲁义姑舍子全侄

周代,鲁国有位正义的小姑子。齐国攻打鲁国,齐军到达这位女子家乡时,只见一女子一手拉着一孩童,另一手拉着一小孩在逃。看军队就要追上了,扔下孩子紧追,抱着拉着的孩童,并高声呼道:"别跑了,再跑我的孩子。齐国就抱的是谁,齐国在后紧追,齐国将领说:"抱的是我哥哥的孩子,丢弃的是我自己的孩子,却抱你们的大军到来,我无力同时保护两个孩子,于是便舍弃了自己的孩子。"齐国将领说:"儿子是娘的心头肉,现在抛下自己的孩子而选择自己的偏爱,着哥哥运地救死。为什么呢?"那女子说:"保护哥哥的孩子是偏爱,保护哥哥的孩子是不公理联我的,要是那样的话,我会没有立足之地就算幸运地救死。鲁国的国君也不会允许这样的人放牛产的,鲁国的百姓也不会理解我的,要是那样的话,我会没有立足之地之本。夫君儿子虽然悲痛,但又怎么比得上失去正义而停止进攻,齐国的将领命令士兵停止进攻,并派人给齐国的国君禀报说:"不能让攻鲁国,刚到边境,鲁国的国君同意了该将军的请求。听了妇人这一席话,齐国的将领大臣和土大夫呢!我请求撤军。"于是,齐国的国君同意了该将军的请求,鲁国的国君听说这件事,赏尚且知道坚持道义,何况鲁国的正义句小姑子"称号,并赐予她100多匹帛,请教她公正诚信,特敬她公正诚信,忠孝之义。可见,义是多么重要啊!《诗经》所说的"有赐给这位女子100多匹帛,四方的德行的人,四方的人都会来依附于他"说的就是这个道理。

春在楼前厢房半窗绦环板和长窗裙板木雕，共28幅，内容是少年登科、发愤读书的掌故传说，择其精者，分述如下。

① 闭户读书
② 不顾饥冷
③ 随月读书
④ 囊萤读书

① 与圣贤对 ② 追步惠连 ③ 铸砚示志 ④ 道逢睦竖

① 应口成诗
② 题金山诗
③ 论语两句
④ 不展家书

○ 岱山华岭 ○ 童圣驹人号 ○ 子昌驹人号 ○ 佐证 火拳轰爇

② 座中颇闻

④ 于飞之儿

⑥ 对日处近

① 前面试义

③ 天子万年

⑤ 万寿无疆

○畲庆堂风拱木雕，少年发愤读书图。畲庆堂以四幅画面构成一组，刻画了少年发愤读书的场景。构图优美，线条流畅。

◎ 久大堂大厅柱木雕,"辞亲赴任"。图案雕有冠戴朱来做官的儿子赴任前辞别亲人的场景,牵马的侍者在堂外等候。

◎ 衡庆堂风批木雕,"少年登科"图。图案以四幅独立的画面构成一组少年登科图,其内容分别为:父母嘱咐,进京赴考,飞马报喜,状元及第。图案由透雕与深浮雕相结合的手法构成,所雕人物形象生动逼真,线条流畅精美。图案内容寓教于乐,反映了宅主人望儿孙,求功名,入仕途的心理寄托。

363

◎ 万氏宗祠枋木雕,习武图。
图案以通景的形式展开,刻画了四人习武的场景。人物形象逼真,动感十足。

◎ 东山春在楼厅包头梁木雕,《三国》故事"长坂坡"。
长坂坡,出自《三国演义》。刘备兵败,曹操追至,刘备急急赵云保护家眷先行,自己与张飞断后。赵云与曹操军相失,糜两夫人失散后,先救出甘夫人们,后回身复杀人曹操军中。时糜夫人被张郃的阿斗相托,挣扎至断墙之内啼哭。赵云云:糜氏以阿斗于怀内,跳井而死。赵云推墙掩井,解甲露出阿斗于怀中,再跨上战马,与曹操交战。杀死曹将50余人,杀至长坂桥前,张飞引赵云过桥而去。曹操率众将追来,张飞单枪匹马独立于桥上。下令将桥拆断。奉众追赶刘备,马失前蹄,赵云居中怀藏阿斗,手舞长枪正在和曹军厮面面中,雕画面居高处上的曹操传令要生擒活捉赵云。出在山坡高处上的曹操传令要生擒活捉赵云。劳立徐庶。

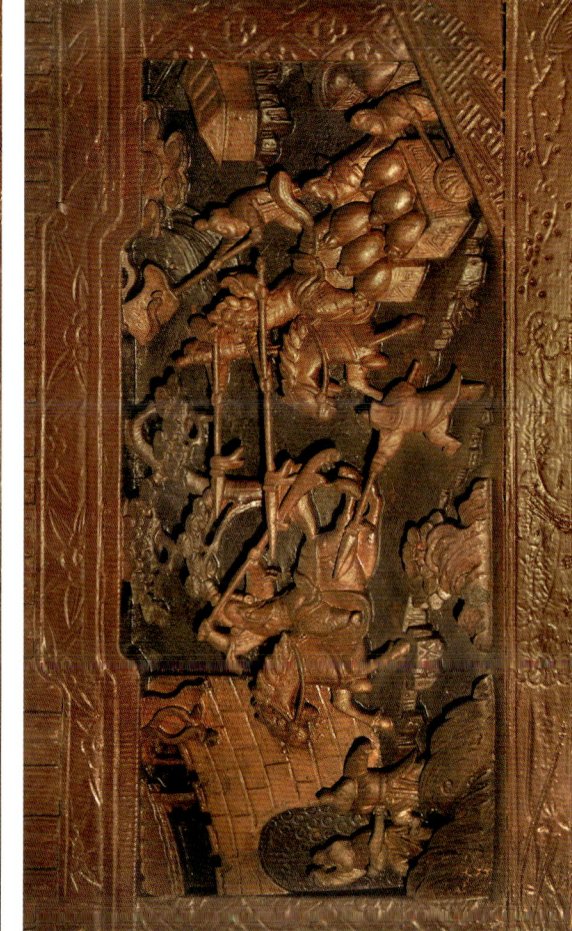

◎ 东山春在楼厅包头梁木雕,"古城会"。
古城会,出自《三国演义》。刘备、关羽、张飞于桃园三结义之后,在徐州夜袭曹营时遭埋伏而失败,张飞收拾残兵,据守古城,刘备不知张飞所,张飞、而寄身于袁绍处。后探得张飞下落,赶赴古城同张飞聚会。关羽为保两位皇嫂,暂别曹操。曹操以厚宾敦待关羽,关羽不为所动,辞别曹操,他得知兄弟下落后,立即挂印封金,护两位皇嫂,过五关斩六将,来到古城。然张飞疑关公已降于曹操,以大人在五关下斩了蔡阳,张飞全然不信。两嫂亦为之解说。画面右侧关公挥刀作招架状,两人在古城下打斗在一起。战争场面逼真,人物形象生动。

◎ 东山祠在楼楼厅包头梁木雕。"水淹七军"。木浸七军，出自《三国演义》。曹操派于禁、庞德统帅七路大军，星夜去救樊城。关羽驻扎江水势而观望，看到北山谷内人马很多，又派人堵住各处水口。那下准备船筏，收拾雨具。庞德在帐中只听万马奔腾，夜里，风雨大作，七军士兵闻之迅即多，于禁无路可走，投降于关羽，庞德也被生擒。

◎ 东山祠在楼楼厅包头梁木雕。"夜战马超"。由自《三国演义》，马超文亲被曹操杀害。他举兵为父报仇，连克长安、潼关。曹操亲率大军抵御，后马超投奔张鲁，攻古城前关。张飞纵马交锋，直杀得风云变色，雄分胜负。刘备可将马门世代忠良，爱马超勇猛善战，亲自下城解围要兵。

◎东山春在楼前楼厅包头梁木雕，"击鼓骂曹"。出自《三国演义》。祢衡孤傲的名士称。击鼓骂曹。元旦曹操大宴群臣，令祢衡引荐给曹操，故意羞辱他。称衡非常气愤，当面与曹操反唇相讥，赤身露体说击鼓边大骂曹操，"名为汉相，实为汉贼"。借刘表、黄祖之手杀了祢衡。木雕画面曹帝正中著为曹操，众臣分列两侧，左侧前赤露上身者是祢衡，正在击鼓骂曹。

◎东山春在楼前楼厅包头梁木雕，"三英战吕布"。出自《三国演义》，东汉未年，董卓把持朝政，各诸侯推袁绍为盟主，带各路兵马讨伐董卓。吕布领兵15万精兵驻守洛阳城外的虎牢关。吕布和张飞在虎牢关下连战50回合，不分胜负。关羽见张飞胜不了吕布，便前地冲向前去。刘、关、张三人把吕布国在当中，夫马灯般地轮流厮杀。吕布雄以招架。便冲出包围逃回虎牢关。该木雕图案再现了刘、关、张三英战吕布的场景。

◎东山春在楼前楼厅包头梁木雕，"甘露寺"。出自《三国演义》，甘露寺坐落于北固山后峰顶上。赤壁大战以后，刘备东吴的荆州不还，周瑜向孙权献计，以其妹孙尚香为饵，设下美人计，诱刘备来京口联姻招亲，趁机扣和刘备，以讨还荆州。诸葛亮将计就计，使刘备联姻弄假成真，使东吴赔了夫人又折兵。画面右上一蹈蹈锋要塞岸，鹁头端坐著的与赵云岸北一手招呼鹁只，右手高指重檐楼阁形式的甘露寺。

◉ 东山春在楼前楼厅包头梁木雕,"孔明装神",选自《三国演义》,魏兴九年(231年),诸葛亮(孔明)出自《三国演义》,魏主曹叡令司马懿出兵与诸葛亮交战。司马懿令张郃为先锋,结营守险。孔明兵马祁山安营已毕,留王平等四将守寨,以防蜀军劫寨为营,孔明与兵士间候割麦前往上邽。西行数日,众将引兵护车而来,五百军推车而行。五更时分,孔明兵马到上邽。魏守将郭淮听说:"此人预知吾来割麦也!"即沐浴更衣,推三百精兵,伏于上邽。当下令各军撞钟擂鼓出城迎敌,蜀军大败。孔明乃排开阵势。魏兵望见孔明端坐于车上,左右各有一千军士,前后有持杖天神二十四人,披发跣足。三人皆执皂幡,一人仗剑步行于车前,孔明羽扇引车慢慢而来,司马懿看见,大惊失色。忽然又见一辆四轮车奉出,孔明端坐车上,左右前后一般打扮的孔明推出。司马懿十分惊疑,急忽引兵奔入上邦,闭门不出。此时,孔明早令三万精兵将尽运麦赴卤城打晒去了。该木刻图再现了孔明装神的一段故事。

◉ 东山春在楼前楼厅包头梁木雕,"诸葛亮挥泪斩马谡",出自《三国演义》,马谡不听王平之言,坚持在山顶下寨,导致街亭失守。马谡是诸葛亮非常赏识的一个将才,马谡的军事理论可解释也不少,但可能有点"纸上谈兵",导致失守街亭,蜀国本来将才已经不多了,诸葛亮并不想杀马谡,但是,诸葛亮又要树立法治军的形象,所以只好挥泪斩马谡。

◉ 东山春在楼前楼厅包头梁木雕,"七擒孟获",出自《三国演义》,三国汉昌盛时,七擒孟获。出自在一些少数民族中,有些人并不十分悦服,彝族头领孟获便是其中一位突出人物。等到刘备在白帝城病逝之后,诸葛亮托孤,辅佐不够年幼的主,多次出自白帝城为制服了继续不顺服的孟获,使他不得不臣服。七擒七纵,木雕图再现了诸葛亮设计擒服孟获的场景,手执双刀者为孟获。

乐山春在楼前厅包头梁木雕．"赤壁之战"．汉献帝建安十三年（208年）11月，周瑜率军在樊口与刘备会合，然后两军逆水而上，千至赤壁，与长江北岸的曹军对峙。11月16日，曹操率师百万的首尾连在大江之滨，率领军蜀吴联军。曹操由于北方士卒不习惯水战，听从庞统议："铁索连舟"之计，将战船的首尾连在一起。人马在船上如履平地。曹操对诸将说："小将虽幼，代之众，也能乘舟。不愤乘舟，今非此也。"之计。将战船的首尾连在一起。人马在船上如履平地。曹操对诸将说："小将虽幼，代之众，也能乘舟，愿领船二十只，李琪充之。"曹操允之。次日，焦触、张南领诸船二十只，望江南进发。东吴都督周瑜帐下的韩当、周泰两将各引哨船拒之，焦触飞身一跃，跳到张南船上，身披铠甲立于二船头，焦触船上，韩当手执长枪，韩当接三枪与韩当交锋，焦触接杀韩当不过，手起刀落，把张南砍死焦触。张南随后大叫韩当，周泰船出，两船相迎，周泰飞身一跃，跳到张南船上，手起一枪刺死焦触，东吴大将黄盖假降曹操，准备了十艘艨艟斗舰，外用赤幔伪装，上插旌旗龙幡。当时东南风急，十艘艨艟在江中顺风疾奔，离曹军二里许，黄盖该令点燃柴把，使众兵齐声大呼："降焉！"曹军毫无戒备。曹延须观望，指昔盖降。顷刻间，烟焰张天，曹军人马烧死、溺死者不计其数。大烈风火，船任如箭，烧尽北船，越乱大败曹军。周瑜、刘备乘胜并进，一直尾随追击。曹操队无法撤下的战船，当即自焚华容小道（今湖北监利北），自江陵退却，复了三国鼎立的局面。南岸的孙刘联军樊长江，烧尽大败曹军。周瑜、刘备乘胜并进，一直尾随追击。曹操沿华容小道，败走了三国鼎立的局面。

该木雕两图上图站立于战船船头手执朴刀，长枪者为韩当。下图跳立船头者为周泰。

○ 俞庆堂大厅木木雕,《三国》戏文故事。

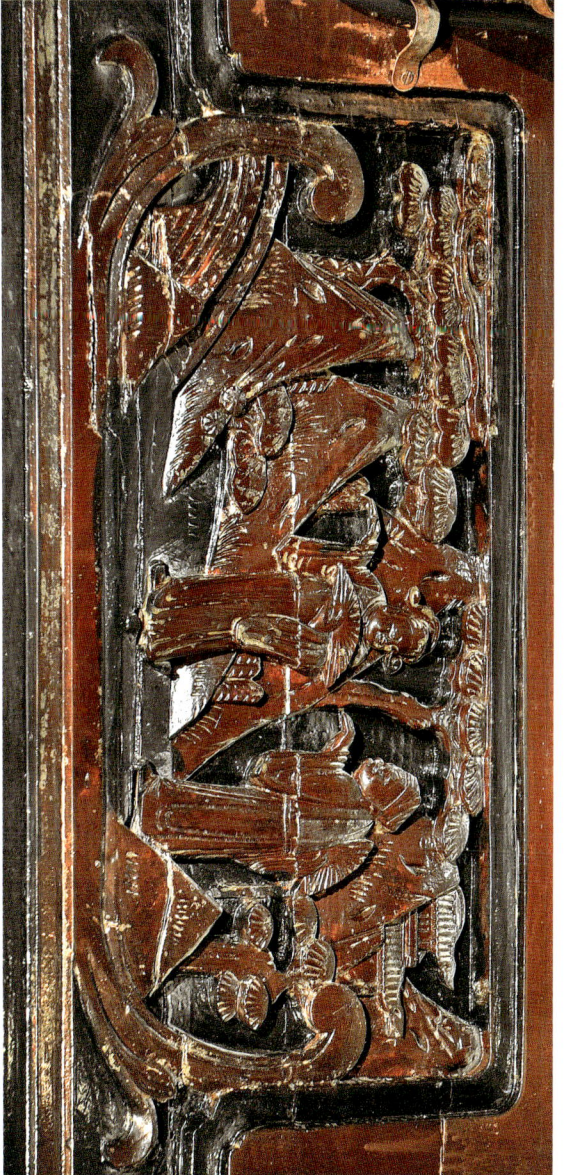

○ 存在楼两进楼厅之木雕,《西厢记·游殿》,元代王实甫撰。唐代相国崔珏任病殁后,夫人郑氏携女儿莺莺及婢女红娘扶柩往故乡博陵安葬。至河中府,将灵柩寄于普救寺内,并在西厢暂住,时值暮春,老夫人同莺莺小姐到佛殿散心,恰与成京赴考的书生张君瑞相遇。莺莺与张生一见钟情。张生以温习经史为名,在普救寺僧间而居,时河桥牛头弥飞虎闻而莺莺貌美,纵兵包围普救寺,欲抢莺莺为妻,老夫人和尚着急,许下有自折军退敌,莺莺以妹妹之礼拜见张生。张生作书由书自将军退敌,事后,老夫人变卦毁婚,让莺莺以兄妹之礼拜见张生,张生与莺莺悲不欲生,求助于红娘,终竟莺莺他为妻。然老夫人又提出不招白衣女婿,迫令张生赴考,得音讯榜得中,又经白马将军说合,终竟相见大白,柳枝两死,张生送与莺莺喜庆团圆。

◎ 万氏宗祠裙板厅梓木雕。戏文故事《芦花河·金光阵》。樊梨花挂帅西征,大队兵马离了白虎关,一路上黄沙扑面,水少草希,十分辛苦。兵至沙江关,望沙江关进发,黑脸仙长与秦汉、窦文虎大战20多个回合,不分胜负。第二天樊梨花刀劈杨物虎,抢夺了沙江关,三日后,兵抵凤凰山、麒麟山守将乌利黑夜劫唐营,被薛丁山一枪刺死。唐军来重占凤凰山、麒麟山,又夺了麒麟山,向芦花城进发。故布金光阵。薛丁山回山请师相助。不料,又子薛应龙私自前往破阵,被铁板道人击毙。丁山回营,与樊梨花共破金光阵,斩杀铁板道人与飞钹僧等人。

奋庆堂窗格裙板木雕，博古图。

◎云山承德堂窗槅木雕。"梅、兰、竹、菊"博古图案。

◎承德堂窗槅槅板木雕 博古图。

◎承德堂窗槅槅板、博古图。

① 仁本堂窗槅扇板木雕，山水、博古图。

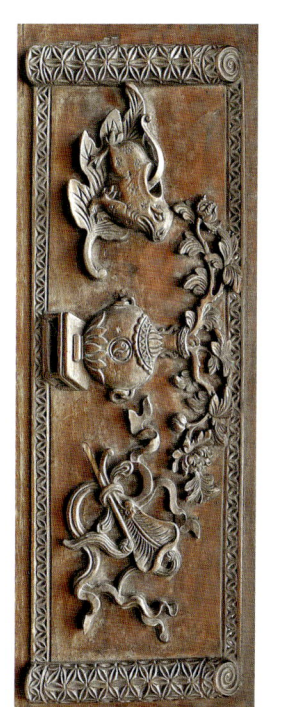
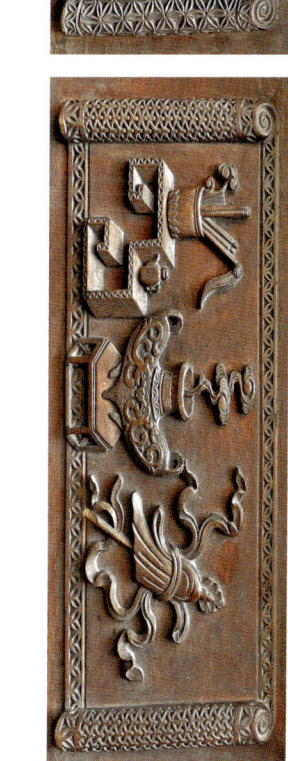

② 仁本堂窗槅绦环板木雕，博古图。

③ 东山纯德堂窗槅绦环板木雕，博古图。

◎ 西山堂里仁本堂窗槅绦环板、裙板、木雕花卉、博古图。

○ 仁本堂窗楣绦环板木雕，博古图。

雕塑

堆塑

紫金庵塑像·鳌鱼观音。塑像面容安详端庄，使人肃然起敬。塑法有独到之处，塑像面容安详端庄，使人肃然起敬。人物比例恰当，衣褶线条流畅。

紫金庵塑像·释迦牟尼佛。形制古朴，面容端庄。眼睛似乎能随人而动，称之为"慧眼"。

紫金庵塑像·二十诸天之一。诸天左手的三根手指轻轻托起一块泥塑的经书（塑在经书上的绢帕），看起来像丝织锦绣一般。

· 西瞿耶尼洲宾头卢罗堕阇
· 第一尊者

· 东胜身洲迦诺迦伐蹉
· 第三尊者

· 南赡部洲诺距罗
· 第五尊者

· 僧伽荼洲迦理迦
· 第七尊者

· 香醉山中伐阇罗弗多罗
· 第九尊者

· 毕利飏瞿洲罗怙罗
· 第十一尊者

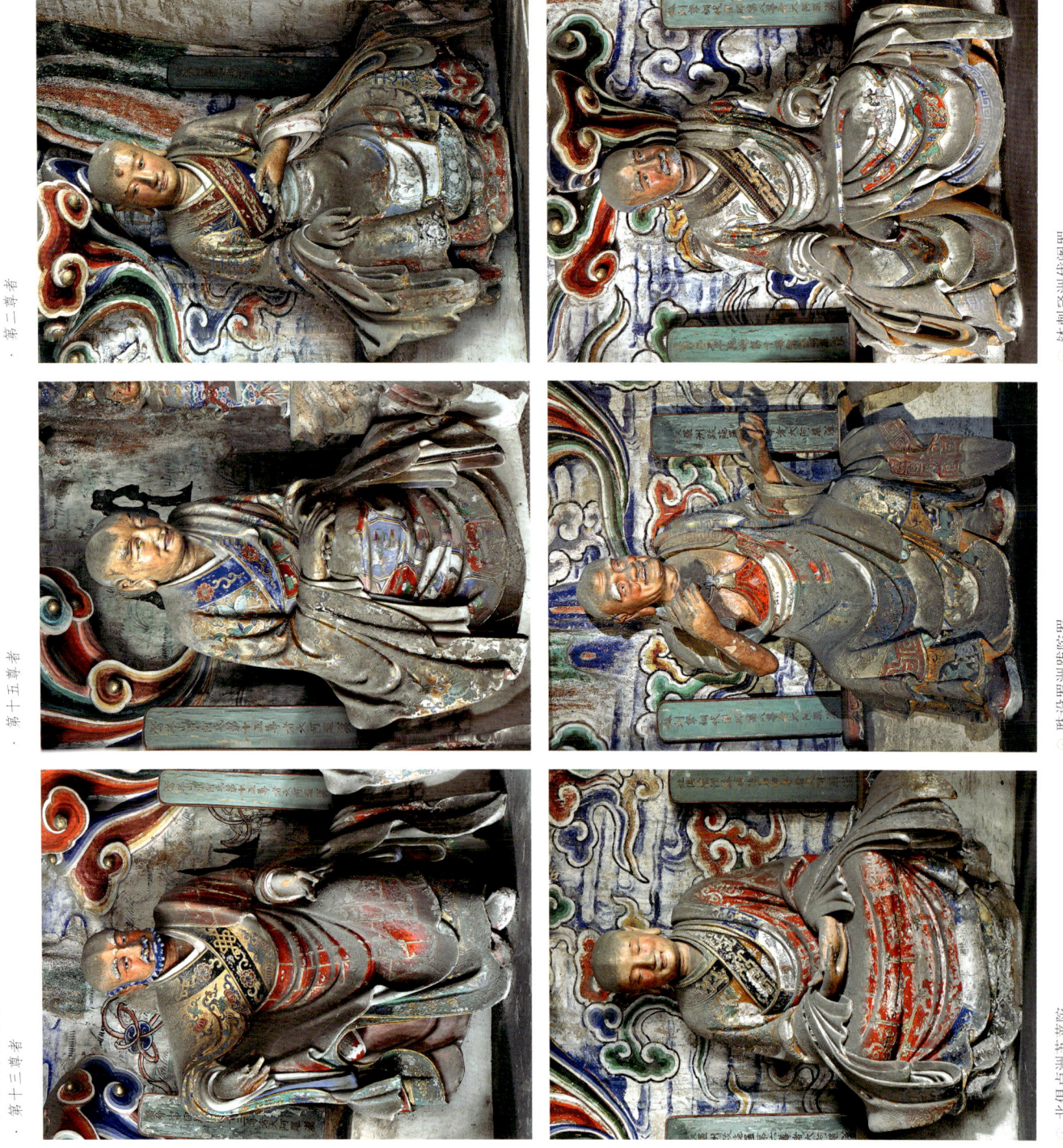

◎ 迦湿弥罗国迦诺迦伐蹉 · 第二尊者
◎ 钵剌拏洲伐阇罗 · 第八尊者
◎ 鹫峰山中阿氏多 · 第十五尊者
◎ 耽没罗洲跋陀罗 · 第六尊者
◎ 广胁山中因揭陀 · 第十三尊者
◎ 北俱卢洲苏频陀 · 第四尊者

◎ 三十三大半托迦
· 第十一尊者

◎ 半渡波山那伽犀那
· 第十二尊者

◎ 可住山中伐那婆斯
· 第十四尊者

◎ 持轴山中注荼半托迦
· 第十六尊者

◎ 明善堂屋脊堆塑,"福、禄、寿"三星。
福星,古称木星为岁星,所在有福,故又称"福星"。禄星,《史记·天官书》载,北斗六星称为"文昌宫",禄星为文昌宫六星之一的禄星列宿,是掌管士人升迁之神。民间奉为禄神。寿星,盖南极老人星也,见闻天下理安,故祠之以祈福寿。该堆塑有三位老者,寓意"三星高照",好运临门。

◎ 明善堂屋脊堆塑,双狮滚绣球。

◎ 尊德堂屋脊堆塑,金蟾祥云纹。
金蟾是传说中的灵物,三足,口能吐金钱,得之可以致富。

◎ 明善堂屋脊堆塑,力士、螃蟹。
力士为宽额、圆脸、袒腹露乳、竖耳、赤脚站立在一片祥云之上。所塑人物形象生动而威武,衣褶线条飘逸而流畅。力士脚下塑一大螃蟹,作分爪爬行状。双手分张,腰束飘带。

◎ 明善堂屋脊堆塑,"一团和气"。

◎ 东山尊德堂砖雕墙门脊顶堆塑,石榴图。

文德堂屋脊堆塑。"刘海戏金蟾"。刘海长发下披，双耳垂肩，面带笑容，袒胸露腹，身披金钱衣，手持一串铜钱，脚踩蟾蜍，姿态可掬。

文德堂屋脊堆塑。"福、禄、寿"三星。图案所塑"福、禄、寿"三星站立在祥云之中，其中禄星居中，头戴冠，身穿官服，手持如意，笑容可掬；左侧寿星光头长寿眉，身穿"寿"字衣，手拄寿杖，仪以笑脸相迎；右侧福星肩带彼髯，双手抱一童子在胸前，目视前方。整像人物形象逼真，比例适度。寓意"三星高照"，好运临门。

文德堂屋脊堆塑。石榴、宝瓶牡丹。石榴寓意多子；牡丹为花中之王，象征富贵。石榴与牡丹组合，有富贵、多子多孙之意。

文德堂屋脊堆塑。"童子棒鲤鱼"。图案所塑四个童子肩扛手托着一条大的鲤鱼。童子棒鲤鱼寓意多子多孙，年年有余。四童子满脸堆笑，身躯健壮，活泼可爱。

381

◎ 文德堂屋脊堆塑·松鼠、葡萄。松鼠是一种可爱的小动物，寓意多子多福。松鼠与葡萄组合寓意多子多福、硕果累累。有"子"之意。松鼠与葡萄组合寓意多子多福之意。塑造了松鼠的松鼠时长为子，塑造了松鼠的松鼠葡萄成串成穗，硕果累累，葡萄藤蔓缠绕，枝繁叶茂，果实累累，活泼可爱的松鼠窜梭其间，十分灵动。

◎ 文德堂屋脊堆塑·鹿、莲花、灵芝。鹿历来被称为灵瑞之兽，是祥瑞的象征。莲花出淤泥而不染，象征高洁。灵芝是一种名贵药材，由于数量稀少，被视为仙草，人们把见到灵芝视为祥瑞的征兆。整组堆塑寓有祥瑞吉祥之意。

◎ 容春堂屋脊堆塑·梅、兰。梅花以其老干新枝绽花蕾的形态，展示其不老不衰之态，寓意可人。而兰花幽香清远，一枝在室，满屋飘香，寄托了宅主人对高洁、清雅的追求。

◎ 容春堂屋脊堆塑·石榴。石榴寓意多子，俗称"榴开百子"，有多子多孙之含义。

◎ 木溪蔡少渔旧居楼厅屋脊堆塑·凤凰。

◎ 木溪冯桂芬故居屋脊部堆塑·"鲤鱼跳龙门"。

382

◎ 东山春在楼厢楼山墙上部堆塑。"和合二仙"。"和合二仙"是民间传说中的和美团圆之神。旧时婚礼之日必悬挂在花烛洞房之中,或常设在厅堂,以图吉利。

彩画

◎ 疑德堂大厅大梁彩画。

疑德堂大厅大梁彩画。大梁的西侧面与底面均绘有各种形式的几何纹样，内堆绘多类大小不一的花朵组成锦纹，中间绘面与底面均绘各种形式的几何纹样，内形式不同的几何纹，并缀以花井。色块明快，富有立体感。图案豪华富丽，是明代夫妻彩画中的代表性作品，具有较高的文物价值。

◎ 凝德堂仪门、大厅大梁包头彩画、宝相花。

· 上图：凝德堂仪门彩画。以套边六角形为单元，上下左右连续展开组成图案。每个六角形内绘以宝相的角端以六星形相互连接，套边六角形内绘以宝相花。整组图案以粉白色为地，淡黄、墨绿色勾绘，色调素雅、洁静，十分悦目。

· 中图和下图：凝德堂大厅大梁包头彩画。五彩宝相花。大梁端的两侧与梁底面各以红、绿、黄等色绘出一朵宝相花。花形硕大，花瓣肥厚，光彩夺目，四周绘以多层现晕，显得富丽华贵。

· 宝相花，是一种古代吉祥纹样，又能称"宝仙花"。盛行于隋唐时期，以后历代承传不绝。相传它是一种"宝"、"仙"之意的花纹，其构成主要以荷花、牡丹为本，对花瓣作较大的变形。

凝德堂樑架彩画

明善堂大厅梁檩彩画，包袱锦与宝相花。凝德堂彩画，绘有六边形、四方套菱形等形式不同的几何图案，共间点缀有宝相花、小叶菜花等花卉组成的锦纹样相互重叠，纵横交织，连续展开，图案繁复而秀丽，宛若织锦。彩画用红、黄、墨绿、粉白诸色绘画，色调柔和悦目，风格秀丽雅致，而洁而俏丽，为明代天井彩画的典范，具有较高的艺术价值。

○ 顺德堂楼厅脊檩彩画，包袱锦。

○ 东山念勤堂正厅（楠木厅）脊檩彩画，"岁寒胜"包袱锦。

◎东山镇张巷村久大堂大厅脊檩彩画。上图：多福多寿纹。檩条中部以粉白色为地，并用绿、黄两色绘出紧密的菱形花朵纹组成锦地，裹在檩条的中段，方块内红地金花形式黄框边的菱形方块、"寿"字拼云纹，寓多福多寿之意。绘出蝙蝠彩画色调艳丽，为清代苏式彩画的代表作。下图：笔锭胜。檩条中部以粉白色为地，裹在檩条的中段，中央以墨绿彩绘绘出笔锭胜主体纹饰。方块内以金地红、绿彩绘出笔锭胜主体纹饰，寓富贵祈福之意。整幅彩画色调富丽，绘工精湛，为清代苏式彩画中的精品。

◎徐氏宗祠门厅檩条彩画。

① 明善堂大厅山雾云木雕彩画，锦鸡葵花纹。

② 承德堂大厅内大梁木雕彩画"结子"，荷叶纹。

③ 岱松裕德堂木雕彩画"结子"。
结子雕蝙蝠祥云纹，绘红彩，形制古朴，色调深沉，为明代木雕彩画中的精品。

④ 念勤堂正厅木雕彩画"结子"。
结子浮雕蝙蝠祥云纹，绘红、蓝、绿、褐彩。纹饰雄浑，线条流畅，色彩艳丽，当为木雕彩画中的优秀作品。

徐氏宗祠梁桁、雀替、木雕彩画。

左图：荷包梁以浅浮雕手法雕出蝙蝠祥云，"寿"字纹。粉白色彩为地，蝙蝠施红彩，祥云绘墨绿彩，蛙目点青彩，"寿"字绘以红彩框边。下部雕作荷叶青蛙形，施墨绿彩，并施黄、绿彩。锦袱内深刻四瓣与瓒祥云纹，并施红、黄、绿三彩。轩桁深刻四瓣锦头相结合，饰纹精细，色彩艳丽。雀替刻出菱花图案，色彩艳丽。

中图：荷包梁亦以浅浮雕手法雕出蝙蝠祥云，"寿"字纹。蝙蝠施红彩，绿彩框边，彩绘精漫感。荷叶墩上部雕以菱奉，下部雕作荷叶青

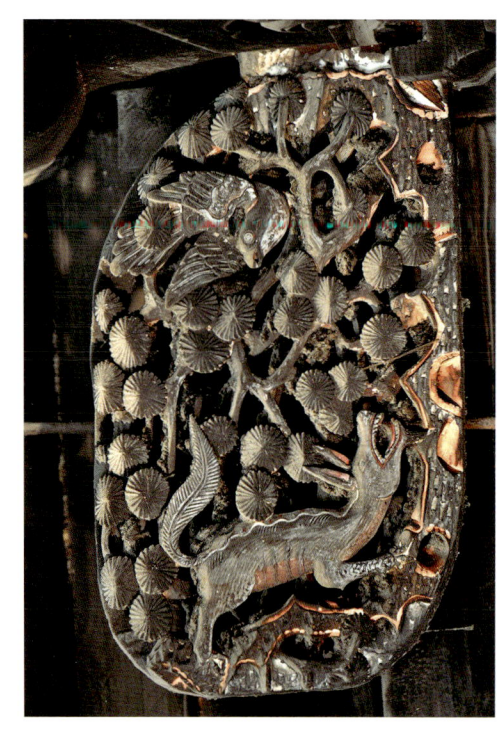 

蛙形，施红彩。轩梁侧面以粉白色作地，绿彩绘出蟠枝花，中部铺袱内浮雕"天官晋爵"，寓意"天官晋爵"。天官晋爵，天官作冠戴装束，右手持笏板，左手持爵杯，施彩素雅。雀替雕以蟠枝牡丹纹，并施红粉。整组图案纹饰精美。

右图：荷包梁亦以浅浮雕手法刻出蝙蝠祥云，"寿"字纹。以粉白彩为地，蝙蝠施红彩，荷叶墩上部雕出莲蕾，施红彩。荷叶墩侧面以粉白色作地，以绿色绘出蟠枝花。中部铺袱内深雕锦鸡、双瓒图，锦鸡与瓒二神，十分传神。瓒花纹、麦花纹，双瓒彩，黄彩，图案精美，色彩艳丽。

玉霁堂双桂楼梓木木雕彩画，"欢天喜地"。

图案纹样为喜鹊与瓒的组合，一天一地，一禽一兽，相对而视，瓒观天，鹊望地。"瓒"与"欢"谐音，喜鹊鸣报"喜"与"喜"鸟，故称"欢天喜地"。所雕图案动物形象生动，松柏、梅花镂空剔透，且施彩，是明代彩绘画木雕中的优秀作品。

参考文献

[1] 李诫. 营造法式[M]. 北京: 人民出版社, 2006.
[2] 梁思成. 清式营造则例[M]. 北京: 中国建筑工业出版社, 1981.
[3] 姚承祖. 营造法原[M]. 北京: 中国建筑工业出版社, 1986.
[4] 李秋香. 中国村居[M]. 天津: 百花文艺出版社, 2002.
[5] 李秋香, 陈志华. 流坑村[M]. 石家庄: 河北教育出版社, 2003.
[6] 曹力. 说门[M]. 济南: 山东画报出版社, 2004.
[7] 江苏省地方志编纂委员会. 江苏省志·文物志[M]. 南京: 江苏古籍出版社, 1998.
[8] 曹允源, 李根源. 吴县志[M]. 铅印. 苏州: 文新公司, 1933 (民国二十二年).
[9] 詹一先. 吴县志[M]. 上海: 上海古籍出版社, 1994.
[10] 东山镇志编纂委员会. 东山镇志[M]. 南京: 东南大学出版社, 2002.
[11] 苏州市吴中区西山镇志编纂委员会. 西山镇志[M]. 苏州: 苏州大学出版社, 2001.
[12] 庄裕光, 胡石. 中国古代建筑装饰·雕刻[M]. 南京: 江苏美术出版社, 2007.
[13] 张道一, 郭廉夫. 古代建筑雕刻纹饰·戏文人物[M]. 南京: 江苏美术出版社, 2007.
[14] 张道一, 郭廉夫. 古代建筑雕刻纹饰·寓意吉祥[M]. 南京: 江苏美术出版社, 2007.
[15] 崔晋余. 苏州香山帮建筑[M]. 北京: 中国建筑工业出版社, 2004.
[16] 文震亨. 长物志校注[M]. 南京: 江苏科学技术出版社, 1984.
[17] 罗贯中. 三国演义[M]. 北京: 人民文学出版社, 1979.
[18] 清华大学建筑系. 建筑史论文集: 第十辑[M]. 北京: 清华大学出版社, 1988.
[19] 马晓. 中国古代木楼阁[M]. 北京: 中华书局, 2007.

图书在版编目（CIP）数据

吴中文物：古镇、古村、古建筑／苏州市吴中区文物管理委员会办公室编著. —上海：上海科学技术出版社，2017.4
ISBN 978-7-5478-2958-5

Ⅰ.①吴… Ⅱ.①金… ②唐… Ⅲ.①文物－介绍－苏州市 Ⅳ.①K872.533

中国版本图书馆CIP数据核字（2016）第010832号

吴中文物

苏州市吴中区文物管理委员会办公室 编著

责任编辑　陈　晨　楼玲玲
文字编辑　陈　怡
整体设计　房惠平
设计制作　李　政

上海世纪出版股份有限公司　出版
上 海 科 学 技 术 出 版 社
（上海钦州南路71号　邮政编码200235）
上海世纪出版股份有限公司发行中心发行
200001　上海福建中路193号　www.ewen.co
上海雅昌艺术印刷有限公司印刷
开本940×1270　1/16　印张25.5　插页4
字数：700千字
2017年4月第1版　2017年4月第1次印刷
ISBN 978-7-5478-2958-5/TU·224
定价：300.00元

本书如有缺页、错装或坏损等严重质量问题，请向承印厂联系调换